国家社会科学基金"一带一路"建设研究重大专项
课题编号：19VDL018
浙江大学经济学院优秀学术著作出版资助计划

| 博士生导师学术文库 |
A Library of Academics by
Ph.D. Supervisors

"走出去"企业境外合规经营风险防范研究

陈菲琼 刘慧倩 著

光明日报出版社

图书在版编目（CIP）数据

"走出去"企业境外合规经营风险防范研究 / 陈菲琼，刘慧倩著． --北京：光明日报出版社，2024.5
ISBN 978 – 7 – 5194 – 7984 – 8

Ⅰ.①走… Ⅱ.①陈… ②刘… Ⅲ.①企业—对外投资—风险管理—研究—中国 Ⅳ.①F279.23

中国国家版本馆 CIP 数据核字（2024）第 106644 号

"走出去"企业境外合规经营风险防范研究
"ZOUCHUQU" QIYE JINGWAI HEGUI JINGYING FENGXIAN FANGFAN YANJIU

著　　者：陈菲琼　刘慧倩	
责任编辑：陈永娟	责任校对：许　怡　董小花
封面设计：一站出版网	责任印制：曹　净

出版发行：光明日报出版社
地　　址：北京市西城区永安路 106 号，100050
电　　话：010-63169890（咨询），010-63131930（邮购）
传　　真：010-63131930
网　　址：http：//book.gmw.cn
E – mail：gmrbcbs@ gmw.cn
法律顾问：北京市兰台律师事务所龚柳方律师

印　　刷：三河市华东印刷有限公司
装　　订：三河市华东印刷有限公司
本书如有破损、缺页、装订错误，请与本社联系调换，电话：010-63131930
开　　本：170mm×240mm
字　　数：503 千字　　　　　　　印　　张：28
版　　次：2024 年 5 月第 1 版　　印　　次：2024 年 5 月第 1 次印刷
书　　号：ISBN 978 – 7 – 5194 – 7984 – 8
定　　价：99.00 元

版权所有　　翻印必究

前　　言

在世界经济一体化的背景下,随着"走出去"战略的实施和共建"一带一路"倡议的深入展开,我国资本和企业开始在世界市场上扮演日益重要的角色。我国在融入全球化的过程中取得了瞩目的成绩,不仅成为世界第一大贸易体,而且成为第二大资本输出国,走向国际舞台的中央。不过,迅速的扩张也意味着潜在的风险。因为缺乏行为规范,我国企业在"走出去"的过程中触犯国际条约、东道国法律法规、监管规定、行业准则和商业惯例,违背当地社会规范的案例不胜枚举,这些行为不仅给企业带来巨大的利益和声誉损失,而且伤害到国家形象,影响到对外经贸合作、对外投资的安全性和可持续性。在全球化进入价值链竞争的新时代背景下无处不在的合规风险面前,我国企业在合规管理和合规经营中存在重大隐患。深入探究企业境外合规经营风险的成因进而制定针对性的防范策略,促进企业在参与国际竞争的过程中实现合规管理、做到合规运营,已经成为推进我国企业在全球化进程中顺利实施"走出去"战略、确保投资者安全和国家利益、实现高质量发展的核心关键。因此,开展"走出去"企业境外合规经营风险防范研究,具有重要的理论价值与实践意义。

本书建立"成因因素—防范机制—企业境外合规经营风险"的综合研究框架,以我国"走出去"企业境外合规经营风险为研究对象,综合应用法经济学的交叉学科方法,基于对我国企业"走出去"过程中合规管理、合规运行历史和现状的调查,概括出目前潜在的合规风险的一般特征和类型,进而分析"走出去"企业合规经营程度差异巨大的原因,解构"走出去"企业合规经营风险生成的构成要素及一般机制,在企业合规治理这一理论视角与国际先进经验这一实践视角的结合下,探讨企业境外合规经营风险的生成路径,凝练境外合规经营风险防范和掌控的一般策略,进而结合成功、失败经验以及国际经验借鉴形成企业境外合规经营风险防范操作细则。

本书为陈菲琼所主持的国家社会科学基金"一带一路"建设研究重大专项《"走出去"企业境外合规经营风险防范操作细则研究（19VDL018）》的主要研究成果。研究设计及具体实施由陈菲琼作为首席专家负责，研究采取了团队合作分步推进的方式。其他成员包括：浙江财经大学经济学院的刘慧倩以及浙江大学的范良聪、朱洁如、王文静、葛宇昊等。

对本书存在的不足之处，敬请读者和学术界的同仁不吝指正。

陈菲琼
2023 年 5 月

摘 要

"一带一路"倡议掀起中国企业第二轮"走出去"热潮，但中国企业境外经营质量未能与其规模相匹配。近年来，中国企业境外合规经营风险殊为严峻，已逐渐演变成一种综合性的规则风险。企业境外经营触犯国际条约、东道国法律法规、监管规定、行业准则和商业惯例，不仅会使自身遭受法律制裁、声誉和经济损失，还会伤害国家形象，严重影响对外经贸合作、对外投资的安全性和可持续性。如何指导中国企业在"走出去"的过程中实现境外合规经营已成为亟待解决的现实难题。企业境外合规经营风险成因因素以及针对性的防范策略，迫切需要理论界的关注和解释。

本项目围绕中国"走出去"企业境外合规经营风险这一焦点，建立"成因因素—防范机制—企业境外合规经营风险"的综合研究框架，应用法经济学的交叉学科方法，开展企业境外合规经营风险成因与防范的理论研究，并通过数理建模、动态仿真、实证分析和案例分析等多种方法论来检验和支持理论的发展，进而结合借鉴国内外成功、失败经验形成企业境外合规经营风险防范操作细则。本项目具体创新点如下：第一，在企业境外合规经营风险成因方面，现有研究大多片面且分散地考虑了企业境外违规的部分成因因素，我们应用压力、机会和合理化的三角成因框架来对企业境外合规经营风险的生成过程进行一种全面的审查和检验，打开了境外合规经营风险影响因素的黑箱；第二，在企业境外合规经营风险防范方面，突破以往研究将企业境外合规经营风险成因与防范割裂开来研究的局限，本项目构建了成因因素、防范机制与企业境外合规经营风险三者关系的逻辑链条，开展利益激励、惩罚威慑和价值引导，通过影响压力、机会和合理化三角因素对防范企业境外合规经营风险作用进行研究；第三，在企业境外合规经营风险的制度因素方面，考虑到企业境外合规经营风险不同于国内合规经营风险的一个最大特点是企业境外经营要面对东道国和母国之间巨大的制度差异，我们特别关注制度距离因素的影响，考察不同制度距离情形下的内外部成因因素对企业境外合规经营风险影响的差异，填补以往研究的空白；第四，本书综合法经济学、合法性理论、制度理论、公司治理理论、合规管理理论、全面风险管理理论等多学科研究，贡献于跨学科的、综合的、交叉的中国"走出去"企业境外合规经营风险防范研究。

本书第一篇为"走出去"企业境外合规经营风险防范的理论基础研究。我们从企业境外合规经营风险的评估研究，企业境外合规经营风险的压力、机会和合理化成因研究，制度距离视角下的企业境外合规经营风险成因研究，法经济学视角下的企业境外合规经营风险防范的利益激励、惩罚威慑与价值引导研究四方面梳理现有文献基础。

本书第二篇为"走出去"企业境外合规经营风险的理论机制及生成演化研究。首先，考察了压力、机会、合理化三角框架下的企业境外合规经营风险成因机制，考虑经济距离、法律距离和文化距离的调节效应以及其中存在的差异，然后分析了利益激励、惩罚威慑和价值引导三类风险防范机制。其次，围绕企业对境外违规的预期收益和预期成本比较的核心机制，构建企业境外合规经营风险生成演化的数理模型，并应用仿真呈现企业境外合规经营风险的生成演化规律。

本书第三篇为"走出去"企业境外合规经营风险成因与防范的传导机制研究。首先，通过MLP神经网络模型进行企业境外合规经营风险的预警分析。其次，实证检验内外部压力、机会和合理化因素对企业境外合规经营风险的影响，并考察不同制度距离的调节作用。再次，在法经济学的成本和收益分析基础上，聚焦个人、组织和系统层次的合规动机因素，通过提升跨国经营合法性加强对企业境外合规经营风险防范的作用。最后，建立结构方程模型实证检验内外部的利益激励、惩罚威慑和价值引导三种防范机制对降低企业境外合规经营风险的传导机制。

本书第四篇为"走出去"企业境外合规经营风险成因与防范的案例分析。首先，选取中海外波兰A2高速公路项目、中国铝业收购南戈壁项目、中兴通讯出口伊朗电信案例、美国封禁TikTok四起经典案例，展开企业境外合规经营风险成因的多案例分析。其次，选取中国铁建、国家电投、紫金矿业、中兴通讯和阿里巴巴五个典型企业进行企业境外合规经营风险成因与防范策略的全过程纵向分析与横向比较。最后，基于对中国铁建的四家子公司的多案例研究，剖析从"脱钩"到"重新耦合"的合规战略转变与双元合法性假面从形成到克服共同演化的阶段性过程驱动的企业境外合规风险防范能力提升的动态过程。

本书第五篇为中国"走出去"企业境外合规经营风险防范操作细则研究。首先，展开境外合规经营风险防范一般化的企业策略工具和政府政策服务研究。其次，针对欧美长臂管辖的重点境外经营合规领域，进行针对性的境外合规经营风险防范操作细则说明，构建了中国"走出去"企业境外合规风险防范的保障体系。

Abstract

The "Belt and Road" initiative has set off a second round of the "going out" boom for Chinese enterprises, but the quality of Chinese enterprises' overseas operations has failed to match its scale. In recent years, the risks of overseas compliance operations have been particularly acute, gradually evolving into a comprehensive rule risk. If an enterprise operates abroad in violation of international treaties, laws and regulations, industry norms and business practices of the host country, it will not only suffer legal sanctions, reputation and economic losses, but also damage the national image and seriously affect the security and sustainability of foreign economic and trade cooperation and foreign investment. How to guide Chinese enterprises to achieve overseas compliance operation in the "going out" process has become an urgent practical problem to be solved. The causes of overseas compliance operation risks of "going out" enterprises and the corresponding prevention strategies need urgent attention and explanation from the theoretical circle.

Focusing on the "going out" enterprises' overseas compliance operation risk, this project establishes a comprehensive research framework, including "risk factors-risk prevention mechanisms-enterprises' overseas compliance operation risk", comprehensively applying the interdisciplinary method of law and economics to carry out theoretical research on the causes and prevention of "going out" enterprises' overseas compliance operation risk, and tests and supports the theoretical development through mathematical modeling, dynamic simulation, empirical analysis and case analysis and other methodologies. Finally, based on the successful and unsuccessful experiences at home and abroad, this study forms the operational rules of risk prevention for enterprises' overseas compliance operations. The specific innovations of this project are as follows: first, in terms of causes of the "going out" enterprises' overseas compliance risk, existing research mostly consider the cause factors of violation of overseas regulations by enterprises from the one-sided and scattered perspectives. We apply pressure, opportunity and rationalization of the triangle formation framework to the generation process of "going out" enterprises' overseas compliance operation risk and form a comprehensive review and inspection to reveal the black box of "going out" enterprises' overseas compliance operation risk. Second, in terms of compliance risk prevention of "going out" enterprises' overseas compliance operation risk, we break through the limitations of previous studies that separate the causes and prevention of "going out" enterprises' overseas compliance operation risk. This project constructs a logical chain of the relationship among the causes, prevention mechanism and enterprises' overseas compliance operation risk. The research on the effect of interest incentive, punishment deterrence and value guidance on "going out" enterprises' overseas compliance operation risk is carried out along the framework of triangular causes of pressure, opportunity and rationalization. Third, in terms of the institutional factor of "going out" enterprises' overseas compliance operation risk, one of the biggest characteristics of overseas compliance operation risk that is different from domestic compliance risk is that enterprises' overseas operations have to face huge institutional differences between the host country and the home country. This project pays special attention to institution distance factors, and probe into the different influence of internal and external antecedents on "going out" enterprises' overseas compliance operation risk under the situation of three different institutional distances, which can fill in the blank of previous research. Fourth, starting from law and economics theory, legitimacy theory, institutional theory, corporate governance theory, compliance management theory, comprehensive risk management theory, this project contributes to the multidisciplinary, interdisciplinary, comprehensive and cross-disciplinary research on the prevention of "going out" enterprises' overseas compliance operation risk.

The first part is Research Summary on the Prevention of Chinese "Going out" Enterprises' Overseas Compliance Operation Risk. This project sorts out the literatures from four aspects: researches on assessment of enterprises' overseas compliance operation risk, researches on pressure-opportunity-rationalization causes of enterprises' overseas compliance operation risk, researches on the causes of enterprises' overseas compliance operation risk from the perspective of institutional distance and researches on interest incentive, punishment deterrent and value guidance of risk prevention of enterprises' overseas compliance operation from the perspective of law and economics.

The second part is Study on the Mechanism and Generative Evolution of Prevention of "Going out" Enterprises' Overseas Compliance Operation Risk. Firstly, this project investigates the mechanism of "going out" enterprises' overseas compliance operation risk formation from the perspective of pressure-opportunity-rationalization triangle. It also considers the moderating effects of economic distance, legal distance and cultural distance and the differences among them, and then analyzes three risk prevention mechanisms: interest incentive, punishment deterrence and value guidance. Secondly, based on the core mechanism of comparing the expected benefits and expected costs of enterprises' overseas violations, a mathematical model of the generation and evolution of enterprises' overseas compliance operation risk is constructed, and simulation method is used to present the generation and evolution rules of enterprises' overseas compliance operation risk.

The third part is Study on Transmission Mechanism of Prevention of "Going out" Enterprises' Overseas Compliance Operation Risk. First, based on MLP neural network, the project studies the risk warning of "going out" enterprises' overseas compliance operation risk. Second, the project empirically examines the influence of internal and external pressures, opportunities and rationalization factors on increasing enterprises' overseas compliance operation risk, and compare the moderating effects of institutional distance. Third, based on the cost and benefit analysis of law and economics, we examine the effect of compliance motivation factors at individual, organizational and system levels on the "going out" enterprises' overseas compliance operation risk by enhancing the legitimacy of transnational operations. The above research provides a useful supplement for the research from the perspective of law and economics. Finally, the structural equation model is established to test the transmission mechanism of internal and external interest incentive, punishment deterrence and value guidance on reducing enterprises' overseas compliance operation risk.

The fourth part is Case Study on Causes and Prevention of "Going out" Enterprises' Overseas Compliance Operation Risk. Firstly, we select four typical cases including A2 Expressway Project in Poland, Chinalco's acquisition of South Gobi Project, ZTE's export to Iran Telecom Project, and TikTok's ban event in the United States to carry out a multi-case study on the generation mechanism of Chinese "going out" enterprises' compliance operation risk. Then, we select five typical enterprises including the China Railway Construction Corporation, State Power Investment corporation, Zijin Mining, ZTE and Alibaba for vertical analysis and horizontal comparison of the whole process of causes and prevention of enterprise' overseas compliance operation risk. Finally, based on multiple case studies of four subsidiaries of China Railway Construction Corporation, we further find out from the perspective of legality that the prevention of "going-out" enterprises' overseas compliance operation risk can change from "decoupling" to "re-coupling" of compliance strategy and the stage process of co-evolution from the formation to the overcoming of the dual legitimacy disguise.

The fifth part is Prevention Operation Detailed Rules of Chinese "Going out" Enterprises' Overseas Compliance Operation Risk. This paper studies the prevention operation detailed rules of "going out" enterprises' overseas compliance operation risk for enterprises and governments in general. Subsequently, targeted at the long-arm jurisdiction, a representative type of "going out" enterprises' overseas compliance operation risk, targeted prevention operation detailed rules of "going out" enterprises' overseas compliance operation risk are put forward, thus a safeguard system for prevention of "going out" enterprises' overseas compliance operation risk is constructed.

目 录
CONTENTS

引论 ·· 1

第一篇 "走出去"企业境外合规经营风险防范的理论基础研究

第一章 企业境外合规经营风险评估的研究综述 ······················ 17
  第一节 企业境外合规经营风险类型 ·································· 17
  第二节 企业境外合规经营风险度量 ·································· 19
  第三节 企业境外合规经营风险数理模型 ······························ 20
  第四节 研究空间 ·· 21
  第五节 本章小结 ·· 21

第二章 企业境外合规经营风险的压力、机会与合理化成因的研究综述 ······ 23
  第一节 压力因素与企业境外合规经营风险研究 ························ 23
  第二节 机会因素与企业境外合规经营风险研究 ························ 25
  第三节 合理化因素与企业境外合规经营风险研究 ······················ 27
  第四节 研究空间 ·· 29
  第五节 本章小结 ·· 30

第三章 制度距离视角下的企业境外合规经营风险成因的研究综述 ········ 31
  第一节 企业境外经营中的制度环境与制度距离研究 ···················· 31
  第二节 多维制度距离与企业境外合规经营风险研究 ···················· 33
  第三节 研究空间 ·· 35

第四节　本章小结 ·· 36
第四章　法经济学视角下的企业境外合规经营风险防范的利益激励、惩罚
　　　　 威慑与价值引导的研究综述 ·· 37
　　第一节　法经济学视角下的企业境外合规经营风险防范 ··················· 37
　　第二节　利益激励与企业境外合规经营风险防范研究 ······················ 39
　　第三节　惩罚威慑与企业境外合规经营风险防范研究 ······················ 40
　　第四节　价值引导与企业境外合规经营风险防范研究 ······················ 43
　　第五节　研究空间 ·· 45
　　第六节　本章小结 ·· 45

第二篇　"走出去"企业境外合规经营风险的
理论机制及生成演化研究

第五章　"走出去"企业境外合规经营风险的成因机制研究：基于压力、
　　　　机会与合理化三角 ·· 49
　　第一节　内外部压力因素：海外绩效期望差距和东道国产业竞争程度 ····· 50
　　第二节　内外部机会因素：合规控制体系缺陷和东道国监管不确定性 ····· 52
　　第三节　内外部合理化因素：高管过度自信倾向和母国产业失范程度 ····· 54
　　第四节　不同制度距离调节三角因素与企业境外合规经营风险关系的
　　　　　　机制分析 ··· 55
　　第五节　本章小结 ·· 57
第六章　"走出去"企业境外合规经营风险的防范机制研究：基于利益
　　　　激励、惩罚威慑与价值引导 ·· 58
　　第一节　内外部利益激励：高管员工薪酬激励和母国产业政策激励 ······· 59
　　第二节　内外部惩罚威慑：高管强制变更威慑和同行企业制裁威慑 ······· 60
　　第三节　内外部价值引导：企业合规文化引导和大众媒体关注引导 ······· 61
　　第四节　总体理论框架 ·· 63
　　第五节　本章小结 ·· 65
第七章　"走出去"企业境外合规经营风险的生成演化机制研究 ··············· 66
　　第一节　企业境外经营基本环境设置 ··· 67
　　第二节　企业境外合规经营风险生成基础刻画：风险因素分析 ············ 69
　　第三节　企业境外合规经营风险消解途径刻画：风险防范分析 ············ 71
　　第四节　企业境外合规经营风险影响结果刻画：风险演变分析 ············ 74

第五节	企业境外合规经营风险水平的比较静态分析	77
第六节	企业境外合规经营风险频率的动态演化博弈	90
第七节	本章小结	98

第八章 "走出去"企业境外合规经营风险的生成演化仿真研究 … 99

第一节	NetLogo 多主体仿真方法简介	99
第二节	仿真实验环境设定	100
第三节	仿真实验规则设置	103
第四节	企业境外合规经营风险成因的仿真实验结果分析	106
第五节	企业境外合规经营风险防范的仿真实验结果分析	111
第六节	本章小结	116

第三篇 "走出去"企业境外合规经营风险成因与防范的传导机制研究

第九章 "走出去"企业境外合规经营风险预警实证研究：基于 MLP 神经网络 … 119

第一节	理论分析与研究设计	119
第二节	MLP 神经网络预警模型	121
第三节	数据与指标测量	123
第四节	预警结果分析	124
第五节	本章小结	128

第十章 "走出去"企业境外合规经营风险的压力、机会和合理化三角因素的实证研究 … 129

第一节	样本筛选	129
第二节	模型设定	131
第三节	变量说明与数据来源	136
第四节	结构方程模型实证检验结果	141
第五节	稳健性检验	152
第六节	本章小结	156

第十一章 法经济学视角下的"走出去"企业境外合规经营风险防范的传导机制研究 … 157

第一节	理论分析与假设提出	157
第二节	样本与变量测度	160

第三节　模型构建 …………………………………………………… 162
　　第四节　实证结果分析 ………………………………………………… 163
　　第五节　本章小结 …………………………………………………… 171
第十二章　"走出去"企业境外合规经营风险的防范机制实证研究：基于
　　　　　利益激励、惩罚威慑与价值引导 ………………………………… 172
　　第一节　样本筛选 …………………………………………………… 172
　　第二节　模型设定 …………………………………………………… 173
　　第三节　变量说明与数据来源 ………………………………………… 176
　　第四节　结构方程模型实证检验结果 ………………………………… 179
　　第五节　稳健性检验 ………………………………………………… 189
　　第六节　本章小结 …………………………………………………… 195

第四篇　"走出去"企业境外合规经营风险 成因与防范的案例分析

第十三章　"走出去"企业境外合规经营风险成因的多案例分析 ……… 199
　　第一节　理论背景 …………………………………………………… 199
　　第二节　多案例研究设计 …………………………………………… 203
　　第三节　环保合规风险案例研究：中海外波兰 A2 高速公路项目 …… 207
　　第四节　国家安全审查合规经营风险案例研究：中国铝业收购
　　　　　南戈壁项目 ………………………………………………… 214
　　第五节　长臂管辖合规风险案例研究：中兴通讯出口伊朗电信案例 … 222
　　第六节　新兴数据合规风险案例：美国封禁 TikTok 案例 ………… 226
　　第七节　跨案例分析 ………………………………………………… 231
　　第八节　本章小结 …………………………………………………… 237
第十四章　"走出去"企业境外合规经营风险的成因与防范策略的多
　　　　　案例分析 …………………………………………………… 238
　　第一节　案例选取与资料编码 ………………………………………… 238
　　第二节　中国铁建境外合规经营风险成因与防范的案例分析 ……… 240
　　第三节　国家电投境外合规经营风险成因与防范的案例分析 ……… 252
　　第四节　紫金矿业境外合规经营风险成因与防范的案例分析 ……… 264
　　第五节　中兴通讯境外合规经营风险成因与防范的案例分析 ……… 275
　　第六节　阿里巴巴境外合规经营风险成因与防范的案例分析 ……… 288

第七节 案例横向比较与总结 ………………………………………… 299
第八节 本章小结 ……………………………………………………… 303

第十五章 双元合法性视角下的"走出去"企业境外合规经营风险动态防范的案例分析 …………………………………………………… 304
第一节 文献综述与理论框架 ………………………………………… 304
第二节 案例研究设计 ………………………………………………… 307
第三节 案例发现 ……………………………………………………… 311
第四节 本章小结 ……………………………………………………… 318

第五篇 中国"走出去"企业境外合规经营风险防范操作细则研究

第十六章 "走出去"境外合规经营风险防范之企业一般策略工具的操作细则 ………………………………………………………… 321
第一节 全方位提升境外合规经营风险意识 ………………………… 321
第二节 全系统完善境外合规经营体制机制 ………………………… 322
第三节 全流程加强境外合规经营风险管控 ………………………… 322
第四节 本章小结 ……………………………………………………… 323

第十七章 "走出去"境外合规经营风险防范之政府一般政策服务的操作细则 ………………………………………………………… 324
第一节 合规红利正向激励,让境外经营"不必违规" ……………… 324
第二节 合规入法惩处威慑,让境外经营"不敢违规" ……………… 325
第三节 合规氛围培育引导,让境外经营"不愿违规" ……………… 326
第四节 本章小结 ……………………………………………………… 326

第十八章 "走出去"境外合规重点领域之长臂管辖合规风险防范的企业操作细则 …………………………………………………… 328
第一节 设置避开长臂管辖"合规陷阱"的隔离带和警报器 ……… 328
第二节 形成高质量母子公司合规枢纽,提升合规内控透明度 …… 329
第三节 "全方位合规"防控完成"新兴""传统"全面布控 ……… 329
第四节 本章小结 ……………………………………………………… 330

第十九章 "走出去"境外合规重点领域之长臂管辖合规风险防范的政府操作细则 …………………………………………………… 331
第一节 模拟欧美本土企业合规"惩罚"与"红利"环境 ………… 331

5

第二节　完善管理制度指引,落实"实质合规" ………………………… 332

第三节　强化信息服务与法律支撑体系,做好一站式排查境外合规

　　　　经营风险支撑 …………………………………………………… 332

第四节　本章小结 …………………………………………………… 333

附　录

附录A　应用对策性成果 …………………………………………… 337

附录B　2009—2019年中国"走出去"企业境外违规经营事件一览 ………… 390

参考文献 ……………………………………………………………… 398

引　论

一、写作的背景和意义

(一) 研究背景

"一带一路"倡议纵深发展,中国企业掀起了第二轮"走出去"的热潮,开创发展新机遇,谋求发展新动力,拓展发展新空间。据商务部统计,2019年中国对外直接投资额1369.1亿美元,跃升成为全球第二大对外投资国。同年,对外承包工程业务完成营业额1729亿美元,新签合同额2602.5亿美元,已成为当前中国企业参与共建"一带一路"的主要方式。然而,中国企业"走出去"境外经营既存在较好机遇,也面临诸多风险和挑战。"走出去"企业境外合规经营风险殊为严峻,最直观的数据是世界银行制裁名单中暴增的中国企业数量。2019年,772家中国企业因欺诈、腐败等不合规行为被世界银行列入制裁名单,相比2018年增长近20倍。此外,中国公司法务研究院等发布的《2017—2018中国合规及反商业贿赂调研报告》对中国企业受境外调查执法的结果显示,50%的企业曾受到行政调查,45.45%的企业曾受到行政处罚,27.27%的企业曾受到刑事调查。

"十四五"规划明确提出:"引导企业加强合规管理,防范化解境外政治、经济、安全等各类风险。"近两年来,国家相关部委相继发布了《民营企业境外投资经营行为规范》《合规管理体系指南》《中央企业合规管理指引(试行)》以及《企业境外经营合规管理指引》,为企业走出去提供了一个初步的合规管理体系参考框架。但即使在中央层面,政策制定者已经意识到合规问题的重要性,全球化进入价值链竞争的新时代背景中,中国企业境外经营仍然暴露在无处不在的合规风险之下,不规范行为的负面影响进一步加大。

"走出去"中企境外合规经营面临"内忧外患"的局面:

(1)"走出去"企业薄弱的境外合规经营理念驱动违规行为。相比欧美从20世纪90年代开始发展合规体系,中国合规管理体系建设起步较晚。银保监会在

2006年制定并实施《商业银行合规风险管理指引》,其中使用了合规的概念,自此从金融机构逐步延伸至其他行业。但在2018年里程碑式的"中兴事件"爆发后,中国才算真正步入了合规元年。商务部《中国对外投资发展报告2018》指出,与成熟的市场经济国家相比,特别是国际知名的跨国公司,部分中国企业在国际投资活动中的短板十分明显:没有履行社会责任意识,没有承担促进市场公平竞争和规范市场秩序的责任,遵纪守法的理念不强,保护劳工权益意识薄弱。在这些滞后思维的指导下,"走出去"企业在境外经营中最常出现欺诈、贿赂、低价不当竞争等违规的错误。最直观的证据是中国工程企业常常因为招投标过程中的虚假陈述招致国际多边开发银行的处罚,与其他国家可能触犯世界银行列入制裁的五类行为不同,中国企业中因为欺诈行为被处罚的企业占到了95%以上,2019年中国铁建集团及其旗下全球730家子公司被共同制裁,导致中国公司被世界银行制裁数量反超加拿大成为榜单第一。一些中企违规的典型案例——例如,华为和中兴通讯两家公司被爆出卷入阿尔及利亚国有电信公司总金额达1000万第纳尔的腐败案,涉案的两名高管被判处十年监禁,并受到国际通缉;中国铁建120亿沙特麦加轻轨项目、中国中铁所属中海外联合体21.7亿波兰高速公路项目"以低价换市场",招致海外同行谴责和巨额的违约赔偿。

(2)"走出去"企业遭遇欧美针对性规则操纵下的合规陷阱。近年来全球多国政府监管范围不断拓宽,执法力度持续加大,对违反法律规定的企业,从曾经的事后处罚提升到事前预防,对企业合规风险应对能力提出了更高要求。传统的合规监管强势的欧美国家,以美国《反海外腐败法》《萨班斯—奥克斯利法案》、英国《反贿赂法》等法案为代表,继续坚持实施有力的监管政策的同时,保护主义逐步抬头。美国作为全球企业合规管理的风向标,擅长借助其法律条文编织"合法性"外衣,在投资审查、出口管制、反腐败、金融监管等多个领域实施针对性"长臂管辖",由此产生的合规问题不断挑动中国"走出去"企业的神经。《2017—2018中国合规及反商业贿赂调研报告》指出,中国企业境外经营将近50%的处罚来自美国。2018年英国《国家安全与投资白皮书》、德国《对外贸易和支付条例》修正案、2019年欧盟《外资审查条例》、美国《外国投资风险评估现代化法》相继出台,针对中企跨境交易进行"放大镜"式的审查,以不合规为由限制关键基础设施、技术、原材料领域的国际投资,使"走出去"中企陷入境外违规经营的困境。典型如反垄断和国家安全审查被众多"走出去"进行海外投资合作的中国企业视为最大障碍,伴随着资产剥离、交易终止、大额罚金和高额的反向"分手费"等可能产生的损失。中集集团对荷兰博格工业收购中,欧盟委员会宣称这项集合全球最大的两家国际标准集装箱生产商的收购案构成"准垄断"局面,进而否决了该笔交易;蚂蚁金服收购速汇金,因美国担心国民个人账户数据安全而遭到阻挠;吉利收购戴姆勒遭遇德国政府从严合规审查;华为、科大讯飞、旷视科技等147家中国科技企业和机构被列入美国商务部"实体清单";中广核英国欣克利角项目因为国家安全审查,历经数年的运作和博弈,险些失败;美国商务部以TikTok对美国用户个人隐私数据收集不合规为由提出"封禁令",将TikTok列为美国数据安全的"重大威胁"。

(3)"走出去"企业滞后的防范能力难以应对复杂合规风险。随着国际环境的变化和企业的发展,合规风险领域呈多元化拓展,逐渐从最初的反海外腐败,发展到反垄断、反洗钱、承担企业社会责任、环境保护,再到近年的知识产权、跨境数据流动、消费者隐私和商业秘密领域等最新领域,几乎囊括了企业经营行为的方方面面。企业境外合规经营风险很少再单纯以某种单一形式呈现,而更多地作为不同违规因素交织下的产物,TikTok跨境数据合规之争正是这种变化趋势下的一个缩影。2020年9月,美国商务部以TikTok对美国用户个人隐私数据收集不合规为由提出"封禁令",将TikTok列为美国数据安全的"重大威胁",这起事件的两大主要原因:一是数据"收集肆意""上锁失职""不当滥用"的国内违规习惯导致TikTok被欧美监管机构重点关注;二是"中国崛起威胁论"甚嚣尘上,美国构筑"数字铁幕",将"数字炮舰政策"打压的目标瞄准中国互联网生态最有活力的企业。然而,境外合规风险"十面埋伏"的处境之中,中企防范能力却"原地踏步",普华永道的《2019年"一带一路"境外投资风险防控现状与对策》调研表明,超过41%的中国企业尚未建立常态化的风险识别机制;《中国企业对外投资现状及意向调查报告(2019年)》显示,仅37.8%的中国企业设有独立合规部门,61.9%的企业开展过合规培训,18%的企业设置了专职境外监督人员,45%的企业定期派出总部人员进行现场检查或审计。迟钝的合规热点追踪意识、不健全的合规管理制度、被边缘化的合规内控部门、薄弱的合规风险预警处置能力、匮乏的制度和基础设施供给,极大地掣肘了企业"走出去"的步伐。

综上可见,中国企业在境外经营过程中的合规经营风险已经从单纯的法律风险演变为综合性的规则风险。企业境外经营触犯国际条约、东道国法律法规、监管规定、行业准则和商业惯例,不仅会使自身遭受法律制裁,产生声誉和经济损失,还会伤害国家形象,严重影响对外经贸合作、对外投资的安全性和可持续性。因此,如何指导中国企业在"走出去"的过程中实现境外合规经营已成为亟待解决的现实问题,探索"走出去"企业境外合规经营风险成因,进而制定针对性的防范策略,具有重要理论和现实意义。

（二）研究价值和意义

1.研究的理论意义

本书构建"成因因素—防范机制—企业境外合规经营风险"的综合研究框架，深入展开"走出去"企业境外合规经营风险的成因与防范的研究。本书具有如下理论意义：

首先，形成一条串联成因因素、防范机制与企业境外合规经营风险三者关系的逻辑链条。探讨哪些因素综合影响企业境外合规经营风险生成，又有哪些针对性的防范机制能够有效保障企业境外合规经营。沿着压力、机会和合理化三角成因框架这一思路开展的利益激励、惩罚威慑和价值引导对防范企业境外合规经营风险作用的研究，真正将企业境外合规经营风险中的成因因素与防范机制结合起来。

其次，揭示"走出去"企业境外合规经营风险的生成演化机制，打开"走出去"企业境外合规经营风险黑箱。在压力、机会、合理化三角成因理论逻辑下，特别考虑到企业境外合规经营风险不同于国内合规风险的最大特点是企业境外经营要面对东道国和母国之间巨大的制度差异，明确地将制度距离理论与三角成因理论结合，摸清企业境外合规经营风险生成演化规律。

最后，形成具有跨学科理论深度与现实经验基础的"走出去"企业境外合规经营风险防范操作细则。课题综合运用综合法经济学、合法性理论、制度理论、公司治理理论、合规管理理论、全面风险管理理论等多学科思想，贡献于跨学科、综合的、交叉的中国"走出去"企业境外合规经营风险成因与防范研究，沿着理论框架结合国内外经验与教训进行了理论与实践结合的防范操作细则制定。

2.研究的现实意义

近两年来，国家相关部委相继发布了《民营企业境外投资经营行为规范》《合规管理体系指南》《中央企业合规管理指引（试行）》以及《企业境外经营合规管理指引》，为企业"走出去"提供了一个初步的合规管理体系参考框架。但即使在中央层面，政策制定者已经意识到合规问题的重要性，全球化进入价值链竞争的新时代背景中，中国企业境外经营仍然暴露在无处不在的合规风险之下，不规范行为的负面影响进一步加大。"走出去"中企境外合规经营面临着薄弱的境外合规经营理念驱动违规行为、欧美针对性规则操纵下的合规陷阱和滞后的防范能力难以应对复杂合规风险的三大难题。对此，本书具有如下现实意义：

首先，针对"走出去"企业薄弱的境外合规经营理念驱动违规行为的第一个难题，本书在回顾"走出去"中国企业境外合规经营实践发展历程的基础上，应用压力、机会和合理化三角框架全景式地呈现了"走出去"企业境外合规经营风险的内外部因素以及这些因素的影响机制,从而对"走出去"中国企业境外经营合规理念薄弱、违规行动的来龙去脉有了更深入的了解,对于指导"走出去"中国企业在境外合规经营风险防范中充分识别关键风险因素进而"有的放矢""对症下药"实施防范具有重要的现实意义。

其次,针对"走出去"企业遭遇欧美针对性规则操纵下的合规陷阱的第二个难题,本书纳入制度距离视角的企业境外合规经营风险研究,对于制度因素以及不同制度距离维度产生的影响进行了细致的探讨,建立企业境外合规经营风险预警指标与模型,并对"走出去"中国企业面对的欧美高压监管导致的境外合规经营风险成因与防范进行了专题研究形成应用对策性成果,对于指导"走出去"中国企业在境外合规经营风险防范中知己知彼、及时破解欧美"合规陷阱"具有重要的现实意义。

最后,针对"走出去"企业滞后的防范能力难以应对复杂合规风险的第三个难题,本书立足于中国"走出去"企业境外合规经营风险的现状,结合中国企业在"走出去"境外经营过程中因合规问题而遭遇滑铁卢的经验教训以及因此自主摸索形成的应对策略、中国政府在宏观层面上展开的规范摸索努力和尝试、国际合规的先进经验,从企业和政府两个层面提出操作细则,对中国企业在"一带一路"倡议背景下高质量"走出去"、有效防控长臂管辖合规风险、实现跨境数据合规,进而全面提升境外合规风险防范能力具有重要的现实意义。

二、基本概念概述

(一)"走出去"企业境外合规经营风险

"走出去"是指我国企业在国际市场上开展产品、服务、技术、劳动力、管理等的竞争与合作,企业到国外投资,设立生产经营机构,向境外延伸研发、生产和营销,在多个国家和地区配置资源。2018年,国家发展改革委联合七部门出台的《企业境外经营合规管理指引》,对开展境外投资、对外承包工程等"走出去"相关业务的中国企业加强境外合规经营提出了更为明确的要求。

所有企业经营均处在法律监管和社会规范交织的环境之中,合规是企业用来确保其成员和经营过程遵守法律法规命令、行业准则、内部规范和期望等行为约束的手段(Griffith,2016;Martinez,2020),或者说企业合规经营是"组织采取的一种政策和控制系统,以制止违法行为,并向外部当局保证组织正在采取措施制止这样的行为"(Haugh,2018)。合规的"规"涵盖了法律规则和伦理规范,即存在

"硬法"和"软法"双重关注点：第一，合规努力试图阻止刑事（如洗钱、内幕交易、贿赂、欺诈等）或民事（如劳工健康、隐私、环境保护等）的违法行为，减少企业承担的"上级责任"（Haugh，2018；Larkin and Seibler，2016）；第二，合规体系会趋向与商业伦理道德、社会责任相符合（Weller，2020），不道德的商业行为反映了定义一个组织经营文化的价值观、态度、信仰、语言和行为模式，企业需要用以诚信为基础的方法将对法律的关注和对道德责任的关注结合起来（Paine，1994）。合规功能的核心任务是将与违规行为相关的下行风险降到最低（Griffith，2016），与企业风险管理功能有很大部分的重叠（Bainbridge，2009）。治理、风险与合规（Governance，Risk and Compliance，GRC）的合并逐渐兴起，其雏形来自2003年美国《联邦量刑指南》提出的有效合规方案标准，包括合规标准程序、高层管理监督、自由裁量权授予、合规培训和沟通、激励和纪律政策、监督和审计、应对和预防，这七个要素构成了理解和管理合规风险的基础（Benedek，2012）。Pricewaterhouse Coopers（2004）最早提出通过战略性地将GRC整合到组织业务中以创造价值，并认为合规是风险管理中心的一个严重缺口，将合规风险定义为因未能符合法律法规、内部标准和政策，以及客户、员工和社会等主要利益相关者的期望，而对组织的商业模式、声誉和财务状况造成损害的风险。Basel Committee（2005）将合规风险定义为由于企业未能遵守适用于其活动的法律、法规、规则、自律组织相关标准和行为准则而遭受法律或监管制裁、材料经济损失或声誉损失的可能性。综上，本书对企业"走出去"境外合规风险的定义为：企业在境外市场设立分支机构、开展生产经营活动时未能遵守适用的法律法规、国际条约、监管规定、行业准则、商业惯例、道德规范、公司章程等要求，导致法律制裁、声誉和经济损失的可能性。

（二）压力、机会与合理化

企业境外经营未能遵守法律法规和道德规范，意味着企业采取了不当、违规或非法行为，实施了制度边界之外的非正式的经济活动（Webb et al.，2013）。审计研究中通常使用"欺诈三角"作为分解欺诈风险前因的分析框架，Schnatterly等（2018）将其进一步推广到欺诈行为的限制之外，利用这个框架来组织和强调其他形式的违规行为的一般前因，并提供了一种共同的语言来描述：压力反映了违规的必要性（"不得不"）；机会意味着有能力去做错误的事情，并期望违规行为不会被发现和制裁（"我可以"）；合理化则是使那些违反了是非标准的行动者继续认为自己是有道德的和始终如一的心理策略（"没关系"）。压力是企业不喜欢的事件或条件，当企业在境外经营中无法应对环境要求时会产生负面感受或消极信念，如果企业无法通过合法手段实现自己的目标或因为目标障碍产生不公平感时,就有动机诉诸境外违规行为(Greve et al.,2010);机会是企业感知到违规行为被发现的可能性很低的情形,为企业提供利用内外部监督和监管漏洞谋取境外违规好处的条件(Baucus et al.,1994);合理化的本质是一种心理过程,该过程允许企业通过找借口使原本不合理的行为显得正当,从而压制境外违规经营的不适感与负罪感,解决其行为与社会道德之间的冲突(Trompeter et al.,2013)。

(三)制度环境与制度距离

制度是一个社会的游戏规则,是为规范社会个体间的相互关系而特别设定的某种制约,涵盖了所有"人类设计的约束政治、经济和社会互动的结构"(North,1990)。制度距离是国家与国家之间制度环境上的差异性。在制度距离的维度划分上,North(1990)考虑了正式制度距离和非正式制度距离;Scott(1995)则认为制度的内涵由管制、规范和认知三支柱构成,Kostova(1996)据此将制度距离定义为国家和地区间在管制、规范和认知环境上的差异或相似程度。研究表明,这些不同维度勾勒出的国家制度轮廓可以解释一国政策、社会规范和价值观体系对企业境外经营行为的影响。

本书将制度距离划分为经济距离、法律距离和文化距离。经济距离是母国和东道国之间在经济制度环境发展质量方面的差异性,商业惯例、商业交流风格和市场取向取决于经济制度环境的发展质量(Wu,2009);法律距离是母国和东道国之间在具有强制性、成文性的各类法律、法规方面的差异性;文化距离即非正式制度距离,文化距离定义为母国和东道国在价值观、信仰、习俗、传统和行为准则方面的差异,涵盖了认知制度属性和规范制度属性(Muthuri and Gilbert,2011)。本书之所以将制度距离划分为经济距离、法律距离和文化距离,是因为这三种制度距离与压力、机会和合理化因素有所对应。本书关注围绕企业绩效和产业竞争的经济压力因素、围绕自我监督缺位和强制监管不确定性的机会因素,以及围绕个体认知偏差和群体败德心理的合理化因素。经济距离影响商业环境和市场取向、法律距离影响监督和监管环境、文化距离影响认知观念和道德规范,这三种制度距离的调节作用显得尤为突出,能够与本书压力、机会和合理化的三角成因分析更密切地结合在一起。

(四)利益激励、惩罚威慑与价值引导

利益激励以奖励积极行为的"胡萝卜"为核心,被视作实现企业合规经营的基本成分(Schwartz and Goldberg,2014)。利益激励直接且积极地肯定员工行为对企业整体合规的重要性,对员工的努力、毅力和绩效有着积极的作用(Goel et al.,2021)。利益激励是一种经济的方法,促使寻求更低生产成本的企业减少违规行为的动机强化,提高企业底线利润,使合规变得更为容易(Potoski and Prakash,2004;Deng,2020)。因此,本书关注的利益激励的概念是:通过有形和无形的奖励提高企业满足感、自我效能感,抑制短视思维、消极努力与不当行为,激发企业合规经营的积极性并使之发扬和持续(Zhong et al.,2021)。

惩罚威慑的基本理论基于"经济人"的核心假设,即将任何逐利的企业都视为"缺少是非道德观念的计算器"。传统的经济学观点通常认为,由于法律和制度约束的强制性和长期性,以惩罚的"大棒"为基础的强制执法是促进企业境外合规经营且无法被取代的有效手段(Short and Toffel,2010)。依据一般威慑理论,惩罚的威慑效应发生在观察者看到其他行动者因某种不当行为而受到惩罚,然后避免在未来复制类似行为的情况下,通过增加观察者对违规的确定性和惩罚后果严重性的感知,从而阻止观察者犯下类似的罪行(Bandura,1977;Stafford and Warr,1993)。因此,本书关注的惩罚威慑的概念是:通过惩罚增加企业境外违规行为的成本,使之产生畏惧感和警戒感,从而依据对威胁和危险行为后果的理解规范行动(D'Arcy et al.,2009;Yiu et al.,2014)。

价值引导的基本理论从"社会人"的核心假设出发,学者们认为企业境外合规存在自发性并且企业境外经营环境存在多变性,合规目标不可能仅仅通过加强的规则和要求来实现,除此之外还必须利用价值引导吸引企业的渴望(Deci and Ryan,1985;Michaelson,2006;Kagan and Scholz,1980)。许多学者指出利用柔性手段引导企业增加规范行为的内在动机,相比用奖惩的刚性工具减少违规行为的外在动机更重要。本书关注的价值引导的定义是:通过宣传、说服、教育的方式向企业灌输某种特定的价值要求与行为规范,使之接受并主动践履,从而将合规目标内化为自觉行动(Hofeditz et al.,2017;朱贻庭,2002)。

三、研究内容、方法和结构

(一)研究内容

本书建立"成因因素—防范机制—企业境外合规经营风险"的综合研究框架,以中国"走出去"企业境外合规经营风险为研究对象,综合应用法与经济学的交叉学科方法,解构"走出去"企业合规经营风险的具体因素以及这些因素的影响机制,在此基础上探究"走出去"企业境外合规经营风险的防范机制,进而结合成功、失败经验以及国际经验借鉴,形成"走出去"境外合规经营风险防范的企业和政府两个层面的操作细则,最终确保我国"走出去"战略和"一带一路"倡议的顺利实施,确保投资者和国家利益的安全与可持续。

中国企业在参与国际竞争的过程中有效防控境外合规经营风险已经成为确保"走出去"战略顺利实施、确保投资者安全和国家利益可持续的核心关键。本书力图解决如下五个主要问题：(1)"走出去"企业境外合规经营风险的现状是什么？本书基于对中国企业"走出去"过程中合规管理、合规运行历史和现状的调查，概括出目前潜在的合规风险的一般特征和主要类型，奠定研究深入的基础。(2)"走出去"企业境外合规经营风险的成因因素以及因素的影响机制是什么？本书综合应用"压力—机会—合理化"成因三角、MLP神经网络模型对成因因素及其影响机制进行深入剖析，奠定防范机制研究的基础。(3)"走出去"企业境外合规经营风险的生成演化规律如何？本书综合应用数理模型、动态仿真对企业境外合规经营风险生成演化的过程进行刻画与模拟，掌握企业境外合规经营风险的动态演变规律。(4)"走出去"企业境外合规经营风险的防范机制如何？本书应用法经济学视角，基于利益激励、惩罚威慑、价值引导的防范机制分析，探讨企业境外合规经营风险防范的传导机制与动态转变路径，奠定后续凝练境外合规经营风险防范操作细则的根本基础。(5)中国"走出去"企业境外合规经营风险防范的操作细则如何？本书区分一般途径与重点领域，归纳企业和政策两个层面的操作细则，以期为中国"走出去"企业境外合规实践提供指导。具体而言，本书的主要内容分为如下五个部分：

第一部分，对"走出去"企业境外合规经营风险成因与防范的理论基础进行总述。本部分在综合梳理欺诈三角理论、制度理论、合规管理理论、公司治理理论、全面风险管理理论、法经济学的相关文献的基础上，概括形成：(1)企业境外合规经营风险评估研究综述；(2)企业境外合规经营风险的压力、机会和合理化的成因研究综述；(3)制度距离视角的企业境外合规经营风险成因研究综述；(4)法经济学视角下企业境外合规经营风险防范的利益激励、惩罚威慑与价值引导的研究综述。由此，通过文献梳理总结，形成企业境外合规经营风险成因与防范分析的基本思路和方向。

第二部分，展开"走出去"企业境外合规经营风险的理论机制及生成演化研究。首先，本部分考察压力、机会和合理化三角成因视角下企业境外合规经营风险成因机制，考虑了经济距离、法律距离和文化距离的调节效应存在的差异，然后分析了利益激励、惩罚威慑和价值引导三类机制如何通过缓解压力、抑制机会和减少合理化因素的影响发挥企业境外合规经营风险防范作用，由此构建了企业境外合规经营风险成因与防范的综合分析理论框架。其次，本部分借助数理模型和仿真手段研究"走出去"企业境外合规经营风险的生成演化过程，围绕企业对境外违规的预期收益和预期成本比较的核心机制构建数理模型并引入演化博弈分析,探讨企业境外合规经营风险的生成演化机制,依据数理模型的构建和推导对前部分理论框架进行深入剖析并利用数理分析提供逻辑支撑。在此基础上,应用Netlogo多主体仿真对企业境外合规经营风险的仿真系统环境与行为主体属性和规则进行刻画,生动地呈现企业境外合规经营风险演变的内在规律。

第三部分,展开"走出去"企业境外合规经营风险的成因与防范的传导机制研究。首先,通过MLP神经网络模型进行企业境外合规经营情况风险预警分析,完成了中国"走出去"企业主要境外经营地区的合规风险等级划分。其次,实证性检验内外部压力、机会和合理化因素对增加企业境外合规经营风险的影响,比较经济距离、法律距离和文化距离三种制度距离对压力、机会和合理化因素调节的效应的差异。再次,在法经济学的成本和收益分析基础上,聚焦个人、组织和系统层次的合规动机因素通过提升跨国经营合法性对"走出去"企业境外合规经营风险防范的影响,为研究提供经济学视角的有益补充。最后,建立结构方程模型实证检验内外部的利益激励、惩罚威慑和价值引导三种防范机制对降低企业境外合规经营风险的传导机制。

第四部分,展开"走出去"企业境外合规经营风险成因与防范的案例分析。首先,选取中海外波兰A2高速公路项目、中国铝业收购南戈壁项目、中兴通讯出口伊朗电信案例、美国封禁TikTok四起中国跨国企业境外合规经营经典案例,通过纵向分析和横向比较,展开"走出去"企业境外合规经营风险成因的多案例分析。然后,选取中国铁建、国家电投、紫金矿业、中兴通讯和阿里巴巴五家典型企业进行"风险成因—风险水平—防范机制—防范效果"的全过程纵向案例分析,揭示"走出去"企业从境外违规操作向境外合规经营转变、从分散性的境外合规经营风险防范向系统性的境外合规经营风险防范体系构建转变的动态过程。最后,选取中国铁建下属的中国土木工程集团、中国铁建国际集团、中铁二十三局及中铁建设集团四家一级子公司,通过扎根理论的多案例分析,归纳出象征性和实质性合规、内部和外部合法性、主动和被动风险防范等构念,剖析从"脱钩"到"重新耦合"的合规战略转变与双元合法性假面从形成到克服共同演化的阶段性过程驱动的企业境外合规风险防范能力提升的动态过程。

第五部分,展开中国"走出去"企业境外合规经营风险防范操作细则研究。本部分依据中国"走出去"企业境外合规经营实践的现实情况,从企业和政府两方面提出对策建议,形成指导中国"走出去"企业境外合规经营风险防范的一般途径和重点领域操作细则。首先,进行了境外合规经营风险防范一般化的企业策略工具和政府政策服务研究。随后,针对长臂管辖重点境外经营合规领域,进行针对性的境外合规经营风险防范操作细则说明,构建了中国"走出去"企业境外合规风防范的保障体系。

(二)研究方法

本书综合运用了理论研究、模型构建、动态仿真、实证分析与案例研究等方法并加以深化和拓展,形成了一系列研究成果。

1. 文献研究

本书在REPEC、Willey Interscience、SSRN、NBER、JSTOR、维普全文期刊数据库、中国学术期刊网等数种文献电子数据库进行文献检索。本书更广泛涉猎了与对外直接投资、产业分析、风险、制度、法学等方面相关的多个学科,综合梳理欺诈三角理论、制度理论、合规管理理论、公司治理理论、全面风险管理理论、法经济学的相关文献。

2. 数学建模

本书基于异质性企业违规成本收益分析对企业境外合规经营风险生成演化的过程进行建模,并引入演化博弈分析刻画企业境外合规经营风险动态。通过数理模型,分析企业境外合规经营风险的生成基础、消解途径和影响结果。

3. 动态仿真

仿真实验是一个利用计算机软件对现实中过程、系统或事件的运转(Operation)进行建模的方法,能够有效地融合归纳性案例、数理模型和统计检验,有利于解析合规风险的构成要素以及要素结构,识别合规风险生成的一般原理,揭示我国企业"走出去"过程中合规风险生成演化的内在规律。

4. 统计分析

本书以2009—2019年中国"走出去"境外经营企业为研究样本。利用中国全球投资跟踪问题交易数据库、世界银行制裁名单、国泰安数据库三大数据库,并辅以LexisNexis数据库、公司年报和公告、新闻媒体报道等资料获取"走出去"中国企业在"一带一路"沿线的境外合规问题事件。利用国泰安数据库、BvD-Osiris数据库、迪博内部控制指数数据库、中国商务部条法司、世界银行数据库、润灵社会责任评价数据库、CPEII数据库、AEI数据库、"一带一路"官网、联合国贸易统计、各国统计局及相关统计年鉴等数据库或公开资料作为数据来源,对应"走出去"企业境外合规经营风险的"成因三角—防范机制"理论分析框架,实证检验境外合规经营风险因素与防范机制。

5. 案例分析

遵循多案例研究与单案例研究相结合的一般原则和方法,综合运用数据分析、主题分析、内容分析等研究工具,对企业境外合规经营风险的成因与防范进行系统性的分析,对理论假设进行进一步检验。

(三)研究结构

本书分为五篇,共十九章。第一篇为"走出去"企业境外合规经营风险防范的理论基础研究,共分为四章(第一章至第四章);第二篇为"走出去"企业境外合规经营风险的理论机制与生成演化研究,共分为四章(第五章至第八章);第三篇为"走出去"企业境外合规经营风险成因与防范的传导机制研究,共分为四章(第九章至第十二章);第四篇为"走出去"企业境外合规经营风险成因与防范的案例分析,共分为三章(第十三章至第十五章);第五篇为中国"走出去"企业境外合规经营风险防范操作细则研究,共分为四章(第十六章至第十九章)。五篇研究分别就企业境外合规经营风险理论基础研究、理论机制、传导机制、案例分析与操作细则进行了系统、全局而又有所侧重的研究,共同构建起企业境外合规经营风险防范的理论指导与保障体系。全书五篇内容互为联系,前后承接,具体结构安排如下:

第一章为企业境外合规经营风险评估的研究综述,本章回顾了企业境外合规经营风险评估的国内外研究发展,重点从企业境外合规经营风险类型、企业境外合规经营风险度量、企业境外合规经营风险数理模型入手综述了企业境外合规经营风险评估研究的现有脉络。

第二章为企业境外合规经营风险的压力、机会与合理化成因的研究综述,本章应用三角分析框架,展开压力、机会和合理化因素与企业境外合规经营风险的研究综述,为后续研究的展开以及向风险防范机制的深入拓展奠定理论的基础。

第三章为制度距离视角下的企业境外合规经营风险成因的研究综述,本章从制度理论出发,探究制度环境和制度距离对"走出去"企业境外合规经营风险的影响。文献综述表明考虑不同制度距离维度的影响的研究尚有较大的拓展空间。

第四章为法经济学视角下的企业境外合规经营风险防范的利益激励、惩罚威慑与价值引导的研究综述,本章表明企业合规管理最关键的特征是法与经济的交叉融合,并关注应用这一领域研究最为核心工具——成本收益分析,然后回顾利益激励、惩罚威慑与价值引导三大防范机制的企业境外合规经营风险防范的国内外研究发展。

第五章为"走出去"企业境外合规经营风险的成因机制研究,本章围绕企业境外合规经营风险这一研究对象,考察压力、机会和合理化三角成因的构成要素以及三者对企业境外合规经营风险的具体影响机制,考虑经济距离、法律距离和文化距离三种制度具体在上述影响机制中的不同调节效应。

第六章为"走出去"企业境外合规经营风险的防范机制研究,在第五章压力、机会、合理化三角因素以及制度距离分析的基础上,本章关注利益激励、惩罚威慑和价值引导三类机制如何通过削弱压力、机会和合理化的三角因素发挥企业境外合规经营风险防范的作用。

第七章为"走出去"企业境外合规经营风险生成演化的数理模型研究,本章构建了一个异质性企业基于境外违规成本收益分析进行境外违规策略选择的模型,结合比较静态分析与动态的演化博弈分析,探讨企业境外合规经营风险的生成基础、消解途径和影响结果,对前文理论框架进行深入剖析并利用数理分析提供逻辑支撑,与理论章节的分析形成了前后呼应。

第八章为"走出去"企业境外合规经营风险生成演化的仿真研究,本章采用多主体仿真的研究方法,通过对企业境外合规经营风险的仿真系统环境与行为主体属性和规则的刻画,补充对不同制度距离下压力、机会和合理化三角因素以及利益激励、惩罚威慑和价值引导防范机制作用的企业境外合规经营风险系统动态演化规律的分析,为企业境外合规经营风险成因分析的核心理论假设提供了支持。

第九章为基于 MLP 神经网络的"走出去"企业境外合规经营风险预警实证研究,本章通过创新性地引入企业内外部境外合规风险因素,构建了以 3 层 DenseNet 为核心结构的 MLP 神经网络模型进行"走出去"企业境外合规经营风险预警实证研究。

第十章为"走出去"企业境外合规经营风险的压力、机会和合理化三角影响因素实证研究,旨在实证性检验内外部压力、机会和合理化因素对增加企业境外合规经营风险的影响,比较经济距离、法律距离和文化距离三种制度距离在压力、机会和合理化因素中的调节效应的差异,全面审查企业境外合规经营风险成因因素。

第十一章为法经济学视角下的"走出去"企业境外合规经营风险防范的传导机制研究,本章基于法经济学视角,从个人层面、组织层面、系统层面深度挖掘高管薪酬、内部控制、制度距离通过提升境外经营合法性发挥对企业境外合规经营风险防范的作用。

第十二章为"走出去"企业境外合规经营风险的利益激励、惩罚威慑与价值引导防范路径的实证研究,本章基于已剖析的企业境外合规经营风险的压力、机会和合理化成因,建立结构方程模型实证检验利益激励、惩罚威慑和价值引导通过削弱三角因素降低企业境外合规经营风险的作用机制。

第十三章为"走出去"企业境外合规经营风险成因的多案例分析,选取中海外波兰 A2 高速公路案例、中国铝业收购南戈壁案例、中兴通讯出口伊朗电信案例、美国封禁 TikTok 案例,追溯境外合规经营风险生成的内因和外因,描述出事件发生全链条。

　　第十四章为"走出去"企业境外合规经营风险的成因与防范策略的多案例分析。本章甄选中国铁建、国家电投、紫金矿业、中兴通讯、阿里巴巴五个典型企业，通过单案例纵向分析和跨案例横向比较，呈现企业从境外"违规操作"向"合规经营"转变的阶段性动态，为企业境外合规经营风险防范提供经验指导。

　　第十五章为"走出去"企业境外合规经营风险的动态防范策略多案例研究，基于对中国铁建四家子公司的纵向案例研究，本章归纳出象征性和实质性合规、内部和外部合法性、主动和被动风险防范等构念，揭示了企业从被动到主动风险防范能力提升的阶段性过程模型。

　　第十六章为"走出去"境外合规经营风险防范之企业一般策略工具的操作细则，提出全方位、全系统、全流程的境外合规经营风险防范的企业层面的对策建议，为"走出去"中国企业以合规经营打造"一带一路"形象大使提供指导。

　　第十七章为"走出去"境外合规经营风险防范之政府一般政策服务的操作细则，提出加强合规红利正向激励、合规入法惩处威慑、合规氛围培育引导的境外合规经营风险防范的政府层面的对策建议。

　　第十八章为"走出去"境外合规重点领域之长臂管辖合规风险防范的企业操作细则，提出设置避开长臂管辖"合规陷阱"的隔离带和警报器、形成高质量母子公司合规枢纽、全方位合规布控的操作细则建议，指导企业加强"一带一路"合规建设，破解欧美"长臂管辖"陷阱。

　　第十九章为"走出去"境外合规重点领域之长臂管辖合规风险防范的政府操作细则，提出模拟欧美本土企业合规"惩罚"与"红利"环境、完善管理制度指引落实"实质合规"、强化信息服务与法律支撑体系的操作细则建议，指导政府加强"一带一路"合规支撑，规避欧美"长臂管辖"陷阱。

第一篇 01
"走出去"企业境外合规经营风险防范的理论基础研究

第一章

企业境外合规经营风险评估的研究综述

第一节 企业境外合规经营风险类型

企业境外合规经营风险管理是企业合规风险管理随着"走出去"活动向境外经营的延续,仍然遵循一般的企业合规风险管理理论指导,只不过由于跨境经营的企业适用的各类规则更为复杂,需要审视企业境外合规经营风险成因及其防范的各类要素所起作用的差异。对应合规涵盖法律规则("硬法")和伦理规范("软法")双重关注点的定义,本节将企业境外合规经营风险类型划分为两部分,如表1-1所示:(1)围绕"硬法"的企业合规经营风险。包括海外反贿赂和反腐败(Spencer and Gomez,2011;Sampath and Rahman,2019;Sampath et al.,2018)、赴外上市公司财务丑闻(Chen,2016)、海外并购敏感性审查(Zhang et al.,2011)、反垄断审查(Gao et al.,2017)、商业秘密泄露(Hannah,2005)、欺诈(Cumming et al.,2015;Yiu et al.,2014)、跨境数据监管(Gozman and Willcocks,2019)、诉讼(Hutton et al.,2015)以及一般违法行为(Rehg et al.,2008)等;(2)围绕"软法"的企业合规经营风险。包括跨国供应商行为准则脱钩(Jajja et al.,2019;Egels-Zandén,2007;Kelling et al.,2021;Christmann and Taylor,2006)、不道德行为(Sullivan et al.,2007)等。

表1-1 企业境外合规经营风险类型

类型	变量描述和来源(如适用)	关键参考文献
围绕"硬法"的企业合规经营风险		
海外反贿赂和反腐败	子公司参与贿赂的需要;子公司经理报告腐败是否对公司业绩造成障碍。分类变量,开发的6个调查项目。	Spencer and Gomez,2011
	跨境交易中支付的贿赂金额。连续变量,美国司法部和证券交易委员会执法行动信息。	Sampath and Rahman,2019
	贿赂起诉。二分类变量,是否违反美国《反海外腐败法》。	Sampath et al.,2018

续表

类型	变量描述和来源(如适用)	关键参考文献
围绕"硬法"的企业合规经营风险		
赴外上市公司财务丑闻	破坏企业声誉和投资者信心的事件(如财务欺诈、盗窃、挪用公款和法律资产)。二分类变量,赴外上市公司是否在证券集体诉讼中被列为被告。	Chen,2016
海外并购敏感性审查	自然资源、高技术的敏感或受监管行业的海外并购失败项目。	Zhang et al.,2011
反垄断审查	合并会严重削弱竞争并违反反垄断法。二分变量,一笔交易在联邦贸易委员会和司法部的联合年度报告中被指控和记录为反垄断违规行为。	Gao et al.,2017
商业秘密泄露	员工对保护商业秘密义务的执行。连续变量,关于处理专有、敏感和机密信息的18项评分。	Hannah,2005
欺诈	故意歪曲或披露财务报表中的金额。二分类变量,中国证监会数据中认定的案例。	Cumming et al.,2015;Yiu et al.,2014
跨境数据监管	企业违反对其所持有的跨境数据安全、隐私及其管理方式透明化的监管要求。	Gozman and Willcocks,2019
诉讼	二分类变量,关于针对该公司的不同诉讼类型的信息可从美国国家刑事司法数据档案获得。	Hutton et al.,2015
一般违法行为	连续变量,在调查中发现的17种不当行为中,发现或直接证据证明公司内部有人犯了其中任何一种错误。	Rehg et al.,2008
围绕"软法"的企业合规经营风险		
跨国供应商行为准则脱钩	对社会责任准则 SA8000、ISO 26000 和 BSCI 规范、跨国公司实践准则执行情况。分类变量,李克特量表。	Jajja et al.,2019;Egels-Zandén,2007;Kelling et al.,2021;Christmann and Taylor,2006
不道德行为	连续变量,调查受访企业在24个类别中从事不道德行为的合适程度。	Sullivan et al.,2007

第二节　企业境外合规经营风险度量

在现有关于企业合规经营风险度量的研究中,一些研究关注特定类型的企业违规行为,并利用企业涉及违规事件的次数、金额、频率、数量等作为企业合规经营风险的替代测度。例如,在对腐败和贿赂风险的度量中,Sampath 和 Rahman(2019)使用了违反美国《反海外腐败法》的企业在跨境交易中支付的贿赂金额、Martin 等学者(2007)使用了企业参与贿赂活动的频率;在对诉讼风险的度量中,毛新述和孟杰(2013)使用了企业涉诉次数和涉诉金额;在对其他特定类型的不当行为风险的度量中还可见学者使用了企业安全缺陷产品召回数量(Zavyalova et al.,2012)、企业有毒物质排放的数量(Chatterji and Toffel,2010)、企业非正式劳动用工数量和劳工的工资拖欠数额(Malesky and Taussig,2017;Earle et al.,2010)等作为替代测度的方法。另一些研究则利用大范围、定期评估的企业环境、社会和治理(ESG)得分,例如,KLD 数据库中的"关注"指标评分、可持续分析评分、RepRisk 评级(Keig et al.,2015;Walker et al.,2016;Kölbel et al.,2017),测度企业实施不当商业行为时面临的合规风险。两种方法各自存在局限性:第一种方法仅聚焦于非常狭窄的某一维度合规问题,在研究综合性的企业境外合规经营风险时缺少适用性,第二种方法无法识别企业境外合规经营风险发生的时间和相应的损失,评分细节也并不完全透明(Fiaschi et al.,2020)。

考虑到上述方法的缺陷,事件研究法在企业合规经营风险水平度量中得到越来越多的应用。由于股票价格会依据公开可获取的信息调整,股价成为资本市场对企业违规行为反应的晴雨表(Baker et al.,2019)。企业违规行为会扰乱市场秩序、破坏良好治理环境,使投资者和社会因为损失大量资源、丧失对企业的信任而不再愿意参与金融市场(Giannetti and Wang,2016),企业利益相关者可以通过改变交易合同对企业施加惩罚,导致企业经历显著的财富恶化、营业利润率下降、业务合作伙伴的流失,被诉讼、司法调查和监管处罚的可能性增加(Amiram et al.,2018;Cline et al.,2018;Griffin et al.,2017),对企业经济后果造成大规模甚至毁灭性的打击。企业境外合规经营风险造成的总损失,包括法律制裁、消费者抵制、较低的投资意愿,都会反映在股价下跌中(Bouzzine and Lueg,2020;Kang,2008)。Karpoff(2012)认为企业由不当行为被揭露而造成的股票损失包括法律制裁和声誉损失,声誉损失来自企业被起诉时将精力用于调查导致运营费用增加、利益相关者改变与企业的商务条款、流失的客户或更高的合约损失。Sampath 等学者

(2018)利用事件研究方法衡量 1978—2010 年面临美国《反海外腐败法》调查的上市公司合规风险水平,表明包括监管处罚、集体诉讼和解以及名誉损失在内的股票价值损失总额达到 606.1 亿美元。Karpoff 等学者(2017)发现在标普上市的具有海外销售业务的公司中,22.9%的公司至少参与了一次违反美国《反海外腐败法》的海外贿赂,被执法的行贿公司面临的损失平均为市值的 5.1%,包括 3%的直接损失(法律成本、罚款、处罚和监控损失)和 1%的声誉损失,这些巨大的损失使得平均事后净值为-2.39%。Armour 等学者(2017)对英国企业不当行为的事件研究表明,声誉损失的股价反应几乎是监管罚款数额的 9 倍。Chen(2016)发现在美上市的外国公司在 1996 至 2013 年发生了 260 起丑闻,导致股东财富损失 1220 亿美元。

第三节 企业境外合规经营风险数理模型

从基础的合规决策角度出发,Becker(1968)的犯罪经济学最早为从经济学角度分析违规行为和防范合规风险提供了一个基本的数理模型框架,通过对违规成本、违规收益以及违规成本—收益的比较进行定量分析,可以找到违规成因和相应的防范措施;Calvó-Armengol 和 Zenou(2004)建立违规决策的动态博弈模型,表明主体通过成本收益分析决定是否参与违规以及投入的努力水平,并且违规者在社会互动效应的作用下将互相施加正面和负面的外部性。从法律监管角度出发,Gao 等学者(2020)围绕政府监管者和被监管企业之间的监控策略与合规决策博弈,分析了信息不对称条件下监管过程对企业合规的影响,表明当监管过程缺乏信息时,以遵从为基础的政府监管范式会失效,事故预期损失与学习预期成本分别与企业合规生产呈正相关和负相关的关系;Arguedas 和 Rousseau(2012)基于动态执行和学习的信号博弈表明,政府监管机构搜集信息并制定不同的监管策略,合规水平不如同行的企业会在下一期面临监管检查增加的风险;考虑到公共监管面临来自"私人政治"竞争的情形,即消费者越来越能影响和抵制企业、企业越来越自律并投资社会责任;Egorov 和 Harstad(2017)构建有限多阶段博弈的动态框架拓展分析了政府监管、企业自我监管和民众抵制之间的互动关系,表明如果缺乏积极的监管者,企业会提前进行自我监管,私人政治对企业有害;Chassang 和 Miquel(2019)构建"委托—代理—监督"模型分析委托人依托潜在的匿名举报人发送的信息来干预代理人的违规行为,成功的干预政策必须混淆举报人提供的信息且不能做出完全反应。从伦理规范角度出发,Spiekermann 和

Weiss(2016)考虑个人违反规范时所付出的心理成本随个人的主客观解释的不同而变化,构建违反规范时的认知失调模型来分析"道德避难所"现象,并指出社会规范往往会留下相当大的解释空间,为自私自利的偏见创造机会。Fischer 和 Huddart(2008)表明主体行为与社会规范相互作用,一个组织中个人的行为决定了该组织的社会规范,反之组织的社会规范会影响个人的行为,当主体对社会规范的敏感性不可观察时,会导致代价高昂的逆向选择问题。

第四节　研究空间

第一,已有研究对不同类型的企业合规经营风险展开了分析,为理解企业境外合规经营风险奠定了基础。这些分散在不同领域的研究汇聚在一起呈现了一个最重要、最基础的概念,即企业的境外合规经营规则与企业的境外合规经营风险是一一对应的关系,企业境外合规经营风险是比照企业境外合规经营规则遵守的不确定性而产生的风险。随着"走出去"企业生产经营的全球化,不同环节、不同领域、不同地域的企业境外合规经营义务叠加在一起,使得企业境外合规经营风险已成为综合性的规则风险。然而,现有文献大多聚焦于某一维度或特定类型的企业合规风险,涵盖不同维度和类型的企业境外合规经营风险研究不足。第二,现有度量企业合规经营风险方法,或是聚焦于非常狭窄的某一维度合规问题,在研究综合性的企业境外合规经营风险时缺少适用性,或是无法识别企业境外合规经营风险发生的时间和相应的损失,评分细节不够透明。事件研究法能够填补上述方法的缺陷,但尚未在中国企业境外合规经营风险度量中得到充分应用。第三,综合考虑相关因素的企业境外合规经营风险数理模型研究缺乏实质性进展,限制了企业境外合规经营风险理论机理的发展,这是后继研究需要着重解决的问题。

第五节　本章小结

本章回顾了企业境外合规经营风险评估的国内外研究发展,重点从企业境外合规经营风险类型、企业境外合规经营风险度量、企业境外合规经营风险数理模型入手综述了企业境外合规经营风险评估研究的现有脉络,在梳理现有研究理论进展的基础上,指出现有的文献一是针对涵盖不同维度和类型的企业境外合规经营风险研究不足,二是在度量上无法识别企业境外合规经营风险发生的时间和相应的损失,缺少适用于研究综合性的企业境外合规经营风险的方法,三是综合考虑相关因素的企业境外合规经营风险数理模型研究缺乏实质性进展,尚存在较大的研究空间。企业境外合规经营风险评估研究是企业境外合规经营风险成因与防范研究的基础,将为后续研究的展开提供良好的铺垫。

第二章

企业境外合规经营风险的压力、机会与合理化成因的研究综述

Cressey(1950)提出的"欺诈三角"提供了一个有效的概念框架,在已有研究中常常被应用于理解欺诈风险的成因。"欺诈三角"由压力(Pressure)、机会(Opportunity)和合理化(Rationalization)构成:压力来自不可分担的财务问题,后续也有研究提出非财务方面的压力,但财务绩效上的压力始终是违规者实施违规的最主要动力源;机会是指允许违规发生的情况或条件,违规者感知到系统中存在控制弱点、被抓住的可能性很小;合理化是试图减少违规者认知失调的因素,"什么是正确的"和"什么是我要做的"之间的矛盾必须得到调和,让违规者处在道德舒适区使违规行为得以继续(Dorminey et al.,2012;Ghafoor et al.,2019)。Schnatterly等学者(2018)将压力、机会和合理化的研究框架进一步拓展到欺诈风险的限制之外,利用这个框架来组织和强调其他形式的违规行为的一般前因,并结合了通俗的语言来加以描述:压力反映了违规的必要性("不得不");机会意味着有能力去做错误的事情,并期望违规行为不会被发现和制裁("我可以");合理化则是使那些违反了是非标准的行动者继续认为自己是有道德的和始终如一的心理策略("没关系")。接下来,本章应用上述三角分析框架,展开围绕压力、机会和合理化因素与企业境外合规经营风险的研究综述。

第一节 压力因素与企业境外合规经营风险研究

压力理论指出,当行动者无法通过合法手段实现自己的目标或因为目标障碍产生不公平感时,就会经历愤怒、沮丧、压抑和报复欲,进而诉诸违规行为(Greve et al.,2010)。压力是行动者不喜欢的事件或条件,包括无法实现有价值的目标;正向价值刺激的实际性或威胁性丧失;负向价值刺激的实际性或威胁性呈现(Agnew et al.,2009)。早期的压力理论研究认为产业竞争中失败、边缘和面临资源匮乏的组织最有可能成为罪犯,合规风险在竞争地位受到威胁、利润相对较低

或下滑、销售额相对于资产的比率较低、资产与负债之间的差额较小或为负的企业中则更为普遍(Greve et al.,2010)。但自从安然、世通、泰科、安达信、葛兰素史克等高绩效、杰出的公司被揭露合规丑闻后,"高绩效企业不太会感到从事违规的压力"的观点遭到了质疑(Mishina et al.,2010)。协调上述矛盾的结果需要同时考虑企业期望绩效差距和东道国产业竞争程度两个关键点上产生的压力对企业境外合规经营风险的影响。

企业绩效的绝对水平不如相对水平有意义,依据参考点比较实际绩效和期望绩效之间的差距是企业感知压力不断调整行为的关键驱动力,常见的一种参考点是历史绩效,即企业之前的损失和获益影响之后的期望目标和决策;另一种参考点则是同行绩效,企业与其同行绩效比较产生反馈,对绩效增长的渴望受到该行业其他公司增长速度的影响(Harris and Bromiley,2007;Xie et al.,2019;Titus et al.,2020)。与期望不匹配的实际绩效会增加企业违反规则的可能性,企业甘冒合规风险寻找替代资源或削减成本,因为绩效远低于理想水平的企业可能找不到公认的合规解决方法,而相比其他手段,违规是一种帮助企业回到理想绩效水平的更为快速和简单的解决方案(Harris and Bromiley,2007;Wiengarten et al.,2019)。Xu等学者(2019)利用中国上市公司样本的实证表明,绩效低于期望水平的企业专注于为眼前的问题寻找短期解决方案,更有可能从事贿赂等合规风险。贺小刚等学者(2015)提出,企业使命陈述中制度化了的赶超战略以及明确表达其比较的参考对象所带来的压力是企业采取败德行为的关键因素之一。由于企业向上比较的压力,特别是中国企业在海外竞争中普遍将赶超作为重要战略指导思想,那些绩效低于理想水平的优秀企业也会感知到相对绩效下降的威胁、组织及其管理者未达到期望的潜在成本(Mishina et al.,2010;Greve et al.,2010)。"红皇后效应"下,企业必须面对满足内外部利益相关者越来越高的期望才能提高或维持声誉的巨大压力(Tetrault Sirsly and Lvina,2019),与高绩效相关的社会地位会带来负担和责任的"阴暗面"(Parker et al.,2019),"赌场盈利效应"导致的高期望和维持威望、特权的傲慢可能导致道德脱离(Lehman and Ramanujam,2009;Orudzheva et al.,2020)。面对维持和提升绩效的巨大压力时企业会认为违规的收益大于成本(Sampath et al.,2018),增加企业境外合规经营风险的可能性。

企业境外经营在跨越国界的东道国产业中竞争,他们在一国的产业中的竞争地位受到其他企业竞争地位的影响(Porter,1985)。产业竞争程度——一个企业对行业内其他企业生存的影响程度(Barnett,1997)——作为市场逻辑表现的影响相当突出。东道国市场上竞争水平的提高会通过强化竞争环境和降低生存可能性对企业产生巨大的压力来实现(Thams et al.,2020)。当企业在竞争激烈的产业中经营,往往会面临高度不确定性和波动性的复杂局面,企业不当行为可能会被竞争对手和媒体披露,放大其严重性,造成不可预测的利润和声誉损失(Zhang et al.,2020)。在成长速度很快、竞争者大量涌入的产业内,企业为了参与有限的市场和资源竞争,获取以及维持权力和地位,往往更可能采取非法行动(贺小刚等,2015;Le et al.,2014)。Egels-Zandén(2007)调查了9家中国供应商对瑞典玩具零售商行业行为准则的遵守程度,供应商合规行为导致较高生产成本,近乎完全竞争的环境压缩价格空间,而海外零售商要求更高的合规程度,这助长了正式监管部分与实际运营部分脱钩的欺诈行为。在完全竞争环境中运营的企业面临由最低的进入/退出壁垒引起的激烈竞争压力,这会降低企业的利润率反过来导致更多的违规行为(Zhang et al.,2018)。Wang和Holtfreter(2012)指出,产业层面的压力因素对企业违规行为的影响还较少被考虑,对利润需求的紧迫性以及获取资源的合法手段有限性的不同在各个产业产生不同程度的压力,进而影响到在每个产业内经营的企业。Bennett等学者(2013)研究表明,如果在东道国产业高度竞争的市场结构中,企业预期竞争对手愿意满足非法或不道德的客户要求时,他们自己也会产生被迫顺从这种需求的强烈动机,因为客户流失的威胁增加了竞争压力,企业更有可能通过匹配竞争对手的行为和打破市场规则来应对,与竞争对手轮流实施违规,最终卷入逐底竞争,引发境外合规经营风险。

第二节 机会因素与企业境外合规经营风险研究

机会是指违规行为被发现的可能性很低的情形,与公司治理的内外部环境密切相关。广义的公司治理被定义为对公司内部决策的权力和影响的研究(Aguilera and Jackson,2010)。可持续的公司治理要求以保护社会和环境的可持续活动为目标,涉及对法律的尊重、最佳实践准则、模式和指定角色以及董事会和管理层的职责等关键要点(Lombardi et al.,2020)。传统的公司治理涵盖两类委托代理问题:经理层与股东间的利益冲突以及股东内部的利益冲突(汪昌云和孙艳梅,2010),关联交易、盈余重述、财务报表欺诈或贿赂等形式的管理不当行为主要是由经理人与股东之间的代理冲突引发(Li et al.,2016)。公司治理聚焦如何组织公司获得其利益相关者的财务、人力资本和社会投资的合理适当回报,关注董事会、高管、法律框架和金融市场的角色,以及更广泛的政治和文化背景下企业在社会中的作用(Key et al.,2019)。公司治理被进一步划分为内部治理和外部治理,内部治理包括董事会特征、管理层薪酬、股权结构等,外部治理包括公司控制权市场、法律和监管规则、投资者监督、劳动力和产品市场竞争(Fu,2019)。内外部公司治理机制的配置决定公司如何产生和分配剩余收益,所有权、董事会、高管、监管体系和产业规范在解释企业违规行为中起到重要作用(Harris and Bromiley,2007；Schnatterly et al.,2018)。

  系统化的合规控制突出自我监督,其关键特征在于企业内部要具有独立的职能处理制造合规风险的人以及与合规风险打交道的人(Hong,2018)。具体而言,内部控制、合规管理领域的研究探讨了企业合规控制体系缺陷与境外合规经营风险的关系。在内部控制领域的研究方面,内部控制是实施企业治理的基础设施建设,其发展与企业合规性目标的实现相辅相成(毛新述和孟杰,2013)。内部控制是一种由企业董事会、管理层和其他人员执行,由管理层设计,旨在为实现包括运营的效果与效率、财务报告的可靠性、遵守适用的法律法规在内的各项目标提供合理保证的过程,其构成要素包括内部环境、风险评估、控制活动、信息和沟通、监控(Benedek,2012)。薄弱的内部控制分别为企业提供特定违规机会(如企业员工操纵某一经营过程)以及一般违规机会(如企业整体审计职能无效),管理者可以更容易地凌驾于控制之上,增加企业合规风险(Ashbaugh-Skaife et al.,2008；Donelson et al.,2017)。在合规管理领域的研究方面,合规官、行为准则、吹哨人、道德热线等合规的基础运行机制建设与企业不道德行为显著负相关(Ullah et al.,2019)。更具体地,一家企业是否有专门的合规官,反映了企业在多大程度上关注道德规范以及是否有与合规相关的责任(Chandler,2014；Treviño et al.,2014);一家企业是否有开发用于指导管理者和员工的现在和未来行动的合规行为准则,与产品质量、劳动条件、人权、生态环境、机密信息、欺诈、腐败等多种合规风险相关(Kaptein,2011)。

  东道国监管构成"走出去"企业外部商业环境的主要部分。尽管法律的目的是创建适用于给定社会中所有参与者的规则,但监管具有特定于经济活动的某些领域的规则,东道国政府往往制定有利于国内利益而不是外国利益的限制性政策(Edman,2016)。任意一国政府都会出于国家安全的考虑,利用违约、没收、利润汇回、外汇管制、执行要求、税率、禁运等监管措施,规范来自其他国家的企业在本地的经营(Grundke and Moser,2019；Li and Vashchilko,2010；Zhang and Mauck,2018)。一些研究认为企业会把东道国监管条件的不可预测性和不稳定性视为有利可图的机会(Yasuda et al.,2021)。Serdar Dinc和Erel(2013)指出,当东道国政策表现出民族主义,在监管政策倾向上对本国企业更为偏爱时,东道国政府可以运用至少五种常见的手段增加监管规则的不确定性:(1)东道国政府基于企业违反审慎规则的理由反对金融领域交易。审慎规则是用来"限制金融风险积累,以降低金融崩溃的可能性并减轻其影响"的监管工具,尽管这种监管的初衷是为了保护金融服务市场健康,但对外商投资也产生了过度限制的影响(Mitchell et al.,2016)。De Meester(2008)对世贸组织和欧共体审慎监管的研究指出,审慎监管的权力很容易被滥用,对第三国"同等监管"的额外要求、没有充分考虑企业在不同国家审慎框架下同时运营的情形,都会增加合规风险。(2)东道国政府基于企业违反公共利益的理由反对交易。受到外来投资交易威胁的目标国可以巧妙地利用制造丑闻这一非市场性活动,连同他们的企业政治活动,将这笔交易转变为国家安全性的威胁,来阻挠他们原本无法阻止的交易,使被指责具有违规行为的外国企业成为不受欢迎的投资人(Yapici and Hudson,2020)。(3)东道国政府持有部分私营企业的"黄金股",可以否决外来投资者造成的公司重大变动,此类权力往往处于法律的灰色地带。(4)通过支持两家国内公司合并,创建一个规模大到足以成为交易威胁的因素。(5)利用股市监管机构、各种批准委员会的审批拖延时间。东道国监管机构可以对申请程序、许可投资、生产要求和质量标准行使自由裁量权,法律标准对行政解释的开放使得东道国规则不明确,由此产生的监管不确定性在企业和监管机构间产生信息摩擦,使企业逃避合规审查、减少合规努力、降低合规效率(Wilson and Veuger,2017)。

第三节 合理化因素与企业境外合规经营风险研究

合理化的本质是一种心理过程,该过程允许违规者通过辩护或者找借口,使原本不合理的行为显得正当,从而压制违规行为的不适感与负罪感,解决其行为与社会道德之间的冲突(Trompeter et al.,2013)。但迄今,对合理化因素的研究相比压力和机会因素而言并不充分。对此,Murphy 和 Dacin(2011)探讨了引发企业违规的心理路径,其中服从权威和道德氛围为深入研究合理化因素指明了方向。服从权威的心理路径关注个体影响群体的合理化过程,企业内的权威人物通过要求下属简单地服从让他们放弃思考行为的合规与否;道德氛围的心理路径关注群体影响个体的合理化过程,企业外的群体对败德的普遍认同会使得企业盲目追随实施违规。沿着这两种心理路径,我们注意到高管作为企业内部的权威人物和母国产业作为企业外部的道德基础环境在促使企业合理化境外违规时进而影响境外合规经营风险扮演的角色。

在企业境外经营背景下,战略的微观基础观研究强调关注个体行动者对于解释企业层面的结果非常重要,由于高管在跨越企业、母国和东道国当地利益相关者等多个边界的关键接口上运作,是高管掌握了企业"经营的脉搏",其在可能相互冲突的多个内部和外部约束下的心理认知具有复杂性(Meyer et al.,2020)。因此有必要审查高管的潜在行动、互动和角色特征来理解和解释企业层面的结果(Sarabi et al.,2020),对于企业境外合规问题也是如此。考虑到高管作为企业中最重要的决策者对企业战略规划的影响力,企业的违规行为也是高管的认知和价值观的反映,高管是企业合规问题的关键决定因素(Li et al.,2020;Schnatterly et al.,2018)。少量相关研究为高管的人格特征、规范、价值观与企业违规行为之间的关系提供了一些证据,例如,自恋的高管倾向对企业报告的财务状况不加控制,以逃避补救策略,生活在对企业财务实力的幻想世界中,并采取大胆的违规行动获取其所渴望的利益和名誉(Rijsenbilt and Commandeur,2013)。基于五因素性格模型的研究表明,道德败坏、欺诈、过度冒险和行为不端与高管古怪、不稳定和焦虑的人格特征"黑暗面"相关,从而可以通过与高管性格相关的行为观察,洞察深层次的心理特征,预示企业未来的合规丑闻(Van Scotter and Roglio,2020)。在这些心理特征中,过度自信——高管高估自身能力和信息的倾向——与大胆行动、违规行为的关联尤为密切(Burks et al.,2013)。专业人士和员工的个人不道德决策是企业曝出违规丑闻的原因(Ullah et al.,2019),过度自信的高管基于心理权力感往往认为自己凌驾于规则之上,甚至以此作为诉诸不当行为或打破规则的道德凭证和借口(Li et al.,2020),极端的过度自信演变为傲慢,导致高管拒绝任何建议或批评,拒绝为自己的行为承担责任,将挫折或不当问题归咎于他人,违反和操纵规则以使员工顺从自己的目的(Petit and Bollaert,2012)。底层员工群体的不当行为很可能是在高层管理者的授权下发生的(Jordan et al.,2013;Marquardt et al.,2021),企业高管对员工群体行为的影响比其他任何相关方都更大,高管的违规行为会强化员工对不公正的认知,降低员工的敬业度,并促进一种不道德和有害的组织文化的发展(Cheng et al.,2003;Greve et al.,2010)。

境外经营企业的信念系统植根于母国产业的道德规范(Tan and Wang,2011)。母国为发展中国家的境外经营企业给全球商业道德规范环境带来了额外的复杂性,与发达国家企业普遍建立成套道德准则形成鲜明对比的是,部分发展中国家宽松的道德规范使得企业社会责任低效(Mohammad and Husted,2019),甚至造成企业价值金字塔的倒置,即原本应当处于价值金字塔顶端、指导经营界限的道德规范不再占据主导位置,导致群体性的社会不负责任和不规范的组织行为(Halter and Arruda,2009;Mombeuil et al.,2019)。母国产业群体层面的无规范状态被称为母国产业失范,描述了强调目标实现却不同时强调实现理想目标的合法手段的现象,这种情况可能会因社会规则的缺失或诋毁而进一步复杂化,增加原本倾向从事违规的单个企业实际从事违规的可能性(Martin et al.,2009)。Sen 和 Borle(2015)对数据合规风险的研究指出,产业失范导致社会规范控制的削弱,如果社会分配机制默认物质目标导向比合法手段具有更高的优先级,这种失衡就会导致算计和功利主义的合理化,产生更多的违规行为。学者们进一步结合道德氛围的逻辑予以解释。道德氛围是构成"正确"行为的集体感知,提供了道德问题管理的心理机制,决定群体成员用来理解、衡量和解决相关问题的道德标准(Lange,2008)。道德氛围作为一种线索,帮助个体观察和学习所属群体中他人的态度和行为(Mayer et al.,2010)。母国产业失范状态下,缺乏积极的产业氛围导致企业的道德脆弱(Le et al.,2014),并且这种道德脆弱具有传染性,在产业范围内的扩散会使得单个企业的社会责任行为难以为继(李新春和陈斌,2013),导致企业心照不宣地以自己的利益为中心做出决定,而不考虑组织之外的后果,甚至默许损害其他利益相关者的违规行为(Sheedy et al.,2021)。部分来自发展中国家的企业因为母国产业低劣的道德规范环境声名狼藉,在向其他国家扩张业务的过程中合规建设进程受阻,面临境外合规经营风险(Fiaschi et al.,2017)。

第四节 研究空间

第一,压力理论的一些研究发现面临糟糕绩效问题的企业最有动机实施违规,而另一些研究则表明高绩效企业与违规的关联更密切(Mishina et al.,2010)。为什么绩效高低不同的"走出去"企业都会感到境外违规的压力?已有研究忽略了两个关键点:一是企业海外绩效的绝对水平不如相对水平有意义,实际绩效和期望绩效间的差距是企业感知压力进而违规的关键驱动力(Wiengarten et al.,2019);二是产业内对权力和地位竞争的压力普遍存在,东道国产业激烈竞争的市场结构会使企业卷入"逐底竞争",即竞争的赢家是底线最低的那一方。低绩效企业试图通过违规获取地位,高绩效企业试图通过违规维持地位(Bennett et al.,2013)。

第二,企业境外经营会感知到监督监管漏洞抓住谋取违规利益的机会。围绕机会因素的研究对企业内部的自我监督和外部的强制监管的作用存在争议,一派研究反感命令式的强制监管,支持企业建立合规控制体系进行自我监督,通过内在的完善合规架构减少违规机会,满足甚至超越监管要求(Tyler and Blader,2005);另一派研究则认为,自我监督的合规控制体系容易成为"粉饰门面"的工具,企业营造合规假象而没有真正抑制违规。东道国强制监管的不确定性提供违规条件,使得企业自我监督失去意义(MacLean and Behnam,2014;Short and Toffel,2010)。同时检验合规控制体系缺陷提供的内部机会以及东道国监管不确定性提供的外部机会,揭示二者在企业境外合规经营风险生成中产生的影响的研究尚待展开。

第三,植根于社会心理学的合理化因素研究仅仅分析了合理化因素如何导致个人层次的违规可能性,并没有关注和回答企业内外部合理化因素如何通过企业内渗透和企业间传染的过程影响企业层次的合规风险(Greve et al.,2010)。企业境外合规经营风险的内部渗透过程源于高管的错误行动,高管认知偏差合理化自身的不当行为,并通过培养组织文化、正式权力命令或明或暗地指导员工参与其中(Kilduff et al.,2016)。与此同时,企业境外合规经营风险受到母国产业内败德行为传染的影响,母国道德和规范环境对"走出去"企业境外经营的做法存在强烈的"印刻效应",目前缺乏更细致地理解母国产业同行如何塑造企业层面的违规行为。

第五节　本章小结

本章应用三角分析框架,展开压力、机会和合理化因素与企业境外合规经营风险的研究综述。我们注意到在关于企业合规风险因素的争论中,压力、机会和合理化三者构成的"欺诈三角"已被应用到欺诈行为的限制之外、分析一般违规行为的前因,为我们提供了一个整理企业境外合规经营风险的内外部相关成因有效的框架。目前少数的相关文献提供的观点零散且存在矛盾,难以充分解释"走出去"中国企业境外合规经营风险的成因,具体而言:一是压力理论研究忽略了实际绩效和期望绩效间的差距是企业感知压力进而违规的关键驱动力,以及激烈的产业竞争中获取和维持权力、地位的压力普遍存在,考虑上述两个关键点分析压力的构成因素及其对企业境外合规经营风险影响机制的研究仍然缺失;二是围绕机会因素,同时考虑企业从内在监督和外在监管缺陷中感知境外违规条件,分析机会构成因素及其对企业境外合规经营风险影响的研究尚待展开;三是围绕合理化因素的研究尚未关注企业内渗透和企业间传染的心理过程对企业层次合规风险的影响,服从权威和道德氛围两种引发企业违规的心理路径为研究指明了方向,结合二者分析合理化的构成因素及其对企业境外合规经营风险影响的研究还有待深入。

第三章

制度距离视角下的企业境外合规经营风险成因的研究综述

第一节 企业境外经营中的制度环境与制度距离研究

针对企业境外合规经营风险成因,前述学者着重关注压力、机会和合理化三角因素对企业境外合规经营风险生成的影响。而从制度理论出发,制度环境和制度距离作为区别国内合规和境外合规的最关键因素,对企业境外合规经营风险的影响不容小觑。国际商务研究早已表明,外来企业应对不太熟悉的东道国经营规则,试图取得东道国政府、专业组织、商界、民众等外部利益相关者的认可(Dacin,2007;Yang and Rivers,2009),但与东道国国内同类企业相比,仍处于明显劣势。外来企业建立业务所需的时间更长、运营成本更高、盈利能力更低、失败率更高(Wu and Salomon,2016);外来企业更有可能卷入东道国当地诉讼,败诉可能性更高(Mezias,2002;Bhattacharya et al.,2007)。这些不利状态深深植根于东道国和母国之间的制度环境差异(Xu et al.,2021)。然而,企业境外合规经营风险成因中的制度距离研究仍然偏于薄弱,特别是考虑不同制度距离维度的影响的研究尚有较大的拓展空间。

制度是一个社会的游戏规则,是为规范社会个体间的相互关系而特别设定的某种制约,涵盖了所有"人类设计的约束政治、经济和社会互动的结构"(North,1990)。企业境外经营嵌入在多重、分散、嵌套或经常冲突的制度环境中,面临同时遵守母国总部和东道国制度规则的困境(Aguilera et al.,2019)。外部环境中的各种制度的相互作用形成了一定的实践、规则、政策和行为,迫使企业适应以生存和保持竞争力(Chan and Ananthram,2020)。依据Scott(2013)的研究,制度具有多维性和持久性,由象征元素、社会活动和物质资源组成,依靠多方面的制度结构,制度环境通过定义合规与违规活动之间的法律、道德和文化界限来施加限制,为授权活动和行动者提供支持与授权。关于制度环境维度的划分,学者们从不同角度提供了不同的分类方式:North(1990)的正式和非正式制度二分法是常见的制度维度划分方式,正式制度决定了支配经济活动的规则、法律和宪法,非正式制度决定了协调经济活动的行为规范、惯例和自我约束。Scott(2013)的制度三支柱理论将制度环境划分为规章制度、规范制度和认知制度三个维度,规章制度是为确保社会稳定和秩序而存在的法律和规则,规范制度建立在社会价值、文化和规范领域,认知制度是社会中被视为理所当然的、公认的认知结构。Xu等学者(2021)将制度环境划分为经济制度、政治制度、管制制度、规范制度、行政制度、文化/认知制度、人口统计制度、知识制度八个维度。

即使两个国家的制度环境相似,但由于实施、监测和强化制度的能力不同,事实上的制度环境也会存在差异,因而在企业境外经营中考虑母国与东道国之间的制度距离会更有意义(Aguilera-Caracuel et al.,2012;Muthuri and Gilbert,2011)。广义上的制度距离指的是东道国和母国制度概况的差异(Kostova,1996)。企业进入制度环境与其母国有本质区别的国家经营,特别是越来越多的新兴企业正在向世界上竞争最激烈的市场积极扩张,而这些市场往往具有迥异的运作制度和规则,引发了学界对制度距离的强烈兴趣。跨境经营使企业受制于不同国家的制度环境和公司治理体系,企业的国际管理本质上是对距离的管理(Zaheer et al.,2012;Valentino et al.,2018),企业暴露于母国和东道国多种差异化的制度环境中,面临独特的困难和风险(Kostova et al.,2020)。这种差异的程度由制度距离描绘,影响企业在每一套条件中面对的具体挑战以及相应的管理决策和行动。制度理论是丰富且多方面的(Aguilera and Grøgaard,2019),对于企业境外经营中的制度距离影响的研究形成了三大流派:首先,植根于经济学的制度经济学流派关注国家之间制度环境的不同质量以及制度距离的不同方向对企业境外经营交易成本增加的影响,主要基于North(1990)的制度二分法考虑正式和非正式制度距离。正式制度距离是法律和规则的存在和执行方面的差异,非正式制度距离是价值观、信仰、习俗、传统和行为准则方面的差异(Abdi and Aulakh,2012;Aguilera-Caracuel et al.,2013)。其次,植根于社会学的组织制度主义流派的研究焦点在于境外经营企业从熟悉的母国制度环境走向不熟悉的东道国制度环境时,因为无法适应不同制度要求导致成本和风险增加的挑战。这一流派主要依据Scott(2013)的制度三支柱将制度距离概括为东道国和母国之间规制、规范和认知方面的差异,并关注企业面对差异化,甚至是相互冲突的制度要求时,如何建立和保持有效与合法的境外经营(Cuervo-Cazurra,2016;Spencer and Gomez,2011)。最后,比较制度主义流派强调一个国家制度环境中的经济模式、法律框架、社会文化等不同方面的制度安排是相互依赖的(Kostova et al.,2020),相关研究重视挖掘制度体系多维度的特征。Wu(2009)认为只考虑单一维度的制度距离很可能导致误导性的结论,将制度距离划分为文化距离、经济距离、规制距离和政治距离。分析制度多样性,将制度环境与企业结构和行为联系起来的机制还有待探究(Jackson and Deeg,2019;Reddy and Hamann,2016)。

第二节　多维制度距离与企业境外合规经营风险研究

在以往关于企业合规经营风险的研究中,对制度因素的分析基本围绕制度缺陷展开,代表性的观点是把制度环境比作制造"坏苹果"(个人层次)和"坏苹果桶"(组织层次)的"坏地窖"(Kish-Gephart et al.,2010;Muzio et al.,2016)。支持企业的宏观制度缺失(Eddleston et al.,2020)、过度的制度干预(Chowdhury and Audretsch,2020)、不充分的监督和无效的法律执行(Shaheer et al.,2019)、较高的制度运行成本(Li et al.,2020)、不发达的金融市场环境(Györy,2020),研究认为这些制度缺陷影响企业从事违规行为。然而,正如我们在上一节所述,对面临同时遵守母国和东道国制度要求挑战的境外经营企业而言,仅考虑特定国家制度环境就缺少了适用性,制度距离更具研究意义。学者们基于制度距离对企业境外经营合规展开分析,围绕东道国和母国之间经济、法律、文化的不同维度的制度环境差异对企业境外合规经营风险影响的研究取得了初步的成果。

经济制度代表一个国家的经济发展和宏观经济特征,如收入水平、通货膨胀率、贸易强度、货币和财政政策(Berry et al.,2010;Holmes et al.,2013)。东道国和母国在经济制度环境方面的差异影响企业海外经营的成本和风险(North,1990)。随着双边经济制度差异的增加,东道国和母国之间围绕企业制造、销售、物流、融资、劳动力等构建的经济制度环境的差异性增加,外来企业在东道国投资经营的外国公司理解当地环境,与当地各方沟通、解释和传递信息,了解当地市场的商业惯例并做出有效的决策等往往会遇到更大的困难,遵守和适应东道国规则的成本提高,降低企业跨境经济活动的效率(Chan et al.,2008;Eden and Miller,2010)。企业进入陌生的经济制度环境,必须调整与雇员、代理人、分销商等相关的不同业务实践,使之与东道国的强制性要求相一致,以避免处罚、制裁和诉讼成本(Aguilera-Caracuel et al.,2013)。一个国家的合法商业行为在另一个国家可能是非法的,外来企业必须适应两套或两套以上不同的规定,这可能会导致组织内部的模糊和冲突(Kostova and Zaheer,1999),企业难以抉择与适应,可能很难甚至不能回应不同的要求(Suddaby et al.,2017),加大对异地子公司的协调困难,造成合规运营知识转移的中断(Gray et al.,2014)。外来企业更有可能拥有与大多数国内竞争对手不同的资源、惯例和战略,具有独特商业惯例和商业交流方式的外来企业可能与东道国客户、供应商和商务伙伴的沟通和合作效率较低,进而放大信息的不确定性和歧义,增加收集、解释和传递信息的成本(Vaara et al.,2012),为外来企业理解和遵从东道国的相关规定的合规经营创造了巨大障碍。理解和认同一个遥远经济市场不只对外来企业来说是困难的,对本国市场的行动者也是如此,他们通常认为外来企业不如国内企业合法。经济制度环境中的监管规则为商业活动量身定制,监管机构有权建议、批准、修订、废除条例,创造针对外来企业的限制性政策,通过要求或强制改变、给予经济处罚,或者在极端情况下,撤销其市场经营权等手段,执行法规并制裁违规的外来公司(Wu and Salomon,2016)。

  法律制度体现了一个国家管理商业活动、确保社会稳定和公共秩序的法律和规则特征(Xu et al.,2021)。法律距离是国家间法治差异的反映,涉及东道国和母国在创造构成经济和社会互动基础的公平且可预测环境方面的差异(Cuervo-Cazurra and Genc,2008),包括保护投资者权利的法律的程度、司法系统的效率和完整性、法律和秩序的传统等(Landi,2011)。法律距离改变企业在东道国的合同效力和执行质量,决定组织间经济交易通过正式或关系机制被治理的程度,影响企业境外经营的战略决策,造成企业调整困难以及产生与法律环境相关的运营成本(Li and Filer,2007;Li et al.,2009)。法律距离增加了企业在东道国的信息搜索成本与环境障碍(Luo and Zhao,2013),例如,欧盟大量的农产品市场准入法规增加了发展中国家企业的合规成本,因为这些企业缺乏在欧盟合规所需的知识、生产设备和基础设施(Murina and Nicita,2017)。同时,法律距离增加了法院如何处理争议的不确定性以及企业在多大程度上能够相信自己对合同理解的不确定性,使得企业与东道国当地法律专家的沟通变得复杂,并可能扭曲彼此对争端本身的理解和对争端动机的看法(Nes et al.,2007;White et al.,2013)。企业境外经营跨越广阔的地理空间,随着法律制度的不同面临不同的适应标准和决策,使其难以与当地市场的行动者互动,面临更大的外来者劣势,不得不投入更大的努力获取合法性(Perkins,2014)。Riaz等学者(2015)指出受到法治体系传统的影响,外部资本市场控制和内部控制者在影响企业信息披露方面占据主导位置在不同法系的国家间存在差异,使得东道国和母国的法律制度距离与企业信息披露负相关。Fainshmidt等学者(2014)考察法律距离如何影响企业境外知识产权违规中的解决策略选择,并表明法律距离越远,企业越难以理解彼此行为、协调组织活动,在境外知识产权合规风险中选择有争议性的冲突解决策略的可能性越大。

文化制度代表了一个国家"理所当然"的结构,例如,对权威、信任、个性、工作重要性的行为和态度,这种结构对于企业在特定社会中取得合法性是必要的(Kostova and Zaheer,1999;Berry et al.,2010)。母国和东道国在语言、价值观、宗教信仰、风俗习惯、传统和道德观念等非正式制度环境方面存在差异,许多学者认为广义上的非正式制度是文化制度,文化制度已经充分囊括了规范制度属性和认知制度属性(Jensen and Szulanski,2004;Salomon and Wu,2012),并指出文化距离影响东道国当地对外来企业行为的接受和偏好,通过对工作道德、信任、生产能力、管理动态的作用而影响企业境外经营活动(Aguilera-Caracuel et al.,2013;Lyons et al.,2014;Ysseldyk et al.,2010)。文化差异增加东道国受众对跨国企业的心理认知距离,跨国企业携带的身份编码与东道国地方公司形成了鲜明的对比,如果在两类重叠度较低的身份编码之下,外来群体就很难指望在当地原有群体内获取认同(Zeng and Xu,2020)。社会文化差异会演变成文化障碍,使得企业无法准确把握想要传达的信息,从而产生信息不对称,外部信息的不对称会导致企业与地方政府、供应商以及其他相关组织之间的冲突,内部信息的不对称会导致员工之间产生猜疑和误判,在交际过程中信息的不匹配会加深人们的误解(Dang and Zhao,2020)。Kirca 等学者(2011)指出,随着文化距离增加,东道国更高水平的复杂性和不确定性阻碍遥远市场的管理决策,企业缺乏对规范、价值观和规则的了解,在东道国高强度竞争市场有效经营的潜在能力降低。Rejchrt 和 Higgs(2015)对英国伦敦交易所上市的非本土企业的研究表明,文化是治理以及企业进行合规监测的基础,文化距离与不同的组织特征和行为相关联,那些来自文化价值观与英国差异较大国家的企业境外合规经营风险较大。

第三节 研究空间

"走出去"企业嵌入多重、分散、嵌套、经常冲突的制度环境中,面临同时遵守母国和东道国规则的困境,一国的合规商业行为在另一个国家可能是非法的,并且"走出去"企业作为外来群体容易遭受东道国当地群体的敌意和不信任(Aguilera et al.,2019;Mirza and Ahsan,2020;Zeng and Xu,2020)。东道国与母国的制度距离会影响企业在境外经营中如何感受压力、如何感知和获得机会以及如何合理化违规行为,这在现有文献中有迹可循,但未得到明确的探讨。因此,在企业境外合规经营风险成因中结合考虑制度距离因素、比较不同制度距离作用差异的研究仍待展开。

第四节 本章小结

　　本章总结制度距离视角下的企业境外合规经营风险的现有文献。企业境外合规经营风险不同于一般国内合规经营风险的一个最大特点在于"走出去"企业不得不考虑东道国和母国之间的国别差异,其中以制度距离因素对企业境外合规经营风险的影响最为突出。"走出去"企业嵌入多重、分散、嵌套、经常冲突的制度环境中,面临同时遵守母国和东道国规则的困境,一国的合规商业行为在另一个国家可能是非法的,并且"走出去"企业作为外来群体容易遭受东道国当地群体的敌意和不信任。东道国与母国的制度距离,包括两国有差异的市场取向和商业环境反映的经济距离、有差异的成文法律法规反映的法律距离以及有差异的认知和规范反映的文化距离,将会影响企业在境外经营中如何感受压力、如何感知和获得机会以及如何合理化违规行为。明确地将制度距离理论与压力、机会、合理化三角成因理论有机结合在一起,揭示"走出去"企业境外合规经营风险的生成机制的研究有可深入的空间。

第四章

法经济学视角下的企业境外合规经营风险防范的利益激励、惩罚威慑与价值引导的研究综述

第一节 法经济学视角下的企业境外合规经营风险防范

近年来企业合规经营风险防范研究中的法学与经济学不断融合(La Porta et al.,1998)。学者们开始更加关注法律与商业策略之间的联系,认为法律可以成为竞争优势的来源(DiMatteo,2010;Orozco,2010)。任何被法律禁止的行为都会受到法律监管制度的约束,市场经济的正常运行必须由法律进行调节。从 La Porta 等学者(1998)关于"法与金融"的开创性工作开始,围绕着法律监管与经济运行、公司治理、投资者保护、司法效率等之间关系的法经济学受到了广泛关注。

法经济学的本质是研究法律制度与经济发展"符合度"的问题,在经济学范畴关注法律制度如何影响经济效率和秩序;在法学范畴关注利用经济学分析工具——如成本效益分析——对法律的社会安排进行评判,促进法律制度的改革与完善(鲁钊阳等,2018;曲振涛,2005)。基于企业犯罪的理性选择模型表明,企业管理者根据对惩罚和奖励的预期感知,对成本和收益进行主观计算(Sampath et al.,2018)。鉴于违规的罕见性,合规被认为是大多数公司的基础或现状,合规是有成本的,但这种成本比被发现违反规则要付出的低得多(Wiengarten et al., 2019)。法律监管为企业附加了违规成本,通过施加物质和声誉惩罚,将监督和执法的成本转嫁给违规企业(Pierce,2018),被抓获的企业受到的惩罚要足以使企业的事后收益达到负值,才能实现威慑(Karpoff et al.,2017)。法经济学的成本收益分析认为,当从事违法行为的预期效用超过将其资源投入其他活动中的成本时,当事人便会从事违法行动,并且违法行为与定罪可能性、从事违法活动和合法活

动得到的收入、定罪的惩罚严厉程度、逃避惩罚的机会、违法意愿等有关(Becker,1993)。以 Becker(1968)为代表的犯罪的法经济学研究将犯罪定义为一种追求自身利益最大化的理性行为,只有违法行为的预期效用超过时间及资源的机会成本时,当事人才会实施犯罪。Becker(1968)设计犯罪供给函数以解释理性犯罪,即人们总会事先比较由被惩罚概率和惩罚强度决定的犯罪成本和犯罪收益,再决定是否实施犯罪。惩罚概率和惩罚强度的提高有非常显著的威慑效应(Entofr and Spengler,2000)。Sutinen 等学者(1999)提出了一种影响合规行为的威慑模型,该模型强调了道德义务和社会心理学对合规行为的影响。Bird 和 Park(2017)认为,企业合规成本是经过风险调整的,风险调整成本越低,不合规的风险越高。

法经济学领域的实证研究焦点在于考察:对企业不当行为的法律诉讼乃至平行的政府执法行动在多大程度上实现了补偿或威慑功能,法律监管规则是否促进了效率、竞争和资本的形成,规则的善意目标是否被巧妙的策略掏空(Amiram et al.,2018)。研究结论存在冲突。一些学者支持通过外生的法律制度的建立和完善,迫使公司采取非自愿的"守信"合规行为的治理形式,成为加快公司治理实施和改善的关键。如 Kang 等学者(2010)的实证表明,美国《萨班斯—奥克斯利法案》的实施通过减少管理自由裁量权、加强监管和公众监督、提高合规成本、加大诉讼惩罚力度等,使得美国公司经理变得更加谨慎,注重避免诉讼和保护声誉。Axel 等学者(2020)对 20 个欧洲国家 383 家企业的风险披露合规研究表明,由腐败、立法效力、法治和监管质量四个维度构成的执法力度降低融资成本,减少信息不对称,促进披露合规。

但另一方面,上述治理形式也意味着企业被动地遵守法律法规监管的最低要求,治理成本高昂(柳建华等,2015)。一些文献质疑法律监管在制止违规行为或提供有意义赔偿方面的整体效果。例如,Alexander 等学者(2013)对 2901 名公司内部人士的调查中,大多数受访者认为遵守美国《萨班斯—奥克斯利法案》404 条款的合规收益并不能超过合规成本。Gunathilake 和 Chandrakumara(2010)探究了一种"矛盾的合规",即采取公司治理准则的同时又产生了公司治理问题,强制性法规下的"一刀切"的治理模式并没有很好地防止违规行为,损害他人利益的各种管理机会主义仍然反复出现。Markham 等学者(2013)的研究表明,尽管美国反垄断法的侦查和起诉违法行为有重大改进,但违反反垄断法的行为仍然有增无减,反垄断法的制裁错误地针对那些未能参与制定公司政策和灌输合规文化的股东和中层管理人员,同时公司治理法也并不能给未做好促进合规和侦查员工违规行为的董事带来任何风险。DeBacker 等人(2018)检验了美国税收执法对后续行为的威慑效应,发现企业会依据他们与执法机构之间的信息不对称动态地改变不合规行为。Haugh(2017)利用英特尔反垄断合规计划的失败揭示了美国企业合规运作产生的新的道德风险,即"合规犯罪化",高管利用"阅后即焚"、删除记录等躲避监管,合规计划成为助长不当行为的工具。

第二节 利益激励与企业境外合规经营风险防范研究

早先的研究认为,因为逐利的企业寻求规避成本高昂的监管,只有具有严格监督和控制监管才能迫使企业合规。然而,有学者指出,严格的威慑执法只会让企业抱怨高昂的合规成本损害了生产率和利润,容易导致监管者、公司和社会组织之间的敌对,激起更多诉讼和更大社会成本的风险(Potoski and Prakash,2004)。为了达到鼓励企业合规行为、预防企业违规行为的目的,学者们认为除了使用惩罚的"大棒",还应考虑激励手段作为奖励积极行为的"胡萝卜"是实现企业合规行为的基本成分(Schwartz and Goldberg,2014)。企业由于是理性的、自利的,可能会采取行动来最大化自身的利益而不努力实现社会责任目标,利益激励可以协调企业与利益相关者的分歧,通常比惩罚更有吸引力、更合理、更容易被社会接受,促使企业在境外经营中合规行动(Chen et al.,2012;Zheng et al.,2020),从而防范境外合规经营风险。

企业成员从其他人那里观察和学习什么样的行为可以得到奖励,他们记得从社会环境中学到的强化行为模式,并使用期望的利益激励来指导自己的行为,不管企业如何学习以获得奖励结果,企业行为改变的关键驱动力都是期望给定的利益会跟随合规行为(Liang et al.,2013)。研究表明围绕高管员工的薪酬结构设计带来的激励影响他们行为的合规与否。例如,绩效薪酬设计可以激励企业成员将个人利益与企业整体的利益联系起来,实现个人和企业的利益最大化,因而其被认为是协调高管员工行为与企业目标的主要机制(Chen et al.,2012);Sheedy 等学者(2019)的实验结果表明,相较于预期绩效挂钩的可变薪酬,固定薪酬使合规行动的人员比例提升更多,因为他们会更关注长期的合规风险;设计良好的薪酬方案是善治的基本要素,能够缓解代理问题,Safari 等学者(2016)对澳大利亚上市的企业实证检验表明,企业遵守澳大利亚证券交易所对薪酬的形成、运作和披露建议的原则,设计和取得组织短期和长期目标相一致的固定薪酬和激励薪酬之间的平衡,能够有效减少违规行为。Goel 等学者(2021)指出,与薪酬相关的利益激励对企业成员的努力、毅力和绩效有很大的影响,激励措施直接、积极地承认企业成员的个人行为对整个企业合规和绩效表现的重要性,增加成员合规行为的动机,促使他们更多关注个人行为和经营中的潜在违规风险,同时增加他们合规行动的概率。

  母国产业提供宽恕轻微违规行为、技术援助、满足标准的灵活性等政策激励,促使企业寻求更低的生产成本自愿减少违规,企业合规变得更为容易且底线利润能够提高(Potoski and Prakash,2004;Deng,2020)。企业倾向重复过去导致积极结果的行为,因此控制理论建议将奖励与期望的行为联系起来,奖励可以被看作一种契约,利用这种契约,母国产业可以通过有形和无形的奖励政策来实现对其控制,通过向企业发送信号表明他们的工作或行为符合监管的期望,创造和谐关系的同时指导企业合规活动(Boss et al.,2009),鼓励被奖励的企业在未来采取政府想要的行为。例如,根据美国《反海外腐败法》和《联邦虚假申报法》,当一家公司实施一个合规计划,以预防、停止和纠正其员工的非法活动时,它不应该再分担其员工的责任,这一积极的激励会增强企业自我报告和自我监管的决心(Schwartz and Goldberg,2014);在信任关系的监管规则下,监管机构基于对合规的积极期望而愿意降低对表现良好企业的审计概率,遵守法律规则的企业会得到更少检查的奖励(Mendoza and Wielhouwer,2015);母国产业公共行政部门提供诸如税收和财政优惠、有利的公共合同、降低保费等积极的经济奖励政策,创造监管的灵活性使得企业能够依据自身的竞争优势指导行动与适应规则限制,在节约企业合规成本和增加企业合规收入方面取得积极的结果(Camison,2010),决策规则或合规过程可以更容易地跨产业边界和地理边界推广(Westphal et al.,2001),促进良好治理准则从有效治理的规范企业向焦点企业进行传播,激励企业改善合规性(Areneke and Kimani,2019)。由于企业境外经营市场的法规、经济条件、客户需求和文化背景与母国市场相比存在不可忽视的差异,企业最初拥有的合规知识和技能可能无法有效地适应其他市场情况,母国产业政策激励可以使焦点企业与价值链相关企业建立合作,通过附属关系和合同来寻求共同利益(Song et al.,2021),互利的激励有利于企业构建独特价值链系统,减少管理不确定性,提升绩效和竞争力,最终支持企业境外合规经营。

第三节 惩罚威慑与企业境外合规经营风险防范研究

  威慑的基本理论将任何逐利的企业都视为"缺少是非道德观念的计算器",企业会对违规受到的惩罚、被抓住的概率和违规收益进行权衡(Kagan and Scholz, 1980)。有效的惩罚培养企业对违规行为的规范态度、唤醒公众对违规行为的反对、缓解资本市场的信息不对称,因而对预防任何违规计划而言都是关键因素,对违规企业的惩罚必须产生足够的成本,以超过违规的预期收益,使企业的事后收益达到负值,才能实现威慑(Karpoff et al.,2017;Wang et al.,2019)。依据犯罪学和社会学文献,惩罚的一般威慑效应也被称为替代惩罚,发生在观察者看到其他行动者因某种违规行为受到惩罚而产生恐惧唤起效应的情形下,即通过唤起观察者的危机意识与紧张情绪,避免其在未来复制类似行为,阻止观察者犯下类似的罪行和接受类似的惩罚,凭借惩罚威慑手段成本低廉的优势,观察者的违规行为更有可能从一开始就得到预防(Stafford and Warr,1993;Trevino,1992;Chalfin and McCrary,2017)。正式和非正式制度系统的防范功能在很大程度上依赖于惩罚的威慑效果,这通常被认为是防范违规行为最重要的工具之一(Loughran et al., 2012)。

关于惩罚威慑对企业合规风险防范效果的研究结果是混合的:一些学者支持通过惩罚威慑迫使企业采取非自愿的"守信"合规行为的治理形式,成为加快公司治理实施和改善的关键。例如,Kang 等学者(2010)的实证表明,美国《萨班斯—奥克斯利法案》的实施通过加大诉讼惩罚力度、加强监管和公众监督、减少自由裁量权,使得企业变得更加谨慎,注重避免诉讼和保护声誉;Adam-Müller 和 Erkens(2020)对 20 个欧洲国家中的 383 家企业的风险披露合规研究表明,加强执法惩罚力度能够降低融资成本,减少信息不对称,促进披露合规。同时,也有学者质疑惩罚威慑在制止违规行为方面的整体效果。例如,DeBacker 等学者(2018)检验了美国税收执法对后续行为的威慑效应,发现企业会依据他们与执法机构之间的信息不对称动态地改变违规行为;Ugrin 和 Odom(2010)的研究表明美国《萨班斯—奥克斯利法案》使得对企业欺诈行为的潜在制裁增加,但威慑的有效性有限。之所以出现上述有分歧的结果,是因为现有研究忽略了更有效的威慑在于违规者对惩罚的恐惧的确定性而不是惩罚后果的严重性,惩罚威慑的确定性与违规的机会因素密切相关(Boss et al.,2015;Nagin and Solow,2015)。同时,研究强调在削弱合规风险的机会因素方面,增加违规者感知被定罪和惩罚概率的威慑手段至关重要且具有成效(Suh et al.,2019)。由此,企业境外合规经营风险防范中,惩罚威慑的作用与抑制机会因素的影响对应起来,已有研究指明了方向,但并未进行明确的探讨。

高管强制变更是威慑继任高管的典型治理机制。由于高管是企业代理问题的核心,当前社会对高管行为进行更严格的审查、对迅速伸张正义和采取行动有着更强烈的渴望,企业解雇不称职的高管来威慑继任者以抑制其私利动机、修正前任高管的错误决策,以期企业代理成本降低和运行效率提升(饶品贵和徐子慧,2017;Karlsson et al.,2017)。高管变更可能是由于解雇等强制性原因,也可能是由于退休、健康等常规性的变化,作为企业控制过程的一个"关键转折点"以及惩罚企业高管的终极工具,提供了一个独特的"进入高管问责制核心的窗口",为企业提供了调整战略以适应当前或不断变化的环境需求的机会(Thams et al.,2020;Hilger et al.,2013;Crossland and Chen,2013)。当违规行为变得明显,通过对领导力受到质疑的高管实施惩罚,令其承担责任离职,企业首先发出了一个明确的负面信号,使被解雇的高管蒙羞并减少了他们未来的职业机会(Fee et al.,2018),同时标志着企业内部功能失调,鼓励继任者重振企业、打破既定规范(Berns et al.,2021),最后企业可以为与违规行为相关的惩罚设立先例,加速恢复员工和利益相关者的信任,来自高权力管理者的威慑可以阻止低权力的员工启动或停止某些行动,从而阻止未来的违规行为(Bereskin et al.,2019;Zheng et al.,2020)。

  外部同行企业受到惩罚对观察企业的威慑效果通常由社会学习理论来解释。社会学习理论认为存在一种不同于传统的直接经验学习模式的替代学习过程,人们通过直接观察他人的行为和相关的结果获取大量的、完整的行为模式,而不必通过乏味的逐步试错过程形成(Xiao et al.,2019)。Yiu 等学者(2014)基于社会学习的研究表明,同行企业因欺诈受到的惩罚起到了替代惩罚威慑的效果,通过充当典型线索对违规企业和观察企业均具有信息价值,降低企业未来实施违规行为的可能性:首先,由于同一行业内组织的显著共同属性的行业构成规则,在可比性框架下,企业有强烈的动机和机会去观察、学习和调整其同行的行为和后果(Guillen,2002),同行企业受到的惩罚容易引起观察企业的注意,让它们感知被污名化的身份威胁以及战略目标无法实现的效率威胁(Lee and Zhong,2020);其次,替代惩罚为观察企业提供信息渠道,使企业理解哪些行为是被允许的或可能是会受到惩罚的,以及这些典型线索适用于自身的可能性;最后,观察到替代惩罚下的负面市场反应,企业会更形象地看到违规行为的危险,由此产生恐惧(Malouff et al.,2009),使其不容易违规。当法律制度发展到法律规则及其执行和实施特点容易理解的程度时,监管机构已经总结并将违规事件和惩罚经验转化为企业可以直接学习的规章制度,替代惩罚的信息价值降低(Lampel et al.,2009)。公开惩罚违规企业的信息能够向被列为目标的实体施加"具体威慑"的压力,使其改善其行为,同时更广泛、更重要的目的是形成"普遍威慑",鼓励其他希望避免成为其自身未来负面宣传目标的实体提高质量,增加合规投资和履行规范行为(Johnson,2020;Wang et al.,2019)。

第四节 价值引导与企业境外合规经营风险防范研究

当目标是复杂的、基于价值的或环境敏感时,支持价值引导机制的学者认为监管者扮演的角色不是宪兵而是教育家,应当关注最小化误解、着力发展共同目标和观念的文化,投入资源加强主体对目标、环境、价值和更广泛的优先事项的理解(Kauppi and Van Raaij,2015)。Paine(1994)首次概念化了法律和诚信作为合规研究的基石,并认为企业需要一种综合的方法,将惩罚性的法律遵从立场和以诚信为基础的价值导向方法结合起来,同时强调对法律和对道德价值的关注。Weaver 和 Trevino(2001)随之区分了遵从导向和价值导向,并指出遵从导向的合规方法更多的是作为外部强加的规则、监督和纪律,需要通过主体的经济理性或自我利益交换意识来实现违规行为的减少,而价值导向的合规方法注重于吸引主体内在对合规与道德行为的渴望,强调咨询、教育和角色示范,两种方法的结合使用可以促进产生有价值的结果。然后,Stansbury 和 Barry(2007)进一步考虑了强权控制与授权控制作为控制连续统一体上的两端,随着强权控制增加,关注对违规行为的发现与惩罚的遵从导向增强,而随着授权控制增加,强调发展道德行为共同原则的价值导向增强,授权控制可以减缓强权控制可能导致的能力萎缩与权力冲突。最后,Tyler 和 Blader(2005)区分命令控制与方法和自我监管方法,命令控制方法通过外部力量运作,植根于传统的经济理论,并假设主体关注与合规违规相关的成本收益函数和效用最大化。自我监管方法与内在行为动机相联系,遵循规则倾向的个体间差异可能使得一些主体的合规内在愿望更强,主体对社会价值的判断也会激发内在的责任感与合规意愿。

企业合规文化是企业成员对企业应该如何进行和运作符合规则要求的信念,它是企业文化的一个子集,代表了各种正式和非正式的行为控制系统之间的多维相互作用,这些系统能够促进合规或导致违规行为(Suh and Shim,2020)。Parker 和 Gilad(2011)认为,企业合规文化是不言而喻的理解、习惯、假设、惯例和实践,它们构成了一个来源要素默示的储藏库,从这些要素中产生了更多自觉的思想和行动,合规文化涉及与正式合规结构相反的日常合规实践,体现了管理者和员工这些行为主体与正式管理系统的结构之间的社会互动过程,其核心的三个维度为合法性、渗透性和控制性(Interligi,2010)。Schwartz(2013)认为,如果要最小化企业内部或代表企业的违规活动,以维持一种道德的企业文化,就必须存在三个基本要素：一是企业建立核心道德价值观，如"诚信"，能够在合理化因素与违规行为之间起到调节作用，坚持诚实、真诚、公平等道德标准的企业成员不会轻易将违规行为合理化（Albrecht et al.，2015；Dorminey et al.，2012）；二是企业建立正式的道德项目，如"道德培训"，作为预防和检测违规行为的基础促进合规有持续的效能（Warren et al.，2014）；三是企业持续存在"道德领导"，即董事会、高级管理人员和管理者所反映的一种恰当的"高层基调"，高层通过言语、实例、良好的管理树立适当的榜样，引导和培养企业成员的合规意识和勇气，强化违规行为的不可容忍态度（Albrecht et al.，2015）。

媒体扮演着信息收集、处理和传播的专业角色，可以增加了解企业行为的相关者的数量，帮助塑造企业公众形象，减少市场与企业经营过程、社会责任倾向相关的信息不对称（Miller，2006；Zyglidopoulos et al.，2012）。媒体关注度以媒体对一个特定对象相关话题的报道量来衡量。包括传统报纸和现代网络媒体在内的大众媒体是市场上的一种独特的声音，从根本上不同于企业发起的营销传播，已成为对企业和政策制定者产生广泛影响的主要社会力量，有能力影响许多企业利益相关者的意见（Chen et al.，2019）。大众媒体报道在弥合企业意愿和行为之间的差距方面的一个关键作用是创造和执行社会规范，通过塑造企业与社会规范的一致性促使企业按照社会可接受的价值导向行事，通过提升社会规范同质性促使群体共同反对不道德行为，迫使企业寻求社会认同做出改变（Dong et al.，2018）。企业越来越重视从社会那里获得经营的"社会许可证"，即企业必须超越法律义务满足社会期望、避免社会不可接受的行为（Gunningham et al.，2004）。由于社会认同来源于个体对自己在一个社会群体中的成员身份的认知以及与这种身份相关的价值，没有被贴上标签、谈论或质疑的规范和价值观，形成了组织的"直觉文化"（Morsing，1999），从属于社会群体中的个体希望得到正面评价，无论是中立的还是负面的大众媒体报道都会被视为对企业形象的潜在威胁，企业会从事合规行为改善自身形象、保护自己的社会价值（Zyglidopoulos et al.，2012）。大众媒体倾向追求轰动效应，对企业违规行为的短期监督效果更为明显，大众媒体通过大量持续报道引起政府媒体的重视和介入，政府媒体依赖政治资源，在长期监督中起主导作用（周开国等，2016）。在不确定哪些价值观是相关或冲突的情形下，权威媒体作为官方喉舌和意见领袖传达政府的观点和政策，提供了启发式的引导来形成真实、稳定的偏好（Johns，2009；Qu et al.，2017）。权威媒体扮演把关人的角色，对新闻内容进行筛选和过滤，并通过议程设置发挥媒介功能，选择强调还是忽视来突出特定新闻内容的显著性，影响着公众的信息接收和价值倾向（Hu et al.，2019）。

第五节 研究空间

已有研究分散地探讨了包括利益激励、惩罚威慑和价值引导在内的企业境外合规经营风险防范的不同工具和作用机制,但对于这些工具的防范效果得出了矛盾的研究结论。对于利益激励,有研究认为利益激励可以协调企业与利益相关者有分歧的目标,对企业而言颇具吸引力,容易被企业和社会接受,促使企业合规行动,但也有研究提出利益激励在现实中常常出现失效的情况(Chen et al., 2012; Schwartz and Goldberg, 2014; Zheng et al., 2020)。对于惩罚威慑,一些学者支持其作为抑制违规行为的最重要工具之一,能够迫使企业改善公司治理、防范合规风险,另一些学者则质疑"一刀切"的惩罚威慑会导致监管者、公司和社会组织之间的敌对关系,滋生"合规犯罪化"的新风险(Kang et al., 2010; Loughran et al., 2012; Potoski and Prakash, 2004)。还有研究跳出利益激励和惩罚威慑作用的探讨,比较具有对立关系的法律遵从方法和价值引导方法,认为强调咨询、教育和角色示范的价值引导方法更能够激发企业及员工内在的责任感与合规意愿(Kauppi and Van Raaij, 2015; Weaver and Trevino, 2001)。之所以存在上述争议,是因为以往研究还没有真正把企业合规经营风险的成因因素与防范机制串联起来进行探讨,只有区分不同的成因因素,找到与成因因素相对应的防范机制才能最大化其功效。然而,串联成因因素、防范机制与企业境外合规经营风险,基于压力、机会和合理化的三角成因框架,探讨利益激励、惩罚威慑和价值引导不同防范机制作用的研究还有待展开。

第六节 本章小结

本章回顾了法经济学视角下的企业境外合规经营风险防范的利益激励、惩罚威慑与价值引导的研究发展。我们首先综述了法经济学视角下的企业境外合规经营风险防范研究,表明企业合规管理最关键的特征是法与经济的交叉融合,并关注应用这一领域研究最为核心的工具——成本收益分析。其次,围绕高管员工薪酬激励和母国产业政策激励梳理了现有利益激励的文献,表明利益激励作为一种协调企业与利益相关者目标分歧、减少利益相关者带来的压力与冲突的企业合规风险防范手段,更有吸引力、更合理、更容易被社会接受。接着,围绕高管强制变更和同行企业制裁威慑梳理了现有惩罚威慑的文献，表明惩罚威慑在企业合规风险防范中的成本低廉优势，其作用的确定性与违规的机会因素密切相关。最后，围绕企业合规文化引导和大众媒体关注引导梳理了现有价值引导的文献，表明价值引导在抑制合理化与违规行为之间的关系中具有显著的作用。本章通过对上述文献的梳理与总结，提供了法经济学视角下的企业境外合规经营风险防范的基本思路和方向，揭示利益激励、惩罚威慑和价值引导的不同工具分别通过作用于压力、机会和合理化因素防范企业境外合规经营风险，从而为研究的深入展开提供理论基础。

第二篇 02

"走出去"企业境外合规经营风险的理论机制及生成演化研究

第五章

"走出去"企业境外合规经营风险的成因机制研究:基于压力、机会与合理化三角

本章围绕"走出去"企业境外合规经营风险这一研究对象,拟解决如下核心问题:第一,压力、机会和合理化三角成因如何作用于企业境外合规经营风险?第二,经济距离、法律距离和文化距离三种不同维度的制度距离对压力、机会、合理化因素与企业境外合规经营风险生成之间的关系会产生怎样的影响?

针对以上研究问题,本章将对"走出去"企业境外合规经营风险成因展开理论分析,并提出核心假设。本章首先探讨"走出去"企业境外合规经营风险的三角成因,深入剖析压力因素提供境外违规动机、机会因素提供境外违规条件、合理化因素提供境外违规借口,三类因素共同作用对增加企业境外合规经营风险的影响;其次,探究东道国与母国之间的制度距离在压力、机会和合理化因素作用于企业境外合规经营风险生成过程中的影响,分别分析经济距离、法律距离和文化距离的调节作用。本章应用压力、机会和合理化三角框架并结合制度距离,分析"走出去"企业境外合规经营风险的成因因素及其影响机制,为探讨企业境外合规经营风险防范奠定基础。

从现有文献来看,压力、机会和合理化三角是一个剖析企业境外合规经营风险成因的有效框架,但已有研究对其中的构成因素和具体作用机制的理解仍然是零散的(Dorminey et al.,2012;Schnatterly et al.,2018)。因此,第一节的重心就落在了打开压力、机会和合理化每一块的内部和外部构成因素,并分别探讨海外绩效期望差距和东道国产业竞争程度构成的内部和外部压力因素、合规控制体系缺陷和东道国监管不确定性构成的内部和外部机会因素、高管过度自信和母国产业失范程度构成的内部和外部合理化因素对提升企业境外合规经营风险水平的影响。在分析了内外部压力、机会和合理化因素的直接影响之后,第二节进一步探究经济距离、法律距离和文化距离三种制度距离的调节作用。对制度距离的分解方式与压力、机会和合理化三角相对应,正因为本书着重关注围绕企业绩效和产业竞争的经济压力因素、围绕自我监督缺位和强制监管不确定性的机会因素,以及围绕个体认知偏差和群体败德心理的合理化因素,影响商业环境和市场取向的

经济距离、影响监督和监管环境的法律距离、影响认知观念和道德规范的文化距离(Wu,2009;Muthuri and Gilbert,2011)这三种制度距离的调节作用就显得尤为突出。本章分析上述每一种制度距离对压力、机会和合理化因素与企业境外合规经营风险之间关系的影响,并分别比较三种制度距离在三角因素的哪一个部分中具有更强的调节作用。综上,成因机制分析思路如图5-1所示。

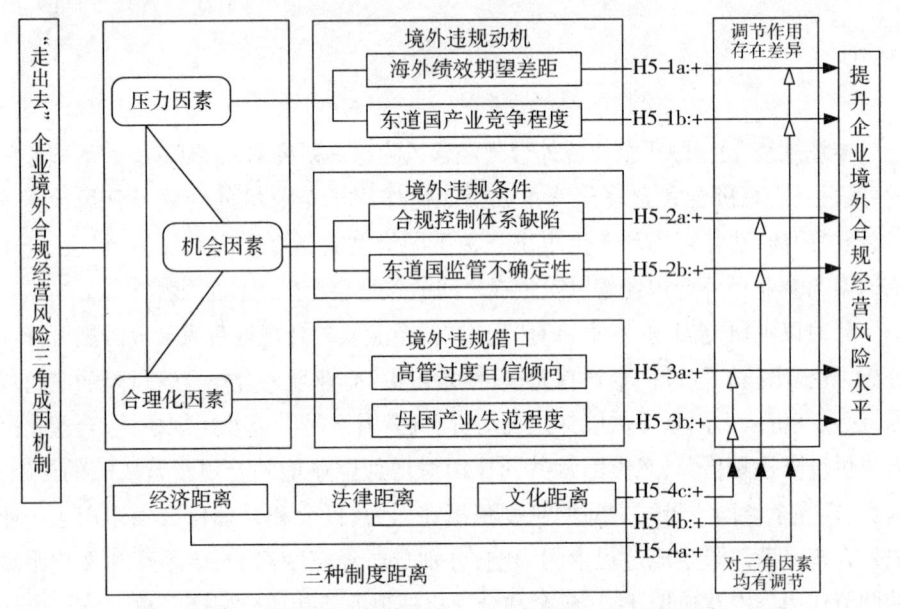

图5-1 "走出去"企业境外合规经营风险三角成因机制

第一节 内外部压力因素:海外绩效期望差距和东道国产业竞争程度

压力是行动者不喜欢的事件或条件,是当行动者无法应对环境要求时产生负面感受或消极信念,当其无法通过合法方式实现其目标时有动机诉诸违规行为(Greve et al.,2010)。在"走出去"境外经营企业内部,企业依据海外绩效反馈调整向期望的目标靠近,将当前的海外绩效与自身的历史绩效以及产业内追赶目标企业的绩效进行比较(Titus et al.,2020;Xie et al.,2019)。当现实绩效与理想目标之间的落差较大,企业由于自身奋争的动力产生内在紧张感,海外绩效期望差距就构成了提供境外违规动机的内部压力因素。在"走出去"境外经营企业外部,企业不得不参与产业内对权力和地位的争夺。东道国产业内激烈的市场竞争恶化资源争夺环境、降低生存可能性,使企业陷入高压状态之中(Baucus,1994;Thams et al.,2020),以违规手段匹配竞争对手带来的威胁,高度的东道国产业竞争由此构成提供境外违规动机的外部压力因素。

海外绩效期望差距对企业境外合规经营风险的影响机制主要有如下两条:第一,当实际海外绩效越低于期望水平,越会被试图拓展和建立海外业务优势的企业视作失败和对利益的威胁(Curran and Ng,2018;Buckley,2017;Harris and Bromiley,2007),在这种威胁感的加成作用下增强对境外违规收益的预期。海外绩效的相对差距产生的内在威胁感驱使企业陷入目光短浅的"问题式搜索"(Xu et al.,2019),短期内违规冒险依赖于固有的惯例与已成型的流程、预算和计划,相比创新等其他手段更加立竿见影,较小的付出就可以对收益起到显著的杠杆作用(Malesky et al.,2015)。企业急于达到海外绩效的期望水平,在境外经营中寻求以违规作为快速解决方案(Desai,2016),由此增加企业境外违规行为实施的可能性。第二,由于"彭罗斯效应"的存在(Penrose,2009),受制于自身资源和能力轨迹上限的企业不可能无限期以相同的速度实现持续增长。与此同时,企业又必须面对只有满足内外部利益相关者越来越高的期望才能提高或维持现有身份等级的压力(Tetrault Sirsly and Lvina,2019)。海外绩效目标难以兑现的压力持续累积(贺小刚等,2015),没有达到目标或期望水平的企业已经遭受无法保持现有身份的损失(Mishina et al.,2010),一旦违规行为被发现,随之而来的处罚对这些企业而言更难以承受。因此,构成内部压力因素的海外绩效期望差距通过上述两条影响机制,提升"走出去"企业境外合规经营风险水平。

东道国产业竞争程度对企业境外合规经营风险的影响机制主要有如下两条:第一,当东道国产业竞争程度较高时,产业内充斥着大量企业,企业在有限市场和资源中的竞争压力加大(Zhang et al.,2020),客户很容易从焦点企业转换到另一个竞争者手中,能够轻易地抵制有很多社会弱点的企业,企业面临因为激烈的竞争环境失去客户而使竞争对手受益的威胁,增强对违规手段所能带来的收益的预期(Bennett et al.,2013;Dupire and M'Zali,2018),从事境外违规行为的可能性加大。第二,"走出去"企业的经营成功依赖于企业可以收集的需求、建立的供应关系和可以获取的人力资源(Guler and Guillen,2010)。企业进入东道国市场和价值网络,面临动态变化的产业竞争环境,如果不能适应这种动态性,将在跨越地理边界与同行企业的竞争中面临风险(Korhonen et al.,2018)。此外,企业的财务特征,尤其是资本结构,受到竞争环境的显著影响,东道国激烈的产品市场竞争导致产业内企业特殊回报波动率变化(Peress,2010),企业未来盈利的可能性趋于下降,并且很难在高度竞争的东道国行业结构中发现空白市场,价值链上众多生产和分销的链条分支将使得各个环节的利润被摊薄,处于经营危机中的企业缺乏足够的能力制订和实施长期竞争计划(贺小刚等,2015),伴随违规而来的处罚风险对企业的打击大。因此,构成外部压力因素的东道国产业竞争程度通过上述两条影响机制,提升"走出去"企业境外合规经营风险水平。

据此,针对构成内部压力因素的海外绩效期望差距和构成外部压力因素的东道国产业竞争程度,本节分别提出假设 H5-1a 和 H5-1b。

H5-1a:海外绩效期望差距越大,"走出去"企业境外合规经营风险水平越高。

H5-1b:东道国产业竞争程度越大,"走出去"企业境外合规经营风险水平越高。

第二节 内外部机会因素:合规控制体系缺陷和东道国监管不确定性

企业境外经营违规机会是指企业及其成员有条件实施境外违规行为,并且预期违规行为被发现的可能性很低的情形。在"走出去"境外经营企业内部,合规控制体系存在层级结构上的监督制约和涵盖管理活动全过程的控制调整的相互渗透,其功能在于自我监督、预防和及时矫正经营过程中存在的主观或非主观错误(Ashbaugh-Skaife et al.,2008)。当企业合规控制体系存在较大缺陷,原本的合规管理与控制职能失效,就构成了提供境外经营违规条件的内部机会因素。在"走出去"境外经营企业外部,东道国政府往往制定有利于国内利益而不是外国利益的监管政策(Edman,2016),东道国监管目标与企业战略目标的冲突往往使得企业境外经营活动难以取得预期的效果。当东道国监管存在较高的不确定性,原有的规则体系存在断层与松弛时,就构成了提供境外经营违规条件的外部机会因素。

合规控制体系缺陷对企业境外合规经营风险的影响机制主要有如下两条:一是企业内部成员和职能各方相互制衡的缺失,导致非效率行为与信息失真,降低企业成员对境外违规成本的预期(Donelson et al.,2017),增加境外违规行为实施的可能性。合规控制体系缺陷使得围绕董事会、管理层、全体员工的内在职能安排无法得到有效制衡与执行,导致企业内部低效和无序,如董事会监督不力,影响识别违规行为的可能性(Lee et al.,2018;Park et al.,2020),导致母公司不当治理行为向境外经营分支机构负面溢出(Cai et al.,2019);管理层放大堑壕效应,有机会控制有价值的信息,以相对不受约束的方式寻求个人利益、以更大的权力采取或批准以牺牲股东财富为代价的投资决策（Wang et al.，2018）；员工更有可能忽视企业合规的使命和目标、对照缺陷标准实施最大化私人利益的违规行为（Yin et al.，2020）。企业容忍上述非效率环境的持续，容易产生不准确或错误的信息，无法通过职能各方的相互制衡监督和矫正内部成员的违规行为，使得企业内部成员对境外违规成本的预期降低。二是企业向市场保证成员遵循相关政策规则的可靠性缺失，增加企业在境外合规经营风险中承担的"上级责任"和损失（Bargeron，2010；Haugh，2018；Larkin and Seibler，2016）。合规控制体系质量是企业赢得利益相关者信任的关键，在这方面的缺陷使得企业向市场展现的是无法约束成员合规行动的负面形象，促使利益相关者认为企业违规和危险的程度增大，在境外违规事件披露后导致市场更严厉的动荡和处罚。因此，构成内部机会因素的合规控制体系缺陷通过上述两条影响机制，提升"走出去"企业境外合规经营风险水平。

东道国监管不确定性对企业境外合规经营风险的影响机制主要有如下两条：一是政策变更空档期的信息摩擦增加、短期监管力度下降，使得企业降低境外违规成本预期，"钻空子"、逃避境外合规的行为更有可能发生（Wilson and Veuger，2017）。"走出去"企业境外经营主要受到东道国监管环境的约束，外部监管环境影响企业与利益相关者参与东道国市场时的基调。当东道国监管不确定性较高时，"走出去"企业在不成熟的东道国监管环境中经营，通过东道国的合作伙伴关系可能会接触到更多的违规机会，充满漏洞的监管体系、低效率的司法诉讼程序使得境外经营的利益相关者难以辨认企业违规行为，市场很难对企业败德行为进行监管和制裁。此时，管制权力的外溢现象更为普遍，企业与东道国政府官员为私利达成共谋，更有机会达成隐性契约（Cambini and Rondi，2010），在隐性契约的庇护下实施境外违规行为。二是信息不对称在监管波动的冲击下进一步增加，境外经营企业难以及时和准确地接收东道国监管政策调整和监管方向变化的信号，难以对未来的风险损失做出相应的筹谋。东道国监管本身具有强势性和壁垒性（Grundke and Moser，2019；Li and Vashchilko，2010；Zhang and Mauck，2018），而监管环境的模糊性和复杂性大量消耗企业境外信息处理能力（Kostova et al.，2018）。一旦企业在难以捕捉的监管强度提高幅度的东道国经营时不恰当地处理与当地的关系，往往很难预判和应对随之而来的巨额监管处罚损失。因此，构成外部机会因素的东道国监管不确定性通过上述两条影响机制，提升"走出去"企业境外合规经营风险水平。

据此，针对构成内部机会因素的合规控制体系缺陷和构成外部机会因素的东道国监管不确定性，本节分别提出假设 H5-2a 和 H5-2b。

H5-2a：合规控制体系缺陷越大，"走出去"企业境外合规经营风险水平越高。

H5-2b：东道国监管不确定性越高，"走出去"企业境外合规经营风险水平越高。

第三节　内外部合理化因素：高管过度自信倾向和母国产业失范程度

合理化的本质是一种心理过程，该过程允许行动者通过辩护或者找借口，使原本不合理的行为显得正当，从而压制违规行为带来的不适感与负罪感，解决其行为与社会道德之间的冲突（Trompeter et al.，2013；Cohen et al.，2012）。内部合理化因素方面，高管作为企业和外部环境之间的"连接线"，在对内领导和对外代表组织方面发挥关键作用（O'Brien et al.，2019；Sarabi et al.，2020）。高管过度自信倾向通过领导者个体的认知偏差使得内部群体规范恶化，驱动企业实施境外违规经营；外部合理化因素方面，社会责任视角下的企业是母国产业整体的组成部分，企业合规行为与市场整体规范密不可分。母国产业失范通过群体道德底线模糊使得单个企业规范边界受到侵蚀，驱动企业实施境外违规经营。

"走出去"企业高管的潜在心理特征作为分析复杂情况的"过滤器"，深深影响企业的违规行为和风险承担的倾向，其中的一个关键特质是高管过度自信，表现在与自我的关系和与他人的关系中（Fabrizi et al.，2014；Li and Tang，2010；Tang et al.，2015）。首先，高管在工作自主性、对资源的控制和追求自我利益行为的空间等方面与其他员工不同，过度自信的高管会倾向高估自己的知识和能力，同时又低估突发事件的风险，一旦缺乏审慎的决策考虑或道德承诺，就容易因为自身的主动违规性引发企业境外合规风险（Van Scotter and Roglio，2020；Zhang et al.，2020）。其次，行为伦理视角的研究指出，在管理者和员工的领导/追随的二元关系中，领导者通过个人行为和人际关系展示规范行为，并通过双向沟通、强化和决策向追随者推广（Brown et al.，2005），一旦员工经过社会学习感知到高管回避和谴责错误的态度时，他们就会倾向逃避责任、掩盖错误并合理化违规行为（Marquardt et al.，2021）。过度自信的管理者会潜移默化地向员工释放信号，强调实现结果的任何手段都比不实现结果更好（Kilduff et al.，2016），驱动员工参与和扩散境外违规行为，促进一种不道德和有害的组织文化的发展（Greve et al.，2010），引发境外合规经营风险。

"走出去"企业要面对产业刚性竞争时代下越发复杂的道德和失范问题，失范是指社会遇到与经济和技术进步有关的社会变革而导致的社会规范恶化的情况

(Chen et al.,2021)。社会责任要求企业将自身视为社会整体的一个构成部分,以及与其他利益相关者是休戚与共的命运共同体。企业本身兼具"做好事"和"做坏事"两种属性,既可能参与超越法律遵从和公司利益之外的对社会有利的行动中,也可能采取对其他利益相关者造成潜在不利和伤害的公司行为(Lin-Hi and Muller,2013;McWilliams et al.,2006;Minor and Morgan,2011)。母国产业失范程度越高,意味着企业实施社会责任的平均水平越低,机会主义和缺乏守法道德的价值倾向越高(Price and Sun,2017),企业试图通过特定的目标来创造有利条件以增加利润的做法,如污染、废物处理、贿赂、会计欺诈等违规行为在母国产业中更为普遍(Price and Sun,2017),不道德行为扩散、群体性败德行为、负面溢出的传染效应潜在地影响处于同一母国产业的其他企业(Bouzzine and Lueg,2020;李新春和陈斌,2013),"其他人都这么做"的借口使得企业很容易将违规行为视为获取利益的合理化策略。因此,外部合理化因素提供借口,加剧境外合规经营风险。

据此,针对构成内部合理化因素的高管过度自信倾向和构成外部合理化因素的母国产业失范程度的影响,本节分别提出假设 H5-3a 和 H5-3b。

H5-3a:高管过度自信倾向越高,"走出去"企业境外合规经营风险水平越高。

H5-3b:母国产业失范程度越高,"走出去"企业境外合规经营风险水平越高。

第四节 不同制度距离调节三角因素与企业境外合规经营风险关系的机制分析

高经济距离情形下,东道国和母国之间围绕企业制造、销售、物流、融资、劳动力等构建的经济制度环境的差异性增加,企业遵守和适应东道国规则获取期望绩效的难度提高(Eden and Miller,2010),并且东道国当地产业中的利益相关者可以通过停止输送资源的保留策略和限制使用资源方式的使用策略对参与当地竞争的外来企业施以更强的约束(Yang and Rivers,2009),使得海外绩效期望差距和东道国产业竞争程度构成的内外部压力因素对企业境外合规经营风险水平提升的作用增强。东道国政府往往制定有利于国内经济利益而非外国经济利益的限制性政策(Edman,2016),高经济距离情形下,企业控制和协调境外经营机构的难度加大,额外的监管规则环境更加复杂模糊,使得合规控制体系缺陷和东道国监管不确定性构成的内外部机会因素对企业境外合规经营风险水平提升的作用增强。高经济距离情形下,面对母国和东道国不同的商业惯例(Vaara et al.,2012),内部成员难以抉择和适应,对高管权威的服从性进一步增强,可用资源的快速消耗使企业社会责任履行更为消极（Guo and Zheng,2021），由此高管过度自信倾向和母国产业失范程度构成的内外部合理化因素对企业境外合规经营风险水平提升的作用增强。

高法律距离情形下，企业进入不熟悉的法律环境必须调整商业实践：与东道国的法律规章要求保持一致（Aguilera-Caracuel et al.,2013），生产经营各环节的法务适应成本增加企业的绩效劣势和竞争劣势，由此海外绩效期望差距和东道国产业竞争程度构成的内外部压力因素对企业境外合规经营风险水平提升的作用增强。高法律距离意味着东道国和母国在法律规章标准、法规执行的社会优先级、法律架构效率等方面差异较大，东道国监管难度加大，企业容易发展机会主义行动（Mirza and Ahsan,2020）。随着法律差异增加，企业与当地组织难以理解彼此行为，由此引发激烈的纠纷不太可能通过合作协商解决，而更可能转向激进的诉讼策略（Fainshmidt et al.,2014），使得合规控制体系缺陷和东道国监管不确定性构成的内外部机会因素对企业境外合规经营风险水平提升的作用增强。高法律距离情形下，母国的法治逻辑和企业内部秩序框架对企业行为塑造作用更强，东道国在规范企业道德方面的作用有限（Reddy and Hamann,2016），使得高管过度自信倾向和母国产业失范程度构成的内外部合理化因素对企业境外合规经营风险水平提升的作用增强。

高文化距离情形下，企业无法准确把握想要传达的信息，在内外部商业沟通中的误解增加，文化差异容易变成企业绩效和竞争的障碍（Linjing and Jingfeng,2020），使得海外绩效期望差距和东道国产业竞争程度构成的内外部压力因素对企业境外合规经营风险水平提升的作用增强。文化距离妨碍企业对控制需求和监管要求的认知和理解（Fainshmidt et al.,2014），使得合规控制体系缺陷和东道国监管不确定性构成的内外部机会因素对企业境外合规经营风险水平提升的作用增强。高文化距离情形下，东道国合规信息在当地观念中更加默认化和根深蒂固，对外来企业而言更难以感知和理解（Aguilera-Caracuel et al.,2013），企业容易高估冒险行为的积极效果，同时，外来群体很难指望在东道国当地原有群体内获取认同，东道国受众会对企业的国家和产品形象进行负面归因，进而延长对企业的审查时间，外来企业也容易形成敌意心态（Zeng and Xu,2020），实施违规行为的内疚感较低，使得高管过度自信倾向和母国产业失范程度构成的内外部合理化因素对企业境外合规经营风险水平提升的作用增强。

比较不同制度距离的影响，首先，经济距离相比其他两种制度距离对压力因素具有更强的调节作用，因为经济发展质量在根本上决定了商业惯例、商业交流风格和市场取向（Wu,2009），企业海外绩效期望差距和东道国产业竞争程度的经济压力作为境外违规的主要动力源,尤为依赖不同经济距离下的经济活动效率对境外经营优势的塑造(Eden and Miller,2010);其次,法律距离相比其他两种制度距离对机会因素具有更强的调节作用,因为法律制度刻画了自我监督和强制监管的根本基础(MacLean and Behnam,2014),法律距离下东道国和母国法律架构及法治逻辑的碰撞强有力地塑造了合规控制体系缺陷和东道国监管不确定性的机会因素的影响;最后,文化距离相比其他两种制度距离对合理化因素具有更强的调节作用,因为文化距离充分刻画了认知和规范两种非正式的制度属性(Aguilera-Caracuel et al.,2013),高管过度自信和母国产业失范程度的内外部合理化过程本质上是寻找境外违规借口的心理活动,受到文化距离下隐性的价值取向和行为准则差异的影响更为突出。据此,本节提出假设 H5-4a、H5-4b 和 H5-4c。

H5-4a:经济距离正向调节内外部的压力、机会和合理化因素对企业境外合规经营风险的影响;相比法律距离和文化距离,经济距离对压力因素的调节效应更强。

H5-4b:法律距离正向调节内外部的压力、机会和合理化因素对企业境外合规经营风险的影响;相比经济距离和文化距离,法律距离对机会因素的调节作用更强。

H5-4c:文化距离正向调节内外部的压力、机会和合理化因素对企业境外合规经营风险的影响;相比经济距离和法律距离,文化距离对合理化因素的调节作用更强。

第五节 本章小结

本章应用压力、机会和合理化三角分析"走出去"企业境外合规经营风险成因机理。我们打开压力、机会和合理化每一块的内部和外部构成因素,并分别探讨了海外绩效期望差距和东道国产业竞争程度构成的内部和外部压力因素、合规控制体系缺陷和东道国监管不确定性构成的内部和外部机会因素、高管过度自信和母国产业失范程度构成的内部和外部合理化因素对增加企业境外合规经营风险的影响。在分析了内外部压力、机会和合理化因素的直接影响之后,本章进一步探究经济距离、法律距离和文化距离三种制度距离的调节作用,分析上述每一种制度距离对压力、机会和合理化因素与企业境外合规经营风险之间关系的影响,并分别比较三种制度距离在三角因素的哪一个部分中具有更强的调节作用,从而为下一章探讨企业境外合规经营风险防范奠定基础。

第六章

"走出去"企业境外合规经营风险的防范机制研究：基于利益激励、惩罚威慑与价值引导

本章串联成因因素、防范机制与企业境外合规经营风险，从压力、机会和合理化三角因素的不同特征切入，探讨利益激励、惩罚威慑和价值引导在削弱风险因素进而防范企业境外合规经营风险过程中的作用点位和具体机制，试图回答：利益激励、惩罚威慑和价值引导三种不同类型的防范机制如何通过削弱压力、机会和合理化因素的作用降低企业境外合规经营风险频率？防范机制分析的思路如图6-1所示。压力因素的存在使企业"不得不"参与违规以提升绩效和维持竞争地位。因此在利益激励机制分析中，我们考虑内部高管员工薪酬激励和外部母国产业政策激励，通过缓解企业境外违规压力，让"走出去"企业境外经营"不必违规"；机会因素的存在为企业境外违规提供了肆意利用监督监管漏洞的条件，因此在惩罚威慑机制分析中，我们考虑内部高管强制变更威慑和外部同行企业制裁威慑，通过抑制企业境外违规机会，让"走出去"企业境外经营"不敢违规"；合理化因素的存在使企业以滞后的理念为境外违规找寻借口，因此在价值引导机制分析中，我们考虑内部企业合规文化引导和外部大众媒体关注引导，通过减少企业境外违规合理化，让"走出去"企业境外经营"不愿违规"。

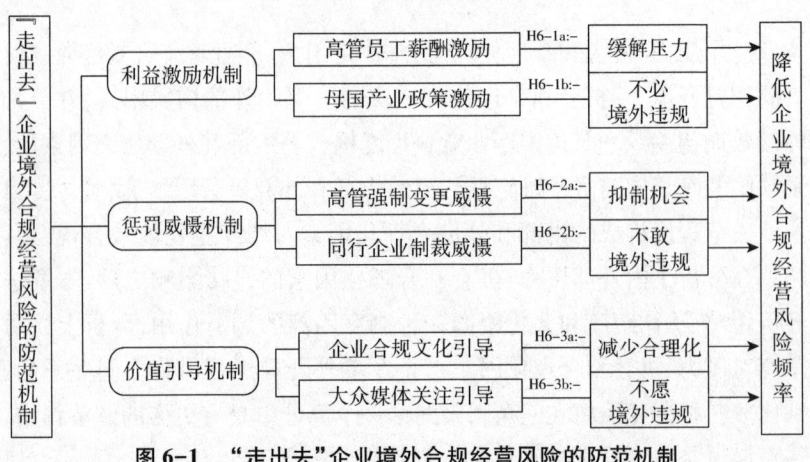

图6-1 "走出去"企业境外合规经营风险的防范机制

第一节　内外部利益激励：高管员工薪酬激励和母国产业政策激励

高管员工薪酬激励缓解内外部压力因素的影响进而降低企业境外合规经营风险的机制如下：首先，有效的高管员工薪酬激励能够提升企业成员的努力、毅力和绩效表现，并且直接、积极地承认高管员工的个人行为对整个企业合规和绩效表现的重要性，增加这些成员合规行为的动机，促使他们更多关注个人行为和经营中的潜在违规风险，同时增加他们合规行动的概率（Arney，2010；Chen et al.，2012）。并且依据前景理论，当企业成员认为自己是在阻止损失，而不是在确保收益时，高管员工薪酬激励更为有效，海外绩效期望差距带来的损失威胁框架下的利益激励更能增强合规动机（Goel et al.，2021），因而高管员工薪酬激励有助于削弱海外绩效期望差距的威胁，缓解内部压力导致的境外违规动机，降低企业境外合规经营风险频率。其次，企业会通过提供更强的高管员工薪酬激励作为一种应对东道国产业竞争程度的最佳反应，从而引出更高水平的成员表现与合规努力（Dam et al.，2020），因而高管员工薪酬激励有助于削弱东道国产业竞争程度的影响，缓解企业境外经营面临的外部压力，从动机切入阻止企业未来境外违规行为的发生，降低企业境外合规经营风险频率。

母国产业政策激励缓解内外部压力因素的影响进而降低企业境外合规经营风险的机制如下：母国产业政策激励使境外经营企业能够获得财政援助、税收优惠、行政援助和潜在救助，企业在东道国陷入冲突的情形下依靠政策支持处于有利地位（Duanmu，2014；Chen et al.，2018）；企业对境内外即将出台的法律法规和投资引资政策有更超前的了解，能够及早做好准备抓住政策变化带来的利好机遇（Shi et al.，2014）；广泛的金融、监管和信息资源支持带来的财务利益和优惠待遇相当可观，对企业海外绩效提升具有积极的影响（Sun et al.，2010）；来自母国产业政策激励的正向反馈能够削弱企业面临海外绩效期望差距时的威胁感，缓解内部压力下的境外违规动机，从而降低企业境外合规经营风险频率。此外，母国产业政策激励增加了企业与价值链上不同环节的协调，整体增强上下游透明度、可见性、协作效率以及对产业规章的遵从性（Porteous et al.，2015），有助于企业更好地预测东道国政府的合规政策和限制措施，进入缺乏合规能力的竞争对手回避的东道国细分市场、建立保护其产业竞争地位的保障措施、借助母国行业的力量介入进行谈判协商（Albino-Pimentel et al.，2018），增强境外经营企业在激烈的东道国产业竞争中获取地位的能力,缓解企业面临的外部压力,从而降低企业境外合规经营风险频率。

据此,本节提出假设 H6-1a 和 H6-1b。

H6-1a:高管员工薪酬激励越强,越有利于缓解内外部压力因素的影响,降低"走出去"企业境外合规经营风险频率。

H6-1b:母国产业政策激励越强,越有利于缓解内外部压力因素的影响,降低"走出去"企业境外合规经营风险频率。

第二节 内外部惩罚威慑:高管强制变更威慑和同行企业制裁威慑

高管强制变更威慑抑制内外部机会因素进而影响企业境外合规经营风险,这一过程的作用机制如下:带有强制色彩的高管变更涉及企业内部治理的顶层设计变动,表明被解聘的高管缺乏修复现有合规控制体系缺陷的能力,高管强制变更的内部惩罚威慑为继任高管提供教训和契机,使其努力抓住势头对企业境外经营的决策流程、资源交换状况等进行深远的改变,从而避免和消除被解雇的前任高管可能犯下的违规隐患(Hilger et al.,2013),继任高管受到威慑更倾向克服组织惯性,着力整改和修复监督控制缺陷、增补和顺畅化合规运行机制(Li et al.,2010;Kryzanowski and Zhang,2013),以此削弱内部机会因素制造的违规条件,降低企业境外合规经营风险频率。此外,高管强制变更威慑会使继任高管和员工产生危机感、强化自我观察和评价意识,为企业境外经营注入"新鲜血液",向东道国利益相关者传递改善公司治理以及管理层有效配置的信号(Eisfeldt and Kuhnen,2013)。来自母公司施加的高管强制变更威慑能够使企业成员产生更强的法律规章遵从性(Spencer and Gomez,2011),内源性地增强实施境外经营合规计划,继任高管主导重新调整资源分配提升对外部违规条件的识别和化解,应对东道国高度不确定性的监管环境。因此,高管变更的内部惩罚威慑有助于抑制东道国监管不确定性的影响,削弱外部机会因素,降低企业境外合规经营风险频率。

同行企业制裁威慑为境外经营企业提供了社会学习机制,抑制内外部机会因素进而影响企业境外合规经营风险,这一机制主要通过如下过程发挥作用:一是为境外经营企业提供了一个"可比性框架"(Porac et al.,1995),同一行业内的企业具有显著的共同规则构成属性,让企业可以观察和学习同行企业境外经营的做法并调整自己的行为。从一般威慑的角度来看,外部监管机构实施惩罚的意义要远大于制裁已犯下境外违规行为的企业本身,因为同行企业受到的惩罚对境外经营企业未来潜在的违规行为具有震慑的效果。当境外经营企业观察到同行企业因为境外违规经营受到的惩罚以及市场带来的负面反应时,这些观察企业感知到污名化的身份威胁后会变得更为警觉(Malouff et al.,2009;Lee and Zhong,2020),更积极地检查自身的合规控制体系是否存在与同行被制裁企业同样的关键漏洞,加快完善内部职能各方的相互制衡。企业成员违规行为被监督和矫正的可能性加大,预期境外违规成本增加,由此抑制内部机会因素的影响,降低企业境外合规经营风险频率。二是为境外经营企业提供了替代性的东道国监管处罚信息,观察企业能够从同行企业制裁的水平中习得境外违规行为被严格惩治的信息,对境外违规行为的预期成本增加。当东道国监管不确定性较高时,境外经营的企业面对东道国模糊的监管规则和波动性较高的监管政策,很难直接获取境外违规行为相关后果的明确信号和充分信息,对哪些行为能得到认可而哪些行为不被认可的不确定性很强(Peteraf and Shanley,1997)。此时,同行企业制裁威慑提供信息的作用提升,成为企业间接学习境外经营合规与违规行为的可靠手段(Yiu et al.,2014),有助于抑制外部机会因素的影响,降低企业境外合规经营风险频率。

据此,针对内部的高管强制变更威慑和外部的同行企业制裁威慑,本节提出假设 H6-2a 和 H6-2b:

H6-2a:高管强制变更威慑越强,越有利于抑制内外部机会因素的影响,降低"走出去"企业境外合规经营风险频率。

H6-2b:同行企业制裁威慑越强,越有利于抑制内外部机会因素的影响,降低"走出去"企业境外合规经营风险频率。

第三节 内外部价值引导:企业合规文化引导和大众媒体关注引导

企业合规文化引导减少内外部合理化因素的影响进而降低企业境外合规经营风险的作用机制如下:首先,企业合规文化引导意味着企业建立了持续的"道德领导",董事会、高级管理人员和管理者反映出恰当的"高层基调"(Schwartz,2013),高层通过言语、实例、良好的管理树立合规榜样,引导和培养企业成员的合规意识和勇气,强化企业全员对违规行为的不可容忍(Albrecht et al.,2015)。而高管过度自信倾向源于高管对未发生情形掌控能力的过度乐观估计,对企业境外合规经营风险问题具有"控制幻觉"。此时,企业合规文化引导加大了合规文化在组织文化中的嵌入程度,企业成员对境外合规经营风险的相关议题形成更具有一致性的价值观和态度(Solomon and Brown,2020),增加高管对企业境外合规经营风险问题的认知,对企业境外合规经营风险问题敏感的高管会积极寻求变革,并将这种价值观注入企业的决策之中(Chin et al.,2013),由此削弱高管过度自信倾向的影响,减少内部合理化因素的作用,降低企业境外合规经营风险频率。其次,在普遍存在不道德行为的母国产业内,企业合规文化引导可以增加企业道德合规项目的稳定性,唤醒企业成员对利益相关者和社会责任的关注(Tang,2012)。对特定内容的认可更容易触发启发式决策和自觉行动,增强长时期内社会责任的感知效用以及母国产业内企业的从众行为和参与其中的可能性,由此削弱母国产业失范程度的影响,减少外部合理化因素的作用,降低企业境外合规经营风险频率。

  大众媒体关注引导减少内外部合理化因素的影响进而降低企业境外合规经营风险的作用机制如下:首先,大众媒体作为拥有显眼且合法平台的"社会仲裁者",对企业以及与之相关的个人进行评估、做出正面和负面判断(Wiesenfeld et al.,2008),通过议程设置发挥媒介功能(Hu et al.,2019),是提供有关企业及其领导者信息的关键。大众媒体对高管的报道可以增加这些企业领导者的突出性,并影响大众对他们素质的认知(Bai et al.,2019),通过传播有关高管行为的信息和塑造对这些行为的看法来影响高管的人力资本价值,媒体报道更大的曝光程度和影响范围将高管的声誉和职业生涯前景与社会特定的价值要求以及行为规范更紧密地绑定在一起,为了维护声誉和职业竞争力,高管更可能回应媒体并改变不利和违规的决策(Liu et al.,2017),降低高管过度自信的合理化因素对企业境外合规经营风险的影响。其次,大众媒体关注引导能够使企业员工更多地接收关于组织动态的更新、行业见解、对工作建议的相关信息(Huang et al.,2022;Men et al.,2020),从而更可能发现内部成员对规范的认知与外部规范认知不一致,这种偏差会促使组织成员积极调整行动维护企业形象、协调认知差距(MacLean and Behnam,2014),由此削弱高管过度自信倾向的影响,减少内部合理化因素的作用,降低企业境外合规经营风险频率。其次,在普遍存在企业不道德行为的母国产业内,大众媒体关注引导有助于创造和执行社会规范、增强社会信任和公信力,提升产业内共享的价值、规范和信念并深深植根于企业文化以期指导和评估企业行为(Dong et al.,2018),为母国产业群体树立典型企业,提供关于企业境外经营行为合规与否的信息线索,以此两方面来激活同行企业的群体规范(Hartmann et al.,2021)。为了获取必要的生存资源,企业会努力使其持有的社会价值观与社会环境中可接受的行为规范保持一致,满足外界对自身合规经营的期望(Chen and Wan,2020),由此削弱母国产业失范程度的影响,减少外部合理化因素的作用,降低企业境外合规经营风险频率。

据此,针对内部的企业合规文化引导和外部的大众媒体关注引导,本节提出假设 H6-3a 和 H6-3b:

H6-3a:企业合规文化引导越强,越有利于减少内外部合理化因素的影响,降低"走出去"企业境外合规经营风险频率。

H6-3b:大众媒体关注引导越强,越有利于减少内外部合理化因素的影响,降低"走出去"企业境外合规经营风险频率。

第四节 总体理论框架

第五章和第六章通过理论分析与论证,厘清了企业境外合规经营风险成因与防范的主要理论机理。第五章解决了内外部压力、机会和合理化的三角因素如何增加企业境外合规经营风险,这种影响是否受到经济距离、法律距离和文化距离三种不同制度距离的调节。本章内容重点研究了利益激励、惩罚威慑和价值引导三类防范机制如何作用于压力、机会和合理化因素进而降低企业境外合规经营风险,从而结合第五章的内容共同构建企业境外合规经营风险成因因素和防范机制的综合性研究框架,以三大部分、七组核心假设的形式做出表述。总体理论框架如图 6-2 所示。

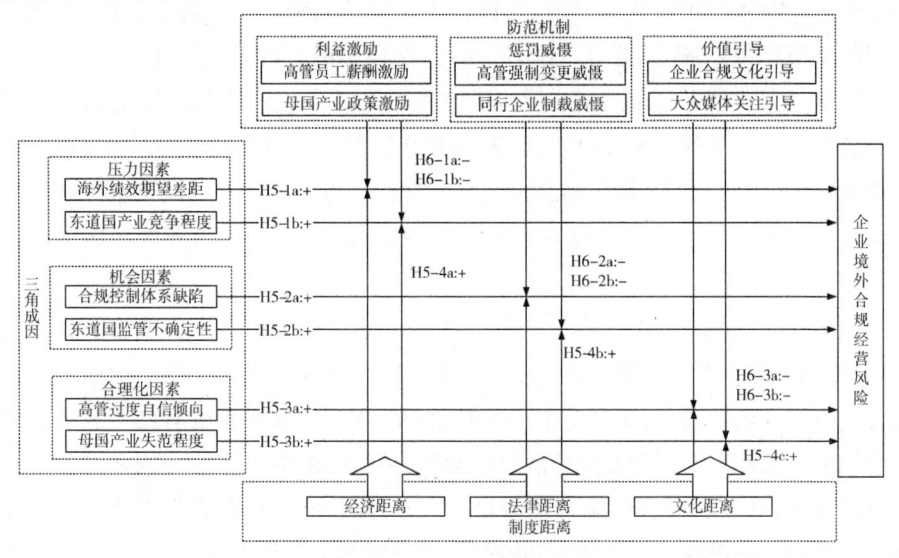

图 6-2 总体理论框架

首先,我们认为压力、机会和合理化三角是剖析企业境外合规经营风险成因的一个有效框架,但还需要深入剖析其中的构成因素以及每一块的作用机制以填补现有研究的不足。因此,在第五章的假设 H5-1 至假设 H5-3 中,我们通过理论分析得出,海外绩效期望差距和东道国产业竞争程度构成了内外部压力因素,合规控制体系缺陷和东道国监管不确定性构成了内外部机会因素,高管过度自信倾向和母国产业失范程度构成了内外部合理化因素。具体来说,内外部压力因素提供境外违规动机,海外绩效期望差距越大、东道国产业竞争程度越大,"走出去"企业境外合规经营风险越大(第五章假设 H5-1a 和 H5-1b);内外部机会因素提供境外违规条件,合规控制体系缺陷越多、东道国监管不确定性越大,使得"走出去"企业境外合规经营风险越大(第五章假设 H5-2a 和 H5-2b);内外部合理化因素提供境外违规借口,高管过度自信倾向越高、母国产业失范程度越高,"走出去"企业境外合规经营风险越大(第五章假设 H5-3a 和 H5-3b)。

其次,我们将制度距离分解为经济距离、法律距离和文化距离,我们在前述已经指出,在压力、机会和合理化三角因素的基础框架之上,影响商业环境和市场取向的经济距离、影响监督和监管环境的法律距离、影响认知观念和道德规范的文化距离的作用显得尤为突出。在第五章假设 H5-4 中,我们通过理论分析得出,不同制度距离对压力、机会和合理化因素与企业境外合规经营风险水平之间的关系起到正向调节作用,并且经济距离、法律距离和文化距离的调节重心存在差异。具体来说:经济距离对内外部的压力、机会和合理化因素与企业境外合规经营风险水平之间关系起正向调节作用,并且相比法律距离和文化距离的影响,对压力因素的调节作用更强(第五章假设 H5-4a);法律距离对内外部的压力、机会和合理化因素与企业境外合规经营风险水平之间的关系起正向调节作用,并且相比经济距离和文化距离的影响,对机会因素的调节作用更强(第五章假设 H5-4b);文化距离对内外部的压力、机会和合理化因素与企业境外合规经营风险水平之间的关系起正向调节作用,并且相比经济距离和法律距离的影响,对合理化因素的调节作用更强(第五章假设 H5-4c)。

最后,在本章中,基于已剖析的企业境外合规经营风险的压力、机会和合理化成因,我们对应地找到了利益激励、惩罚威慑和价值引导的企业境外合规经营风险防范机制。具体而言:高管员工薪酬激励和母国产业政策激励有助于削弱海外绩效期望差距和东道国产业竞争程度的影响,通过缓解内外部压力因素的作用降低企业境外合规经营风险(第六章假设 H6-1a 和 H6-1b);高管强制变更威慑和同行企业制裁威慑有助于削弱合规控制体系缺陷和东道国监管不确定性的影响,通过抑制内外部机会因素的作用降低企业境外合规经营风险(第六章假设 H6-2a

和 H6-2b);企业合规文化引导和大众媒体关注引导有助于削弱高管过度自信倾向和母国产业失范程度的影响,通过减少内外部合理化因素的作用降低企业境外合规经营风险(第六章假设 H6-3a 和 H6-3b)。

第五节 本章小结

本章围绕企业境外合规经营风险这一研究对象,构建企业境外合规经营风险防范的分析框架。在第五章压力、机会、合理化三角因素以及制度距离分析的基础上,本章关注利益激励、惩罚威慑和价值引导三类机制如何通过削弱压力、机会和合理化的三角因素发挥企业境外合规经营风险防范的作用。我们分析指出利益激励通过缓解压力、惩罚威慑通过抑制机会、价值引导通过减少合理化发挥企业境外合规经营风险防范的功能,并且我们分别在利益激励中细化分析高管员工薪酬激励和母国产业政策激励的作用、在惩罚威慑中细化分析了高管强制变更威慑和同行企业制裁威慑的作用、在价值引导中细化分析了企业合规文化引导和大众媒体关注引导的作用,由此提出了本章的核心假设,为后续章节的发展奠定了理论基础。在下一章节,本研究将利用数理模型分析的方法对上述理论框架和核心假设进行进一步深入阐释和论证。

第七章

"走出去"企业境外合规经营风险的生成演化机制研究

本章基于Calvó-Armengol和Zenou(2003)关于违规的成本收益分析的模型框架,构建一个"走出去"企业境外合规经营风险生成演化的数理模型,围绕企业对境外违规的预期收益和预期成本比较的核心机制,依次探讨企业境外合规经营风险的生成基础、消解途径和影响结果,利用比较静态分析探讨内外部的压力、机会和合理化因素对企业境外合规经营风险水平的影响关系,以及经济距离、法律距离和文化距离对上述关系影响的差异,然后引入动态的演化博弈分析,探讨企业境外合规经营风险防范中,通过利益激励缓解压力因素、惩罚威慑抑制机会因素、价值引导减少合理化因素,降低企业境外合规经营风险频率的动态过程。数理模型构建思路如图7-1所示。

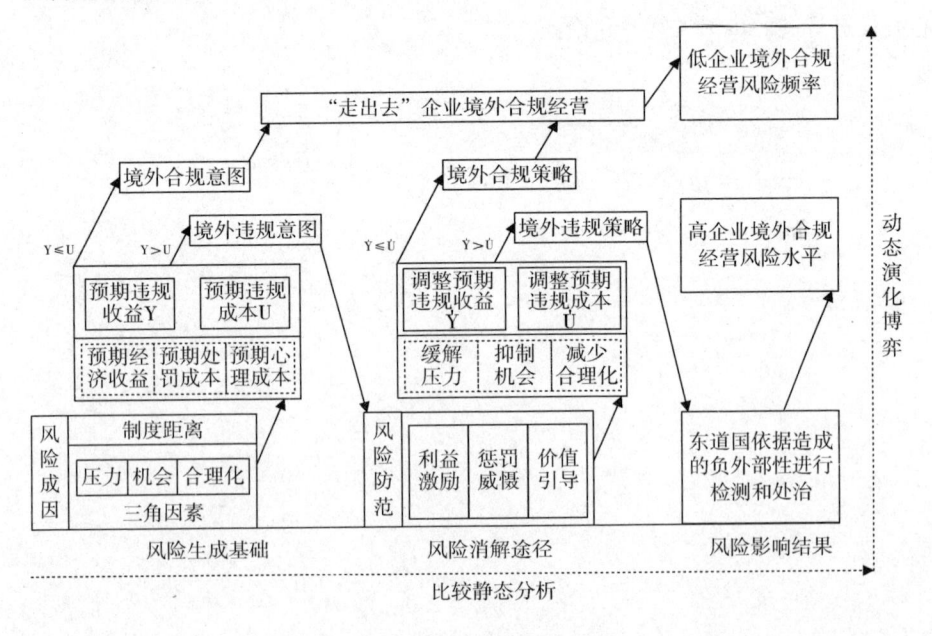

图7-1 数理模型构建思路

首先,基于压力、机会和合理化的三角因素以及经济距离、法律距离和文化距离因素,刻画境外违规预期经济收益、处罚成本和心理成本,分析企业违规与否的初始意图,探讨境外合规风险生成基础。其次,基于利益激励、惩罚威慑和价值引导的防范机制,刻画企业境外违规的预期成本、预期收益的调整过程,分析企业违规与否的策略选择,探讨境外合规风险消解途径。最后,对境外违规的静态结果分析路径,基于境外违规负外部性刻画企业境外合规经营风险水平;对境外违规的动态趋势分析路径,基于企业策略适应调整的稳定状态刻画境外合规风险频率。

第一节 企业境外经营基本环境设置

东道国和母国的基本环境。参考 Helpman 等(2004)的理论,假设世界经济由东道国 S 和母国 M 构成,两国企业在 $H \geq 1$ 个产业部门中用劳动力生产。国家 $i(i=S,M)$ 被赋予 L^i 单位的劳动力,工资率为 w^i。考虑一个生产差异化产品的特定产业,为了进入国家 i 的该产业,企业需要承担以劳动单位衡量的固定的进入成本 C,进入后从分布 $G(a)$ 中得到一个单位产出劳动系数 a,a 表示为了生产一单位的差异化产品而需要雇佣的劳动力单位数。一家企业观察该系数决定继续生产还是退出市场。如果企业选择继续生产,要承担额外的固定间接劳动成本 C_D。如果企业只在母国市场经营,无须再承担其他固定成本。如果企业决定进入东道国 S 经营,就需要承担额外的固定成本 C_X。企业进入市场后参与垄断竞争。

市场上对 h 产品的不同类型的偏好具有标准的 CES 形式,具有替代弹性 $\sigma = \frac{1}{1-\rho} > 1$。这些偏好在国家 i 中为每一种类型产品生成需求函数 $A^i P^{-\sigma}$,意味着在 w^i 的工资水平下,劳动产出系数为 a 的企业的最优定价为 $P = \frac{w^i a}{\rho}$。ρ 是替代弹性参数,满足 $0 < \rho < 1$,$\frac{1}{\rho} = \frac{\sigma}{\sigma - 1}$ 为价格加成,$w^i a$ 是边际生产成本。在母国 M 中,企业可以选择一直只在国内生产,也可以选择"走出去",通过设立境外分支机构进入东道国市场。企业在境外经营要承担更高的固定成本,因此,$\left(\frac{w^S}{w^M}\right)^{\sigma-1} C_X > C_D^i$。不失一般性地,设 $w^i = 1$。

"走出去"企业的境外经营利润。企业行为由利润最大化条件决定,"走出去"企业的目标是最大化境外经营利润。我们参考李新春和陈斌(2013)的观点,将"走出去"企业境外经营的生产力水平设定为 $(a_S)^{1-\sigma}(\kappa+1)$。在生产力 $(a_S)^{1-\sigma}$ 的基础上,企业可以选择是否要投入违规努力 e,进一步提高生产力,这一决策的结果体现在 κ 中。企业的策略有两种:一是选择在东道国维持现有的合规经营状态,记为 com;二是选择以违规的方式改进生产效率,如欺诈、共谋、腐败等,记为 noc。由于违规行为的定义是社会控制主体判定企业违反一条区分正确与错误的界线的行为,这一界限的正反面是明确的,那么两种策略在实施上就是互相矛盾的,因此企业在两种策略中只能选择其一。"走出去"企业境外经营利润的表达式如式(7-1)所示:

$$\pi = (a_S)^{1-\sigma}(\kappa+1)B^S - C_X \tag{7-1}$$

其中 $B^S = \dfrac{(1-\rho)A^S}{\rho^{1-\sigma}}$。

现在,某一来自母国 M 的企业选择"走出去",以设立分支机构的形式进入东道国 S 进行生产经营。这家"走出去"企业要在使用合规策略还是使用违规策略之间进行选择,以及选择在违规行为中付出的努力程度 e,来决定是否要改变生产力。参考 Calvó-Armengol 和 Zenou(2003)的观点,如果企业选择境外合规策略,预期得到的回报为 0,$e = 0$。不改变现有的合规经营状态则不会产生额外的回报;如果企业从事境外违规,则 $0 < e < 1$,预期回报为下式(7-2):

$$\begin{aligned}d &= p(e)[y(e) - f(e)] + [1 - p(e)]y(e) - r(e) - \Gamma(e) \\ &= y(e) - [f(e)p(e) + r(e) + \Gamma(e)] = Y - U\end{aligned} \tag{7-2}$$

在式(7-2)中,d 由违规的预期收益和预期成本两部分构成,其中 $Y = y(e)$ 是企业境外违规的预期收益,$y > 1$ 是境外违规收益因子,$\dfrac{\partial y(e)}{\partial e} > 0$ 意味着企业境外违规的预期收益随着企业投入的违规努力增加而增加。$U = f(e)p(e) + r(e) + \Gamma(e)$ 是企业境外违规的预期成本,包括预期处罚成本 $U_P = f(e)p(e)$、预期心理成本 $U_R = r(e)$ 和机会成本 $U_0 = \Gamma(e)$。$f > 1$ 是预期处罚金额因子,$0 < p < 1$ 是预期违规被检测到的概率因子,$\dfrac{\partial p(e)}{\partial e} > 0$,$\dfrac{\partial f(e)}{\partial e} > 0$,意味着企业预期境外违规处罚成本随着投入境外违规努力的增加而增加。不同于 Calvó-Armengol 和 Zenou(2003)仅考虑了违规处罚成本,我们丰富考虑范围,增加境外违规心理成本,$0 < r < 1$ 是境外违规的心理负担因子,$\dfrac{\partial r(e)}{\partial e} > 0$。我们还考虑企业为境外违规耗费时间、精力、其他难以量化的间接付出的机会成本 $\Gamma(e)$,$\dfrac{\partial \Gamma(e)}{\partial e} > 0$。

从 Becker(1968)对犯罪行为经济分析的开创性研究工作开始,后人对犯罪行为及一般的违规行为的分析一直遵循 Becker 的基础模型思路,即每个行为人都必须对成本收益进行分析和比较,在合规行为与违规行为之间做出实现自身利益最大化的选择。本章数理模型研究遵循违规成本收益分析的基本思路。

第二节 企业境外合规经营风险生成基础刻画:风险因素分析

本节从压力、机会和合理化以及经济距离、法律距离和文化距离这些风险因素的影响机制出发,展开预期违规收益、预期违规成本分析以及预期违规收益成本的比较,分析境外经营企业的行为意图何时倾向违规,刻画企业境外合规经营风险生成基础。

一、境外违规预期经济收益分析

境外违规的收益最主要的就是经济收益,内外部压力因素增加境外违规预期收益。在第五章的分析中,我们已经指出,构成内部压力因素的海外绩效期望差距被试图拓展和建立海外业务优势的企业视作失败和对利益的威胁(Curran and Ng,2018;Buckley,2017;Harris and Bromiley,2007),构成外部压力因素的东道国产业竞争程度使企业面临因为激烈的竞争环境失去客户而使竞争对手受益的威胁,绩效衰退和市场地位竞争的威胁感使企业增加对违规手段带来的收益预期(Bennett et al.,2013;Dupire and M'Zali,2018)。此外,当东道国和母国之间围绕企业制造、销售、物流、融资、劳动力的差异性增加(Eden and Miller,2010)时,东道国可以轻易地通过停止输送资源、限制资源方式打击外来企业(Yang and Rivers,2009),受此威胁的企业对境外违规手段的收益预期会相对提高。依据前述机制,令 $0 < \alpha < 1$ 表示海外绩效期望差距,$0 < \beta < 1$ 表示东道国产业竞争程度,$0 < I_{ED} < 1$ 表示东道国和母国的经济距离,境外违规预期经济收益 Y 表达式为:

$$Y = I_{ED}b(\alpha)c(\beta)ye \tag{7-3}$$

对于式(7-3),$\frac{\partial b(\alpha)}{\partial \alpha} > 0$ 且 $\frac{\partial^2 b(\alpha)}{\partial \alpha^2} < 0$,代表海外绩效期望差距越大,预期境外违规经济收益越高,且该效应呈边际效应递减(Chai et al.,2021);$\frac{\partial c(\beta)}{\partial \beta} > 0$,代表东道国产业竞争程度越大,预期境外违规经济收益越高。

二、境外违规预期处罚成本分析

境外违规处罚成本与企业及其成员实施境外违规行为的条件或者说境外违规行为被发现的可能性相关。企业境外违规被发现的可能性是由机会因素决定的(Ghafoor et al., 2019)。构成内部机会因素的合规控制体系缺陷导致非效率行为与信息失真(Ashbaugh-Skaife et al., 2008; Donelson et al., 2017),构成外部机会因素的东道国监管不确定性使得政策变更时期的信息摩擦增加、短期监管力度下降,低效的自我监督和高度波动的强制监管之下境外违规行为被发现和矫正的可能性降低(Cambini and Rondi, 2010; Wilson and Veuger, 2017)。除此之外,境外违规行为被发现的可能性还与法律距离带来的监督监管负担有关。法律距离越大,东道国监管机构检测企业违规行为的难度越大(Mirza and Ahsan, 2020),企业对境外经营的分支机构进行监督的难度越大,境外违规行为被发现的可能性越低。因此,令 $0 < \gamma < 1$ 表示合规控制体系缺陷,$0 < \delta < 1$ 表示东道国监管不确定性,$0 < I_{LD} < 1$ 表示东道国和母国的法律距离,境外违规预期处罚成本 U_P 表达式为:

$$U_P = (1 - I_{LD})o(\gamma)u(\delta)fp\,e^2 \qquad (7-4)$$

在式(7-4)中,$fp\,e^2$ 意味着企业投入的违规努力越多,企业预期境外违规被东道国监管机构处罚的可能性会进一步增加;$\frac{\partial o(\gamma)}{\partial \gamma} < 0$ 且 $\frac{\partial^2 o(\gamma)}{\partial \gamma^2} \leq 0$,意味着合规控制体系缺陷越大,境外违规预期处罚成本越低,且合规控制体系缺陷的进一步扩大会引发连锁反应,整体降低企业运转效率,故该效应呈边际递增;$\frac{\partial u(\delta)}{\partial \delta} < 0$,意味着东道国监管不确定性越高,境外违规预期处罚成本越低。

三、境外违规预期心理成本分析

境外违规心理成本与企业及其成员通过为境外违规行为辩护或者找借口,对境外违规行为的不适感与负罪感压制的程度相关,换而言之,预期违规的心理成本与内外部的合理化因素有关(Trompeter et al., 2013; Cohen et al., 2012)。构成内部合理化因素的高管过度自信倾向造成的心理权力感容易使高管认为自己凌驾于规则之上(Li et al., 2020),构成外部合理化因素的母国产业失范程度造成社会规则的缺失和诋毁(Mombeuil et al., 2019),使企业缺乏守法道德的自我辩护倾向越高(Price and Sun, 2017)。此外,文化距离阻碍企业与东道国市场间的信息交流,降低企业共情、利他的"移情效应"(Zeng and Xu, 2020),进一步压制境外违规的心理不适感。因此,令 $0 < \epsilon < 1$ 代表高管过度自信倾向,$0 < \eta < 1$ 代表母国

产业失范程度，$0 < I_{CD} < 1$ 代表文化距离，我们将境外违规预期心理成本 U_R 表达为：

$$U_R = (1 - I_{CD})v(\epsilon)k(\eta)re \tag{7-5}$$

其中，$\frac{\partial v(\epsilon)}{\partial \epsilon} < 0$ 且 $\frac{\partial^2 v(\epsilon)}{\partial \epsilon^2} \leq 0$，意味着高管过度自信倾向越高，服从权威的单个员工对境外违规行为的负罪感越低，并且随着员工对高管权威服从的心理路径强化，员工与员工之间压制负罪感的心理也在叠加强化，故该效应呈边际效应递增；$\frac{\partial k(\eta)}{\partial \eta} < 0$ 且 $\frac{\partial^2 k(\eta)}{\partial \eta^2} \leq 0$，意味着母国产业失范程度越高，企业对境外违规行为的负罪感越低，并且随着母国产业内社会失责的道德氛围影响强化，企业违规的破窗效应会得到纵容，故外部合理化因素的影响是边际递增的；文化距离越大，东道国当地会对母国产业规范进行负向归因，外来企业越容易形成敌意心态，境外违规行为的负罪感越低。

四、预期收益成本比较决定境外经营企业的行为意图

结合境外违规的预期处罚成本 U_P、预期心理成本 U_R 和机会成本 U_O，企业境外违规预期成本 U 的表达式如下：

$$U = (1 - I_{LD})o(\gamma)u(\delta)fpe^2 + (1 - I_{CD})v(\epsilon)k(\eta)re + \Gamma e \tag{7-6}$$

依据前文分析，企业维持现有的合规经营作为分析基准，不改变现有的生产力水平，则境外合规策略的预期回报为 0。企业行为意图改变和策略选择的关键就在于 Y 和 U 之间的比较。$Y - U \leq 0$，企业倾向境外合规经营；$Y - U > 0$，企业境外违规的预期收益大于预期成本，企业在利益最大化的驱动下会具有从事境外违规的意图，构成企业境外合规经营风险生成的基础。

第三节 企业境外合规经营风险消解途径刻画：风险防范分析

一、内外部利益激励降低企业境外违规的预期经济收益

已有文献指出，企业成员从其他人那里观察和学习什么样的行为可以得到奖励，他们记得从社会环境中学到的强化行为模式，并使用期望的利益激励来指导自己的行为，不管企业如何学习奖励结果，企业行为改变的关键驱动力是预期给定的经济收益会跟随合规行为(Liang et al.,2013)。企业内部的高管员工薪酬激励直接、积极地承认企业成员的个人行为对整个企业合规和绩效表现的重要性,将企业成员的个人利益与企业整体的利益联系起来(Chen et al.,2012;Goel et al., 2021),由此降低境外违规的预期经济收益。我们将调整后的预期收益表示为 $\acute{Y}$, $0 < \lambda < 1$ 代表高管员工薪酬激励水平,$\frac{\partial \acute{Y}}{\partial \lambda} < 0$,意味着高管员工薪酬激励越强,境外违规的预期经济收益越小;企业外部的母国产业政策激励使境外经营企业能够获得财政援助、税收优惠、行政援助和潜在救助(Duanmu,2014;Chen et al., 2018),整体增强上下游透明度、可见性、协作效率以及对产业规章的遵从性(Porteous et al.,2015),因而企业对境外违规的预期经济收益同样会下降。令 $0 < \mu < 1$ 代表高管员工薪酬激励水平,$\frac{\partial \acute{Y}}{\partial \mu} < 0$,意味着母国产业政策激励越强,境外违规的预期经济收益越小。综上,经过内外部利益激励调整后的预期经济收益表示为:

$$\acute{Y} = (1 - \lambda - \mu) I_{ED} \alpha(b) \beta(c) e^2 \qquad (7-7)$$

二、内外部惩罚威慑增加企业境外违规的预期处罚成本

已有文献指出,惩罚威慑的核心作用在于恐惧唤起效应,利用惩罚唤醒境外经营企业对合规风险的危机意识和紧张情绪,震慑并阻止企业在未来犯下违规行为(Stafford and Warr,1993;Trevino,1992;Chalfin and McCrary,2017)。企业内部的高管强制变更威慑发出了一个明确的负面信号,使被解雇的高管蒙羞并减少了他们未来的职业机会(Fee et al.,2018),使继任高管和员工产生危机感、强化自我观察和评价意识(Eisfeldt and Kuhnen,2013),由此增加境外违规的预期处罚成本。我们将调整后的预期处罚成本表示为 $\acute{U}_P$,$0 < \varphi < 1$ 代表高管强制变更威慑的强弱,则 $\frac{\partial \acute{U}_P}{\partial \varphi} > 0$,意味着高管强制变更威慑越强,企业境外违规的预期处罚成本越会增加;企业外部的同行企业制裁威慑让企业可以观察和学习同行企业境外经营的做法,从同行企业制裁的水平中习得境外违规行为被严格惩治的信息,对境外违规行为的预期处罚成本增加(Yiu et al.,2014)。令 $0 < \phi < 1$ 代表同行企业制裁威慑的强弱,则 $\frac{\partial \acute{U}_P}{\partial \phi} > 0$,意味着同行企业制裁威慑越强,企业境外违规的预期

处罚成本越会增加。综上,经过内外部惩罚威慑调整后的预期处罚成本表示为:

$$Ú_P = (1 + \varphi + \phi)(1 - I_{LD})f\gamma(o)\delta(u)e \tag{7-8}$$

三、内外部价值引导增加企业境外违规的预期心理成本

已有文献指出,价值引导的作用在于最小化误解、着力发展共同目标和观念的文化,投入资源提高成员对目标、环境、价值和更广泛的优先事项的理解(Kauppi and Van Raaij,2015)。内部的合规文化引导培养企业成员的合规意识,强化企业全员对违规行为的抵制(Albrecht et al.,2015),由此增加企业境外违规的预期心理成本,则 $\dfrac{\partial Ú_R}{\partial \psi} > 0$,意味着企业合规文化引导越强,企业境外违规的预期心理成本越会增加;外部的大众媒体关注引导使企业成员接触更多关于组织动态、行业见解、工作建议的信息(Huang et al.,2022;Men et al.,2020),从而增加发现内部成员对规范的认知与外部规范认知不一致的可能性,以及伴随这种认知差距产生的心理成本(MacLean and Behnam,2014)。令 $0 < \omega < 1$ 代表大众媒体关注引导的水平,则 $\dfrac{\partial Ú_R}{\partial \omega} > 0$,意味着企业合规文化引导越强,企业境外违规的预期心理成本越会增加。

$$Ú_R = (1 + \psi + \omega)(1 - I_{CD})\epsilon(v)\eta(k)e \tag{7-9}$$

四、基于调整后预期成本收益比较的境外经营企业策略选择

调整后的企业境外违规预期成本表示为:

$$Ú = (Ú_P + Ú_R)U_0 \sum I$$
$$= [(1+\varphi+\phi)(1-I_{LD})f\gamma(o)\delta(u) + (1+\psi+\omega)(1-I_{CD})\epsilon(v)\eta(k)]U_0 e \sum I \tag{7-10}$$

如果"走出去"企业在境外经营中选择合规策略时($e = 0$),企业在东道国市场上的利润函数为:

$$\pi_{com} = (a_S)^{1-\sigma}B^S - C_X \tag{7-11}$$

如果企业在境外经营中选择违规策略来提高生产力时($e > 0$),企业在东道国市场上的利润函数为:

$$\pi_{com} = [(a_S)^{1-\sigma}(Ý - Ú)]B^S - C_X \tag{7-12}$$

第四节　企业境外合规经营风险影响结果刻画：风险演变分析

本节展开企业境外合规经营风险水平的静态分析和企业境外合规经营风险频率的动态分析：在静态分析中，当企业境外合规经营风险防范机制的作用薄弱时，放任压力、机会、合理化以及制度距离的风险因素的影响，初始具有境外违规意图的企业选择境外违规策略，最有可能生成境外合规经营风险。此时要刻画企业境外合规经营风险水平 CRl ，并通过比较静态的最大化分析，探究压力、机会和合理化的三角因素以及制度距离因素对企业境外合规经营风险的影响方向。在动态分析中，由于利益激励、惩罚威慑和价值引导的企业境外合规经营风险防范机制的作用，企业对境外违规的预期收益和成本权衡在风险消解的过程中不断改变，因而企业也在不断地模仿和改进选择对自身最有利的策略。此时应分析企业境外合规经营风险频率 CRp ，观察防范机制作用下企业境外违规与否的策略选择随时间的动态变化，探究使得"走出去"企业在境外经营中具备更强适应能力的稳定策略。

一、企业境外合规经营风险水平分析

如果企业初始意图为境外合规，则其会维持境外合规经营状态，$e = 0$，$CRl = 0$。

如果企业初始意图为境外违规，经过境外合规经营风险防范机制的作用，调整后的预期违规收益小于预期违规成本，此时企业会转而选择境外合规策略，不会有境外合规经营风险，即 $e = 0$ 时，$CRl = 0$。

如果企业初始意图为境外违规，而境外合规经营风险防范机制的作用薄弱，调整后的预期违规收益仍大于预期违规成本，此时企业会选择境外违规策略，生成企业境外违规经营风险。我们不妨考虑企业境外合规经营风险消解趋近于 0 的情形，此时风险防范对预期成本和收益的调整趋近于 0，企业对境外违规的预期成本和收益为 $\hat{Y} \to Y$ 和 $\hat{U} \to U$。如果企业选择境外违规策略，此时企业违规会对东道国市场造成一定的负外部性，即 $z(e) > 0$，其中 $z > 1$。当这种负外部性超过市场可接受的水平时，企业必须面对来自东道国的处治。沿着上述思路，我们设定东道国对企业违规造成的负外部性实施一个限制标准：$z(\bar{e}) > 0$，并且东道国

会通过收集信息判断企业境外违规的负外部性是否超过了限制标准,并做出是否惩处的决定让企业承担境外违规损失,损失系数表示为:

$$Z = zmax\{e - \bar{e}, 0\} \quad (7-13)$$

代入式(7-12)和(7-13),$\acute{Y} \to Y$ 且 $\acute{U} \to U$,则当企业在境外经营中选择违规策略来提高生产力时($0 < e < 1$),企业境外合规经营风险水平如式(7-14)所示:

$$CRl = Z \pi_{noc} = zmax\{e - \bar{e}, 0\}\{a^{1-\sigma} B^S [\acute{Y} - \acute{U} + 1] - C_X\} \quad (7-14)$$

二、企业境外合规经营风险频率分析

在上一部分,我们分析了企业境外合规经营风险水平,以期利用静态分析,考察企业境外合规经营风险因素的影响方向。在本部分,我们展开动态分析,考虑企业境外合规经营风险防范机制的作用。在风险消解的过程中,企业对境外合规策略和境外违规策略的预期成本和收益比较的结果发生动态变化,我们引入演化博弈分析来找到演化稳定策略。我们将总数为 N 的"走出去"境外经营企业群体分为 F 和 F' 两个子群,在 F 和 F' 企业子群中,选择境外违规策略和境外合规策略的个体数量占企业群体的数量分别为 x 和 $1-x$,$0 \leq x \leq 1$。信息在企业群体间自由流动,不同子群企业互相学习对方的策略选择和结果,来选择和调整自身的策略,各自的策略集合为{境外违规策略,境外合规策略}。$CRp = xN$ 刻画企业境外合规经营风险频率,反映境外违规策略发生次数。

表7-1 境外经营策略选择支付矩阵

博弈方与博弈策略		境外经营企业 F'	
		境外违规策略	境外合规策略
境外经营企业 F	境外违规策略	$(\xi - \varepsilon Z) \pi_{noc}, (\xi - \varepsilon Z) \pi_{noc}$	$(1 - Z) \pi_{noc}, \pi_{com}$
	境外合规策略	$\pi_{com}, (1 - Z) \pi_{noc}$	$\tau \pi_{com}, \tau \pi_{com}$

支付矩阵如表7-1所示。$\tau > 1$ 代表境外经营企业共同选择境外合规策略时的正面溢出效应因子,如果企业同时选择境外合规策略,带来的市场声誉、投资者信任等对来自同一母国的其他企业的利润有增进的作用;$\xi > 1$ 和 $\varepsilon > 1$ 分别代表境外经营企业共同选择境外违规策略时的学习效应因子和竞争效应因子,参考 Calvó-Armengol 和 Zenou(2003)的观点,同时选择境外违规策略的企业既可能从对方那里学习违规的"技能",增加境外违规取得的收益,也会因为企业违规行为的增加而使得被抓住的可能性增加。如果任一企业选择违规策略而另一企业反之,那么由于策略选择和行为的独立性,各自取得回报。

我们用 Π 来表示不同策略选择的期望回报，依据博弈支付矩阵，可以得到不同境外经营策略下的期望回报。

选择境外违规策略时的期望回报为：

$$\Pi_{noc} = x(\xi\pi_{noc} - \varepsilon Z\pi_{noc}) + (1-x)(\pi_{noc} - Z\pi_{noc})$$

选择境外合规策略时的期望回报为：

$$\Pi_{com} = x(\pi_{com}) + (1-x)(\tau\pi_{com})$$

不同策略选择的平均回报为：

$$\overline{\Pi} = x\Pi_{noc} + (1-x)\Pi_{com} = x^2[\xi\pi_{noc} - \varepsilon Z\pi_{noc}] + x(1-x)(\pi_{noc} - Z\pi_{noc} + \pi_{com}) + (1-x)^2\tau\pi_{com}$$

企业境外合规经营风险频率随时间变化的复制动态方程如下：

$$CRp = \frac{dCRp}{dt} = Nx(\Pi_{noc} - \overline{\Pi})$$
$$= Nx(1-x)\{x[(\xi - \varepsilon Z)\pi_{noc} - \pi_{com}] + (1-x)[(1-Z)\pi_{noc} - \tau\pi_{com}]\}$$

当 $CRp = 0$ 时，复制动态方程的稳定状态为：

$$x_1^* = 0$$
$$x_2^* = 1$$
$$x_3^* = \frac{N(\tau\pi_{com} - \pi_{noc} + Z\pi_{noc})}{\xi\pi_{noc} - \varepsilon Z\pi_{noc} + Z\pi_{noc} - \pi_{com} + \tau\pi_{com}} = \frac{N(\tau\pi_{com} - \pi_{noc} + Z\pi_{noc})}{(Z - \varepsilon Z + \xi)\pi_{noc} + (\tau - 1)\pi_{com}}$$

相应可得企业境外合规经营风险频率稳定状态的三种情形：

$$CRp_1^* = 0$$
$$CRp_2^* = N$$
$$CRp_3^* = \frac{N(\tau\pi_{com} - \pi_{noc} + Z\pi_{noc})}{\xi\pi_{noc} - \varepsilon Z\pi_{noc} + Z\pi_{noc} - \pi_{com} + \tau\pi_{com}} = \frac{N(\tau\pi_{com} - \pi_{noc} + Z\pi_{noc})}{(Z - \varepsilon Z + \xi)\pi_{noc} + (\tau - 1)\pi_{com}}$$

将 CRp 和 CRp_3^* 分别代入式(7-11)、式(7-12)和式(7-13)，得到：

$$CRp = Nx(1-x)[x(\xi - \varepsilon Z) + (1-x)(1-Z)]\max\{e - \bar{e}, 0\} \cdot \{a^{1-\sigma}B^S[\acute{Y} - \acute{U} + 1] - C_X\} - Nx(1-x)[x + \tau(1-x)][(a_S)^{1-\sigma}B^S - C_X]$$

(7-15)

$$CRp_3^* = \frac{N\tau[(a_S)^{1-\sigma}B^S - C_X] - N[1 - z\max\{e - \bar{e}, 0\}]\{a^{1-\sigma}B^S[\acute{Y} - \acute{U} + 1] - C_X\}}{(Z - \varepsilon Z + \xi - 1)z\max\{e - \bar{e}, 0\}\{a^{1-\sigma}B^S[\acute{Y} - \acute{U} + 1] - C_X\} + (\tau - 1)[(a_S)^{1-\sigma}B^S - C_X]}$$

(7-16)

第五节　企业境外合规经营风险水平的比较静态分析

我们希望知道在内外部风险因素的作用下,企业境外合规经营风险水平何时会达到最大。接下来,我们求解(7-14)的最大化问题,推导企业境外合规经营风险水平受到哪些因素的影响以及具体的影响方向。为简便分析,不失一般性地将前述模型具体化:

$$Y = I_{ED}\,\alpha^{\frac{1}{2}}\beta y e \tag{7-17}$$

$$U_P = (1 - I_{LD})(1 - \gamma^2)(1 - \delta)fp\,e^2 \tag{7-18}$$

$$U_R = (1 - I_{CD})(1 - \epsilon^2)(1 - \eta^3)re \tag{7-19}$$

$$U = (1 - I_{LD})(1 - \gamma^2)(1 - \delta)fp\,e^2 + [(1 - I_{CD})(1 - \epsilon^2)(1 - \eta^3)r + \Gamma]e \tag{7-20}$$

$$Z = zmax\{e - \bar{e}, 0\} \tag{7-21}$$

$$CRl = zmax\{e - \bar{e}, 0\}\{a^{1-\sigma}B^S[Y - U + 1] - C_X\} \tag{7-22}$$

接下来,求解式(7-22)的企业境外合规经营风险水平最大化问题。由于企业境外合规经营风险水平在企业境外违规收益大于违规成本且企业实施违规被东道国惩治的情形下会存在最大值,因此带有约束条件的最大化问题求解如下:

$$MaxCRl = zmax\{e - \bar{e}, 0\}$$

$$\{a^{1-\sigma}B^S[[I_{ED}\,\alpha^{\frac{1}{2}}\beta y - (1 - I_{CD})(1 - \epsilon^2)(1 - \eta^3)r - \Gamma]e - (1 - I_{LD})(1 - \gamma^2)(1 - \delta)fp\,e^2 + 1] - C_X\}$$

$$s.t.\ e > \bar{e},\ Y > U$$

得到如下一阶条件:

$$\frac{\partial CRl}{\partial e} = z\,a^{1-\sigma}B^S[I_{ED}\,\alpha^{\frac{1}{2}}\beta y + (1 - I_{LD})(1 - \gamma^2)(1 - \delta)fp\,\bar{e}$$

$$- (1 - I_{CD})(1 - \epsilon^2)(1 - \eta^3)r - \Gamma]2e - z\,a^{1-\sigma}B^S(1 - I_{LD})(1 - \gamma^2)$$

$$(1 - \delta)fp3\,e^2 - z\{a^{1-\sigma}B^S[1 - (I_{ED}\,\alpha^{\frac{1}{2}}\beta y - (1 - I_{CD})(1 - \epsilon^2)(1 - \eta^3)r$$

$$- \Gamma)\bar{e}] - C_X\} \tag{7-23}$$

由 $\frac{\partial CRl}{\partial e} = 0$ 可得:

$$e^* = \frac{I_{ED}\alpha^{\frac{1}{2}}\beta y + (1-I_{LD})(1-\gamma^2)(1-\delta)fp\bar{e} - (1-I_{CD})(1-\epsilon^2)(1-\eta^3)r - \Gamma}{3(1-I_{LD})(1-\gamma^2)(1-\delta)fp} \quad (7-24)$$

$$CRl^* = z\{a^{1-\sigma}B^S[1 - (I_{ED}\alpha^{\frac{1}{2}}\beta y - (1-I_{CD})(1-\epsilon^2)(1-\eta^3)r - \Gamma)\bar{e}] - C_X\}$$

$$+ \frac{za^{1-\sigma}B^S[I_{ED}\alpha^{\frac{1}{2}}\beta y + (1-I_{LD})(1-\gamma^2)(1-\delta)fp\bar{e} - (1-I_{CD})(1-\epsilon^2)(1-\eta^3)r - \Gamma]^2}{3(1-I_{LD})(1-\gamma^2)(1-\delta)fp}$$

$$(7-25)$$

一、压力、机会与合理化因素对企业境外合规经营风险水平的影响

为了得到构成内部压力因素的海外绩效期望差距对最大化境外合规经营风险水平的影响方向，接下来，我们要进一步利用式(7-25)求解 $\dfrac{\partial CRl^*}{\partial \alpha}$，得到：

$$\frac{\partial CRl^*}{\partial \alpha} = -a^{1-\sigma}B^S z \frac{1}{2} I_{ED}\alpha^{-\frac{1}{2}}\beta y \bar{e} + \frac{za^{1-\sigma}B^S I_{ED}\alpha^{-\frac{1}{2}}\beta y}{3(1-I_{LD})(1-\gamma^2)(1-\delta)fp} \cdot$$

$$[I_{ED}\alpha^{\frac{1}{2}}\beta y + (1-I_{LD})(1-\gamma^2)(1-\delta)fp\bar{e} - (1-I_{CD})(1-\epsilon^2)(1-\eta^3)r - \Gamma]$$

$$= \frac{za^{1-\sigma}B^S I_{ED}\alpha^{-\frac{1}{2}}\beta y\left[I_{ED}\alpha^{\frac{1}{2}}\beta y - \frac{1}{2}(1-I_{LD})(1-\gamma^2)(1-\delta)fp\bar{e} - (1-I_{CD})(1-\epsilon^2)(1-\eta^3)r - \Gamma\right]}{3(1-I_{LD})(1-\gamma^2)(1-\delta)fp}$$

$$(7-26)$$

记：$K_1 = I_{ED}\alpha^{\frac{1}{2}}\beta y - \dfrac{1}{2}(1-I_{LD})(1-\gamma^2)(1-\delta)fp\bar{e} - (1-I_{CD})(1-\epsilon^2)(1-\eta^3)r - \Gamma$。

观察式(7-26)，影响 $\dfrac{\partial CRl^*}{\partial \alpha}$ 符号的关键在于 K_1。不妨在式(7-26)分子和分母中同乘以 $e(e>0)$，得到 $K_1 e = I_{ED}\alpha^{\frac{1}{2}}\beta y e - \dfrac{1}{2}(1-I_{LD})(1-\gamma^2)(1-\delta)fp\bar{e}e - (1-I_{CD})(1-\epsilon^2)(1-\eta^3)re - \Gamma e$，得到 $\dfrac{\partial CRl^*}{\partial \alpha} = \dfrac{za^{1-\sigma}B^S I_{ED}\alpha^{-\frac{1}{2}}\beta y K_1 e}{3(1-I_{LD})(1-\gamma^2)(1-\delta)fpe}$。由于企业投入境外违规被东道国惩处的情形下，$[I_{ED}\alpha^{\frac{1}{2}}\beta y - (1-I_{CD})(1-\epsilon^2)(1-\eta^3)r - \Gamma]e > (1-I_{LD})(1-\gamma^2)(1-\delta)fpe^2$，且 $e-\bar{e}>0$，所以 $K_1 > (1-I_{LD})(1-\gamma^2)(1-\delta)fpe(e - \dfrac{1}{2}\bar{e}) > 0$，故 $\dfrac{\partial CRl^*}{\partial \alpha} > 0$。得出结论。

结论7-1a：海外绩效期望差距越大，企业从事境外违规引致的合规风险水平

越高。

同理,利用式(7-25)求解 $\frac{\partial CRl^*}{\partial \beta}$,可以分析构成外部压力因素的东道国产业竞争程度对企业境外合规经营风险水平的影响方向:

$$\frac{\partial CRl^*}{\partial \beta} = \frac{z\, a^{1-\sigma} B^S I_{ED}\, \alpha^{\frac{1}{2}} y}{3(1-I_{LD})(1-\gamma^2)(1-\delta)fp} \cdot$$
$$[I_{ED}\, \alpha^{\frac{1}{2}} \beta y - (1-I_{LD})(1-\gamma^2)(1-\delta)fp\, \bar{e} - (1-I_{CD})(1-\epsilon^2)(1-\eta^3)r - \Gamma]$$
(7-27)

式(7-27)中, $I_{ED}\, \alpha^{\frac{1}{2}} \beta y - (1-I_{LD})(1-\gamma^2)(1-\delta)fp\, \bar{e} - (1-I_{CD})(1-\epsilon^2)(1-\eta^3)r - \Gamma > (1-I_{LD})(1-\gamma^2)(1-\delta)fpe(e-\bar{e}) > 0$,易知 $\frac{\partial CRl^*}{\partial \beta} > 0$ 。据此得到如下结论。

结论7-1b:东道国产业竞争程度越大,企业从事境外违规引致的合规风险水平越高。

为了得到构成内部机会因素的合规控制体系缺陷对企业境外合规经营风险水平的影响方向,利用式(7-25)求解 $\frac{\partial CRl^*}{\partial \gamma}$,得到:

$$\frac{\partial CRl^*}{\partial \gamma} =$$
$$\frac{2z\, a^{1-\sigma} B^S \gamma [I_{ED}\, \alpha^{\frac{1}{2}} \beta y + (1-I_{LD})(1-\gamma^2)(1-\delta)fp\, \bar{e} - (1-I_{CD})(1-\epsilon^2)(1-\eta^3)r - \Gamma]^2}{3(1-I_{LD})(1-\gamma^2)^2(1-\delta)fp}$$
$$- \frac{4z\, a^{1-\sigma} B^S \gamma \bar{e}[I_{ED}\, \alpha^{\frac{1}{2}} \beta y + (1-I_{LD})(1-\gamma^2)(1-\delta)fp\, \bar{e} - (1-I_{CD})(1-\epsilon^2)(1-\eta^3)r - \Gamma]}{3(1-\gamma^2)}$$
(7-28)

记:

$$K_2 = \frac{2z\, a^{1-\sigma} B^S \gamma [I_{ED}\, \alpha^{\frac{1}{2}} \beta y + (1-I_{LD})(1-\gamma^2)(1-\delta)fp\, \bar{e} - (1-I_{CD})(1-\epsilon^2)(1-\eta^3)r - \Gamma]^2}{3(1-I_{LD})(1-\gamma^2)^2(1-\delta)fp},$$

$$K_3 = \frac{4z\, a^{1-\sigma} B^S \gamma \bar{e}[I_{ED}\, \alpha^{\frac{1}{2}} \beta y + (1-I_{LD})(1-\gamma^2)(1-\delta)fp\, \bar{e} - (1-I_{CD})(1-\epsilon^2)(1-\eta^3)r - \Gamma]}{3(1-\gamma^2)},$$ 由

于 $I_{ED}\, \alpha^{\frac{1}{2}} \beta y + (1-I_{LD})(1-\gamma^2)(1-\delta)fp\, \bar{e} - (1-I_{CD})(1-\epsilon^2)(1-\eta^3)r - \Gamma > 2(1-I_{LD})(1-\gamma^2)(1-\delta)fp\, \bar{e}$,故 $K_2 > \frac{8z\, a^{1-\sigma} B^S \gamma (1-I_{LD})(1-\delta)fp\, \bar{e}}{3(1-\gamma^2)}$, $K_3 >$

$$\frac{8z\,a^{1-\sigma}B^S\gamma(1-I_{LD})(1-\gamma^2)(1-\delta)fp\,\bar{e}^2}{3(1-\gamma^2)},\ 可知\ \frac{\partial CRl^*}{\partial \gamma}=K_2-K_3>$$

$$\frac{8z\,a^{1-\sigma}B^S\gamma(1-I_{LD})(1-\delta)fp\,\bar{e}[1-(1-\gamma^2)\bar{e}]}{3(1-\gamma^2)}>0。因此,依据\frac{\partial CRl^*}{\partial \gamma}>0得$$

到如下结论。

结论 7-2a：合规控制体系缺陷越大，企业从事境外违规引致的合规风险水平越高。

接下来,利用式(7-25)求解 $\frac{\partial CRl^*}{\partial \delta}$,可以得到构成外部机会因素的东道国监管不确定性对企业境外合规经营风险水平的影响方向：

$$\frac{\partial CRl^*}{\partial \delta}=$$

$$\frac{z\,a^{1-\sigma}B^S[I_{ED}\alpha^{\frac{1}{2}}\beta y+(1-I_{LD})(1-\gamma^2)(1-\delta)fp\,\bar{e}-(1-I_{CD})(1-\epsilon^2)(1-\eta^3)r-\Gamma]^2}{3(1-I_{LD})(1-\gamma^2)(1-\delta)^2 fp}$$

$$-\frac{2z\,a^{1-\sigma}B^S\bar{e}[I_{ED}\alpha^{\frac{1}{2}}\beta y+(1-I_{LD})(1-\gamma^2)(1-\delta)fp\,\bar{e}-(1-I_{CD})(1-\epsilon^2)(1-\eta^3)r-\Gamma]}{3(1-\delta)}$$

(7-29)

由于 $\dfrac{z\,a^{1-\sigma}B^S}{3(1-I_{LD})(1-\gamma^2)(1-\delta)^2 fp}\cdot[I_{ED}\alpha^{\frac{1}{2}}\beta y+(1-I_{LD})(1-\gamma^2)(1-\delta)fp$

$\bar{e}-(1-I_{CD})(1-\epsilon^2)(1-\eta^3)r-\Gamma]^2>\dfrac{4z\,a^{1-\sigma}B^S(1-I_{LD})(1-\gamma^2)fp\,\bar{e}}{3(1-\delta)}$,

$\dfrac{2z\,a^{1-\sigma}B^S\bar{e}}{3(1-\delta)}\cdot[I_{ED}\alpha^{\frac{1}{2}}\beta y+(1-I_{LD})(1-\gamma^2)(1-\delta)fp\,\bar{e}-(1-I_{CD})(1-\epsilon^2)(1-$

$\eta^3)r-\Gamma]>\dfrac{4z\,a^{1-\sigma}B^S(1-I_{LD})(1-\gamma^2)(1-\delta)fp\,\bar{e}^2}{3(1-\delta)}$,易知 $\dfrac{\partial CRl^*}{\partial \delta}>$

$\dfrac{4z\,a^{1-\sigma}B^S(1-I_{LD})(1-\gamma^2)fp\,\bar{e}[1-(1-\delta)\bar{e}]}{3(1-\delta)}>0$。据此得到如下结论。

结论 7-2b：东道国监管不确定性越高，企业从事境外违规引致的合规风险水平越高。

为了得到构成内部合理化因素的高管过度自信倾向对企业境外合规经营风险水平的影响方向,利用式(7-25)求解 $\dfrac{\partial CRl^*}{\partial \epsilon}$,得到：

$$\frac{\partial CRl^*}{\partial \epsilon} = -2a^{1-\sigma}B^s z(1-I_{CD})(1-\eta^3)r\epsilon \bar{e} + \frac{4z\,a^{1-\sigma}B^s(1-I_{CD})(1-\eta^3)r\epsilon}{3(1-I_{LD})(1-\gamma^2)(1-\delta)fp} \cdot$$

$$[I_{ED}\alpha^{\frac{1}{2}}\beta y + (1-I_{LD})(1-\gamma^2)(1-\delta)fp\bar{e} - (1-I_{CD})(1-\epsilon^2)(1-\eta^3)r - \Gamma]$$

$$= \frac{2z\,a^{1-\sigma}B^s(1-I_{CD})(1-\eta^3)r\epsilon}{3(1-I_{LD})(1-\gamma^2)(1-\delta)fp} \cdot [2I_{ED}\alpha^{\frac{1}{2}}\beta y - (1-I_{LD})(1-\gamma^2)(1-\delta)fp\bar{e}$$

$$- 2(1-I_{CD})(1-\epsilon^2)(1-\eta^3)r - 2\Gamma]$$

(7-30)

观察式(7-30),影响 $\frac{\partial CRl^*}{\partial \epsilon}$ 正负性的关键在于 $K_4 = 2I_{ED}\alpha^{\frac{1}{2}}\beta y - (1-I_{LD})(1-\gamma^2)(1-\delta)fp\bar{e} - 2(1-I_{CD})(1-\epsilon^2)(1-\eta^3)r - 2\Gamma$,由于 $2I_{ED}\alpha^{\frac{1}{2}}\beta y - 2(1-I_{CD})(1-\epsilon^2)(1-\eta^3)r - 2\Gamma > 2(1-I_{LD})(1-\gamma^2)(1-\delta)fp\bar{e}$,所以 $K_4 > (1-I_{LD})(1-\gamma^2)(1-\delta)fp\bar{e} > 0$,所以 $\frac{\partial CRl^*}{\partial \epsilon} > 0$。据此得到如下结论。

结论7-3a:高管过度自信倾向越高,企业从事境外违规引致的合规风险水平越高。

同理,利用式(7-25)求解 $\frac{\partial CRl^*}{\partial \eta}$,可以得到构成外部合理化因素的母国产业失范程度对企业境外合规经营风险水平的影响方向,解得:

$$\frac{\partial CRl^*}{\partial \eta} = -3a^{1-\sigma}B^s z(1-I_{CD})(1-\epsilon^2)r\eta \bar{e} + \frac{2z\,a^{1-\sigma}B^s(1-I_{CD})(1-\epsilon^2)r\eta}{(1-I_{LD})(1-\gamma^2)(1-\delta)fp} \cdot$$

$$[I_{ED}\alpha^{\frac{1}{2}}\beta y + (1-I_{LD})(1-\gamma^2)(1-\delta)fp\bar{e} - (1-I_{CD})(1-\epsilon^2)(1-\eta^3)r - \Gamma]$$

$$= \frac{z\,a^{1-\sigma}B^s(1-I_{CD})(1-\epsilon^2)r\eta}{(1-I_{LD})(1-\gamma^2)(1-\delta)fp} \cdot$$

$$[2I_{ED}\alpha^{\frac{1}{2}}\beta y - (1-I_{LD})(1-\gamma^2)(1-\delta)fp\bar{e} - 2(1-I_{CD})(1-\epsilon^2)(1-\eta^3)r - 2\Gamma]$$

(7-31)

由于 $2I_{ED}\alpha^{\frac{1}{2}}\beta y - 2(1-I_{CD})(1-\epsilon^2)(1-\eta^3)r - 2\Gamma > 2(1-I_{LD})(1-\gamma^2)(1-\delta)fp\bar{e}$,故 $2I_{ED}\alpha^{\frac{1}{2}}\beta y - (1-I_{LD})(1-\gamma^2)(1-\delta)fp\bar{e} - 2(1-I_{CD})(1-\epsilon^2)(1-\eta^3)r - 2\Gamma > (1-I_{LD})(1-\gamma^2)(1-\delta)fp\bar{e} > 0$。因此 $\frac{\partial CRl^*}{\partial \eta} > 0$。据此得到如下结论。

结论7-3b:母国产业失范程度越高,企业从事境外违规引致的合规风险水平越高。

二、不同制度距离对三角因素与企业境外合规经营风险水平的影响

（一）不同制度距离对内外部压力因素与境外合规经营风险水平的影响

为了得到不同制度距离对压力因素与企业境外合规经营风险水平之间关系的影响,我们对式(7-26)分别再关于经济距离、法律距离和文化距离求二阶偏导,得到企业境外合规经营风险水平分别关于海外绩效期望差距和经济距离的二阶偏导 $\dfrac{\partial^2 CRl^*}{\partial\alpha\partial I_{ED}}$、关于海外绩效期望差距和法律距离的二阶偏导 $\dfrac{\partial^2 CRl^*}{\partial\alpha\partial I_{LD}}$、关于海外绩效期望差距和文化距离的二阶偏导 $\dfrac{\partial^2 CRl^*}{\partial\alpha\partial I_{CD}}$,得到:

$$\frac{\partial^2 CRl^*}{\partial\alpha\partial I_{ED}} = -a^{1-\sigma}B^s z\frac{1}{2}\alpha^{-\frac{1}{2}}\beta y\bar{e} + \frac{z a^{1-\sigma}B^s}{3(1-I_{LD})(1-\gamma^2)(1-\delta)fp}I_{ED}\beta^2 y^2$$

$$+ \frac{z a^{1-\sigma}B^s \alpha^{-\frac{1}{2}}\beta y}{3(1-I_{LD})(1-\gamma^2)(1-\delta)fp}[I_{ED}\alpha^{\frac{1}{2}}\beta y + (1-I_{LD})(1-\gamma^2)(1-\delta)fp\bar{e}]$$

$$- \frac{z a^{1-\sigma}B^s \alpha^{-\frac{1}{2}}\beta y}{3(1-I_{LD})(1-\gamma^2)(1-\delta)fp}[(1-I_{CD})(1-\epsilon^2)(1-\eta^3)r - \Gamma]$$

$$= \frac{z a^{1-\sigma}B^s \alpha^{-\frac{1}{2}}\beta y}{3(1-I_{LD})(1-\gamma^2)(1-\delta)fp} \cdot$$

$$\left\{2I_{ED}\alpha^{\frac{1}{2}}\beta y - \frac{1}{2}(1-I_{LD})(1-\gamma^2)(1-\delta)fp\bar{e} - (1-I_{CD})(1-\epsilon^2)(1-\eta^3)r - \Gamma\right\}$$

$$(7-32)$$

$$\frac{\partial^2 CRl^*}{\partial\alpha\partial I_{LD}} = \frac{z a^{1-\sigma}B^s I_{ED}\alpha^{-\frac{1}{2}}\beta y\bar{e}}{6(1-I_{LD})} + \frac{z a^{1-\sigma}B^s I_{ED}\alpha^{-\frac{1}{2}}\beta y}{3(1-I_{LD})^2(1-\gamma^2)(1-\delta)fp} \cdot$$

$$\left[I_{ED}\alpha^{\frac{1}{2}}\beta y - \frac{1}{2}(1-I_{LD})(1-\gamma^2)(1-\delta)fp\bar{e} - (1-I_{CD})(1-\epsilon^2)(1-\eta^3)r - \Gamma\right]$$

$$= \frac{z a^{1-\sigma}B^s I_{ED}\alpha^{-\frac{1}{2}}\beta y\{I_{ED}\alpha^{\frac{1}{2}}\beta y - (1-I_{CD})(1-\epsilon^2)(1-\eta^3)r - \Gamma\}}{3(1-I_{LD})^2(1-\gamma^2)(1-\delta)fp}$$

$$(7-33)$$

$$\frac{\partial^2 CRl^*}{\partial\alpha\partial I_{CD}} = \frac{z a^{1-\sigma}B^s I_{ED}\alpha^{-\frac{1}{2}}\beta y(1-\epsilon^2)(1-\eta^3)r}{3(1-I_{LD})(1-\gamma^2)(1-\delta)fp} \quad (7-34)$$

首先,我们记 $K_5 = 2I_{ED}\alpha^{\frac{1}{2}}\beta y - \dfrac{1}{2}(1-I_{LD})(1-\gamma^2)(1-\delta)fp\bar{e} - (1-I_{CD})(1-$

$\epsilon^2)(1-\eta^3)r-\Gamma$。观察式(7-32),影响 $\dfrac{\partial^2 CRl^*}{\partial\alpha\partial I_{ED}}$ 正负性的关键在于 K_5,由于我们在式(7-26)中已证明 $K_1>0$,则 $K_5=K_1+I_{ED}\alpha^{\frac{1}{2}}\beta y>0$,所以 $\dfrac{\partial^2 CRl^*}{\partial\alpha\partial I_{ED}}>0$。

观察式(7-33),因为 $I_{ED}\alpha^{\frac{1}{2}}\beta y-(1-I_{CD})(1-\epsilon^2)(1-\eta^3)r-\Gamma>(1-I_{LD})(1-\gamma^2)(1-\delta)fpe>0$,因此 $\dfrac{\partial^2 CRl^*}{\partial\alpha\partial I_{LD}}>0$。

观察式(7-34),易知 $\dfrac{\partial^2 CRl^*}{\partial\alpha\partial I_{CD}}>0$。

综上,$\dfrac{\partial^2 CRl^*}{\partial\alpha\partial I_{ED}}>0$,$\dfrac{\partial^2 CRl^*}{\partial\alpha\partial I_{LD}}>0$ 且 $\dfrac{\partial^2 CRl^*}{\partial\alpha\partial I_{CD}}>0$,表明经济距离、法律距离和文化距离均对海外绩效期望差距与企业境外合规经营风险水平之间的关系起正向调节作用。

其次,比较 $\dfrac{\partial^2 CRl^*}{\partial\alpha\partial I_{ED}}$ 和 $\dfrac{\partial^2 CRl^*}{\partial\alpha\partial I_{LD}}$,由于 $\dfrac{\partial^2 CRl^*}{\partial\alpha\partial I_{ED}} > \dfrac{z\,a^{1-\sigma}B^S\alpha^{-\frac{1}{2}}\beta y}{1-I_{LD}}\left(\dfrac{1}{6}\bar{e}+I_{ED}\alpha^{\frac{1}{2}}\beta y\right)$,$\dfrac{\partial^2 CRl^*}{\partial\alpha\partial I_{LD}} < \dfrac{z\,a^{1-\sigma}B^S\alpha^{-\frac{1}{2}}\beta y}{1-I_{LD}}\cdot\dfrac{1}{6}\bar{e}I_{ED}$,故 $\dfrac{\partial^2 CRl^*}{\partial\alpha\partial I_{ED}} > \dfrac{\partial^2 CRl^*}{\partial\alpha\partial I_{LD}}$。

再比较 $\dfrac{\partial^2 CRl^*}{\partial\alpha\partial I_{ED}}$ 和 $\dfrac{\partial^2 CRl^*}{\partial\alpha\partial I_{CD}}$,由于

$$\dfrac{\partial^2 CRl^*}{\partial\alpha\partial I_{CD}} < z\,a^{1-\sigma}B^S\left[\dfrac{I_{ED}\alpha^{-\frac{1}{2}}\beta y(1-\epsilon^2)(1-\eta^3)r}{3(1-I_{LD})(1-\gamma^2)(1-\delta)fp}+\dfrac{1}{2}\right] < z\,a^{1-\sigma}B^S$$

$$\dfrac{\frac{3}{2}I_{ED}\alpha^{\frac{1}{2}}\beta y-\frac{3}{2}(1-I_{LD})(1-\gamma^2)(1-\delta)fp\bar{e}-\left[\frac{3}{2}(1-I_{CD})+I_{ED}\right](1-\epsilon^2)(1-\eta^3)r-\frac{3}{2}\Gamma}{3(1-I_{LD})(1-\gamma^2)(1-\delta)fp},$$

而 $\dfrac{\partial^2 CRl^*}{\partial\alpha\partial I_{ED}} - \dfrac{\partial^2 CRl^*}{\partial\alpha\partial I_{CD}} >$

$$z\,a^{1-\sigma}B^S\dfrac{\frac{1}{2}I_{ED}\alpha^{\frac{1}{2}}\beta y+(1-I_{LD})(1-\gamma^2)(1-\delta)fp\bar{e}-[(1-I_{CD})+I_{ED}](1-\epsilon^2)(1-\eta^3)r+\frac{1}{2}\Gamma}{3(1-I_{LD})(1-\gamma^2)(1-\delta)fp}>$$

0,故 $\dfrac{\partial^2 CRl^*}{\partial\alpha\partial I_{ED}}>\dfrac{\partial^2 CRl^*}{\partial\alpha\partial I_{CD}}$。综上,$\dfrac{\partial^2 CRl^*}{\partial\alpha\partial I_{ED}}>\dfrac{\partial^2 CRl^*}{\partial\alpha\partial I_{LD}}$ 且 $\dfrac{\partial^2 CRl^*}{\partial\alpha\partial I_{ED}}>\dfrac{\partial^2 CRl^*}{\partial\alpha\partial I_{CD}}$,表明经济距离对构成内部压力因素的海外绩效期望差距的调节作用相比法律距离和文化距离的调节作用更强。

接下来,我们对(7-27)分别再求二阶偏导,得到企业境外合规经营风险水平

关于东道国产业竞争程度和经济距离的二阶偏导 $\frac{\partial^2 CRl^*}{\partial \beta \partial I_{ED}}$、关于东道国产业竞争程度和法律距离的二阶偏导 $\frac{\partial^2 CRl^*}{\partial \beta \partial I_{LD}}$、关于东道国产业竞争程度和文化距离的二阶偏导 $\frac{\partial^2 CRl^*}{\partial \beta \partial I_{CD}}$，结果如下所示：

$$\frac{\partial^2 CRl^*}{\partial \beta \partial I_{ED}} = \frac{z a^{1-\sigma} B^S \alpha^{\frac{1}{2}} y}{3(1-I_{LD})(1-\gamma^2)(1-\delta)fp} \cdot \{2 I_{ED} \alpha^{\frac{1}{2}} \beta y - (1-I_{LD})(1-\gamma^2)(1-\delta)fp\bar{e} - (1-I_{CD})(1-\epsilon^2)(1-\eta^3)r - \Gamma\} \quad (7-35)$$

$$\frac{\partial^2 CRl^*}{\partial \beta \partial I_{LD}} = \frac{z a^{1-\sigma} B^S I_{ED} \alpha^{\frac{1}{2}} y \{I_{ED} \alpha^{\frac{1}{2}} \beta y - (1-I_{CD})(1-\epsilon^2)(1-\eta^3)r - \Gamma\}}{3(1-I_{LD})^2(1-\gamma^2)(1-\delta)fp} \quad (7-36)$$

$$\frac{\partial^2 CRl^*}{\partial \beta \partial I_{CD}} = \frac{z a^{1-\sigma} B^S I_{ED} \alpha^{\frac{1}{2}} y (1-\epsilon^2)(1-\eta^3)r}{3(1-I_{LD})(1-\gamma^2)(1-\delta)fp} \quad (7-37)$$

首先，由于我们在式(7-32)中证得 $K_5 = 2I_{ED}\alpha^{\frac{1}{2}}\beta y - \frac{1}{2}(1-I_{LD})(1-\gamma^2)(1-\delta)fp\bar{e} - (1-I_{CD})(1-\epsilon^2)(1-\eta^3)r - \Gamma > 0$，因此式(7-35)的 $2I_{ED}\alpha^{\frac{1}{2}}\beta y - (1-I_{LD})(1-\gamma^2)(1-\delta)fp\bar{e} - (1-I_{CD})(1-\epsilon^2)(1-\eta^3)r - \Gamma = K_5 + \frac{1}{2}(1-I_{LD})(1-\gamma^2)(1-\delta)fp\bar{e} > 0$，故 $\frac{\partial^2 CRl^*}{\partial \beta \partial I_{ED}} > 0$。

对于式(7-36)，由于 $I_{ED}\alpha^{\frac{1}{2}}\beta y - (1-I_{CD})(1-\epsilon^2)(1-\eta^3)r - \Gamma > (1-I_{LD})(1-\gamma^2)(1-\delta)fpe > 0$，故 $\frac{\partial^2 CRl^*}{\partial \beta \partial I_{LD}} > 0$。

对于式(7-37)，易知 $\frac{\partial^2 CRl^*}{\partial \beta \partial I_{CD}} > 0$。综上，$\frac{\partial^2 CRl^*}{\partial \beta \partial I_{ED}} > 0$，$\frac{\partial^2 CRl^*}{\partial \beta \partial I_{LD}} > 0$，$\frac{\partial^2 CRl^*}{\partial \beta \partial I_{CD}} > 0$，表明经济距离、法律距离和文化距离均对东道国产业竞争程度与企业境外合规经营风险水平之间的关系起正向调节作用。其次，与式(7-32)到(7-34)的比较类似，易知 $\frac{\partial^2 CRl^*}{\partial \beta \partial I_{ED}} > \frac{\partial^2 CRl^*}{\partial \beta \partial I_{LD}}$，且 $\frac{\partial^2 CRl^*}{\partial \beta \partial I_{ED}} > \frac{\partial^2 CRl^*}{\partial \beta \partial I_{CD}}$，表明经济距离对构成外部压力因素的东道国产业竞争程度的调节作用相比法律距离和文化距离的调节作用更强。

综上,本节得出以下结论。

结论7-4a:经济距离、法律距离和文化距离对内外部压力因素与企业境外合规经营风险水平之间的关系起正向调节作用;相比法律距离和文化距离的影响,经济距离对内外部压力因素的调节效应更强。

三、不同制度距离对内外部机会因素与境外合规经营风险水平的影响

为了得到不同制度距离对机会因素与企业境外合规经营风险水平关系所起的调节作用,我们对式(7-28)分别再关于经济距离、法律距离和文化距离求二阶偏导,得到的企业境外合规经营风险水平关于合规控制体系缺陷和经济距离的二阶偏导 $\frac{\partial^2 CRl^*}{\partial \gamma \partial I_{ED}}$、关于合规控制体系缺陷和法律距离的二阶偏导 $\frac{\partial^2 CRl^*}{\partial \gamma \partial I_{LD}}$、关于合规控制体系缺陷和文化距离的二阶偏导 $\frac{\partial^2 CRl^*}{\partial \gamma \partial I_{CD}}$,结果如(式7-38至7-40)所示:

$$\frac{\partial^2 CRl^*}{\partial \gamma \partial I_{ED}} = \frac{4z\,a^{1-\sigma}B^S\gamma\,\alpha^{\frac{1}{2}}\beta y}{3(1-I_{LD})(1-\gamma^2)^2(1-\delta)fp} [I_{ED}\,\alpha^{\frac{1}{2}}\beta y - (1-I_{CD})(1-\epsilon^2)(1-\eta^3)r - \Gamma]$$

(7-38)

$$\frac{\partial^2 CRl^*}{\partial \gamma \partial I_{LD}} = \frac{2z\,a^{1-\sigma}B^S\gamma}{3(1-I_{LD})^2(1-\gamma^2)^2(1-\delta)fp} \{[I_{ED}\,\alpha^{\frac{1}{2}}\beta y - (1-I_{CD})(1-\epsilon^2)(1-\eta^3)r - \Gamma]^2 + [(1-I_{LD})(1-\gamma^2)(1-\delta)fp\,\overline{e}]^2\}$$

(7-39)

$$\frac{\partial^2 CRl^*}{\partial \gamma \partial I_{CD}} = \frac{4z\,a^{1-\sigma}B^S\gamma(1-\epsilon^2)(1-\eta^3)r}{3(1-I_{LD})(1-\gamma^2)^2(1-\delta)fp} [I_{ED}\,\alpha^{\frac{1}{2}}\beta y - (1-I_{CD})(1-\epsilon^2)(1-\eta^3)r - \Gamma]$$

(7-40)

对于式(7-38),由于 $I_{ED}\,\alpha^{\frac{1}{2}}\beta y - (1-I_{CD})(1-\epsilon^2)(1-\eta^3)r - \Gamma > (1-I_{LD})(1-\gamma^2)(1-\delta)fpe > 0$,所以 $\frac{\partial^2 CRl^*}{\partial \gamma \partial I_{ED}} > \frac{4z\,a^{1-\sigma}B^S\gamma\,\alpha^{\frac{1}{2}}\beta y}{3(1-\gamma^2)} > 0$。

对于式(7-39),易知 $\frac{\partial^2 CRl^*}{\partial \gamma \partial I_{LD}} > 0$。式(7-40)中,类似对 $\frac{\partial^2 CRl^*}{\partial \gamma \partial I_{ED}} > 0$ 的推导,易知 $\frac{\partial CRl^*}{\partial \gamma \partial I_{CD}} > 0$。$\frac{\partial^2 CRl^*}{\partial \gamma \partial I_{ED}} > 0$,$\frac{\partial^2 CRl^*}{\partial \gamma \partial I_{LD}} > 0$,$\frac{\partial^2 CRl^*}{\partial \gamma \partial I_{CD}} > 0$,表明经济距离、法律距离和文化

距离均对构成内部机会因素的合规控制体系缺陷起正向调节作用。然后,比较 $\dfrac{\partial^2 CRl^*}{\partial\gamma\partial I_{LD}}$

和 $\dfrac{\partial^2 CRl^*}{\partial\gamma\partial I_{ED}}$,因为 $\dfrac{\partial^2 CRl^*}{\partial\gamma\partial I_{LD}} \geq \dfrac{4a^{1-\sigma}B^S\gamma\bar{e}[I_{ED}\alpha^{\frac{1}{2}}\beta y-(1-I_{CD})(1-\epsilon^2)(1-\eta^3)r-\Gamma]}{(1-I_{LD})(1-\gamma^2)}$,

$\dfrac{\partial^2 CRl^*}{\partial\gamma\partial I_{LD}} - \dfrac{\partial^2 CRl^*}{\partial\gamma\partial I_{ED}} \geq \dfrac{z\,a^{1-\sigma}B^S\gamma}{(1-I_{LD})(1-\gamma^2)^2(1-\delta)fp}[4(1-\gamma^2)(1-\delta)fp\,\bar{e} - \dfrac{4}{3}$

$\alpha^{\frac{1}{2}}\beta y][I_{ED}\alpha^{\frac{1}{2}}\beta y - (1-I_{CD})(1-\epsilon^2)(1-\eta^3)r-\Gamma] > 0_\circ$ 所以 $\dfrac{\partial^2 CRl^*}{\partial\gamma\partial I_{LD}} > \dfrac{\partial^2 CRl^*}{\partial\gamma\partial I_{ED}}$。

比较 $\dfrac{\partial^2 CRl^*}{\partial\gamma\partial I_{LD}}$ 和 $\dfrac{\partial^2 CRl^*}{\partial\gamma\partial I_{CD}}$,$\dfrac{\partial^2 CRl^*}{\partial\gamma\partial I_{LD}} - \dfrac{\partial^2 CRl^*}{\partial\gamma\partial I_{ED}} \geq \dfrac{z\,a^{1-\sigma}B^S\gamma}{(1-I_{LD})(1-\gamma^2)^2(1-\delta)fp}[4(1-$

$\gamma^2)(1-\delta)fp\,\bar{e} - \dfrac{4}{3}(1-\epsilon^2)(1-\eta^3)r][I_{ED}\alpha^{\frac{1}{2}}\beta y-(1-I_{CD})(1-\epsilon^2)(1-\eta^3)r-\Gamma] > 0$,

所以 $\dfrac{\partial^2 CRl^*}{\partial\gamma\partial I_{LD}} > \dfrac{\partial^2 CRl^*}{\partial\gamma\partial I_{CD}}$。

综上,$\dfrac{\partial^2 CRl^*}{\partial\gamma\partial I_{LD}} > \dfrac{\partial^2 CRl^*}{\partial\gamma\partial I_{ED}}$,$\dfrac{\partial^2 CRl^*}{\partial\gamma\partial I_{LD}} > \dfrac{\partial^2 CRl^*}{\partial\gamma\partial I_{CD}}$,表明法律距离对构成内部机会因素的合规控制体系缺陷的调节作用相比经济距离和文化距离的调节作用更强。

我们对式(7-29)再求二阶偏导,关于东道国监管不确定性和经济距离的二阶偏导 $\dfrac{\partial^2 CRl^*}{\partial\delta\partial I_{ED}}$、关于东道国监管不确定性和法律距离的二阶偏导 $\dfrac{\partial^2 CRl^*}{\partial\delta\partial I_{LD}}$、关于东道国监管不确定性和文化距离的二阶偏导 $\dfrac{\partial^2 CRl^*}{\partial\delta\partial I_{CD}}$,结果如式7-41至7-43所示:

$$\dfrac{\partial^2 CRl^*}{\partial\delta\partial I_{ED}} = \dfrac{2z\,a^{1-\sigma}B^S\alpha^{\frac{1}{2}}\beta y}{3(1-I_{LD})(1-\gamma^2)(1-\delta)^2 fp}[I_{ED}\alpha^{\frac{1}{2}}\beta y - (1-I_{CD})(1-\epsilon^2)(1-\eta^3)r-\Gamma] \tag{7-41}$$

$$\dfrac{\partial^2 CRl^*}{\partial\delta\partial I_{LD}} = \dfrac{z\,a^{1-\sigma}B^S}{3(1-I_{LD})^2(1-\gamma^2)(1-\delta)^2 fp}\{[I_{ED}\alpha^{\frac{1}{2}}\beta y-(1-I_{CD})(1-\epsilon^2)(1-\eta^3)r-\Gamma]^2 + [(1-I_{LD})(1-\gamma^2)(1-\delta)fp\,\bar{e}]^2\} \tag{7-42}$$

$$\frac{\partial^2 CRl^*}{\partial\delta\partial I_{CD}}$$
$$= \frac{2z\,a^{1-\sigma}B^S(1-\epsilon^2)(1-\eta^3)r}{3(1-I_{LD})(1-\gamma^2)(1-\delta)^2 fp}[I_{ED}\alpha^{\frac{1}{2}}\beta y-(1-I_{CD})(1-\epsilon^2)(1-\eta^3)r-\Gamma]$$

$$(7\text{-}43)$$

对于式(7-41)，由于 $I_{ED}\alpha^{\frac{1}{2}}\beta y-(1-I_{CD})(1-\epsilon^2)(1-\eta^3)r-\Gamma>(1-I_{LD})(1-\gamma^2)(1-\delta)fpe>0$，所以 $\dfrac{\partial^2 CRl^*}{\partial\delta\partial I_{ED}}>0$。

观察式(7-42)，易知 $\dfrac{\partial^2 CRl^*}{\partial\delta\partial I_{LD}}>0$。

式(7-43)中，类似对 $\dfrac{\partial^2 CRl^*}{\partial\delta\partial I_{ED}}>0$ 的推导，易知 $\dfrac{\partial^2 CRl^*}{\partial\delta\partial I_{CD}}>0$。

因此，$\dfrac{\partial^2 CRl^*}{\partial\delta\partial I_{ED}}>0$，$\dfrac{\partial^2 CRl^*}{\partial\delta\partial I_{LD}}>0$，$\dfrac{\partial^2 CRl^*}{\partial\delta\partial I_{CD}}>0$，表明经济距离、法律距离和文化距离均对构成外部机会因素的东道国监管不确定性起正向调节作用。然后，比较 $\dfrac{\partial^2 CRl^*}{\partial\delta\partial I_{ED}}$ 和 $\dfrac{\partial^2 CRl^*}{\partial\delta\partial I_{LD}}$，因为 $\dfrac{\partial^2 CRl^*}{\partial\delta\partial I_{LD}}\geqslant$

$\dfrac{2z\,a^{1-\sigma}B^S\bar{e}[I_{ED}\alpha^{\frac{1}{2}}\beta y-(1-I_{CD})(1-\epsilon^2)(1-\eta^3)r-\Gamma]}{(1-I_{LD})(1-\delta)}$，$\dfrac{\partial^2 CRl^*}{\partial\gamma\partial I_{LD}}-\dfrac{\partial^2 CRl^*}{\partial\gamma\partial I_{ED}}\geqslant$

$\dfrac{z\,a^{1-\sigma}B^S}{(1-I_{LD})(1-\gamma^2)(1-\delta)^2 fp}[2(1-\gamma^2)(1-\delta)fp\bar{e}-\dfrac{2}{3}\alpha^{\frac{1}{2}}\beta y][I_{ED}\alpha^{\frac{1}{2}}\beta y-(1-I_{CD})(1-\epsilon^2)(1-\eta^3)r-\Gamma]>0$，故 $\dfrac{\partial^2 CRl^*}{\partial\delta\partial I_{LD}}>\dfrac{\partial^2 CRl^*}{\partial\delta\partial I_{ED}}$。

又因为 $\dfrac{\partial^2 CRl^*}{\partial\gamma\partial I_{LD}}-\dfrac{\partial^2 CRl^*}{\partial\delta\partial I_{CD}}\geqslant\dfrac{z\,a^{1-\sigma}B^S[2(1-\gamma^2)(1-\delta)fp\bar{e}-\dfrac{2}{3}(1-\epsilon^2)(1-\eta^3)r]}{(1-I_{LD})(1-\gamma^2)(1-\delta)^2 fp}\cdot$

$[I_{ED}\alpha^{\frac{1}{2}}\beta y-(1-I_{CD})(1-\epsilon^2)(1-\eta^3)r-\Gamma]>0$，所以 $\dfrac{\partial^2 CRl^*}{\partial\gamma\partial I_{LD}}>\dfrac{\partial^2 CRl^*}{\partial\delta\partial I_{CD}}$。

综上，$\dfrac{\partial^2 CRl^*}{\partial\delta\partial I_{LD}}>\dfrac{\partial^2 CRl^*}{\partial\delta\partial I_{ED}}$，$\dfrac{\partial^2 CRl^*}{\partial\gamma\partial I_{LD}}>\dfrac{\partial^2 CRl^*}{\partial\delta\partial I_{CD}}$，表明法律距离对构成外部机会因素的东道国监管不确定性的调节作用相比经济距离和文化距离的调节作用更强。

综上，本节得出以下结论。

结论7-4b：经济距离、法律距离和文化距离对内外部机会因素与企业境外合规经营风险水平之间的关系起正向调节作用;相比经济距离和文化距离的影响,法律距离对内外部机会因素的调节效应更强。

四、不同制度距离对内外部合理化因素与境外合规经营风险水平的影响

为了得到不同制度距离对合理化因素与企业境外合规经营风险水平之间的关系所起的调节作用,我们对式(7-30)分别再关于经济距离、法律距离和文化距离求二阶偏导,得到企业境外合规经营风险水平关于高管过度自信倾向和经济距离的二阶偏导 $\dfrac{\partial^2 CRl^*}{\partial \epsilon \partial I_{ED}}$、关于高管过度自信倾向和法律距离的二阶偏导 $\dfrac{\partial^2 CRl^*}{\partial \epsilon \partial I_{LD}}$、关于高管过度自信倾向和文化距离的二阶偏导 $\dfrac{\partial^2 CRl^*}{\partial \epsilon \partial I_{CD}}$,结果如式7-44至7-46所示:

$$\frac{\partial^2 CRl^*}{\partial \epsilon \partial I_{ED}} = \frac{4z\, a^{1-\sigma} B^S (1-I_{CD})(1-\eta^3) r\epsilon\, \alpha^{\frac{1}{2}} \beta y}{3(1-I_{LD})(1-\gamma^2)(1-\delta)fp} \tag{7-44}$$

$$\frac{\partial^2 CRl^*}{\partial \epsilon \partial I_{LD}} = \frac{4z\, a^{1-\sigma} B^S (1-I_{CD})(1-\eta^3) r\epsilon}{3(1-I_{LD})(1-\gamma^2)(1-\delta)fp}[I_{ED}\, \alpha^{\frac{1}{2}} \beta y + (1-I_{LD})(1-\gamma^2)(1-\delta)fp\, \bar{e} - (1-I_{CD})(1-\epsilon^2)(1-\eta^3) r - \Gamma] \tag{7-45}$$

$$\frac{\partial^2 CRl^*}{\partial \epsilon \partial I_{CD}} = \frac{4z\, a^{1-\sigma} B^S (1-\eta^3) r\epsilon}{3(1-I_{LD})(1-\gamma^2)(1-\delta)fp}[I_{ED}\, \alpha^{\frac{1}{2}} \beta y + (1-I_{LD})(1-\gamma^2)(1-\delta)fp\, \bar{e} - \Gamma] \tag{7-46}$$

观察式(7-44),易知 $\dfrac{\partial^2 CRl^*}{\partial \epsilon \partial I_{ED}} > 0$。

在式(7-45)中,因为 $I_{ED}\, \alpha^{\frac{1}{2}} \beta y + (1-I_{LD})(1-\gamma^2)(1-\delta)fp\, \bar{e} - (1-I_{CD})(1-\epsilon^2)(1-\eta^3) r - \Gamma > 2(1-I_{LD})(1-\gamma^2)(1-\delta)fp\, \bar{e} > 0$,所以 $\dfrac{\partial^2 CRl^*}{\partial \epsilon \partial I_{LD}} > 0$。

在式(7-46)中,因为 $I_{ED}\, \alpha^{\frac{1}{2}} \beta y + (1-I_{LD})(1-\gamma^2)(1-\delta)fp\, \bar{e} - \Gamma > 2(1-I_{LD})(1-\gamma^2)(1-\delta)fp\, \bar{e} + (1-I_{CD})(1-\epsilon^2)(1-\eta^3) r > 0$,所以 $\dfrac{\partial^2 CRl^*}{\partial \epsilon \partial I_{CD}} > 0$。

综上可知,经济距离、法律距离和文化距离均对构成内部合理化因素的高管过度自信倾向起正向调节作用。

然后，比较 $\dfrac{\partial^2 CRl^*}{\partial \epsilon \partial I_{CD}}$ 和 $\dfrac{\partial^2 CRl^*}{\partial \epsilon \partial I_{ED}}$，因为 $\dfrac{4z\,a^{1-\sigma}B^S(1-\eta^3)r\epsilon}{3(1-I_{LD})(1-\gamma^2)(1-\delta)fp} >$ $\dfrac{4z\,a^{1-\sigma}B^S(1-I_{CD})(1-\eta^3)r\epsilon}{3(1-I_{LD})(1-\gamma^2)(1-\delta)fp}$，且 $I_{ED}\,\alpha^{\frac{1}{2}}\beta y + (1-I_{LD})(1-\gamma^2)(1-\delta)fp\,\bar{e} - \Gamma >$ $\alpha^{\frac{1}{2}}\beta y$，所以 $\dfrac{\partial^2 CRl^*}{\partial \epsilon \partial I_{CD}} > \dfrac{\partial^2 CRl^*}{\partial \epsilon \partial I_{ED}}$。再比较 $\dfrac{\partial^2 CRl^*}{\partial \epsilon \partial I_{CD}}$ 和 $\dfrac{\partial^2 CRl^*}{\partial \epsilon \partial I_{LD}}$，因为 $\dfrac{4z\,a^{1-\sigma}B^S(1-\eta^3)r\epsilon}{3(1-I_{LD})(1-\gamma^2)(1-\delta)fp} > \dfrac{4z\,a^{1-\sigma}B^S(1-I_{CD})(1-\eta^3)r\epsilon}{3(1-I_{LD})(1-\gamma^2)(1-\delta)fp}$，且 $I_{ED}\,\alpha^{\frac{1}{2}}\beta y +$ $(1-I_{LD})(1-\gamma^2)(1-\delta)fp\,\bar{e} - \Gamma > I_{ED}\,\alpha^{\frac{1}{2}}\beta y + (1-I_{LD})(1-\gamma^2)(1-\delta)fp\,\bar{e} - (1-I_{CD})(1-\epsilon^2)(1-\eta^3)r - \Gamma$，故 $\dfrac{\partial^2 CR^*}{\partial \epsilon \partial I_{CD}} > \dfrac{\partial^2 CR^*}{\partial \epsilon \partial I_{LD}}$。

综上，$\dfrac{\partial^2 CR^*}{\partial \epsilon \partial I_{CD}} > \dfrac{\partial^2 CR^*}{\partial \epsilon \partial I_{ED}}$，$\dfrac{\partial^2 CR^*}{\partial \epsilon \partial I_{CD}} > \dfrac{\partial^2 CR^*}{\partial \epsilon \partial I_{LD}}$，表明文化距离对构成内部合理化因素的高管过度自信倾向的调节作用相比经济距离和法律距离的调节作用更强。

我们对式(7-31)再求二阶偏导，关于母国产业失范程度和经济距离的二阶偏导 $\dfrac{\partial^2 CRl^*}{\partial \eta \partial I_{ED}}$、关于母国产业失范程度和法律距离的二阶偏导 $\dfrac{\partial^2 CRl^*}{\partial \eta \partial I_{LD}}$、关于母国产业失范程度和文化距离的二阶偏导 $\dfrac{\partial^2 CRl^*}{\partial \eta \partial I_{CD}}$，结果如式7-47至7-49所示：

$$\dfrac{\partial^2 CRl^*}{\partial \eta \partial I_{ED}} = \dfrac{2z\,a^{1-\sigma}B^S(1-I_{CD})(1-\epsilon^2)r\eta\,\alpha^{\frac{1}{2}}\beta y}{(1-I_{LD})(1-\gamma^2)(1-\delta)fp} \quad (7\text{-}47)$$

$$\dfrac{\partial^2 CRl^*}{\partial \eta \partial I_{LD}} = \dfrac{2z\,a^{1-\sigma}B^S(1-I_{CD})(1-\epsilon^2)r\eta}{(1-I_{LD})(1-\gamma^2)(1-\delta)fp}[I_{ED}\,\alpha^{\frac{1}{2}}\beta y + (1-I_{LD})(1-\gamma^2)(1-\delta)fp\,\bar{e} - (1-I_{CD})(1-\epsilon^2)(1-\eta^3)r - \Gamma] \quad (7\text{-}48)$$

$$\dfrac{\partial^2 CRl^*}{\partial \eta \partial I_{CD}} = \dfrac{3z\,a^{1-\sigma}B^S(1-\epsilon^2)r\eta}{(1-I_{LD})(1-\gamma^2)(1-\delta)fp}[I_{ED}\,\alpha^{\frac{1}{2}}\beta y + (1-I_{LD})(1-\gamma^2)(1-\delta)fp\,\bar{e} - \Gamma] \quad (7\text{-}49)$$

观察式(7-47)，易知 $\dfrac{\partial^2 CRl^*}{\partial \eta \partial I_{ED}} > 0$。

在式(7-48)中，因为 $I_{ED}\,\alpha^{\frac{1}{2}}\beta y + (1-I_{LD})(1-\gamma^2)(1-\delta)fp\,\bar{e} - (1-I_{CD})(1-\epsilon^2)(1-\eta^3)r - \Gamma > 2(1-I_{LD})(1-\gamma^2)(1-\delta)fp\,\bar{e} > 0$，所以 $\dfrac{\partial^2 CRl^*}{\partial \eta \partial I_{LD}} > 0$。

在式(7-49)中,因为 $I_{ED}\alpha^{\frac{1}{2}}\beta y + (1-I_{LD})(1-\gamma^2)(1-\delta)fp\bar{e} - \Gamma > 2(1-I_{LD})(1-\gamma^2)(1-\delta)fp\bar{e} + (1-I_{CD})(1-\epsilon^2)(1-\eta^3)r > 0$,所以 $\dfrac{\partial^2 CRl^*}{\partial\eta\, I_{CD}} > 0$。

综上,$\dfrac{\partial^2 CRl^*}{\partial\eta\partial I_{ED}} > 0$,$\dfrac{\partial^2 CRl^*}{\partial\eta\partial I_{LD}} > 0$,$\dfrac{\partial^2 CRl^*}{\partial\eta\, I_{CD}} > 0$,表明经济距离、法律距离和文化距离均对构成外部合理化因素的母国产业失范程度起正向调节作用。

然后,比较 $\dfrac{\partial^2 CRl^*}{\partial\eta\, I_{CD}}$ 和 $\dfrac{\partial^2 CRl^*}{\partial\eta\partial I_{ED}}$,因为 $\dfrac{3z\,a^{1-\sigma}B^S(1-\epsilon^2)r\eta}{(1-I_{LD})(1-\gamma^2)(1-\delta)fp} > \dfrac{2z\,a^{1-\sigma}B^S(1-I_{CD})(1-\epsilon^2)r\eta}{(1-I_{LD})(1-\gamma^2)(1-\delta)fp}$,且 $I_{ED}\alpha^{\frac{1}{2}}\beta y + (1-I_{LD})(1-\gamma^2)(1-\delta)fp\bar{e} - \Gamma > \alpha^{\frac{1}{2}}\beta y$,所以 $\dfrac{\partial^2 CRl^*}{\partial\eta\, I_{CD}} > \dfrac{\partial^2 CRl^*}{\partial\eta\partial I_{ED}}$。

再比较 $\dfrac{\partial^2 CRl^*}{\partial\epsilon\partial I_{CD}}$ 和 $\dfrac{\partial^2 CRl^*}{\partial\epsilon\partial I_{LD}}$,因为 $\dfrac{3z\,a^{1-\sigma}B^S(1-\epsilon^2)r\eta}{(1-I_{LD})(1-\gamma^2)(1-\delta)fp} > \dfrac{2z\,a^{1-\sigma}B^S(1-I_{CD})(1-\epsilon^2)r\eta}{(1-I_{LD})(1-\gamma^2)(1-\delta)fp}$,且 $I_{ED}\alpha^{\frac{1}{2}}\beta y + (1-I_{LD})(1-\gamma^2)(1-\delta)fp\bar{e} - \Gamma > I_{ED}\alpha^{\frac{1}{2}}\beta y + (1-I_{LD})(1-\gamma^2)(1-\delta)fp\bar{e} - (1-I_{CD})(1-\epsilon^2)(1-\eta^3)r - \Gamma$,故 $\dfrac{\partial^2 CRl^*}{\partial\eta\, I_{CD}} > \dfrac{\partial^2 CRl^*}{\partial\eta\partial I_{LD}}$。

因此,$\dfrac{\partial^2 CRl^*}{\partial\eta\, I_{CD}} > \dfrac{\partial^2 CRl^*}{\partial\eta\partial I_{ED}}$,且 $\dfrac{\partial^2 CRl^*}{\partial\eta\, I_{CD}} > \dfrac{\partial^2 CRl^*}{\partial\eta\partial I_{LD}}$,表明文化距离对构成外部合理化因素的母国产业失范程度的调节作用相比经济距离和法律距离的调节作用更强。

综上,得出以下结论。

结论7-4c:经济距离、法律距离和文化距离对内外部合理化因素与企业境外合规经营风险水平之间的关系起正向调节作用;相比经济距离和法律距离的影响,文化距离对内外部合理化因素的调节效应更强。

第六节　企业境外合规经营风险频率的动态演化博弈

依据演化博弈的稳定性原理,如果 $CRp < CRp^*$,为使 $CRp \to CRp^*$,应满足 $CRp > 0$;如果 $CRp > CRp^*$,为使 $CRp \to CRp^*$,应满足 $CRp < 0$。当 $CRp^{*'} < 0$,

CRp^* 为演化稳定状态。我们对式(7-15)求得一阶偏导 CRp'。

$$CRp' = N(2x - 3x^2)\{\xi\pi_{noc} - \varepsilon Z\pi_{noc} - \pi_{com}\}$$
$$+ N(1 + 3x^2 - 4x)\{\pi_{noc} - Z\pi_{noc} - \tau\pi_{com}\} \quad (7-50)$$

观察式(7-50),企业境外合规经营风险频率 CRp 演化的关键在于选择境外违规策略企业的占比 x 随时间的变化,并且我们在本章第四节已经分别求得 $\dot{x}$ 的三个稳定状态:

$$x_1^* = 0$$
$$x_2^* = 1$$
$$x_3^* = \frac{N(\tau\pi_{com} - \pi_{noc} + Z\pi_{noc})}{(Z - \varepsilon Z + \xi)\pi_{noc} + (\tau - 1)\pi_{com}}$$

下文结合 x 的相位图图7-2,讨论企业境外合规经营风险频率的 CRp 演化稳定状态。

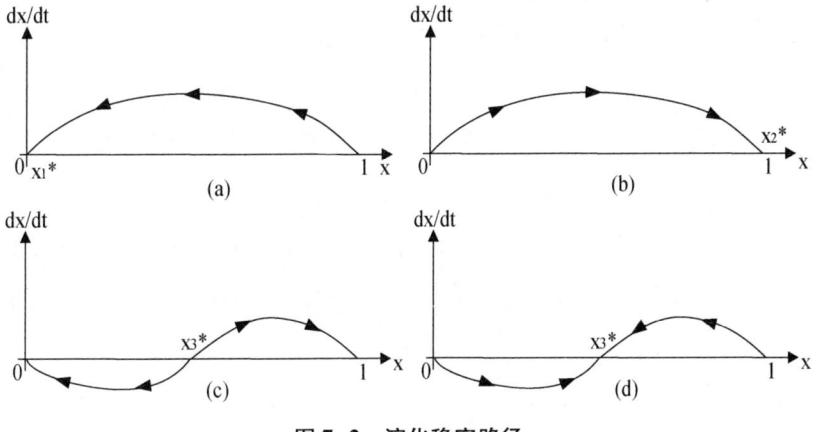

图 7-2 演化稳定路径

(1) $x_3^* = 1$ 的情形下的企业境外合规经营风险频率 CRp。

此时, $\xi\pi_{noc} - \varepsilon Z\pi_{noc} - \pi_{com} < 0$ 且 $\pi_{noc} - Z\pi_{noc} - \tau\pi_{com} < 0$,则 $CRp_1^{*'} < 0$; $CRp_2^{*'} > 0$; $CRp_3^{*'} > 0$。系统演化如图7-2(a)所示,演化稳定策略为 $x_1^* = 0$,企业境外合规经营风险频率的演化稳定状态为 $CRp_1^* = 0$,即企业最终均选择境外合规策略,企业境外合规经营风险频率随时间的变化降低。

(2) $x_3^* = 0$ 的情形下的企业境外合规经营风险频率 CRp。

此时, $\xi\pi_{noc} - \varepsilon Z\pi_{noc} - \pi_{com} > 0$ 且 $\pi_{noc} - Z\pi_{noc} - \tau\pi_{com} > 0$,则 $CRp_1^{*'} > 0$; $CRp_2^{*'} < 0$; $CRp_3^{*'} > 0$。系统演化如图7-2(b)所示,演化稳定策略为 $x_2^* = 1$,企业境外合规经营风险频率的演化稳定状态为 $CRp_2^* = N$,即企业最终均选择境外

违规策略,企业境外合规经营风险频率随时间的变化升高。

(3) $0 < x_3^* < 1$ 的情形下的企业境外合规经营风险频率 CRp。

此时,如果 $\xi\pi_{noc} - \varepsilon Z\pi_{noc} - \pi_{com} > 0$ 且 $\pi_{noc} - Z\pi_{noc} - \tau\pi_{com} < 0$,则 $CRp_1^{*\prime} < 0$;$CRp_2^{*\prime} < 0$;$CRp_3^{*\prime} > 0$。系统演化如图 7-2(c)所示,演化稳定策略为 $x_1^* = 0$ 或 $x_2^* = 1$,企业境外合规经营风险频率的演化稳定状态为 $CRp_1^* = 0$ 或 $CRp_2^* = N$,即企业均采取境外违规策略或均采取境外合规策略。最终演化的方向取决初始状态与 x_3^* 的位置,如果初始状态在 x_3^* 的右侧,那么企业最终会收敛于境外违规策略;如果初始状态在 x_3^* 的左侧,那么企业最终会收敛于境外合规策略,企业境外合规经营风险频率达到最小。

如果 $\xi\pi_{noc} - \varepsilon Z\pi_{noc} - \pi_{com} < 0$ 且 $\pi_{noc} - Z\pi_{noc} - \tau\pi_{com} > 0$,则 $CRp_1^{*\prime} > 0$;$CRp_2^{*\prime} > 0$;$CRp_3^{*\prime} < 0$。系统演化如图 7-2(d)所示,演化稳定策略为 x_3^*,企业境外合规经营风险频率的演化稳定状态为 CRp_3^*,最终企业境外合规经营风险频率的大小取决于 x_3^*。因此,接下来我们对这一情形下的 CRp_3^* 求偏导,分析利益激励、惩罚威慑和价值引导如何影响企业境外合规经营风险频率。

依据式(7-11)和式(7-12), $\pi_{com} = (a_S)^{1-\sigma}B^S - C_X$ 和 $\pi_{noc} = [(a_S)^{1-\sigma}(\acute{Y} - \acute{U} + 1)]B^S - C_X$,为了便于下文分析,将上述模型具体化。不失一般性地,令:

$$\acute{Y} = (1-\lambda^2)(1-\mu^{\frac{1}{2}})I_{ED}\,\alpha^{\frac{1}{2}}\beta y e \qquad (7\text{-}51)$$

$$\acute{U}_P = (1 + m\varphi + \overline{\omega}\varphi)(1-I_{LD})(1-\gamma^2)(1-\delta)fp\,e^2 \qquad (7\text{-}52)$$

$$\acute{U}_R = (1 + \psi^3 + \omega^2)(1-I_{CD})(1-\epsilon^2)(1-\eta^3)re \qquad (7\text{-}53)$$

$$\acute{U} = (1 + m\varphi + \overline{\omega}\varphi)(1-I_{LD})(1-\gamma^2)(1-\delta)fp\,e^2 +$$
$$(1 + \psi^3 + \omega^2)(1-I_{CD})(1-\epsilon^2)(1-\eta^3)re + \Gamma e \qquad (7\text{-}54)$$

$$Z\pi_{noc} = z\max\{e - \bar{e}, 0\}\{a^{1-\sigma}B^S(\acute{Y} - \acute{U} + 1) - C_X\} \qquad (7\text{-}55)$$

我们在分别求解企业境外合规经营风险频率 CRp_3^* 关于内外部压力、机会和合理化因素偏导的基础上,再对利益激励、惩罚威慑和价值引导求二阶偏导。为简便下文表达,记:$F_1 = \tau\pi_{com} - (1-Z)\pi_{noc} = \tau[(a_S)^{1-\sigma}B^S - C_X] - N[1 - z\max\{e - \bar{e}, 0\}]\{a^{1-\sigma}B^S[\acute{Y} - \acute{U} + 1] - C_X\}$, $F_2 = (\xi - \varepsilon Z)\pi_{noc} - (1-Z)\pi_{noc} - \pi_{com} = (Z - \varepsilon Z + \xi - 1)z\max\{e - \bar{e}, 0\}\{a^{1-\sigma}B^S[\acute{Y} - \acute{U} + 1] - C_X\} + (\tau - 1)[(a_S)^{1-\sigma}B^S - C_X]$。

一、利益激励的防范机制对企业境外合规经营风险频率的影响

首先,利用企业境外合规经营风险频率 CRp_3^* 对内外部压力因素求导:

$$\frac{\partial CRp_3^*}{\partial \alpha} = \frac{N a^{1-\sigma} B^S (1-\lambda^2)(1-\mu^{\frac{1}{2}}) I_{ED} \alpha^{-\frac{1}{2}} \beta y e}{2 F_2^2} \{F_1(Z - \varepsilon Z + \xi$$

$$- 1) zmax\{e - \bar{e}, 0\} - F_2[1 - zmax\{e - \bar{e}, 0\}]\}$$

$$= \frac{N a^{1-\sigma} B^S (1-\lambda^2)(1-\mu^{\frac{1}{2}}) I_{ED} \alpha^{-\frac{1}{2}} \beta y e}{2 F_2^2} \{-[\xi \pi_{noc} - \varepsilon Z \pi_{noc}$$

$$- \pi_{com}][1 - zmax\{e - \bar{e}, 0\}] + [(1-Z)\pi_{noc} - \tau \pi_{com}]$$

$$(\xi - \varepsilon Z) zmax\{e - \bar{e}, 0\} + [\tau \pi_{com} - (1-Z)\pi_{noc}]$$

$$(Z - 1) zmax\{e - \bar{e}, 0\}\}$$

$$\frac{\partial CRp_3^*}{\partial \beta} = \frac{N a^{1-\sigma} B^S (1-\lambda^2)(1-\mu^{\frac{1}{2}}) I_{ED} \alpha^{\frac{1}{2}} y e}{F_2^2} \{-[\xi \pi_{noc} - \varepsilon Z \pi_{noc}$$

$$- \pi_{com}][1 - zmax\{e - \bar{e}, 0\}] + [(1-Z)\pi_{noc} - \tau \pi_{com}]$$

$$(\xi - \varepsilon Z) zmax\{e - \bar{e}, 0\} + [\tau \pi_{com} - (1-Z)\pi_{noc}](Z - 1)$$

$$zmax\{e - \bar{e}, 0\}\}$$

由于 $\xi \pi_{noc} - \varepsilon Z \pi_{noc} - \pi_{com} < 0$,$\pi_{noc} - Z \pi_{noc} - \tau \pi_{com} > 0$,$1 - zmax\{e-\bar{e},0\} > 0$,因此 $-[\xi \pi_{noc} - \varepsilon Z \pi_{noc} - \pi_{com}][1 - zmax\{e-\bar{e},0\}] > 0$,$[(1-Z)\pi_{noc} - \tau \pi_{com}](\xi - \varepsilon Z) zmax\{e-\bar{e},0\} > 0$,$[\tau \pi_{com} - (1-Z)\pi_{noc}](Z-1) zmax\{e-\bar{e},0\} > 0$。可知 $\frac{\partial CRp_3^*}{\partial \alpha} > 0$、$\frac{\partial CRp_3^*}{\partial \beta} > 0$。

然后,再对 $\frac{\partial CRp_3^*}{\partial \alpha}$ 和 $\frac{\partial CRp_3^*}{\partial \beta}$ 求解关于内部利益激励的二阶偏导,记 $F_3 = \{-[\xi \pi_{noc} - \varepsilon Z \pi_{noc} - \pi_{com}][1 - zmax\{e-\bar{e},0\}] + [(1-Z)\pi_{noc} - \tau \pi_{com}](\xi - \varepsilon Z) zmax\{e-\bar{e},0\} + [\tau \pi_{com} - (1-Z)\pi_{noc}](Z-1) zmax\{e-\bar{e},0\}\}$,得到 $\frac{\partial^2 CRp_3^*}{\partial \alpha \partial \lambda}$ 和 $\frac{\partial^2 CRp_3^*}{\partial \beta \partial \lambda}$:

$$\frac{\partial^2 CRp_3^*}{\partial \alpha \partial \lambda} = -\frac{N a^{1-\sigma} B^S I_{ED} (1-\mu^{\frac{1}{2}}) \alpha^{-\frac{1}{2}} \beta y e \lambda}{F_2^2} \{a^{1-\sigma} B^S (1-\mu^{\frac{1}{2}}) I_{ED} \alpha^{\frac{1}{2}} \beta y e$$

$$[[1 - zmax\{e - \bar{e}, 0\}](\xi - \varepsilon Z) + (1-Z)(\xi - \varepsilon Z + (1-Z)) zmax$$

$$\{e - \bar{e}, 0\}] + F_3\} - zmax\{e - \bar{e}, 0\} \frac{N \lambda (1-\lambda^2)[a^{1-\sigma} B^S I_{ED} (1-\mu^{\frac{1}{2}}) \alpha^{\frac{1}{2}} \beta y e]^2}{F_2^3}$$

$$\frac{\partial^2 CRp_3^*}{\partial \beta \partial \lambda} = -\frac{2N a^{1-\sigma} B^S I_{ED}(1-\mu^{\frac{1}{2}})\alpha^{\frac{1}{2}} ye}{F_2^2} \{ a^{1-\sigma} B^S (1-\mu^{\frac{1}{2}}) I_{ED} \alpha^{\frac{1}{2}} \beta ye$$

$$[[1-zmax\{e-\bar{e},0\}](\xi-\varepsilon Z) + (1-Z)(\xi-\varepsilon Z+(1-Z))zmax$$

$$\{e-\bar{e},0\}] + F_3\} - zmax\{e-\bar{e},0\} \frac{2N\lambda(1-\lambda^2)[a^{1-\sigma} B^S I_{ED}(1-\mu^{\frac{1}{2}})\alpha^{\frac{1}{2}} ye]^2}{F_2^3}$$

(7-56)

观察式(7-56),易知 $\frac{\partial^2 CRp_3^*}{\partial \alpha \partial \lambda} < 0$ 和 $\frac{\partial^2 CRp_3^*}{\partial \beta \partial \lambda} < 0$,得出结论。

结论7-5a:高管员工薪酬激励通过缓解内外部压力降低企业境外合规经营风险频率。

接下来,再对 $\frac{\partial CRp_3^*}{\partial \alpha}$ 和 $\frac{\partial CRp_3^*}{\partial \beta}$ 求解关于外部利益激励的二阶偏导:

$$\frac{\partial^2 CRp_3^*}{\partial \alpha \partial \mu} = -\frac{N a^{1-\sigma} B^S (1-\lambda^2) \mu^{-\frac{1}{2}} I_{ED} \alpha^{-\frac{1}{2}} \beta ye}{2 F_2^2} \{[[1-zmax\{e-\bar{e},0\}](\xi-\varepsilon Z)$$

$$+(1-Z)(\xi-\varepsilon Z+(1-Z))zmax\{e-\bar{e},0\}] a^{1-\sigma} B^S (1-\lambda^2) \mu^{-\frac{1}{2}}$$

$$I_{ED} \alpha^{\frac{1}{2}} \beta ye + F_3\} - zmax\{e-\bar{e},0\} \frac{N\lambda(1-\lambda^2)[a^{1-\sigma} B^S(1-\mu^{\frac{1}{2}})\mu^{-\frac{1}{2}} I_{ED} \alpha^{\frac{1}{2}} \beta ye]^2}{2 F_2^3}$$

$$\frac{\partial^2 CRp_3^*}{\partial \beta \partial \mu} = -\frac{N a^{1-\sigma} B^S (1-\lambda^2) \mu^{-\frac{1}{2}} I_{ED} \alpha^{-\frac{1}{2}} \beta ye}{F_2^2} \{[[1-zmax\{e-\bar{e},0\}](\xi-\varepsilon Z)$$

$$+(1-Z)(\xi-\varepsilon Z+(1-Z))zmax\{e-\bar{e},0\}] a^{1-\sigma} B^S (1-\lambda^2) \mu^{-\frac{1}{2}}$$

$$I_{ED} \alpha^{\frac{1}{2}} \beta ye + F_3\} - zmax\{e-\bar{e},0\} \frac{2N\lambda(1-\lambda^2)[a^{1-\sigma} B^S(1-\lambda^2)\mu^{-\frac{1}{2}} I_{ED} \alpha^{\frac{1}{2}} \beta ye]^2}{F_2^3}$$

(7-57)

观察式(7-57),易知 $\frac{\partial^2 CRp_3^*}{\partial \alpha \partial \mu} < 0$ 和 $\frac{\partial^2 CRp_3^*}{\partial \beta \partial \mu} < 0$,得出结论。

结论7-5b:母国产业政策激励通过缓解内外部压力降低企业境外合规经营风险频率。

二、惩罚威慑的防范机制对企业境外合规经营风险频率的影响

首先,利用企业境外合规经营风险频率 CRp_3^* 对内外部机会因素求导:

$$\frac{\partial CRp_3^*}{\partial \gamma} = \frac{N a^{1-\sigma} B^S (1+m\varphi+\bar{\omega}\phi)(1-I_{LD})\gamma(1-\delta)fp e^2}{2 F_2^2} \{-[\xi \pi_{noc} - \varepsilon Z \pi_{noc}$$

$$-\pi_{com}][1-zmax\{e-\bar{e},0\}]+[(1-Z)\pi_{noc}-\tau\pi_{com}](\xi-\varepsilon Z)zmax\{e-\bar{e},0\}+[\tau\pi_{com}-(1-Z)\pi_{noc}](Z-1)zmax\{e-\bar{e},0\}\}$$

$$\frac{\partial CRp_3^*}{\partial \delta} = \frac{Na^{1-\sigma}B^S(1+m\varphi+\bar{\omega}\varphi)(1-I_{LD})(1-\gamma^2)\delta fp\,e^2}{4F_2^2}\{-[\xi\pi_{noc}-\varepsilon Z\pi_{noc}$$

$$-\pi_{com}][1-zmax\{e-\bar{e},0\}]+[(1-Z)\pi_{noc}-\tau\pi_{com}](\xi-\varepsilon Z)zmax\{e-\bar{e},0\}+[\tau\pi_{com}-(1-Z)\pi_{noc}](Z-1)zmax\{e-\bar{e},0\}\}$$

我们在前面已证明 $F_3 = \{-[\xi\pi_{noc}-\varepsilon Z\pi_{noc}-\pi_{com}][1-zmax\{e-\bar{e},0\}]+[(1-Z)\pi_{noc}-\tau\pi_{com}](\xi-\varepsilon Z)zmax\{e-\bar{e},0\}+[\tau\pi_{com}-(1-Z)\pi_{noc}](Z-1)zmax\{e-\bar{e},0\}\} > 0$。因而可知 $\frac{\partial CRp_3^*}{\partial \gamma} > 0$、$\frac{\partial CRp_3^*}{\partial \delta} > 0$。

然后,再对 $\frac{\partial CRp_3^*}{\partial \gamma}$ 和 $\frac{\partial CRp_3^*}{\partial \delta}$ 求解关于内部惩罚威慑的二阶偏导,得到 $\frac{\partial^2 CRp_3^*}{\partial \gamma \partial \varphi}$ 和 $\frac{\partial^2 CRp_3^*}{\partial \delta \partial \varphi}$:

$$\frac{\partial^2 CRp_3^*}{\partial \gamma \partial \varphi} = -\frac{Na^{1-\sigma}B^S m(1-I_{LD})\gamma(1-\delta)fp\,e^2}{2F_2^2}\{[[1-zmax\{e-\bar{e},0\}](\xi-\varepsilon Z)$$
$$+(1-Z)(\xi-\varepsilon Z+(1-Z))zmax\{e-\bar{e},0\}]a^{1-\sigma}B^S(1-I_{LD})\gamma(1-\delta)fp\,e^2$$
$$+F_3\}-zmax\{e-\bar{e},0\}\frac{N[a^{1-\sigma}B^S m(1-I_{LD})\gamma(1-\delta)fp\,e^2]^2}{4F_2^3}$$

$$\frac{\partial^2 CRp_3^*}{\partial \delta \partial \varphi} = -\frac{Na^{1-\sigma}B^S m(1-I_{LD})(1-\gamma^2)\delta fp\,e^2}{2F_2^2}\{[[1-zmax\{e-\bar{e},0\}](\xi-\varepsilon Z)$$
$$+(1-Z)(\xi-\varepsilon Z+(1-Z))zmax\{e-\bar{e},0\}]a^{1-\sigma}B^S(1-I_{LD})(1-\gamma^2)\delta fp\,e^2$$
$$+F_3\}-zmax\{e-\bar{e},0\}\frac{N[a^{1-\sigma}B^S m(1-I_{LD})(1-\gamma^2)\delta fp\,e^2]^2}{4F_2^3}$$

(7-58)

观察式(7-58),易知 $\frac{\partial^2 CRp_3^*}{\partial \gamma \partial \varphi} < 0$ 和 $\frac{\partial^2 CRp_3^*}{\partial \delta \partial \varphi} < 0$,得出结论。

结论7-6a:高管强制变更威慑通过抑制内外部机会降低企业境外合规经营风险频率。

然后,再对 $\frac{\partial CRp_3^*}{\partial \gamma}$ 和 $\frac{\partial CRp_3^*}{\partial \delta}$ 求解关于外部惩罚威慑的二阶偏导,得到 $\frac{\partial^2 CRp_3^*}{\partial \gamma \partial \phi}$ 和 $\frac{\partial^2 CRp_3^*}{\partial \delta \partial \phi}$:

$$\frac{\partial^2 CRp_3^*}{\partial\gamma\partial\phi} = -\frac{N a^{1-\sigma} B^S \overline{\omega}(1-I_{LD})\gamma(1-\delta)fp\, e^2}{2F_2^2}\{[[1-zmax\{e-\overline{e},0\}](\xi-\varepsilon Z)$$

$$+(1-Z)(\xi-\varepsilon Z+(1-Z))zmax\{e-\overline{e},0\}]a^{1-\sigma} B^S(1-I_{LD})\gamma(1-\delta)$$

$$fp\, e^2 + F_3\} - zmax\{e-\overline{e},0\}\frac{N[a^{1-\sigma} B^S \overline{\omega}(1-I_{LD})\gamma(1-\delta)fp\, e^2]^2}{4F_2^3}$$

$$\frac{\partial^2 CRp_3^*}{\partial\delta\partial\phi} = -\frac{N a^{1-\sigma} B^S \overline{\omega}(1-I_{LD})(1-\gamma^2)\delta fp\, e^2}{2F_2^2}\{[[1-zmax\{e-\overline{e},0\}](\xi-\varepsilon Z)$$

$$+(1-Z)(\xi-\varepsilon Z+(1-Z))zmax\{e-\overline{e},0\}]a^{1-\sigma} B^S(1-I_{LD})(1-\gamma^2)$$

$$\delta fp\, e^2 + F_3\} - zmax\{e-\overline{e},0\}\frac{N[a^{1-\sigma} B^S \overline{\omega}(1-I_{LD})(1-\gamma^2)\delta fp\, e^2]^2}{4F_2^3}$$

(7-59)

观察式(7-59)，易知 $\frac{\partial^2 CRp_3^*}{\partial\gamma\partial\phi} < 0$ 和 $\frac{\partial^2 CRp_3^*}{\partial\delta\partial\phi} < 0$，得出结论。

结论7-6b：同行企业惩罚威慑通过抑制内外部机会降低企业境外合规经营风险频率。

三、价值引导的防范机制对企业境外合规经营风险频率的影响

首先，利用企业境外合规经营风险频率 CRp_3^* 对内外部合理化因素求导：

$$\frac{\partial CRp_3^*}{\partial\epsilon} = \frac{2N a^{1-\sigma} B^S(1+\psi^3+\omega^2)\epsilon(1-\eta^3)re}{F_2^2}\{-[\xi\pi_{noc}-\varepsilon Z\pi_{noc}-\pi_{com}][1$$

$$-zmax\{e-\overline{e},0\}] + [(1-Z)\pi_{noc}-\tau\pi_{com}](\xi-\varepsilon Z)zmax\{e-\overline{e},0\}$$

$$+[\tau\pi_{com}-(1-Z)\pi_{noc}](Z-1)zmax\{e-\overline{e},0\}\}$$

$$\frac{\partial CRp_3^*}{\partial\eta} = \frac{3N a^{1-\sigma} B^S(1+\psi^3+\omega^2)(1-\epsilon^2)\eta re}{F_2^2}\{-[\xi\pi_{noc}-\varepsilon Z\pi_{noc}-\pi_{com}][1$$

$$-zmax\{e-\overline{e},0\}] + [(1-Z)\pi_{noc}-\tau\pi_{com}](\xi-\varepsilon Z)zmax\{e-\overline{e},0\}$$

$$+[\tau\pi_{com}-(1-Z)\pi_{noc}](Z-1)zmax\{e-\overline{e},0\}\}$$

我们在前面已证明 $F_3 = \{-[\xi\pi_{noc}-\varepsilon Z\pi_{noc}-\pi_{com}][1-zmax\{e-\overline{e},0\}] + [(1-Z)\pi_{noc}-\tau\pi_{com}](\xi-\varepsilon Z)zmax\{e-\overline{e},0\} + [\tau\pi_{com}-(1-Z)\pi_{noc}](Z-1)zmax\{e-\overline{e},0\}\} > 0$，易知 $\frac{\partial CRp_3^*}{\partial\epsilon} > 0$、$\frac{\partial CRp_3^*}{\partial\eta} > 0$。

然后，再对 $\frac{\partial CRp_3^*}{\partial\epsilon}$ 和 $\frac{\partial CRp_3^*}{\partial\eta}$ 求解关于内部惩罚威慑的二阶偏导，得到

$\dfrac{\partial^2 CRp_3^*}{\partial \epsilon \partial \psi}$ 和 $\dfrac{\partial^2 CRp_3^*}{\partial \eta \partial \psi}$:

$$\begin{aligned}\dfrac{\partial^2 CRp_3^*}{\partial \epsilon \partial \psi} = &- \dfrac{3N a^{1-\sigma} B^S \psi \epsilon (1-I_{CD})(1-\eta^3) re}{2 F_2^2} \{[[1 - zmax\{e - \bar{e}, 0\}](\xi - \varepsilon Z) \\ &+ (1-Z)(\xi - \varepsilon Z + (1-Z))zmax\{e - \bar{e}, 0\}] a^{1-\sigma} B^S (1 - I_{CD})(1 \\ &- \epsilon^2)(1-\eta^3) re + F_3\} - zmax\{e - \bar{e}, 0\} \dfrac{N\psi\epsilon [a^{1-\sigma} B^S (1-I_{CD})(1-\epsilon^2)(1-\eta^3)re]^2}{4 F_2^3} \end{aligned}$$

$$\begin{aligned}\dfrac{\partial^2 CRp_3^*}{\partial \eta \partial \psi} = &- \dfrac{9N a^{1-\sigma} B^S \psi (1-I_{CD})(1-\epsilon^2) \eta re}{F_2^2} \{[[1 - zmax\{e - \bar{e}, 0\}](\xi - \varepsilon Z) \\ &+ (1-Z)(\xi - \varepsilon Z + (1-Z))zmax\{e - \bar{e}, 0\}] a^{1-\sigma} B^S (1 - I_{CD})(1 \\ &- \epsilon^2)(1-\eta^3) re + F_3\} - zmax\{e - \bar{e}, 0\} \dfrac{3N\psi\epsilon [a^{1-\sigma} B^S (1-I_{CD})(1-\epsilon^2)(1-\eta^3)re]^2}{4 F_2^3} \end{aligned}$$

(7-60)

观察式(7-60),易知 $\dfrac{\partial^2 CRp_3^*}{\partial \epsilon \partial \psi} < 0$ 和 $\dfrac{\partial^2 CRp_3^*}{\partial \eta \partial \psi} < 0$,得出结论。

结论 7-7a：企业合规文化引导通过减少内外部合理化因素降低企业境外合规经营风险频率。

然后,再对 $\dfrac{\partial CRp_3^*}{\partial \gamma}$ 和 $\dfrac{\partial CRp_3^*}{\partial \delta}$ 求解关于外部惩罚威慑的二阶偏导,得到 $\dfrac{\partial^2 CRp_3^*}{\partial \epsilon \partial \omega}$ 和 $\dfrac{\partial^2 CRp_3^*}{\partial \eta \partial \omega}$:

$$\begin{aligned}\dfrac{\partial^2 CRp_3^*}{\partial \epsilon \partial \omega} = &- \dfrac{N a^{1-\sigma} B^S \omega \epsilon (1-I_{CD})(1-\eta^3) re}{F_2^2} \{[[1 - zmax\{e - \bar{e}, 0\}](\xi - \varepsilon Z) \\ &+ (1-Z)(\xi - \varepsilon Z + (1-Z))zmax\{e - \bar{e}, 0\}] a^{1-\sigma} B^S (1 - I_{CD})(1 \\ &- \epsilon^2)(1-\eta^3) re + F_3\} - zmax\{e - \bar{e}, 0\} \dfrac{N\omega\epsilon [a^{1-\sigma} B^S (1-I_{CD})(1-\eta^3)re]^2}{4 F_2^3} \end{aligned}$$

$$\begin{aligned}\dfrac{\partial^2 CRp_3^*}{\partial \eta \partial \omega} = &- \dfrac{6N a^{1-\sigma} B^S \omega (1-I_{CD})(1-\epsilon^2) \eta re}{F_2^2} \{[[1 - zmax\{e - \bar{e}, 0\}](\xi - \varepsilon Z) \\ &+ (1-Z)(\xi - \varepsilon Z + (1-Z))zmax\{e - \bar{e}, 0\}] a^{1-\sigma} B^S (1 - I_{CD})(1 \\ &- \epsilon^2)(1-\eta^3) re + F_3\} - zmax\{e - \bar{e}, 0\} \dfrac{\omega\psi\epsilon [a^{1-\sigma} B^S (1-I_{CD})(1-\epsilon^2)(1-\eta^3)re]^2}{2 F_2^3} \end{aligned}$$

(7-61)

观察式(7-61),易知 $\frac{\partial^2 CRp_3^*}{\partial \epsilon \partial \omega} < 0$ 和 $\frac{\partial^2 CRp_3^*}{\partial \eta \partial \omega} < 0$,得出结论。

结论7-7b:大众媒体关注引导通过减少内外部合理化因素降低企业境外合规经营风险频率。

第七节 本章小结

已有的数理模型研究一方面缺乏对企业境外合规经营风险因素的系统性刻画,特别是考虑不同制度距离情形,阐释压力、机会和合理化因素作用下的企业境外合规经营风险生成过程的数理分析缺乏实质性进展;另一方面在串联企业境外合规经营风险因素和防范机制,探讨企业境外合规经营风险频率动态方面也有所欠缺。本章节通过构建一个异质性企业基于境外违规成本收益分析进行境外违规策略选择的模型,首先利用静态分析探讨企业境外合规经营风险最大化情形下,内外部的压力、机会和合理化因素对企业境外合规经营风险生成的作用,以及经济距离、法律距离和文化距离上述作用关系影响的差异,然后引入动态的演化博弈分析,探讨通过利益激励缓解压力因素的影响、惩罚威慑抑制机会因素的影响、价值引导减少合理化因素的影响,降低企业境外合规经营风险的作用过程,从而补充这一研究领域的空白。本章节依据数理模型的构建和推导对前部分理论框架进行深入剖析并利用数理分析提供逻辑支撑,与理论机制的分析形成了前后呼应。在下一研究章节中,我们将通过动态仿真的方法,对本章静态数理模型的结论进行有益的补充。

第八章

"走出去"企业境外合规经营风险的生成演化仿真研究

在上一章本书尝试构建了企业境外合规经营风险成因与防范的数理模型,然而数理模型在呈现内外部的多类风险因素和多种防范机制的同时,影响企业境外合规经营风险演化的动态性仍有所欠缺。因此,基于第五章和第六章对企业境外合规经营风险成因因素和防范机制的影响路径理论分析,以及第七章对企业境外合规经营风险生成基础、消解途径和影响结果中内含的要素间因果关系的数理推导,本章运用 NetLogo 平台进行多主体动态仿真研究,补充对不同制度距离下压力、机会和合理化三角成因因素以及利益激励、惩罚威慑和价值引导防范机制作用的企业境外合规经营风险系统动态演化规律的分析。本章的结构安排如下:第一节是对基于 NetLogo 平台的多主体仿真方法简介,说明运用多主体仿真方法分析企业境外合规经营风险动态演化系统的可行性;第二节是仿真实验的环境构建和参数设置;第三节是仿真实验的规则设定;第四节是不同制度距离下压力、机会和合理化的三角因素对生成企业境外合规经营风险的仿真结果;第五节是利益激励、惩罚威慑和价值引导对降低企业境外合规经营风险作用的仿真结果;第六节是本章小结。

第一节 NetLogo 多主体仿真方法简介

基于 NetLogo 平台的多主体仿真(Multi-Agent Simulation, MAS)是一种对多个具有社会性、自主性的主体进行模拟的方法,特别适合对随时间演化的复杂系统进行建模、处理那些难以在实验室中研究的问题。该方法沿着"自下而上"的思路,对每一个主体的运行规则进行设置,主体能够按照既定的规则、外界以及自身的状态主动地做出反应,主体运转以及各主体之间的互动使得系统整体显示出有序的模式,这就使得我们将微观主体行为和宏观涌现现象联系起来进行研究成为可能。基于 NetLogo 的多主体仿真模型能够覆盖自然和社会科学的众多领域,已经成为一种强大的研究工具。本章关注"走出去"企业境外合规经营风险动态演化的复杂系统,与多主体仿真方法适用对象具有契合性。多主体仿真方法有助于我们考察内外部压力、机会和合理化的三角因素以及经济距离、法律距离和文化距离同时变化的情形下企业境外合规经营风险水平随时间的演化。此外,多主体仿真方法使我们能够观察利益激励、惩罚威慑和价值引导的防范机制持续作用于三角因素进而改变企业境外合规经营风险频率的动态过程。

第二节 仿真实验环境设定

一、"走出去"企业境外经营环境构建

本书设置一个33×33的环面世界模拟"走出去"企业境外经营的基础环境。环面世界整体分为两部分,第四象限区域为母国,其他三个象限区域为东道国。母国初始生成150个企业节点,在母国象限区域内随机游走,在0~360度之内任意选取一个角度,前进0.1个步长;东道国初始生成50个本土经营企业节点,在东道国象限区域内随机游走,在0~360度之内任意选取一个角度,前进0.1个步长。依据第七章参考Helpman等学者(2004)的企业生产经营设置,东道国和母国的每家企业各自得到一个在(0,1)范围内的单位产出劳动系数 a 作为初始边际生产成本。母国企业观察边际生产成本,决定是否要"走出去"进入东道国进行境外经营。跨国经营的进入成本高于本国经营的固定成本,故设置 $C_X > C_D$。能够"走出去"进行境外经营企业的生产力应相比只能在本土经营的企业生产力较高,因此边际生产成本 $a_S \in (0, 0.5)$ 的母国企业才可以进入东道国经营,进入后在东道国象限区域内随机游走,在0~360度之内任意选取一个角度,前进0.1个步长,并对境外经营违规与否做出策略选择。基础经营环境参数如表8-1所示。

表8-1 东道国和母国基础经营环境设置

参数符号	参数含义	参数取值
a	东道国和母国企业初始边际生产成本	(0,1)
a_S	"走出去"企业边际生产成本	(0,0.5)
ρ	CES效用函数中的参数	0.5
σ	产品替代弹性	2
B^S	总需求水平	10

续表

参数符号	参数含义	参数取值
C_X	境外经营企业进入东道国市场的固定成本	3
C_D	东道国和母国本土经营企业的固定成本	2

二、仿真实验核心参数与实验组设置

成因分析仿真实验组和对照组 1—24 的核心参数设置如表 8-2 所示。实验组 1—4 用以检验不同制度距离下内部压力因素对企业境外合规经营风险水平的影响。在实验组 1—4 中,我们均设置数值在 (0.7,1) 范围内的高内部压力因素、(0,0.3) 范围内的低外部压力因素、低内外部机会因素和低内外部合理化因素。在控制这些因素的前提下,在实验组 1 中设置经济距离较高,$I_{ED} = 0.8$,法律距离和文化距离较低;在实验组 2 中设置法律距离较高,$I_{LD} = 0.8$,经济距离和文化距离较低;在实验组 3 中设置文化距离较高,$I_{CD} = 0.8$,经济距离和法律距离较低;在实验组 4 中设置经济距离、法律距离和文化距离均较低,$I_{ED} = I_{LD} = I_{CD} = 0.2$。在实验组 1-4 的对照组 1-4 中,均设置数值在 (0,0.3) 范围内的低内外部压力因素、低内外部机会因素和低内外部合理化因素,经济距离、法律距离和文化距离的设置与相应序号的实验组一致。通过八组实验组和对照组的横向对比,仿真结果能够反映,不同制度距离下构成内部压力因素的海外绩效期望差距对企业境外合规经营风险水平的影响。其他实验组的设置目的以此类推,我们能够观察到不同制度距离和压力、机会和合理化三角因素共同影响下企业境外合规经营风险水平随时间变化的动态过程。

表 8-2 仿真实验成因分析核心参数与实验组设置

组别	内外部压力因素		内外部机会因素		内外部合理化因素		经济距离	法律距离	文化距离
	海外绩效期望差距	东道国产业竞争程度	合规控制体系缺陷	东道国监管不确定性	高管过度自信倾向	母国产业失范程度			
	α	β	γ	δ	ϵ	η	I_{ED}	I_{LD}	I_{CD}
实验组 1—4	(0.7,1)	(0,0.3)	(0,0.3)		(0,0.3)		0.8 或 0.2		
实验组 5—8	(0,0.3)	(0.7,1)							

续表

组别	内外部压力因素 海外绩效期望差距	内外部压力因素 东道国产业竞争程度	内外部机会因素 合规控制体系缺陷	内外部机会因素 东道国监管不确定性	内外部合理化因素 高管过度自信倾向	内外部合理化因素 母国产业失范程度	经济距离	法律距离	文化距离
	α	β	γ	δ	ϵ	η	I_{ED}	I_{LD}	I_{CD}
实验组 9—12	(0,0.3)		(0.7,1)	(0,0.3)	(0,0.3)		0.8 或 0.2		
实验组 13—16			(0,0.3)	(0.7,1)					
实验组 17—20	(0,0.3)		(0,0.3)		(0.7,1)	(0,0.3)	0.8 或 0.2		
实验组 21—24					(0,0.3)	(0.7,1)			
对照组 1—24	(0,0.3)		(0,0.3)		(0,0.3)		0.8 或 0.2		

防范分析仿真实验组和对照组 1—22 的核心参数设置如表 8-3 所示。实验组 1—2 用以检验内部利益激励通过作用于内外部压力因素对企业境外合规经营风险频率的影响。在实验组 1—2 中,我们均设置数值在 (0.7,1) 范围内的高内部压力因素、(0,0.3) 范围内的低外部压力因素、低内外部机会因素和低内外部合理化因素。在控制这些因素的前提下,在实验组 1 中设置内部利益激励较高,λ = 0.7,其他防范机制数值均较低;在实验组 2 中设置外部利益激励较高,μ = 0.7,其他防范机制数值均较低。在实验组 1—2 的对照组 1—2 中,均设置数值在 (0,0.3) 范围内的低内部利益激励和低外部利益激励。通过八组实验组和对照组的横向对比,仿真结果能够反映,内部的高管员工薪酬激励是否能够通过缓解压力降低企业境外合规经营风险频率。其他实验组的设置目的以此类推,我们能够观察到利益激励、惩罚威慑和价值引导的防范机制通过作用于压力、机会和合理化因素使得企业境外合规经营风险频率随时间变化的动态过程。

表 8-3 仿真实验防范分析核心参数与实验组设置

级别	内外部利益激励		内外部惩罚威慑		内外部价值引导		内外部压力因素		内外部机会因素		内外部合理化因素	
	高管员工薪酬激励	母国产业政策激励	高管强制变更威慑	同行企业制裁威慑	企业合规文化引导	大众媒体关注引导						
	λ	μ	φ	ϕ	ψ	ω	α	β	γ	δ	ϵ	η
实验组 1—2	(0.7,1)	(0,0.3)	(0,0.3)		(0,0.3)		高内部压力(0.7,1) 其余为(0,0.3)					
实验组 5—6	(0,0.3)	(0.7,1)					高外部压力(0.7,1) 其余为(0,0.3)					
实验组 9—10	(0,0.3)		(0.7,1)	(0,0.3)	(0,0.3)		高内部机会(0.7,1) 其余为(0,0.3)					
实验组 13—14			(0,0.3)	(0.7,1)			高外部机会(0.7,1) 其余为(0,0.3)					
实验组 17—19	(0,0.3)		(0,0.3)		(0.7,1)	(0,0.3)	高内部合理化(0.7,1) 其余为(0,0.3)					
实验组 21—22					(0,0.3)	(0.7,1)	高外部合理化(0.7,1) 其余为(0,0.3)					
对照组 1—22	(0,0.3)		(0,0.3)		(0,0.3)		(0,0.3)					

第三节 仿真实验规则设置

每一实验组结果均重复运行 20 次,以排除单次仿真实验的不稳定性。后文呈现的所有分析均为重复运行结果取均值后的结果。动态仿真分为两部分:

(1)成因因素与企业境外合规经营风险水平的仿真实验。本部分依据第七章对制度距离下压力、机会和合理化三角因素对企业境外违规成本收益权衡决策的影响关系刻画,试图以仿真实验呈现企业境外合规经营风险生成变化的动态过程。

(2)防范机制与企业境外合规经营风险频率的仿真实验。本部分依据第七章对利益激励、惩罚威慑和价值引导作用下的企业境外违规成本收益权衡决策动态变化的刻画,以仿真呈现企业境外合规经营风险频率的演化动态。我们设置仿真实验的步长为100步,0—50 的步长阶段用于考察企业境外合规经营风险水平的生成动态;50—100 的步长阶段用于观察企业境外合规经营风险频率的演化趋势。

一、成因因素与企业境外合规经营风险水平的仿真实验

第七章的数理模型表明,围绕压力、机会和合理化三角因素以及经济距离、法律距离和文化距离,企业境外合规经营风险因素作用的核心机制在于:

(1)境外违规收益 Y, $Y = I_{ED}\, \alpha^{\frac{1}{2}}\beta e$;

(2)境外违规成本 U,包括处罚成本 $U_P = (1 - I_{LD})(1 - \gamma^2)(1 - \delta)fe^2$、心理成本 $U_R = (1 - I_{CD})(1 - \epsilon^2)(1 - \eta^3)e$、机会成本 $U_O = \Gamma e$;

(3)境外违规收益成本比较下的企业初始意图和策略选择,当 $Y > U_P + U_R + U_O$ 时,企业会从事境外违规。

根据第七章分析,企业在境外合规经营风险最大化时投入违规努力:

$$e^* = \frac{I_{ED}\,\alpha^{\frac{1}{2}}\beta y + (1 - I_{LD})(1 - \gamma^2)(1 - \delta)fp\bar{e} - (1 - I_{CD})(1 - \epsilon^2)(1 - \eta^3)r - \Gamma}{3(1 - I_{LD})(1 - \gamma^2)(1 - \delta)fp}$$

企业从事违规生成的境外合规经营风险水平为:

$$CRl^* = z\{a^{1-\sigma}B^S[1 - (I_{ED}\,\alpha^{\frac{1}{2}}\beta y - (1 - I_{CD})(1 - \epsilon^2)(1 - \eta^3)r - \Gamma)\bar{e}] - C_X\} + \frac{za^{1-\sigma}B^S[I_{ED}\,\alpha^{\frac{1}{2}}\beta y + (1 - I_{LD})(1 - \gamma^2)(1 - \delta)fp\bar{e} - (1 - I_{CD})(1 - \epsilon^2)(1 - \eta^3)r - \Gamma]^2}{3(1 - I_{LD})(1 - \gamma^2)(1 - \delta)fp}$$

结合前述参数设定,基于上述违规努力和企业境外合规经营风险水平表达式,进行成因分析实验组和对照组 1—24 的仿真,模拟和观察企业境外合规经营风险生成动态。

二、防范机制与企业境外合规经营风险频率的仿真实验

第七章的数理模型表明,围绕内外部利益激励、惩罚威慑、价值引导,以及压力、机会和合理化三角因素,企业境外合规经营风险防范机制作用的核心在于:

(1)调整境外违规收益 $\acute{Y}$, $\acute{Y} = (1 - \lambda^2)(1 - \mu^{\frac{1}{2}})I_{ED}\,\alpha^{\frac{1}{2}}\beta y e$;

(2)调整境外违规成本 $\acute{U}$, $\acute{U} = (1 + m\varphi + \overline{\omega}\phi)(1 - I_{LD})(1 - \gamma^2)(1 - \delta)fpe^2 + (1 + \psi^3 + \omega^2)(1 - I_{CD})(1 - \epsilon^2)(1 - \eta^3)re + \Gamma e$;

(3)经过防范机制调整后的境外违规成本收益比较影响企业的策略选择,当

$Ý ≤ Ú$时,选择境外合规策略的利润为 $\pi_{com} = (a_S)^{1-\sigma}B^S - C_X$;当 $Ý > Ú$时,选择境外违规策略的利润为 $\pi_{noc} = (a_S)^{1-\sigma}B^S(Ý - Ú + 1) - C_X$;

(4)进一步考虑企业境外经营决策博弈,企业间对策略的选择存在互相学习和竞争效应,境外违规策略期望回报为 $\Pi_{noc} = x(\xi\pi_{noc} - \varepsilon Z\pi_{noc}) + (1-x)(\pi_{noc} - Z\pi_{noc})$;境外合规策略期望回报为 $\Pi_{com} = x(\pi_{com}) + (1-x)(\tau\pi_{com})$。企业境外违规次数会随时间动态变化,影响策略选择演化方向稳定状态下的企业境外合规经营风险频率表示为:

$$CRp_3^* = \frac{N\tau[(a_S)^{1-\sigma}B^S - C_X] - N[1 - z\max\{e - \bar{e}, 0\}]\{a^{1-\sigma}B^S[Ý - Ú + 1] - C_X\}}{(Z - \varepsilon Z + \xi - 1)z\max\{e - \bar{e}, 0\}\{a^{1-\sigma}B^S[Ý - Ú + 1] - C_X\} + (\tau - 1)[(a_S)^{1-\sigma}B^S - C_X]}$$

结合上述设定进行防范分析实验组和对照组1—22的仿真,模拟和观察企业境外合规经营风险防范动态。成因和防范仿真的辅助参数设置如表8-4所示。

表8-4 仿真实验辅助参数设置

参数符号	参数含义	参数值
y	预期境外违规收益因子参数	4
f	预期境外违规处罚金额参数	2
p	预期境外违规被抓住的概率参数	0.05
r	境外违规的心理负担因子参数	0.05
Γ	预期境外违规机会成本因子	0.001
z	预期境外违规负外部性因子	2
$\bar{e}$	东道国对负外部性的限制性标准	0.2
m	高管强制变更威慑效应因子	0.4
ϖ	同行企业制裁威慑效应因子	0.6
ξ	境外违规策略的学习效应因子	4
ε	境外违规策略的竞争效应因子	2
τ	境外合规策略的正面溢出效应因子	2

第四节　企业境外合规经营风险成因的仿真实验结果分析

一、不同制度距离下压力因素与企业境外合规经营风险水平仿真结果

图 8-1 给出了不同制度距离下内部压力因素与企业境外合规经营风险水平的实验组和对照组 1—4 的仿真结果,到 50 步长时结果已趋于稳定。对比高经济距离下高内部压力因素的实验组 1 和低内部压力因素的对照组 1,实验组 1 的企业境外合规经营风险水平最高。类似的,对比高法律距离下高内部压力因素的实验组 2 和低内部压力因素的对照组 2、高文化距离下高内部压力因素的实验组 3 和低内部压力因素的对照组 3、三种制度距离均低的高内部压力因素的实验组 4 和低内部压力因素的对照组 4,实验组的企业境外合规经营风险水平均比对照组高。因此仿真实验组和对照组 1—4 的仿真结果为第五章假设 H5-1a 提供了来自仿真实验的验证:构成内部压力因素的海外绩效期望差距越大,"走出去"企业境外合规经营风险水平越高。

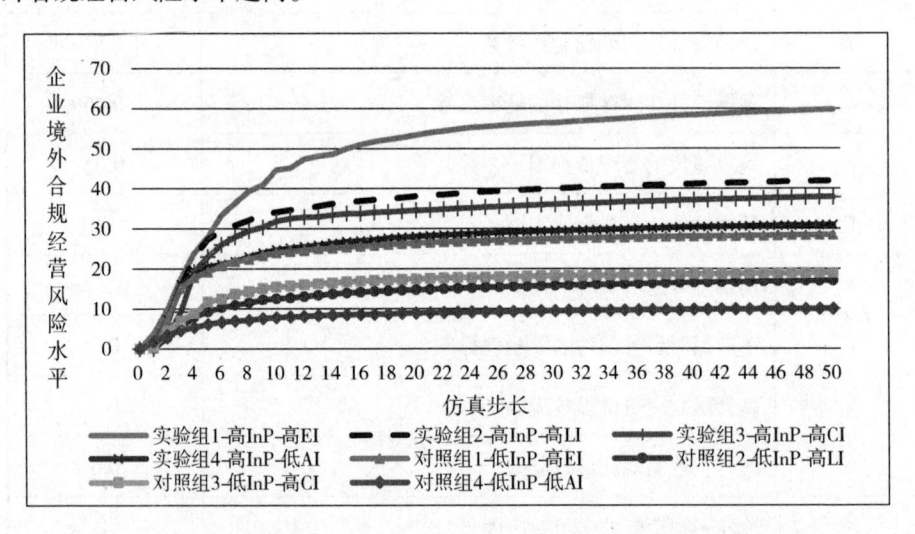

图 8-1　不同制度距离下内部压力因素与企业境外合规经营风险水平仿真

注:InP 为内部压力因素;EI 为经济距离;LI 为法律距离;CI 为文化距离;AI 为三种制度距离。

图 8-2 给出了不同制度距离下外部压力因素与企业境外合规经营风险水平

的实验组和对照组 5—8 的仿真结果。对比高经济距离下高外部压力因素的实验组 5 和低外部压力因素的对照组 5,实验组 5 的企业境外合规经营风险水平最高。类似的,对比高法律距离下高外部压力因素的实验组 6 和低外部压力因素的对照组 6、高文化距离下高外部压力因素的实验组 7 和低外部压力因素的对照组 7、三种制度距离均低的高外部压力因素的实验组 8 和低外部压力因素的对照组 8,实验组的企业境外合规经营风险水平均比对照组更高。因此仿真实验组和对照组 4—6 的仿真结果为第五章假设 H5-1b 提供了验证:构成外部压力因素的东道国产业竞争程度越大,"走出去"企业境外合规经营风险水平越高。

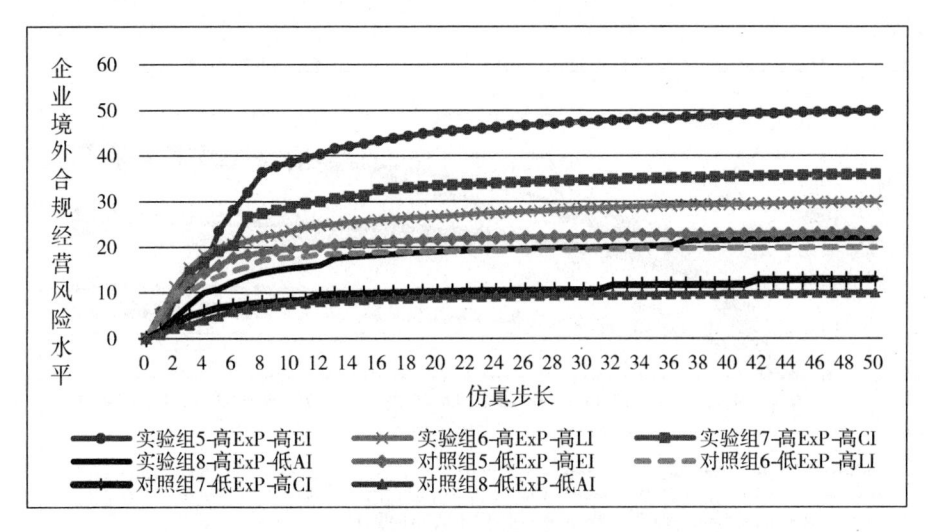

图 8-2　不同制度距离下外部压力因素与企业境外合规经营风险水平仿真

注:ExP 为外部压力因素;EI 为经济距离;LI 为法律距离;CI 为文化距离;AI 为三种制度距离。

我们再横向比较实验组 1—4 和 5—8,三种制度距离均低的实验组 4 的企业境外合规经营风险水平低于实验组 1—3,三种制度距离均低的实验组 8 的企业境外合规经营风险水平低于实验组 5—7。此外,高经济距离的实验组 1 和实验组 5 的企业境外合规经营风险水平在所有实验组中最高。由此为第五章假设 H5-4 提供第一组证据支持:经济距离、法律距离和文化距离正向调节内外部压力因素对企业境外合规经营风险水平的影响;相比法律距离和文化距离,经济距离对压力因素的调节效应更强。

二、不同制度距离下机会因素与企业境外合规经营风险水平仿真结果

图 8-3 给出了不同制度距离下内部机会因素与企业境外合规经营风险水平

的实验组和对照组 9—12 的仿真结果。对比高经济距离下高内部机会因素的实验组 9 和低内部机会因素的对照组 9，实验组 9 的企业境外合规经营风险水平最高。类似的，对比高法律距离下高内部机会因素的实验组 10 和低内部机会因素的对照组 10、高文化距离下高内部机会因素的实验组 11 和低内部机会因素的对照组 11、制度距离均低的高内部机会因素的实验组 12 和低内部机会因素的对照组 12，实验组的企业境外合规经营风险水平均比对照组高。因此仿真实验组和对照组 9—12 的仿真结果为第五章假设 H5-2a 提供了来自仿真实验的验证：构成内部机会因素的合规控制体系缺陷越大，"走出去"企业境外合规经营风险水平越高。

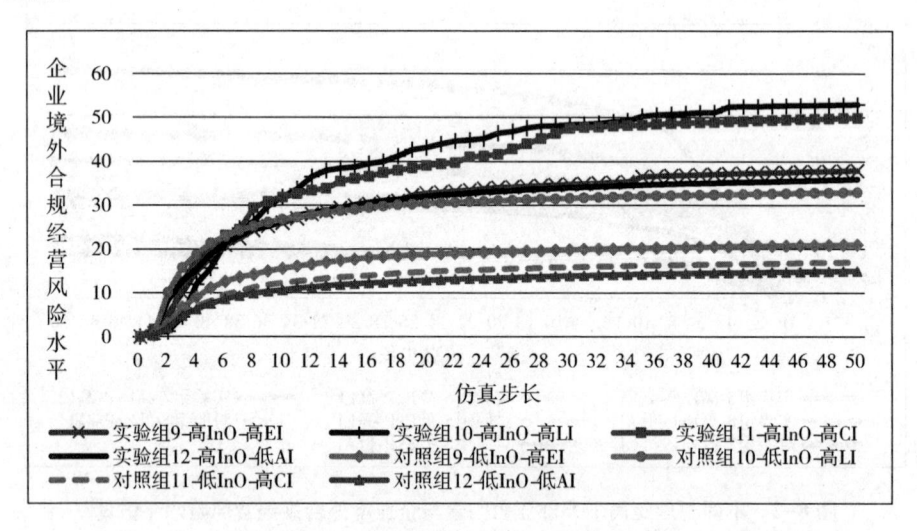

图 8-3　不同制度距离下内部机会因素与企业境外合规经营风险水平仿真

注：InO 为内部机会因素；EI 为经济距离；LI 为法律距离；CI 为文化距离；AI 为三种制度距离。

图 8-4 给出了不同制度距离下外部机会因素与企业境外合规经营风险水平的实验组和对照组 13—16 的仿真结果，到 50 步长时结果已趋于稳定。对比高经济距离下高外部机会因素的实验组 13 和低外部机会因素的对照组 13，实验组 13 的企业境外合规经营风险水平最高。类似的，对比高法律距离下高外部机会因素的实验组 14 和低外部机会因素的对照组 14、高文化距离下高外部机会因素的实验组 15 和低外部机会因素的对照组 15、三种制度距离均低的高外部机会因素的实验组 16 和低外部机会因素的对照组 16，实验组的企业境外合规经营风险水平均比对照组高。因此仿真实验组和对照组 13—16 的仿真结果为第五章假设 H5-2b 提供了验证：构成外部机会因素的东道国监管不确定性越高，"走出去"企业境

外合规经营风险水平越高。

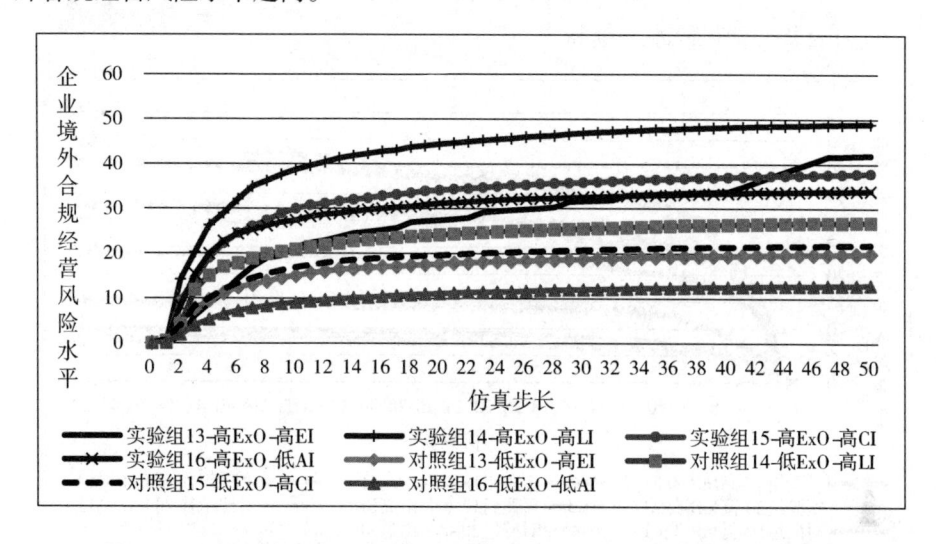

图 8-4 不同制度距离下外部机会因素与企业境外合规经营风险水平仿真

注：ExO 为外部机会因素；EI 为经济距离；LI 为法律距离；CI 为文化距离；AI 为三种制度距离。

我们再横向比较实验组 9—12 和 13—16，三种制度距离均低的实验组 12 的企业境外合规经营风险水平低于实验组 9—11，三种制度距离均低的实验组 16 的企业境外合规经营风险水平低于实验组 13—15。此外，高法律距离的实验组 10 和实验组 14 的企业境外合规经营风险水平在所有实验组中最高。由此为第五章假设 H5-4 提供第二组证据支持：经济距离、法律距离和文化距离正向调节内外部机会因素对企业境外合规经营风险水平的影响；相比经济距离和文化距离，法律距离对机会因素的调节效应更强。

三、不同制度距离下合理化因素与企业境外合规经营风险水平仿真结果

图 8-5 给出了不同制度距离下内部合理化因素与企业境外合规经营风险水平的实验组和对照组 17—20 的仿真结果。对比高经济距离下高内部合理化因素的实验组 17 和低内部合理化因素的对照组 17，实验组 17 的企业境外合规经营风险水平最高。类似的，对比高法律距离下高内部合理化因素的实验组 18 和低内部合理化因素的对照组 18、高文化距离下高内部合理化因素的实验组 19 和低内部合理化因素的对照组 19、三种制度距离均低的高内部合理化因素的实验组 20 和低内部合理化因素的对照组 20，实验组的企业境外合规经营风险水平均比对照组高。因此仿真实验组和对照组 17—20 的仿真结果为第五章假设 H5-3a 提供了

来自仿真实验的验证:构成内部合理化因素的高管过度自信倾向越高,"走出去"企业境外合规经营风险水平越高。

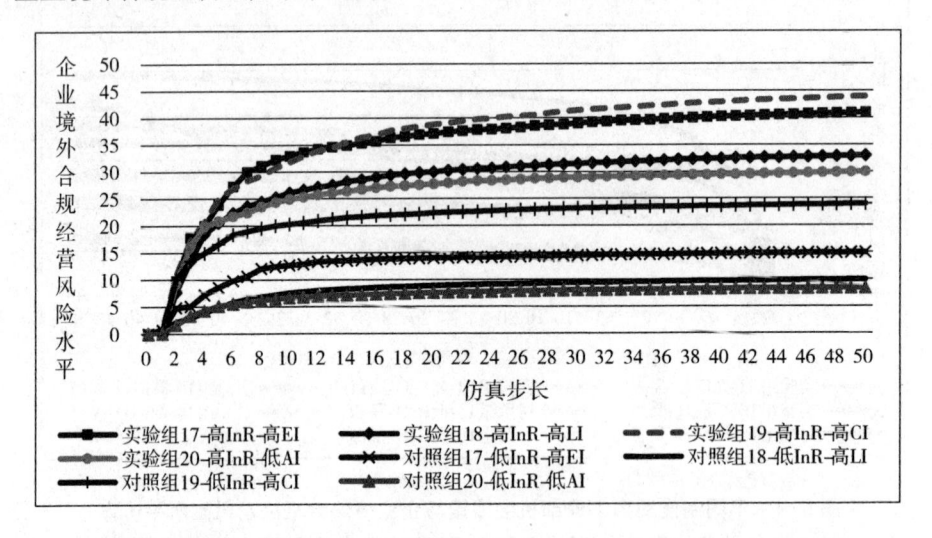

图 8-5　不同制度距离下内部合理化因素与企业境外合规经营风险水平仿真

注:InR 为内部合理化因素;EI 为经济距离;LI 为法律距离;CI 为文化距离;AI 为三种制度距离。

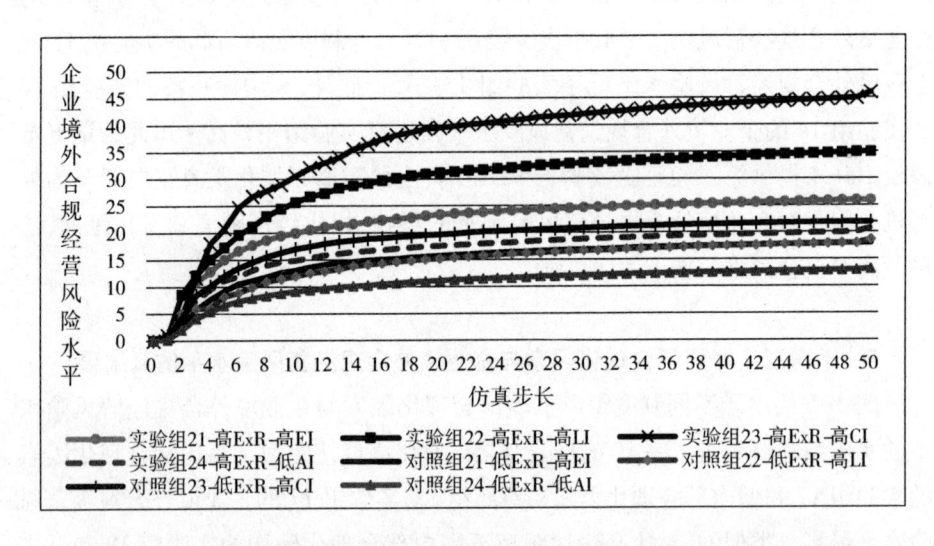

图 8-6　不同制度距离下外部合理化因素与企业境外合规经营风险水平仿真

注:ExR 为外部合理化因素;EI 为经济距离;LI 为法律距离;CI 为文化距离;AI 为三种制度距离。

图 8-6 给出了不同制度距离下外部合理化因素与企业境外合规经营风险水

平的实验组和对照组 21—24 的仿真结果。对比高经济距离下高外部合理化因素的实验组 21 和低外部合理化因素的对照组 21,实验组 21 的企业境外合规经营风险水平最高。类似的,对比高法律距离下高外部合理化因素的实验组 22 和低外部合理化因素的对照组 22、高文化距离下高外部合理化因素的实验组 23 和低外部合理化因素的对照组 23、三种制度距离均低的高外部合理化因素的实验组 24 和低外部合理化因素的对照组 24,实验组的企业境外合规经营风险水平均比对照组高。因此仿真实验组和对照组 21—24 的仿真结果为第五章假设 H5-3b 提供了验证:构成外部合理化因素的母国产业失范程度越高,"走出去"企业境外合规经营风险水平越高。

我们再横向比较实验组 17—20 和 21—24,三种制度距离均低的实验组 20 的企业境外合规经营风险水平低于实验组 17—19,三种制度距离均低的实验组 24 的企业境外合规经营风险水平低于实验组 21—23。此外,高文化距离的实验组 19 和实验组 23 的企业境外合规经营风险水平在所有实验组中最高。由此为第五章假设 H5-4 提供第三组证据支持:经济距离、法律距离和文化距离正向调节内外部合理化因素对企业境外合规经营风险水平的影响;相比经济距离和法律距离,文化距离对合理化因素的调节效应更强。

第五节 企业境外合规经营风险防范的仿真实验结果分析

一、高低不同利益激励机制下企业境外合规经营风险频率仿真结果

图 8-7 给出了高内部压力时内外部利益激励作用下的企业境外合规经营风险频率的仿真结果。对比高内部利益激励的实验组 1 和低内部利益激励的对照组 1,实验组 1 的企业境外合规经营风险频率逐步降低,而对照组 1 的企业境外合规经营风险频率逐步升高。类似的,对比高外部利益激励的实验组 2 和低外部利益激励的对照组 2,实验组 2 的企业境外合规经营风险频率逐步降低,对照组 2 的企业境外合规经营风险频率逐步升高。仿真结果为第六章假设 H6-1a 和 H6-1b 提供了第一组验证:高管员工薪酬激励和母国产业政策激励有利于缓解内部压力因素的影响,降低企业境外合规经营风险频率。

图 8-8 给出了高外部压力时内外部利益激励作用下的企业境外合规经营风险频率的仿真结果。对比高内部利益激励的实验组 5 和低内部利益激励的对照组 5,实验组 5 的企业境外合规经营风险频率逐步降低,而对照组 5 的企业境外合

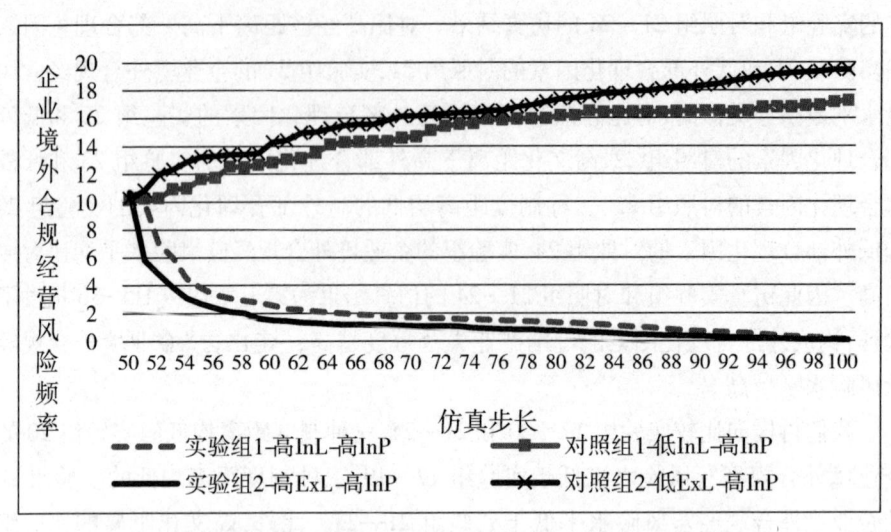

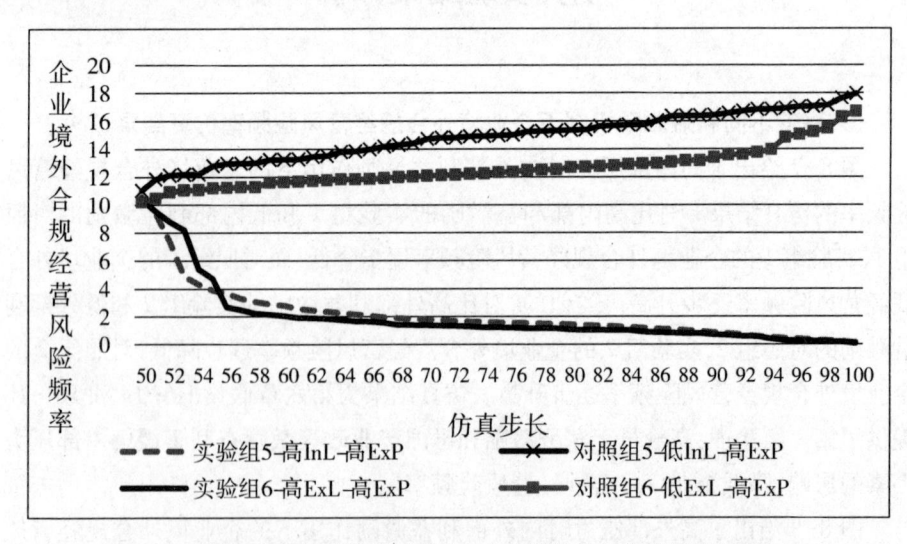

图 8-7　高内部压力时利益激励下的企业境外合规经营风险频率仿真

注:InL 为内部利益激励;ExL 为外部利益激励;InP 为内部压力因素。

规经营风险频率逐步升高。类似的,对比高外部利益激励的实验组 6 和低外部利益激励的对照组 6,实验组 6 的企业境外合规经营风险频率逐步降低,而对照组 6 的企业境外合规经营风险频率逐步升高。仿真结果为第六章假设 H6-1a 和 H6-1b 提供第二组验证:高管员工薪酬激励和母国产业政策激励有利于缓解外部压力因素的影响,降低企业境外合规经营风险频率。

图 8-8　高外部压力时利益激励下的企业境外合规经营风险频率仿真

注:InL 为内部利益激励;ExL 为外部利益激励;InP 为内部压力因素。

二、高低不同惩罚威慑机制下企业境外合规经营风险频率仿真结果

图 8-9 给出了高内部机会时内外部惩罚威慑作用下的企业境外合规经营风险频率的实验组和对照组 9—10 的仿真结果。对比高内部惩罚威慑的实验组 9 和低内部惩罚威慑的对照组 9,实验组 9 的企业境外合规经营风险频率逐步降低,而对照组 9 的企业境外合规经营风险频率逐步升高。类似的,对比高外部惩罚威慑的实验组 10 和低外部惩罚威慑的对照组 10,实验组 10 的企业境外合规经营风险频率逐步降低,而对照组 10 的企业境外合规经营风险频率逐步升高。仿真结果为第六章假设 H6-2a 和 H6-2b 提供了第一组验证:高管强制变更威慑和同行企业制裁威慑有利于抑制内部机会因素的影响,降低企业境外合规经营风险频率。

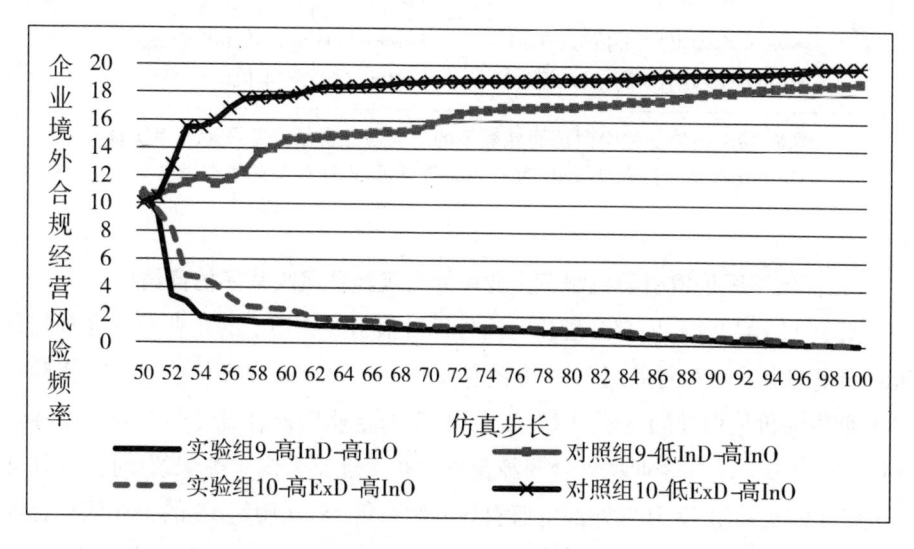

图 8-9 高内部机会时惩罚威慑下的企业境外合规经营风险频率仿真
注:InD 为内部惩罚威慑;ExD 为外部惩罚威慑;InO 为内部机会因素。

图 8-10 给出了高外部机会时的内外部惩罚威慑作用下的企业境外合规经营风险频率的实验组和对照组 13—14 的仿真结果。对比高内部惩罚威慑的实验组 13 和低内部惩罚威慑的对照组 13,实验组 13 的企业境外合规经营风险频率逐步降低,而对照组 13 的企业境外合规经营风险频率逐步升高。类似的,对比高外部惩罚威慑的实验组 14 和低外部惩罚威慑的对照组 14,实验组 14 的企业境外合规经营风险频率逐步降低,而对照组 14 的企业境外合规经营风险频率逐步升高。仿真结果为第六章假设 H6-2a 和 H6-2b 提供了第二组验证:高管强制变更威慑

和同行企业制裁威慑有利于抑制外部机会因素的影响,降低企业境外合规经营风险频率。

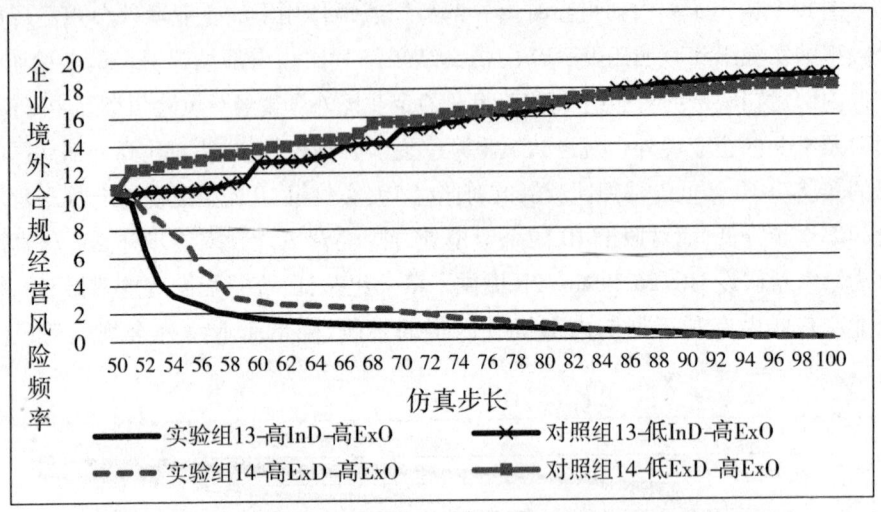

图 8-10　高外部机会时惩罚威慑下的企业境外合规经营风险频率仿真

注:InD 为内部惩罚威慑;ExD 为外部惩罚威慑;ExO 为外部机会因素。

三、高低不同价值引导机制下企业境外合规经营风险频率仿真结果

图 8-11 给出了高内部合理化时内外部价值引导作用下的企业境外合规经营风险频率的实验组和对照组 17—18 的仿真结果。对比高内部价值引导的实验组 17 和低内部价值引导的对照组 17,实验组 17 的企业境外合规经营风险频率逐步降低,而对照组 17 的企业境外合规经营风险频率逐步升高。类似的,对比高外部价值引导的实验组 18 和低外部价值引导的对照组 18,实验组 18 的企业境外合规经营风险频率逐步降低,而对照组 18 的企业境外合规经营风险频率逐步升高。因此仿真实验组和对照组 17—18 的仿真结果为第六章假设 H6-3a 和 H6-3b 提供了第一组验证:企业合规文化引导和大众媒体关注引导有利于减少内部合理化因素的影响,降低企业境外合规经营风险频率。

图 8-12 给出了高外部合理化时的内外部价值引导作用下的企业境外合规经营风险频率的实验组和对照组 21—22 的仿真结果。对比高内部价值引导的实验组 21 和低内部价值引导的对照组 21,实验组 21 的企业境外合规经营风险频率逐步降低,而对照组 21 的企业境外合规经营风险频率逐步升高。类似的,对比高外部价值引导的实验组 22 和低外部价值引导的对照组 22,实验组 22 的企业境外合规经营风险频率逐步降低,而对照组 22 的企业境外合规经营风险频率逐步升高。

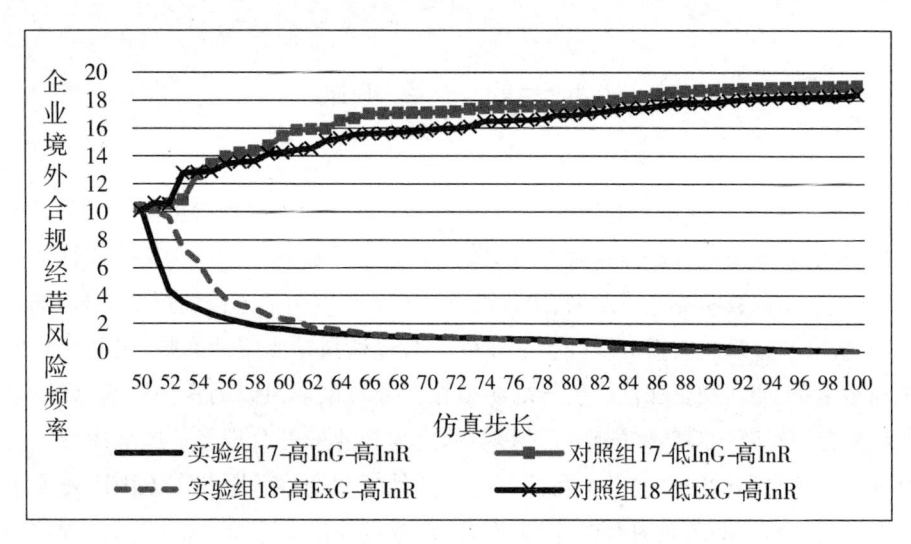

图 8-11　高内部合理化时价值引导下的企业境外合规经营风险频率仿真

注：InG 为内部价值引导；ExG 为外部价值引导；InR 为内部合理化因素。

因此仿真实验组和对照组 21—22 的仿真结果为第六章假设 H6-3a 和 H6-3b 提供了第二组验证：企业合规文化引导和大众媒体关注引导有利于减少外部合理化因素的影响，降低企业境外合规经营风险频率。

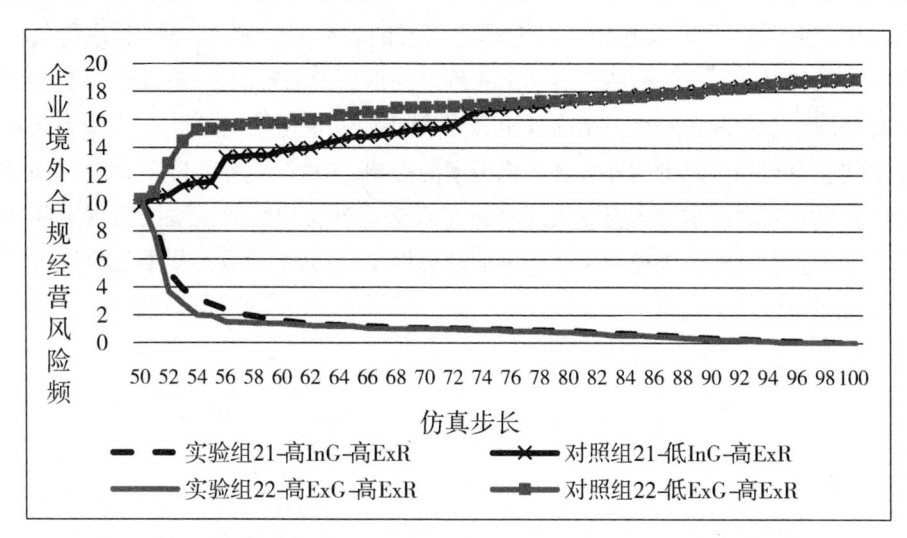

图 8-12　高外部合理化时价值引导下的企业境外合规经营风险频率仿真

注：InG 为内部价值引导；ExG 为外部价值引导；ExR 为外部合理化因素。

第六节 本章小结

本章采用多主体仿真的研究方法，在第七章数学模型推导得出的数理关系的基础上，对企业境外合规经营风险动态演化的仿真系统环境与行为主体属性等进行刻画，一是仿真模拟经济距离、法律距离和文化距离高低不同情形下，内外部的压力、机会和合理化因素对提升企业境外合规经营风险水平的影响；二是仿真模拟利益激励、惩罚威慑和价值引导的防范机制通过削弱风险因素的影响，降低企业境外合规经营风险频率的动态过程。从而为企业境外合规经营风险成因与防范分析的核心理论假设提供了支持：第一，海外绩效期望差距和东道国产业竞争程度构成的内外部压力因素提升"走出去"企业境外合规经营风险水平；合规控制体系缺陷和东道国监管不确定性构成的内外部机会因素提升"走出去"企业境外合规经营风险水平；高管过度自信倾向和母国产业失范程度构成的内外部合理化因素提升"走出去"企业境外合规经营风险水平。第二，经济距离、法律距离和文化距离均对内外部压力、机会和合理化因素与"走出去"企业境外合规经营风险水平之间的关系起到正向调节的作用。其中，经济距离对压力因素的调节、法律距离对机会因素的调节、文化距离对合理化因素的调节尤为显著。第三，高管员工薪酬激励和母国产业政策激励有利于缓解内外部压力因素的影响；高管强制变更威慑和同行企业制裁威慑抑制内部机会因素的影响；企业合规文化引导和大众媒体关注引导有利于减少内外部合理化因素的影响，三种防范作用降低企业境外合规经营风险频率。本章内容深入地分析了企业境外合规经营风险成因因素和防范机制对企业境外合规经营风险影响的动态规律，对第七章数理模型的研究进行了完善和补充。

第三篇 03

"走出去"企业境外合规经营风险成因与防范的传导机制研究

第九章

"走出去"企业境外合规经营风险预警实证研究:基于 MLP 神经网络

第一节 理论分析与研究设计

本章基于企业内部、外部合规风险因素的归集,试图通过神经网络预警模型分析各个因子与神经网络方法,建立一个可用于预测未来违规情况的风险预警模型。该模型通过分析学习过往经营违规、投资违规情况,构建各风险因素的相关因子,并为未来企业违规风险提供预测参考。企业境外合规经营风险影响机理如图 9-1 所示。

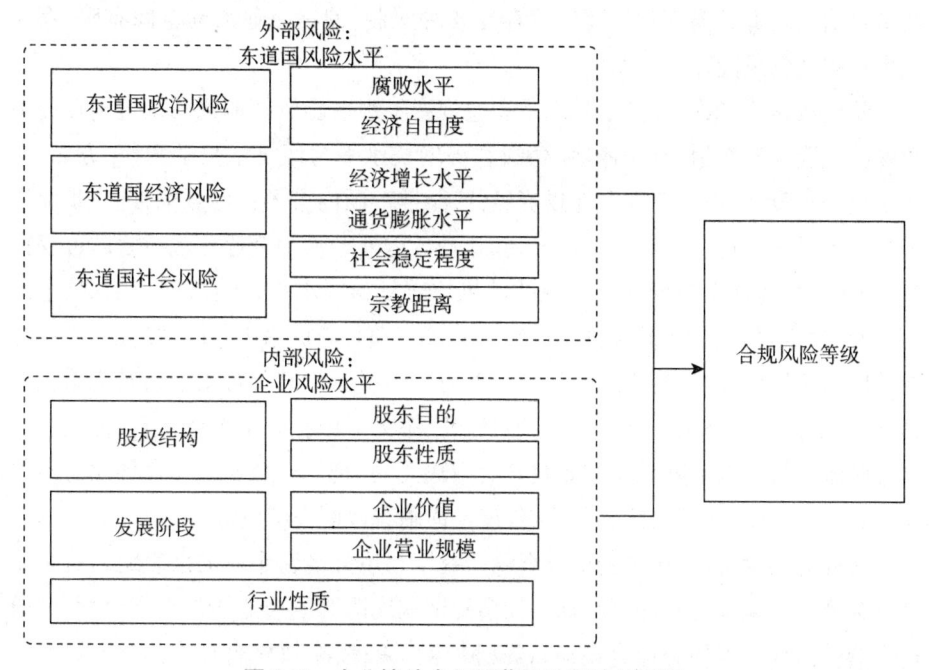

图 9-1 企业境外合规经营风险影响机理图

由于企业的经营实际上是企业自身与当地社会的互动,企业境外合规经营往往受到外部因素与内部因素的综合影响。一方面,东道国通过法律架构、经济调节、社会治理等方式,为企业境外经营框定了合规范围与活动空间。另一方面,不同的企业由于商业模式、供应体系、销售体系、客户类别、企业规模等方面的不同,往往对不同地区法律法规的适应程度不同。

一、东道国风险因素水平对境外合规经营风险的影响

东道国作为企业境外经营的客观环境,其政治、经济、社会特点都与企业的合规风险息息相关。

从政治角度考虑,腐败水平与经济自由程度是影响企业境外合规经营风险的核心因素。与清廉政府致力于提高社会合规水平,以促进经济发展,随之提高税收的思路不同,腐败政府往往通过寻找当地法规的漏洞,或刻意设置不合理的法规,以对企业频繁进行处罚,或在其日常经营中设置各种显性、隐性的障碍,乃至以此为由,对企业进行敲诈,以充实官员个人利益。在此情况下,企业面临着违反经营法规与行贿的双重合规风险。同时,经济自由水平亦深刻影响企业的境外合规经营风险。经济自由程度较高的国家拥有更多处理市场经营事件、外商经营事件的经验,针对外商和市场的法律法规更为完善合理,从而带来的合规风险较小;经济自由度较低的国家对外商经营存在各种限制,使得企业活动空间有限,存在较大合规经营风险。

从经济角度考虑,经济增长水平和通货膨胀水平能较好地刻画东道国在经济角度的风险。若东道国保持着强劲的经济增长水平与经济增长动力,一方面,对于东道国本身,吸引外商在本地投资经营,能推动国内市场良性竞争,进一步促进经济发展;另一方面,在经济增长强劲的国家,境外经营的企业合规经营即可获得可观的收益,客观上减少了不合规的动机。通货膨胀水平是经济增长情况、生产力情况、政府财政、货币政策情况的综合体现。通货膨胀水平较高的地区,往往存在政府信用缺失、滥发货币或经济增长乏力的情况。政府寄希望于超发货币收拢社会资源,促进经济增长,但较高的通货膨胀率无形中掠夺了个体财富,也往往意味着刺激政策的效用降低。在此政府信用缺失的情况下,企业境外合规经营不仅面临着外汇风险、经营风险,亦一定程度上面临着政府失信风险。

从社会角度考虑,东道国的社会稳定程度与境外经营企业的宗教距离对企业境外合规经营风险有着深刻影响。社会稳定程度既影响企业境外正常经营,又通过影响政治稳定促使企业合规经营风险加剧。宗教深刻影响着社会形态的方方面面,是企业境外经营必须面对和谨慎处理的问题。因此,对于与中国宗教情况存在较大差别的宗教国家和存在主流宗教的国家,企业的合规成本与合规风险都对应上升。

二、企业内部风险因素水平对境外合规经营风险的影响

对于不同类型、不同规模的企业,其经营目的、经营逻辑不同,境外经营的合规风险亦随之不同。

从股权结构考虑,股东的目的和股东的性质可能影响企业境外经营合规的风险。若主要股东为财务投资者,企业就可能倾向于获取短期回报,而非长期收益,从而加大在境外经营的合规风险。若主要股东为创始团队、产业巨头、国有资本等战略投资者,企业就可能倾向于保守、合规经营,从而降低合规风险,更好地发挥自己的战略作用。股东性质亦可能影响企业经营的合规风险。股东性质的不同亦有可能影响海外违规风险。在国际竞争形势越发严峻的情况下,国有股东可能受到更多的审查与监管,从而存在更大的境外合规经营风险。

从企业规模考虑,处于不同规模、发展阶段的企业可能面临着不同水平的境外合规经营风险。对于规模较大的企业,业务涉及面广,所需综合考虑的法律法规较多,合规难度、合规成本较大,且往往受到境外监管部门的重点关注,合规风险较大。

从行业性质考虑,半导体、能源、生物医药、高科技等行业往往受到各国重点关注,且涉及各国核心利益。因此,各国对重点行业的经营限制尤为严苛,也对其合规情况尤为关注。此类企业的境外合规经营风险相对较大。

第二节 MLP 神经网络预警模型

随着机器学习与人工智能技术的不断发展,神经网络等许多计算机科学技术也具备了在经济学科研究中应用的条件。本节中的核心问题和数据结构决定,神经网络解决的核心问题是合规风险是否发生的二元问题。二元问题从广义上属于典型分类问题,因此,我们采用 MLP(Multi-Layer Perception)神经网络进行训练。

本节将上节提到的"走出去"企业外部政治、经济、社会、内部企业规模、股权结构、行业性质3方面的11个因素作为自变量,将企业是否发生境外合规经营风险事件作为因变量,通过 MLP 神经网络进行训练,从而构建风险预警体系。

神经网络与传统程序设计的核心区别在于,通过构建输入层、隐藏层、输出层

的拓扑结构,神经网络可以通过过往的数据调整各项输入的权重,进行核心特征学习,从而实现判断或回归的功能。在引入反向传播算法(Back Propagation Algorithm)后,损失函数能够从后往前地把梯度传递至最初层。反向传播用于权重更新,使网络输出更接近标签。典型神经网络结构如图9-2所示。

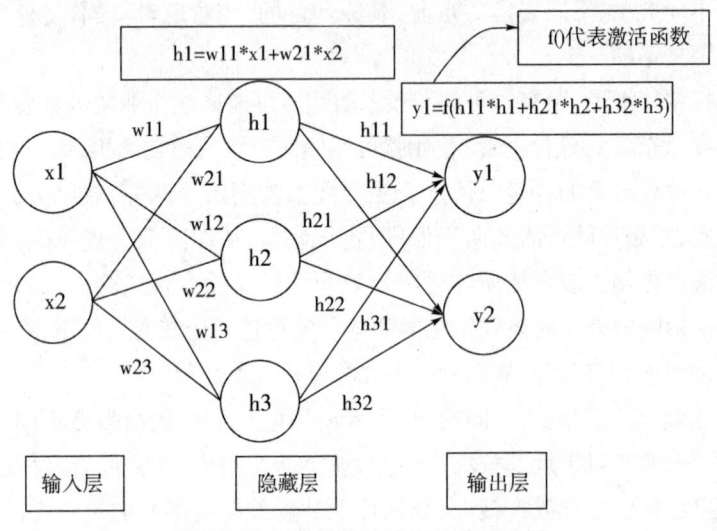

图9-2 一个典型的神经网络结构图

DenseNet是一种卷积神经网络模型,其核心特点在于"全连接"(图9-3)。具体而言,每层不仅接受上一层的输入,更接受之前所有层的信息,作为其额外输入。通过密集连接的DenseNet,神经网络梯度的反向传播得到了提升,网络变得更容易完成训练。同时,因为每层均可直达最后的误差(loss)信号,深监督在DenseNet中得到了隐式实现。

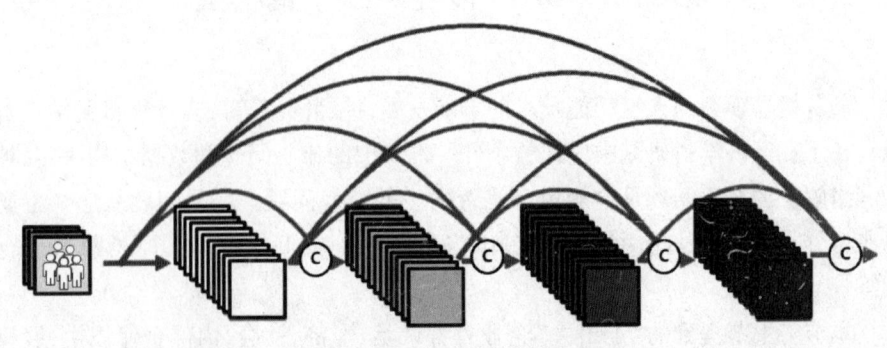

图9-3 DenseNet逻辑示意图

第三节　数据与指标测量

本章前一部分分析归集了企业内部、外部各类合规风险因素,并讨论了用以分析的 MLP 神经网络方法,试图为每个国家与地区建立一个相应的风险预警模型。在本章的实证分析部分研究的国家与地区样本为主要发达国家、主要"一带一路"国家与和中国经贸往来较密切的部分国家,具体包括美国、英国、加拿大、日本、波兰、法国、意大利、韩国、巴西、澳大利亚、新加坡、印度、印度尼西亚、俄罗斯、老挝、马来西亚、哈萨克斯坦、泰国、越南、巴基斯坦 20 个国家,公司样本为在境外挂牌或境外经营的中国上市公司。数据时间跨度为 2005 年 1 月 1 日至 2019 年 12 月 31 日,其中,截面数据取每年 12 月 31 日的数据代表当年,期间数据取每年 1 月 1 日至 12 月 31 日的数据。该模型通过分析学习过往违规情况,构建各风险因素的相关因子,并为未来企业违规风险提供预测参考。

本节的数据分为违规数据与影响数据两方面,衡量各变量的主要数据与具体指标如表 9-1 所示。

表 9-1　主要变量及来源

被解释变量	具体指标与来源
合规风险水平	受到制裁、经营合规风险、投资合规风险出现情况,来自世界银行被制裁个人与企业名单,北大法宝,LexisNexis 数据库,Kluwer Arbitration 数据库,Good Jobs First Violation Tracker, China Global Investment Tracker 数据库,公开信息人工检索

变量类别	变量名称	具体指标与来源
东道国政治风险	腐败水平	全球清廉指数,CSMAR
东道国政治风险	经济自由度	世界经济自由度指数,CSMAR
东道国经济风险	经济增长水平	GDP 增长水平,IMF,WB,CSMAR
东道国经济风险	通货膨胀水平	通胀率,IMF,CSMAR
东道国社会风险	社会稳定程度	全球脆弱国家指数,CSMAR
东道国社会风险	宗教距离	与中国宗教情况距离,宗教国家取 1;非宗教国家,但存在主流宗教的国家取 0.5;无宗教国家取 0,公开资料检索

续表

被解释变量		具体指标与来源
股权结构	股东目的	财务投资者(私募基金、共同基金、社保基金)等为第一大股东取 1,否则取 0;Wind、CIQ、Bloomberg 等数据库
	股东性质	控股股东为国有股东取 1,否则取 0;Wind、CIQ、Bloomberg 等数据库
发展阶段	企业价值	总市值,Wind、CIQ、Bloomberg 等数据库
	企业营业规模	营业收入,Wind、CIQ、Bloomberg 等数据库
行业性质		半导体、能源、生物医药、高科技行业取 1;其他行业取 0

第四节 预警结果分析

在进行模型构建与训练之前,我们首先对数据进行预处理,为了便于训练,我们将除了 0~1 取值以外的数据条目进行归一化。

完成归一化后,我们进行训练集与验证集的划分。神经网络将通过训练集对参数进行训练,训练完毕后,通过预测验证集验证模型的准确度。本节数据条数为 7529 条,我们将 70% 的数据作为训练集,30% 的数据作为验证集。

完成数据预处理与训练、验证集划分后,我们通过 3 层 DenseNet 全连接构建 MLP 神经网络。本节采用 Adam 算法,其特点是学习率会随着参数的情况进行适应性保留,并非在训练过程中一直不变。设定神经元个数为 30 个,DenseNet 为 3 层,为避免过拟合问题,并减少梯度消失现象,本模型的 DenseNet 层以线性函数为主,两层激活函数为 ReLu,一层激活函数为 Sigmoid。

在训练过程中,由于样本量有限,为了避免过拟合情况,本节时期(Epoch)数为 50,批次规模(Batchsize)为 128。

经过神经网络多次正向、反向传播训练后,神经网络模型在测试集中测试效果良好,整体预测正确率为 90.26%,超过 90%,可以进行预测。部分测试情况如表 9-2 所示。

表9-2 神经网络测试集测试结果

国家	预测结果				实际结果			
越南	0	0	1	1	0	0	1	1
美国	1	0	0	1	1	0	0	1
泰国	0	0	0	0	0	0	0	1
韩国	0	0	0	0	0	0	0	0
新加坡	0	0	0	1	0	0	0	1
俄罗斯	0	1	0	1	0	1	0	1
波兰	0	0	-	-	0	0	-	-
巴基斯坦	0	1	1	-	0	0	1	-
马来西亚	0	0	0	0	1	0	0	0
老挝	0	-	-	-	0	-	-	-
哈萨克斯坦	1	1	-	-	1	1	-	-
日本	0	0	0	0	0	0	0	0
意大利	0	0	0	0	0	0	0	0
印度尼西亚	0	0	0	1	0	0	0	1
印度	0	0	0	1	0	0	0	0
法国	0	0	0	0	0	0	0	0
加拿大	0	0	0	0	0	0	0	0
英国	0	0	0	1	0	0	0	1
巴西	0	0	0	0	0	1	0	0
澳大利亚	0	1	1	1	0	1	1	1

通过训练完毕的神经网络模型，我们将2020年相应国家"走出去"企业的东道国政治、经济、社会参数，公司的股权结构、发展阶段数据输入模型，通过神经网络模型判断其2020年的合规风险情况。神经网络模型判定，2020年有47起合规风险可能发生，这47起合规风险的特征如表9-3所示。

表 9-3 神经网络 2020 合规风险发生情况预测结果

总合规风险数	47				
国家			中位数		
澳大利亚	3	巴基斯坦	2	市值（亿元人民币）	322.8
巴西	2	俄罗斯	2	收入（亿元人民币）	168.0
英国	2	新加坡	3	GDP 增长（%）	2.4
印度	1	韩国	1	通货膨胀	265.7
印度尼西亚	2	美国	19	社会稳定度	38.3
哈萨克斯坦	3	越南	6	经济自由度	76.8
马来西亚	1	—	—	腐败水平	69.0
股东目的		股东性质		敏感行业		宗教距离	
产业	47	非国有	29	非敏感	31	相同	10
财务	0	国有	18	敏感	16	部分不同	28
—	—	—	—	—	—	完全不同	9

从国家维度看，19 个合规风险发生在美国，占总合规风险数的 40.4%，这与中美之间复杂的现实关系较为吻合。越南发生次数为 6 次，这一方面可能是由于越南整体腐败程度较高，另一方面可能是由于越南位于东南亚产业转移的中心，中国"走出去"企业相对丰富，合规风险较高，当地政策值得特别关注。同时，澳大利亚、巴西、英国、印度、印度尼西亚、哈萨克斯坦、马来西亚、巴基斯坦、俄罗斯、新加坡、韩国等国分别发生 1-3 次合规风险，这些国家或为发达国家，法规相对健全缜密，合规成本较高，或为发展中国家，经济发展速度较慢，社会风险较大。总体来看，发生合规风险的国家 GDP 增长速度中位数为 2.4%，基本低于全球 GDP 增长率，通货膨胀指数中位数为 265.7，通胀水平高，反映了经济实际增长因素对合规风险的深入影响。经济自由度指数中位数为 76.8，社会稳定程度中位数为 38.3，腐败水平指数中位数为 69.0，均处于横向对比较好水平，体现出社会规制的成熟度与合规风险之间可能存在一定联系，较为完善的制度会增加企业的合规风险。

从股东目的来看，47 起合规风险对应的公司均为产业股东控股的公司，并没有财务股东控股公司。可以看出，财务股东的目的主要以大型私募股权并购基金为主，专业化程度高，较为注重公司合规经营。

从股东性质角度看，非国有股东控股的公司合规风险发生数为 29 起，占 61.7%，国有股东控股的公司合规风险发生数为 18 起，占 38.3%。总体而言，国有股东控股企业更为注重公司合规风险管理和控制，合规风险发生的可能性较小。

从敏感行业看,半导体、能源、生物医药、高科技4个敏感行业合规风险发生数为16起,占34.0%,可以看出,敏感行业由于牵涉国家利益,各国监管相对严格,合规风险较为集中。

从宗教距离看,与我国宗教状况不同的国家合规风险发生的数量为37起,占比78.7%,可以看出,宗教距离与合规风险的发生可能存在较为紧密的联系,同时,这亦可能与发达国家均存在主流宗教,包括天主教、新教、东正教等有关。

从企业发展阶段看,发生合规风险的企业其市值中位数为322.8亿元人民币,收入中位数为168.0亿元人民币,总体来说,合规风险主要出现在具有一定收入、市值规模大的企业上,这很可能与规模提升带来的企业业务复杂度、与东道国互动频繁度增长等因素存在关联。

根据以上信息,我们将出现10次及以上合规风险的国家和地区划为极高风险国家和地区,5次到9次合规风险的国家和地区划为高风险国家和地区,1次到4次合规风险的国家和地区划为中风险国家和地区,未发生合规风险的国家和地区划为低风险国家和地区,其合规风险等级归纳如表9-4所示。

表9-4 "走出去"企业海外经营国家合规风险等级划分表

国家	合规风险等级
澳大利亚	中等
巴西	中等
英国	中等
加拿大	低
法国	低
印度	中等
印度尼西亚	中等
意大利	低
日本	低
哈萨克斯坦	中等
老挝	低
马来西亚	中等
巴基斯坦	中等
波兰	低
俄罗斯	中等
新加坡	中等

续表

国家	合规风险等级
韩国	中等
泰国	低
美国	极高
越南	高

第五节 本章小结

本章通过创新性地引入企业内部因素,采用3层DenseNet的MLP神经网络方法,完成了预测准确度达90.26%的神经网络模型。随着主要经济体经济增速放缓、疫情爆发等因素,经济全球化趋势受到一定冲击,"走出去"企业境外合规经营风险的预警显得更为重要。过往文献和研究主要关注境外经营地的外部政治性因素,一方面,对于经营地经济、社会因素关注有限;另一方面,对于"走出去"企业自身企业规模、行业性质、股东性质等内部因素关注有限。同时,过往风险预警方式往往集中在主成分分析等传统经济学方法中,具有一定的局限性。通过MLP神经网络模型,结合2020年我国"走出去"企业海外经营情况与主要海外经营国家经济情况,完成了"走出去"企业境外合规经营风险预警,表明美国属于境外合规经营风险极高水平地区,越南属于境外合规经营风险高水平地区,澳大利亚、新加坡、哈萨克斯坦、英国、印度尼西亚、巴西、巴基斯坦、俄罗斯、韩国、马来西亚和印度属于境外合规经营风险中等水平地区,波兰、泰国、加拿大、日本、老挝、法国和意大利属于境外合规经营风险低水平地区。

第十章

"走出去"企业境外合规经营风险的压力、机会和合理化三角因素的实证研究

第一节 样本筛选

本章以2009—2019年中国"走出去"境外经营企业为研究样本。考虑数据的可得性以及信息披露的完备性,我们基于如下标准选取沪深两市"走出去"上市公司作为样本:(1)我们重点关注对外直接投资和对外承包工程的"走出去"形式;(2)东道国为境外非避税天堂国家;(3)境外关联公司注册资本在10万元以上,持股比例大于等于51%,以此确保该境外关联公司的经营状况对企业具有重要影响;(4)由于金融企业财务结构特殊,剔除金融企业样本;(5)剔除ST和退市企业以及在观测变量上数据缺失的样本。在通过上述步骤筛选出的初始样本中,我们按如下两个阶段分别选出境外经营违规企业和境外经营合规企业。

第一阶段,我们基于中国全球投资跟踪问题交易数据库名单、国泰安数据库诉讼仲裁明细表、世界银行制裁名单三大数据库,并辅以LexisNexis数据库、公司年报和公告、新闻媒体报道等资料,判断涉及境外合规经营风险事件的企业。我们保留在东道国受到禁令、处罚裁决、监管审查受阻、民众抗议的企业,同时剔除裁定结果不明、过程对象不明、无法确认消息属实与否、撤诉后申明对企业生产经营无重大影响的事件。由此得到境外经营违规企业样本189个。境外经营违规企业样本的东道国分布、行业分布和风险类型分布如表10-1所示。

表10-1 境外经营违规事件的样本分布统计表

东道国分布前10	样本量	百分比	产业分布前10	样本量	百分比
美国	43	22.75%	计算机通信等电子设备制造业	32	16.93%
德国	16	8.47%	土木工程建筑业	22	11.64%

总计:境外经营违规事件189起

续表

东道国分布前10	样本量	百分比	产业分布前10	样本量	百分比
澳大利亚	11	5.82%	电气机械及器材制造业	12	6.35%
印度	11	5.82%	石油和天然气开采业	10	5.29%
意大利	5	2.65%	有色金属冶炼及压延加工业	10	5.29%
俄罗斯	5	2.65%	电力、热力生产和供应业	10	5.29%
马来西亚	5	2.65%	化学原料及化学制品制造业	9	4.76%
菲律宾	4	2.12%	医药制造业	8	4.23%
越南	4	2.12%	黑色金属冶炼及压延加工业	7	3.70%
韩国	4	2.12%	专用设备制造业	7	3.70%
风险类型分布前10					
风险类型	样本量	百分比	风险类型	样本量	百分比
国家安全审查	25	13.23%	环保违规	7	3.70%
政府审查	24	12.70%	劳工纠纷	7	3.70%
专利侵权不当竞争	19	10.05%	反腐败贿赂	6	3.18%
民众抗议	10	5.29%	内部冲突	5	2.65%
税务违规	8	4.23%	工程纠纷	5	2.65%

第二阶段，考虑到仅仅依据资产规模、行业特征和对应年份进行样本匹配的传统方法可能存在配对偏差，为了减少样本的选择性偏误，控制企业个体差异的影响，本书采用基于Logit模型的倾向得分匹配法，筛选作为对照的境外经营合规组。被解释变量为0~1虚拟变量，1代表企业境外经营违规，0代表企业境外经营合规，企业规模、企业年龄、企业合规投入作为匹配变量，同时控制行业效应和年度效应。计算境外违规倾向匹配得分后，采用最邻近1:2匹配法，选择与境外经营违规企业得分差额最小的企业作为对照组，由此得到境外经营合规企业378个。表10-2的平衡性检验结果显示，匹配后各变量的标准化偏差绝对值在10%以内，t检验结果表明组间差异不显著，因此变量匹配后在境外违规组和境外合规组之间是均衡的。

表 10-2 倾向得分匹配的平衡性检验结果

变量	匹配前（U）匹配后（M）	均值 处理组	均值 对照组	标准化偏差%	t检验 t	t检验 p>|t|
企业规模	U	8.024	8.993	-11.1	-2.010	0.059
	M	8.024	7.897	2.0	0.224	0.829
企业年龄	U	2.542	1.320	13.6	1.707	0.102
	M	2.542	3.002	-1.0	-0.354	0.733
企业合规投入	U	2.099	2.689	-14.2	-0.055	0.064
	M	2.099	2.182	-1.6	0.899	0.904
行业效应	U	15.132	13.722	23.8	1.480	0.148
	M	15.132	14.594	1.8	0.207	0.855
年度效应	U	6.904	9.914	-33.6	-2.897	0.006
	M	6.904	7.626	-2.1	-0.365	0.717

最终得到包括189个境外经营违规企业和378个境外经营合规企业在内的567个总样本。

第二节 模型设定

本章采用Amos 21.0进行结构方程模型分析。该方法的优势在于：将"测量"与"分析"整合为一，能够将不可观测的概念以潜变量的形式以及可测量的显变量的模型化分析进行估计；利用多群组进行多个样本之间的共变结构分析，检验模型结构参数在不同样本之间等同与否；重视多重统计评估指标的运用，从不同角度评估模型拟合效果。设定结构方程模型Ⅰ至Ⅲ：椭圆形代表潜变量，矩形代表显变量，圆形代表误差项，误差项的路径系数初始值为1，潜变量至少有1个路径系数初始值为 1。

基于 567 个总样本的企业境外合规经营风险成因结构方程模型 I 的初始设定如图 10-1 所示,运行初始模型 I 后拟合效果不佳,依据 MI 指数,在 z_2 和 z_6 之间建立共变关系,修正后的总样本结构方程模型 II 如图 10-2 所示。模型 I 和 II 的具体路径如下:(1)海外绩效期望差距、东道国产业竞争程度到企业境外合规经营风险水平的路径,检验假设 H5-1a 和 H5-1b 关于内外部压力因素增加企业境外合规经营风险水平的机制;合规控制体系缺陷、东道国监管不确定性到企业境外合规经营风险水平的路径,检验假设 H5-2a 和 H5-2b 关于内外部机会因素增加企业境外合规经营风险水平的机制;高管过度自信倾向、母国产业失范程度到企业境外合规经营风险水平的路径,检验假设 H5-3a 和 H5-3b 关于内外部合理化因素增加企业境外合规经营风险水平的机制。(2)经济距离、法律距离和文化距离分别与海外绩效期望差距、东道国产业竞争程度、合规控制体系缺陷、东道国监管不确定性、高管过度自信倾向、母国产业失范程度构造交互项到企业境外合规经营风险水平的路径,检验假设 H5-4a、H5-4b 和 H5-4c 中经济距离、法律距离和文化距离对内外部的压力、机会和合理化因素与企业境外合规经营风险关系的调节作用,并比较调节作用差异。构造交互项前对三种制度距离进行中心化处理以避免多重共线性。

然后,构建如图 10-3 所示的多群组结构方程模型 III,利用经济距离、法律距离、文化距离的均值将样本划分为高经济距离和低经济距离群组、高法律距离和低法律距离群组、高文化距离和低文化距离群组,进行多群组结构方程模型分析,进一步检验和比较经济距离、法律距离和文化距离之间的调节效应。

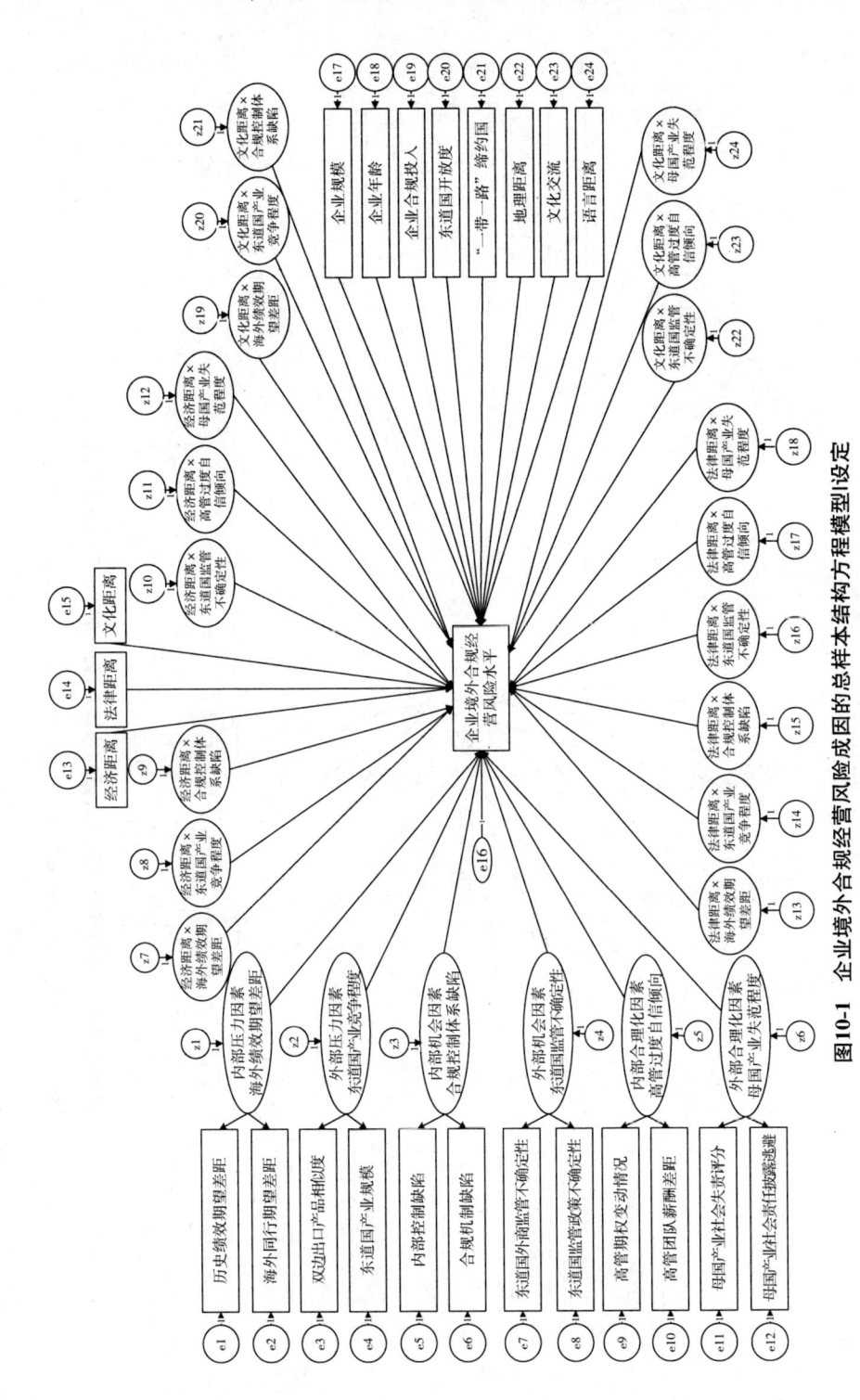

图10-1 企业境外合规经营风险成因的总样本结构方程模型设定

注：潜变量误差项 $z1$—$z24$；显变量误差项 $e1$—$e24$；为简洁起见，交互项的显变量不显示。

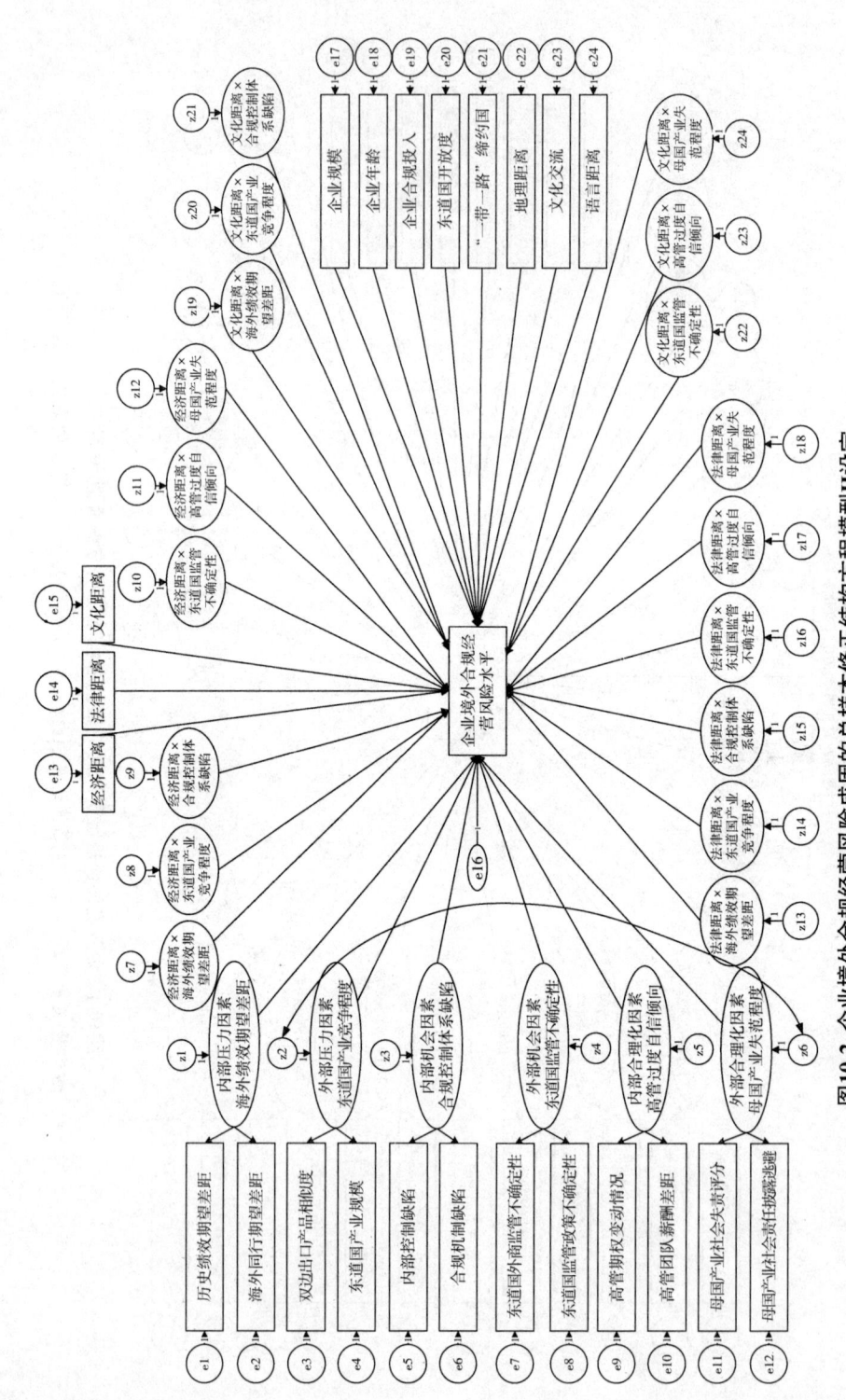

图10-2 企业境外合规经营风险成因的总样本修正结构方程模型Ⅱ设定

注：潜变量误差项z1—z24；显变量误差项e1—e24；为简洁起见，交互项的显变量不显示。

图10-3 企业境外合规经营风险成因的分样本多群组结构方程模型III设定

注：潜变量误差项z1—z6；显变量误差项e1—e24。

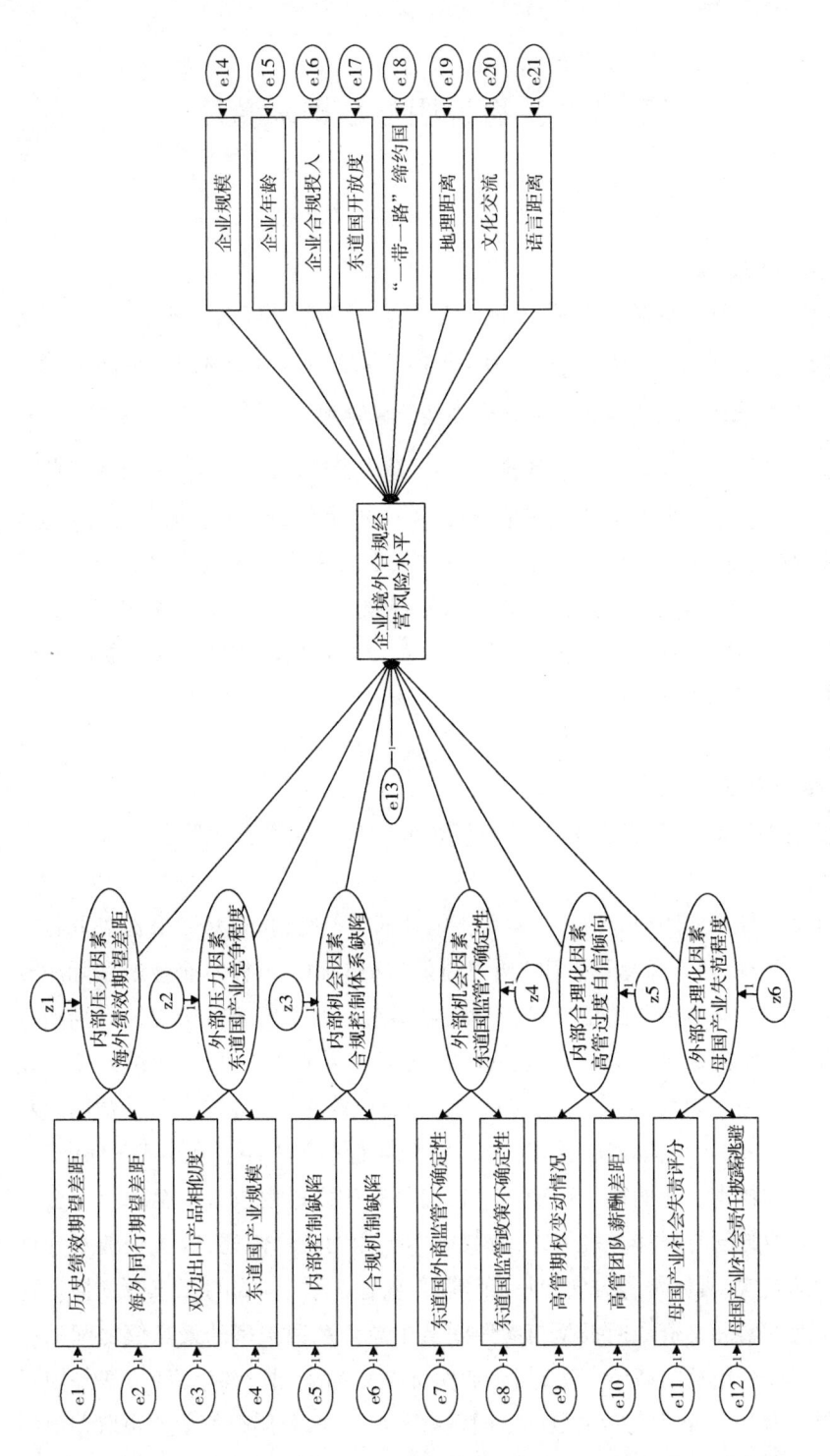

第三节 变量说明与数据来源

一、被解释变量

企业境外合规经营风险水平（ComR_Val）。对于境外经营合规企业，企业境外合规经营风险水平赋值为0。对于境外经营违规企业，参考Sampath等人（2018），采用CAR方法衡量企业境外合规经营风险水平，计算公式为：$CAR_i = \sum AR_{i,t}$，$AR_{i,t} = K_{i,t} - R_{i,t}$，$AR_{i,t}$是超常收益，$K_{i,t}$是个股日收益率，$R_{i,t}$是市场日收益率，$CAR_i$是累积超常收益。本书选取长度为21的事件窗口期，即确定境外违规处罚或制裁结果的事件日前后各10天。同时，本书采用负向截尾方法处理因变量，当企业的累积超常收益为负时，企业境外合规经营风险水平为累积超常收益的绝对值；当企业的累积超常收益为正时，企业境外合规经营风险水平取值为0。变量数据来源于国泰安数据库。

二、解释变量

在模型Ⅰ至Ⅲ中，下述解释变量衡量企业境外合规经营风险事件前一年的水平。

海外绩效期望差距（In_Pre）。从历史绩效期望差距（InH_Pre）和海外同行期望差距（InP_Pre）两方面衡量。（1）历史绩效期望差距。以样本企业的实际净资产收益率水平与样本企业的历史净资产收益率水平的差值衡量历史绩效期望差距。本节采用负向截尾方法，当企业实际绩效高于历史绩效时，历史绩效期望差值记为0；当企业实际绩效低于历史绩效时，历史绩效期望差距取二者差值的绝对值。变量数据来源于国泰安数据库。（2）海外同行期望差距。在BvD—Osiris数据库中搜索与样本企业的第一产业SIC代码具有相同前两位数的全球上市公司作为样本企业的同行群体。接下来，查找样本企业的使命陈述，收集企业对境外经营定位的名次、具体努力方向、目标范围等，确定一家企业的绩效参照团队。计算样本企业的实际总资产回报率与参照团队中总资产回报率的最高值之间的差值。本节同样采用负向截尾方法，当企业实际绩效高于同行参考点时，海外同行期望差距记为0；当企业实际绩效低于同行参考点时，海外同行期望差距取差值的绝对值。变量数据来源于BvD—Osiris数据库。

东道国产业竞争程度(Ex_Pre)。从双边出口产品相似度(ExS_Pre)和东道国产业规模(ExC_Pre)两方面衡量。(1)双边出口产品相似度。利用芬格和克瑞宁的 ESI 指数衡量,以母国和东道国出口到世界市场的产品结构相似性衡量竞争程度,指数越大,竞争程度越强。数据来源于联合国贸易统计。(2)东道国产业规模。利用"1-1/东道国产业中的企业数量"衡量,以样本企业的第一产业 SIC 的前两位作为代码,检索当年东道国该产业的上市企业数量。数据来源于 BvD—Osiris 数据库。

合规控制体系缺陷(In_Opp)。从内部控制缺陷(InM_Opp)和合规机制缺陷(InC_Opp)两方面衡量。(1)内部控制缺陷。基于迪博发布的中国上市公司内部控制指数衡量,该指数体系囊括了企业内部控制的战略、经营、报告、合规和资产安全五大目标实现情况,反映了企业内部控制体系的有效性。以"1 - 迪博内部控制指数原始值/1000"作为最终变量取值。数据来自深圳市迪博企业风险管理技术有限公司建立的内部控制指数数据库。(2)合规机制缺陷。依据企业是否设置合规审查的合规部门或首席合规官?是否应用合规审查的监督举报工具(吹哨人、申诉专员、意见箱、道德热线、通信、网页等)?是否出台公司的全球行为准则?是否举办合规培训讲座?对每一条目,如检索结果为否则代表相应的合规机制缺失,该条目赋值为1,否则为0,计算四项条目总值。数据来源于企业年报和官网、新闻媒体报道。

东道国监管不确定性(Ex_Opp)。从东道国外商监管不确定性(ExM_Opp)和东道国监管政策不确定性(ExC_Opp)两方面衡量。(1)东道国外商监管不确定性。以"5-东道国监管质量得分与双边投资协定签署得分的乘积"计算。东道国监管质量分值来自世界银行发布的世界治理指数。东道国与中国的双边投资协定未签署赋值为0,签署赋值为1,数据来自中国商务部条法司。(2)东道国监管政策不确定性。利用 Baker 等人(2016)开发的经济政策不确定性指数进行变量衡量,对于该指标缺失的国家,使用全球经济政策不确定性指数得分作为替代。数据来自 Baker 官网。

高管过度自信倾向(In_Rat)。从高管期权变动情况(InO_Rat)和高管团队薪酬差距(InS_Rat)两方面衡量。(1)高管期权变动情况。高管持有股票增加赋值为1,否则为0。数据来源于国泰安数据库。(2)高管团队薪酬差距。计算高管团队前5名的高管薪酬差距。数据来源于国泰安数据库。

母国产业失范程度(Ex_Rat)。从母国产业社会失责评分(ExR_Rat)和母国产业社会责任披露逃避(ExE_Rat)两方面衡量。(1)母国产业社会失责评分。将润灵环球机构发布的社会责任指数原始值记为 RKS,"100 - RKS"为一家企业社

137

会责任缺失的衡量值。将所有企业按照2位中国证监会行业代码进行分组,计算每一产业组别的年度社会责任缺失程度的均值作为最终衡量。(2)母国产业社会责任披露逃避。基于国泰安的社会责任披露基本信息表,每家企业包括社会捐赠、第三方机构审验、参照GRI《可持续发展报告指南》、披露股东权益保护、披露债权人权益保护、披露职工权益保护、披露供应商权益保护、披露客户及消费者权益保护、披露环境和可持续发展、披露公共关系和社会公益事业、披露社会责任制度建设及改善措施、披露安全生产内容、披露公司存在的不足13项分值为0或1的二分类评估指标,计算每一企业的分值为0的总条目数。将所有企业按照2位中国证监会行业代码进行分组,计算每一产业组别的年度社会责任披露的平均分值作为最终衡量。

三、调节变量

模型Ⅰ至Ⅲ的调节变量为经济距离、法律距离和文化距离,均衡量企业境外合规经营风险事件前一年的水平。接下来,首先说明制度距离的Kogut-Singh距离指数计算方法,然后说明各类制度距离的衡量指标及具体衡量方式。

制度距离的衡量方法。应用Kogut-Singh距离指数公式:

$$ID = \sum_{j=1}^{N} [(I_{ij} - I_{cj})^2 / V_j] / N$$

其中I_{ij}表示东道国i在指标j上的得分,I_{cj}表示中国在指标j上的得分,V_j表示指标j的方差,N代表指标数。

经济距离(InsE_Dis)。利用美国传统基金会发布的经济自由度指数中的产权、税收负担、商业自由、劳动力自由、货币自由、贸易自由、投资自由和金融自由共八个指标,并采用Kogut-Singh距离指数公式构造不同东道国和中国之间的经济距离变量。

法律距离(InsL_Dis)。世界经济论坛发布的全球竞争力指数中的司法独立性、法律架构效率[①]以及世界银行发布的世界治理指数中的法治水平共三个指标得分能够反映法律制度质量。由于全球竞争力指数评分在最低值为1、最高值为7的区间内,世界治理指数评分在最低值为-2.5、最高值为2.5的区间内,本部分首先将法治水平分值转化为与司法独立性、法律架构效率分值一致的区间内,应

---

① 由于2009至2019年的法律架构效率指标被划分为法律架构对争议解决的效率以及法律架构挑战监管的效率两个子指标,将2009至2019年的法律架构对争议解决的效率以及法律架构挑战监管的效率二者取均值衡量法律架构效率。

用标准化公式：$y = 1 + \dfrac{x - x_{min}}{x_{max} - x_{min}} \times (7-1)$，其中 x、x_{min} 和 x_{max} 分别代表法治水平原始值、最小值和最大值，y 是转化后的新分值。然后，采用 Kogut-Singh 距离指数公式构造不同东道国和中国之间的法律距离变量。

文化距离（InsC_Dis）。学界经常使用 Hofstede 文化评价指数构造文化距离，但这一评估方式存在三点局限性：一是 Hofstede 文化评价指数的数据仅更新到 2015 年，不能充分反映文化的动态变化；二是 Hofstede 文化评价指数仅针对 111 个国家，且在不同指标上有较多的缺失值，本书使用该指数很可能降低评估的准确性；三是 Hofstede 评估的是一国宏观文化，不能反映商业群体文化。因此，选取世界经济论坛的全球竞争力指数中的企业道德行为、高管权力下放给员工的意愿、劳资关系合作性、对专业管理的依赖性以及 McCleary 和 Barro（2006）的宗教多元化指数共五个指标。国家 i 的宗教多元化指数 RPI 的计算方式为：$RPI_i = \sum\limits_{z=1}^{n} \left(\dfrac{p_z}{AP_i}\right)^2$，其中 p_z 为国家 i 第 z 种宗教信仰的人口数量，AP_i 为该国总人口。宗教人口占比数据来自美国中央情报局发布的《2010—2020 世界各国概况年鉴》。宗教多元化原始分值在 0 到 1 区间内，本书通过公式 $1 + RPI_i \times (7-1)$ 将其转化为与全球竞争力指数分值一致的 1 到 7 区间内。然后，应用 Kogut-Singh 距离指数公式构造东道国和中国之间的文化距离。

四、控制变量

企业规模（ES）。企业员工数量取对数衡量，数据来自国泰安；

企业年龄（EA）。事件年份与成立年份的差值加 1 并取对数，数据来自国泰安；

企业合规投入（EI）。以企业合规销售管理费用和合规审计费用均值的增长率衡量，数据来自国泰安；

东道国开放度（HO）。以中国对东道国的 FDI 净流入衡量，反映东道国对中国企业投资的开放和依赖程度。数据来自联合国贸易统计。

"一带一路"缔约国（BRC）。以东道国是否与中国签订"一带一路"合作协定的二分类方法衡量。数据来自"一带一路"官网。

地理距离（GD）。以东道国与中国的首都球面距离取对数衡量，来自 CPEII 数据库。

文化交流（CO）。以东道国孔子学院数量衡量，来自孔子学院官网。

语言距离(LP)。利用 Linguistic Proximity2(LP2)的测量值衡量东道国与中国的语言相似度,这里采取 1- LP2 代表距离。数据来自 CPEII 数据库。

模型 I 至 III 的控制变量衡量企业境外合规经营风险事件当年的水平。

五、变量描述性统计、T 检验、信度和效度检验

样本的变量描述性统计和 T 检验如表 10-3 所示。依据 T 检验结果,境外违规经营企业的内外部压力、机会和合理化水平显著高于境外合规经营企业,初步说明"走出去"企业境外合规经营风险受到压力、机会和合理化因素的影响。对样本展开信度和效度的检验,结果如表 10-4 所示。所有潜在变量平均方差萃取(AVE)大于 0.6,模型效度较高。Cronbach's Alpha 均大于 0.7,信度较好。

表 10-3 成因机制检验的变量描述性统计和 T 检验

变量	总样本 (N=567) 最大值	最小值	均值	标准差	违规组 (N=189) 均值	合规组 (N=378) 均值	T 检验
ComR_Val	0.173	0.000	0.023	0.036	0.069	0.000	47.172***
InH_Pre	0.309	0.000	0.099	0.076	0.161	0.068	17.130***
InP_Pre	3.854	0.045	1.419	0.954	2.090	1.083	14.042***
ExS_Pre	0.712	0.011	0.369	0.202	0.423	0.342	4.595***
ExC_Pre	0.998	0.814	0.904	0.055	0.910	0.900	2.224**
InM_Opp	0.988	0.318	0.652	0.194	0.661	0.648	2.214**
InC_Opp	4.000	0.000	2.127	1.392	2.263	2.059	2.212**
ExM_Opp	7.455	2.502	4.994	1.048	5.039	4.972	1.719*
ExC_Opp	3.172	0.518	1.821	7.629	1.847	1.807	1.594*
InO_Rat	1.000	0.000	0.491	0.500	0.521	0.477	1.819*
InS_Rat	15.305	5.719	10.456	2.847	10.769	10.299	1.798*
ExR_Rat	74.327	20.073	46.289	15.331	46.404	46.232	3.145***
ExE_Rat	10.486	6.005	7.965	1.188	8.346	7.775	5.633***
EID	7.129	0.221	2.748	2.028	2.886	2.679	2.974***
LID	6.827	0.069	1.449	1.932	1.610	1.368	3.334***
CID	6.959	0.027	3.482	1.993	3.607	3.420	2.920***
ES	13.197	1.845	7.215	3.263	7.215	7.216	-0.030
EA	3.519	1.103	2.286	0.695	2.292	2.282	0.141

续表

变量	总样本（N=567）				违规组（N=189）	合规组（N=378）	T检验
	最大值	最小值	均值	标准差	均值	均值	
EI	3.805	0.237	2.033	1.036	1.999	2.050	-0.539
HO	7.310	-2.404	2.541	2.863	2.600	2.512	0.417
BRC	1.000	0.000	0.521	0.500	0.495	0.534	-0.964
GD	9.377	6.806	8.101	0.748	8.067	8.118	-0.759
CO	38.000	0.000	19.179	11.295	19.134	19.201	-0.043
LP	1.000	0.000	0.513	0.280	0.490	0.525	-1.416

注：* $p<0.10$；** $p<0.05$；*** $p<0.01$。

表10-4 变量信度与效度检验结果

潜变量	显变量	Cronbach's Alpha	AVE
海外绩效期望差距（In_Pre）	历史绩效期望差距（InH_Pre）	0.821	0.683
	海外同行期望差距（InP_Pre）		
东道国产业竞争程度（Ex_Pre）	双边出口产品相似度（ExS_Pre）	0.776	0.633
	东道国产业规模（ExC_Pre）		
合规控制体系缺陷（In_Opp）	内部控制缺陷（InM_Opp）	0.820	0.718
	合规机制缺陷（InC_Opp）		
东道国监管不确定性（Ex_Opp）	东道国外商监管不确定性（ExM_Opp）	0.818	0.698
	东道国监管政策不确定性（ExC_Opp）		
高管过度自信倾向（In_Rat）	高管期权变动情况（InO_Rat）	0.740	0.637
	高管团队薪酬差距（InS_Rat）		
母国产业失范程度（Ex_Rat）	母国产业社会失责评分（ExR_Rat）	0.852	0.712
	母国产业社会责任披露逃避（ExE_Rat）		

第四节 结构方程模型实证检验结果

表10-5为企业境外合规经营风险成因的总样本结构方程模型Ⅰ检验，修正

后的模型 II 拟合效果提升。首先,在压力因素方面,海外绩效期望差距对企业境外合规经营风险水平的影响显著为正($\beta = 0.320, p < 0.01$);东道国产业竞争程度对企业境外合规经营风险水平的影响显著为正($\beta = 0.938, p < 0.01$)。这说明构成内部压力因素的海外绩效期望差距越大、构成外部压力因素的东道国产业竞争程度越大,"走出去"企业境外合规经营风险水平越高,第五章假设 H5-1a 和 H5-1b 得证。其次,在机会因素方面,合规控制体系缺陷对企业境外合规经营风险水平的影响显著为正($\beta = 1.073, p < 0.01$);东道国监管不确定性对企业境外合规经营风险水平的影响显著为正($\beta = 0.675, p < 0.05$)。这说明构成内部机会因素的合规控制体系缺陷越多、构成外部机会因素的东道国监管不确定性越高,"走出去"企业境外合规经营风险水平越高,第五章假设 H5-2a 和 H5-2b 得证。最后,在合理化因素方面,高管过度自信倾向对企业境外合规经营风险水平的影响显著为正($\beta = 0.785, p < 0.05$);母国产业失范程度对企业境外合规经营风险水平的影响显著为正($\beta = 0.974, p < 0.01$)。这说明构成内部合理化因素的高管过度自信倾向越高、构成外部合理化因素的母国产业失范程度越高,"走出去"企业境外合规经营风险水平越高,第五章假设 H5-3a 和 H5-3b 得证。

表 10-5　总样本结构方程模型 I 和模型 II 检验结果

路径			模型 I(N=567)		模型 II(N=567)	
			Est.	C.R.	Est.	C.R.
ComR_Val	<--	In_Pre	0.339***	4.419	0.320***	4.368
ComR_Val	<--	Ex_Pre	0.956***	4.057	0.938***	3.953
ComR_Val	<--	In_Opp	1.047***	3.194	1.073***	3.177
ComR_Val	<--	Ex_Opp	0.746**	2.579	0.675**	2.223
ComR_Val	<--	In_Rat	0.762**	2.067	0.785**	2.090
ComR_Val	<--	Ex_Rat	0.984***	5.227	0.974***	5.308
ComR_Val	<--	EID	0.061*	1.685	0.071*	1.691
ComR_Val	<--	LID	0.093**	2.580	0.032**	2.581
ComR_Val	<--	CID	0.060**	2.157	0.054**	2.143
ComR_Val	<--	EID×In_Pre	0.187***	4.042	0.162***	3.949
ComR_Val	<--	EID×Ex_Pre	0.120***	2.790	0.139***	2.844
ComR_Val	<--	EID×In_Opp	0.012**	2.131	0.080**	2.061
ComR_Val	<--	EID×Ex_Opp	0.068**	2.311	0.025**	2.316
ComR_Val	<--	EID×In_Rat	0.016**	2.067	0.041**	2.079

续表

路径			模型 I（N=567）		模型 II（N=567）	
			Est.	C.R.	Est.	C.R.
ComR_Val	<--	EID×Ex_Rat	0.022*	1.919	0.010*	1.886
ComR_Val	<--	LID×In_Pre	0.006**	2.587	0.036**	2.094
ComR_Val	<--	LID×Ex_Pre	0.097**	2.075	0.044**	2.041
ComR_Val	<--	LID×In_Opp	0.180***	5.377	0.194***	5.376
ComR_Val	<--	LID×Ex_Opp	0.300***	3.033	0.211***	3.083
ComR_Val	<--	LID×In_Rat	0.049*	1.799	0.099*	1.790
ComR_Val	<--	LID×Ex_Rat	0.021*	1.870	0.006*	1.886
ComR_Val	<--	CID×In_Pre	0.057**	2.018	0.021**	2.082
ComR_Val	<--	CID×Ex_Pre	0.042**	2.099	0.018**	2.102
ComR_Val	<--	CID×In_Opp	0.020**	2.034	0.080**	2.070
ComR_Val	<--	CID×Ex_Opp	0.080**	2.286	0.036**	2.280
ComR_Val	<--	CID×In_Rat	0.156***	3.474	0.249***	3.480
ComR_Val	<--	CID×Ex_Rat	0.103***	4.297	0.147***	4.265
ComR_Val	<--	ES	0.450***	4.954	0.540***	4.921
ComR_Val	<--	EA	0.364***	3.664	0.432***	3.625
ComR_Val	<--	EI	-0.107**	-2.331	-0.179**	-2.311
ComR_Val	<--	HO	0.025	0.341	0.069	0.319
ComR_Val	<--	BRC	0.426*	1.834	0.425**	2.064
ComR_Val	<--	GD	0.158	0.999	0.141	1.045
ComR_Val	<--	CO	-0.001	-1.143	-0.029	-1.179
ComR_Val	<--	LP	0.199**	2.017	0.155**	2.054
		外部载荷				
InH_Pre	<--	In_Pre	1.000	—	1.000	—
InP_Pre	<--	In_Pre	0.566***	7.863	0.568***	8.872
ExS_Pre	<--	Ex_Pre	1.000	—	1.000	—
ExC_Pre	<--	Ex_Pre	0.943***	3.593	0.941***	6.411
InM_Opp	<--	In_Opp	1.000	—	1.000	—
InC_Opp	<--	In_Opp	0.721***	7.979	0.727***	8.547
ExM_Opp	<--	Ex_Opp	1.000	—	1.000	—

143

续表

路径			模型 I（N=567）		模型 II（N=567）	
			Est.	C.R.	Est.	C.R.
ExC_Opp	<--	Ex_Opp	0.514***	7.490	0.517***	9.277
InO_Rat	<--	In_Rat	1.000	—	1.000	—
InS_Rat	<--	In_Rat	0.774***	3.047	0.769***	2.631
ExR_Rat	<--	Ex_Rat	1.000	—	1.000	—
ExE_Rat	<--	Ex_Rat	0.643***	5.171	0.640***	6.727
EID×InH_Pre	<--	EID×In_Pre	1.000	—	1.000	—
EID×InP_Prs	<--	EID×In_Pre	1.529***	17.794	1.522***	18.535
EID×InM_Opp	<--	EID×In_Opp	1.000	—	1.000	—
EID×InC_Opp	<--	EID×In_Opp	0.883***	12.323	0.881***	10.642
EID×InO_Rat	<--	EID×In_Rat	1.000	—	1.000	—
EID×InS_Rat	<--	EID×In_Rat	1.635***	11.267	1.635***	12.151
EID×ExS_Pre	<--	EID×Ex_Pre	1.000	—	1.000	—
EID×ExC_Pre	<--	EID×Ex_Pre	1.138***	10.306	1.147***	10.780
EID×ExM_Opp	<--	EID×Ex_Opp	1.000	—	1.000	—
EID×ExC_Opp	<--	EID×Ex_Opp	1.452***	9.063	1.459***	10.060
EID×ExR_Rat	<--	EID×Ex_Rat	1.000	—	1.000	—
EID×ExE_Rat	<--	EID×Ex_Rat	1.074***	14.479	1.072***	14.774
LID×InH_Pre	<--	LID×In_Pre	1.000	—	1.000	—
LID×InP_Prs	<--	LID×In_Pre	0.919***	20.607	0.921***	20.386
LID×InM_Opp	<--	LID×In_Opp	1.000	—	1.000	—
LID×InC_Opp	<--	LID×In_Opp	1.117***	5.160	1.115***	4.734
LID×InO_Rat	<--	LID×In_Rat	1.000	—	1.000	—
LID×InS_Rat	<--	LID×In_Rat	0.715***	9.642	0.701***	10.323
LID×ExS_Pre	<--	LID×Ex_Pre	1.000	—	1.000	—
LID×ExC_Pre	<--	LID×Ex_Pre	0.882***	15.215	0.874***	15.318
LID×ExM_Opp	<--	LID×Ex_Opp	1.000	—	1.000	—
LID×ExC_Opp	<--	LID×Ex_Opp	1.073***	15.986	1.078***	16.756
LID×ExR_Rat	<--	LID×Ex_Rat	1.000	—	1.000	—
LID×ExE_Rat	<--	LID×Ex_Rat	1.476***	12.595	1.494***	13.356

续表

路径			模型 I (N=567)		模型 II (N=567)	
			Est.	C.R.	Est.	C.R.
CID×InH_Pre	<--	CID×In_Pre	1.000	—	1.000	—
CID×InP_Prs	<--	CID×In_Pre	0.631***	3.441	0.620***	3.359
CID×InM_Opp	<--	CID×In_Opp	1.000	—	1.000	—
CID×InC_Opp	<--	CID×In_Opp	0.572***	19.786	0.577***	20.203
CID×InO_Rat	<--	CID×In_Rat	1.000	—	1.000	—
CID×InS_Rat	<--	CID×In_Rat	0.634***	19.711	0.632***	19.351
CID×ExS_Pre	<--	CID×Ex_Pre	1.000	—	1.000	—
CID×ExC_Pre	<--	CID×Ex_Pre	1.419***	8.108	1.423***	8.771
CID×ExM_Opp	<--	CID×Ex_Opp	1.000	—	1.000	—
CID×ExC_Opp	<--	CID×Ex_Opp	0.645***	14.309	0.640***	15.111
CID×ExR_Rat	<--	CID×Ex_Rat	1.000	—	1.000	—
CID×ExE_Rat	<--	CID×Ex_Rat	0.876***	7.079	0.864***	7.707
模型拟合效果						
模型拟合指标	CMIN/DF	RMSEA	CFI	NFI	IFI	TLI
模型 I	3.187	0.097	0.889	0.889	0.891	0.899
模型 II	2.728	0.081	0.903	0.903	0.907	0.911
参考标准	<3	<0.1	>0.9	>0.9	>0.9	>0.9

注：* $p<0.10$；** $p<0.05$；*** $p<0.01$。

接下来，观察表10-5中经济距离、法律距离和文化距离三种不同制度距离与压力、机会和合理化因素的交互项到企业境外合规经营风险水平的路径系数。

首先，经济距离与构成内部压力因素的海外绩效期望差距、构成外部压力因素的东道国产业竞争程度的交互项对企业境外合规经营风险水平的影响显著为正（$\beta=0.162, p<0.01;\beta=0.139, p<0.01$）；经济距离与构成内部机会因素的合规控制体系缺陷、构成外部机会因素的东道国监管不确定性的交互项对企业境外合规经营风险水平的影响显著为正（$\beta=0.080, p<0.05;\beta=0.025, p<0.05$）；经济距离与构成内部合理化因素的高管过度自信倾向、构成外部合理化因素的母国产业失范程度的交互项对企业境外合规经营风险水平的影响显著为正（$\beta=0.041, p<0.05;\beta=0.010, p<0.1$），表明经济距离正向调节内外部压力、机会和合理化因素对企业境外合规经营风险水平的影响。

其次，法律距离与构成内部压力因素的海外绩效期望差距、构成外部压力因素的东道国产业竞争程度的交互项对企业境外合规经营风险水平的影响显著为正（$\beta = 0.036, p < 0.05; \beta = 0.044, p < 0.05$）；法律距离与构成内部机会因素的合规控制体系缺陷、构成外部机会因素的东道国监管不确定性的交互项对企业境外合规经营风险水平的影响显著为正（$\beta = 0.194, p < 0.01; \beta = 0.211, p < 0.01$）；法律距离与构成内部合理化因素的高管过度自信倾向、构成外部合理化因素的母国产业失范程度的交互项对企业境外合规经营风险水平的影响显著为正（$\beta = 0.099, p < 0.1; \beta = 0.006, p < 0.1$），表明法律距离正向调节内外部压力、机会和合理化因素对企业境外合规经营风险水平的影响。

再次，文化距离与构成内部压力因素的海外绩效期望差距、构成外部压力因素的东道国产业竞争程度的交互项对企业境外合规经营风险水平的影响显著为正（$\beta = 0.021, p < 0.05; \beta = 0.018, p < 0.05$）；文化距离与构成内部机会因素的合规控制体系缺陷、构成外部机会因素的东道国监管不确定性的交互项对企业境外合规经营风险水平的影响显著为正（$\beta = 0.080, p < 0.05; \beta = 0.036, p < 0.05$）；文化距离与构成内部合理化因素的高管过度自信倾向、构成外部合理化因素的母国产业失范程度的交互项对企业境外合规经营风险水平的影响显著为正（$\beta = 0.249, p < 0.01; \beta = 0.147, p < 0.01$），表明文化距离正向调节内外部压力、机会和合理化因素对企业境外合规经营风险水平的影响。

最后，比较不同制度距离的交互项系数。经济距离与内外部压力因素的交互项系数（$\beta = 0.162, p < 0.01; \beta = 0.139, p < 0.01$）显著大于法律距离与内外部压力因素的交互项系数（$\beta = 0.036, p < 0.05; \beta = 0.044, p < 0.05$）以及文化距离与内外部压力因素的交互项系数（$\beta = 0.021, p < 0.05; \beta = 0.018, p < 0.05$），表明在对压力因素的调节作用中，经济距离的影响相比法律距离和文化距离的影响显著更强。法律距离与内外部机会因素的交互项系数（$\beta = 0.194, p < 0.01; \beta = 0.211, p < 0.01$）显著大于经济距离与内外部机会因素的交互项系数（$\beta = 0.080, p < 0.05; \beta = 0.025, p < 0.05$），以及文化距离与内外部机会因素的交互项系数（$\beta = 0.080, p < 0.05; \beta = 0.036, p < 0.05$），表明在对机会因素的调节作用中，法律距离的影响相比经济距离和文化距离的影响更强。文化距离与内外部合理化因素的交互项系数（$\beta = 0.249, p < 0.01; \beta = 0.147, p < 0.01$）显著大于经济距离与内外部合理化因素的交互项系数（$\beta = 0.041, p < 0.05; \beta = 0.010, p < 0.1$）、法律距离与内外部合理化因素的交互项系数（$\beta = 0.099, p < 0.1; \beta = 0.006, p < 0.1$），表明在对合理化因素的调节作用中，文化距离的影响相比经济距离和法律距离的影响更为突出。由此，第五章假设 H5-4a、H5-4b 和 H5-4c 得证。

下文所示的表 10-6、表 10-7 和表 10-8 分别提供了按照均值划分的高低不同经济距离、高低不同法律距离、高低不同文化距离的多群组结构方程模型Ⅲ的检验结果,模型拟合效果均良好。非限制性模型和限制性模型的群组比较结果提示,卡方差异值 $\Delta CMIN$ 均达到 1% 的显著性水平,表明高低不同制度距离群组的主要路径系数有显著差异。

表 10-6 提供了高低不同经济距离多群组结构方程模型Ⅲ的检验结果,比较高经济距离群组与低经济距离群组的路径系数,结果表明:压力、机会和合理化的内外部因素的影响仍然显著为正,且高经济距离群组下压力、机会和合理化因素的路径系数显著高于低经济距离群组,进一步支持经济距离的调节作用。

表 10-6 不同经济距离的多群组结构方程模型Ⅲ检验结果

路径			高经济距离组（N=289） Est.	C.R.	低经济距离组（N=278） Est.	C.R.
ComR_Val	<--	In_Pre	0.921***	4.787	0.152***	4.203
ComR_Val	<--	Ex_Pre	1.380***	3.122	0.213***	3.940
ComR_Val	<--	In_Opp	0.465***	5.569	0.111**	2.494
ComR_Val	<--	Ex_Opp	0.262**	2.500	0.064**	2.285
ComR_Val	<--	In_Rat	0.127**	2.240	0.114*	1.746
ComR_Val	<--	Ex_Rat	0.125**	1.998	0.137**	2.545
ComR_Val	<--	ES	0.218***	4.277	0.142***	5.000
ComR_Val	<--	EA	0.122**	2.608	0.133***	2.756
ComR_Val	<--	EI	−0.597***	−4.266	−0.525***	−4.168
ComR_Val	<--	HO	0.019*	1.892	0.115***	2.626
ComR_Val	<--	BRC	0.088*	1.712	0.042**	2.382
ComR_Val	<--	GD	0.078	1.568	0.079*	1.937
ComR_Val	<--	CO	−0.044*	−1.854	−0.096	−1.529
ComR_Val	<--	LP	0.340***	2.965	0.289***	3.075
外部载荷						
InH_Pre	<--	In_Pre	1.000	—	1.000	—
InP_Pre	<--	In_Pre	1.124***	3.453	0.886***	6.403
ExS_Pre	<--	Ex_Pre	1.000	—	1.000	—
ExC_Pre	<--	Ex_Pre	0.928***	6.535	1.339***	2.818

续表

路径			高经济距离组 (N=289)		低经济距离组 (N=278)	
			Est.	C.R.	Est.	C.R.
InM_Opp	<--	In_Opp	1.000	—	1.000	—
InC_Opp	<--	In_Opp	0.583***	8.114	1.076***	4.649
ExM_Opp	<--	Ex_Opp	1.000	—	1.000	—
ExC_Opp	<--	Ex_Opp	0.808***	3.221	0.947***	5.238
InO_Rat	<--	In_Rat	1.000	—	1.000	—
InS_Rat	<--	In_Rat	1.358***	4.093	0.857***	4.991
ExR_Rat	<--	Ex_Rat	1.000	—	1.000	—
ExE_Rat	<--	Ex_Rat	0.679***	5.841	0.896***	7.055
模型拟合效果						
模型拟合指标	CMIN/DF	RMSEA	CFI	NFI	IFI	TLI
高经济距离组	1.987	0.070	0.948	0.940	0.946	0.936
低经济距离组	1.996	0.069	0.948	0.934	0.952	0.938
参考标准	<3	<0.1	>0.9	>0.9	>0.9	>0.9
$\Delta CMIN$ =46.977（p=0.000）						

注：* $p<0.10$；** $p<0.05$；*** $p<0.01$。

表10-7提供了高低不同法律距离多群组结构方程模型Ⅲ的检验结果，比较高法律距离群组与低法律距离群组的路径系数，结果表明：压力、机会和合理化的内外部因素的影响仍然显著为正，且高法律距离群组下压力、机会和合理化因素的路径系数显著高于低法律距离群组，进一步支持法律距离的调节作用。

表10-7 不同法律距离的多群组结构方程模型Ⅲ检验结果

路径			高法律距离组 (N=287)		低法律距离组 (N=280)	
			Est.	C.R.	Est.	C.R.
ComR_Val	<--	In_Pre	0.549**	2.436	0.194*	1.915
ComR_Val	<--	Ex_Pre	0.600**	2.164	0.185*	1.933
ComR_Val	<--	In_Opp	1.515***	5.309	0.545***	4.366
ComR_Val	<--	Ex_Opp	1.201***	4.142	0.261***	2.876

续表

路径			高法律距离组 (N=287)		低法律距离组 (N=280)	
			Est.	C.R.	Est.	C.R.
ComR_Val	<--	In_Rat	0.177	1.594	0.084*	1.885
ComR_Val	<--	Ex_Rat	0.392*	1.955	0.142*	1.940
ComR_Val	<--	ES	0.174***	4.507	0.210***	4.430
ComR_Val	<--	EA	0.192**	2.208	0.194***	3.119
ComR_Val	<--	EI	-0.682***	-4.909	-0.582***	-4.928
ComR_Val	<--	HO	0.056**	2.423	0.058	1.373
ComR_Val	<--	BRC	0.062	1.158	0.025*	1.865
ComR_Val	<--	GD	-0.015***	-2.891	-0.016**	-2.156
ComR_Val	<--	CO	-0.128*	-1.892	-0.030**	-2.029
ComR_Val	<--	LP	0.306***	3.416	0.328***	3.203
外部载荷						
InH_Pre	<--	In_Pre	1.000	—	1.000	—
InP_Pre	<--	In_Pre	0.755***	9.601	0.950***	9.503
ExS_Pre	<--	Ex_Pre	1.000	—	1.000	—
ExC_Pre	<--	Ex_Pre	0.816***	8.736	0.821***	4.454
InM_Opp	<--	In_Opp	1.000	—	1.000	—
InC_Opp	<--	In_Opp	0.704***	5.745	0.711***	8.144
ExM_Opp	<--	Ex_Opp	1.000	—	1.000	—
ExC_Opp	<--	Ex_Opp	0.911***	4.502	0.896***	7.954
InO_Rat	<--	In_Rat	1.000	—	1.000	—
InS_Rat	<--	In_Rat	0.874***	8.603	0.537***	8.657
ExR_Rat	<--	Ex_Rat	1.000	—	1.000	—
ExE_Rat	<--	Ex_Rat	0.554***	8.156	0.581***	9.760
模型拟合效果						
模型拟合指标	CMIN/DF	RMSEA	CFI	NFI	IFI	TLI
高法律距离组	1.862	0.068	0.931	0.907	0.914	0.905
低法律距离组	1.963	0.089	0.911	0.909	0.911	0.903

续表

路径			高法律距离组 (N=287)		低法律距离组 (N=280)	
			Est.	C.R.	Est.	C.R.
参考标准		<3	<0.1	>0.9	>0.9	>0.9	>0.9
$\Delta CMIN=37.989$ (p=0.000)						

注:* p<0.10;** p<0.05;*** p<0.01。

表10-8提供了高低不同文化距离多群组结构方程模型Ⅲ的检验结果,比较高文化距离群组与低文化距离群组的路径系数,结果表明:压力、机会和合理化的内外部因素的影响仍然显著为正,且高文化距离群组下压力、机会和合理化因素的路径系数显著高于低文化距离群组,进一步支持文化距离的调节作用。

表10-8 不同文化距离的多群组结构方程模型Ⅲ检验结果

路径			高文化距离组 (N=291)		低文化距离组 (N=276)	
			Est.	C.R.	Est.	C.R.
ComR_Val	<--	In_Pre	0.146***	3.984	0.056**	2.084
ComR_Val	<--	Ex_Pre	0.346***	2.823	0.199**	2.370
ComR_Val	<--	In_Opp	0.209*	1.969	0.089**	2.429
ComR_Val	<--	Ex_Opp	0.260*	1.880	0.206**	2.275
ComR_Val	<--	In_Rat	1.450***	5.188	0.560***	3.354
ComR_Val	<--	Ex_Rat	1.771***	5.808	0.603***	4.260
ComR_Val	<--	ES	0.228***	4.892	0.301***	4.492
ComR_Val	<--	EA	0.175**	2.139	0.299**	2.263
ComR_Val	<--	EI	-0.677***	-4.762	-0.524***	-4.790
ComR_Val	<--	HO	0.004*	1.845	0.050*	1.680
ComR_Val	<--	BRC	-0.121	-1.276	-0.014*	-1.720
ComR_Val	<--	GD	-0.074**	-2.080	0.011	1.270
ComR_Val	<--	CO	-0.102**	-2.106	-0.105*	-1.395
ComR_Val	<--	LP	0.353***	2.723	0.324***	3.874
外部载荷						
InH_Pre	<--	In_Pre	1.000	—	1.000	—

续表

路径			高文化距离组 (N=291)		低文化距离组 (N=276)	
			Est.	C.R.	Est.	C.R.
InP_Pre	<--	In_Pre	1.008***	5.385	0.987***	2.873
ExS_Pre	<--	Ex_Pre	1.000	—	1.000	—
ExC_Pre	<--	Ex_Pre	0.714***	6.395	0.834***	4.732
InM_Opp	<--	In_Opp	1.000	—	1.000	—
InC_Opp	<--	In_Opp	0.524***	6.126	0.811***	7.263
ExM_Opp	<--	Ex_Opp	1.000	—	1.000	—
ExC_Opp	<--	Ex_Opp	0.582***	7.431	0.526***	5.738
InO_Rat	<--	In_Rat	1.000	—	1.000	—
InS_Rat	<--	In_Rat	0.809***	5.698	0.827***	9.313
ExR_Rat	<--	Ex_Rat	1.000	—	1.000	—
ExE_Rat	<--	Ex_Rat	0.601***	5.523	0.597***	3.447
模型拟合效果						
模型拟合指标	CMIN/DF	RMSEA	CFI	NFI	IFI	TLI
高文化距离组	2.718	0.088	0.922	0.888	0.910	0.908
低文化距离组	2.889	0.091	0.924	0.937	0.928	0.922
参考标准	<3	<0.1	>0.9	>0.9	>0.9	>0.9
$\Delta CMIN = 40.418 (p=0.000)$						

注：* $p<0.10$；** $p<0.05$；*** $p<0.01$。

综合分析表10-6、表10-7和表10-8，结果表明：压力、机会和合理化的内外部因素对企业境外合规经营风险水平的影响仍然显著为正，假设H5-1a和H5-1b、H5-2a和H5-2b、H5-3a和H5-3b进一步得到支持。高制度距离群组中，压力、机会和合理化的内外部因素对企业境外合规经营风险水平的路径系数均显著大于低制度距离群组，且经济距离群组中压力因素对企业境外合规经营风险水平的路径系数显著大于法律距离和文化距离群组；法律距离群组中机会因素对企业境外合规经营风险水平的路径系数显著大于经济距离和文化距离群组；文化距离群组中合理化因素对企业境外合规经营风险水平的路径系数显著大于经济距离和法律距离群组。结论进一步验证了假设H5-4a、H5-4b和H5-4c。

第五节 稳健性检验

一、国有与民营性质分样本分析

考虑到"走出去"企业之所以出现境外合规经营风险可能与企业所有权性质有关,例如,研究指出国有企业的一些内在特征会将国有企业的违规行为与非国有企业的违规行为区别开来(Shaheer et al.,2019)。本节将样本按照企业所有权性质的不同,分为国有和民营两组再进行结构方程模型检验,利用分样本的方法处理内生性问题。依据前文,修正后的成因分析结构方程模型 II 具有更好的模型拟合效果,因而我们在稳健性检验中使用模型 II。

表 10-9 提供了不同企业性质下的修正后结构方程模型 II 的检验结果,两组分样本的拟合效果良好。无论是在国有企业组别下还是在民营企业组别下,构成内外部压力因素的海外绩效期望差距、东道国产业竞争程度,构成内外部机会因素的合规控制体系缺陷、东道国监管不确定性,构成内外部合理化因素的高管过度自信倾向、母国产业失范程度对企业境外合规经营风险水平的影响都是正向显著的,表明压力、机会和合理化三角因素增加企业境外合规经营风险。此外,经济距离、法律距离和文化距离对压力、机会和合理化因素均起到正向调节作用,并且经济距离对压力因素的调节作用相比法律距离和文化距离的调节作用更强,法律距离对机会因素的调节作用相比经济距离和文化距离的调节作用更强,文化距离对合理化因素的调节作用相比经济距离和法律距离的调节作用更强。

表 10-9 不同企业所有权的结构方程模型成因分析的稳健性检验结果

路径			国有组 (N=318) Est.	C.R.	民营组 (N=249) Est.	C.R.
ComR_Val	<--	In_Pre	0.276**	2.320	1.322***	4.403
ComR_Val	<--	Ex_Pre	0.966**	2.449	2.013***	3.960
ComR_Val	<--	In_Opp	2.106***	7.222	1.076***	3.184
ComR_Val	<--	Ex_Opp	1.775***	6.217	0.675**	2.226
ComR_Val	<--	In_Rat	1.064**	2.504	0.348*	1.856
ComR_Val	<--	Ex_Rat	0.974*	1.851	0.938**	2.262

续表

路径			国有组 (N=318)		民营组 (N=249)	
			Est.	C.R.	Est.	C.R.
ComR_Val	<--	EID	0.058	1.650	0.036*	1.686
ComR_Val	<--	LID	0.015***	2.586	0.124***	3.594
ComR_Val	<--	CID	0.040**	2.058	0.026**	2.161
ComR_Val	<--	EID×In_Pre	0.179***	3.999	0.128***	3.944
ComR_Val	<--	EID×Ex_Pre	0.206***	2.797	0.085***	2.787
ComR_Val	<--	EID×In_Opp	0.073**	2.426	0.051**	2.068
ComR_Val	<--	EID×Ex_Opp	0.084**	2.376	0.025**	2.494
ComR_Val	<--	EID×In_Rat	0.008**	2.075	0.032**	2.001
ComR_Val	<--	EID×Ex_Rat	0.031*	1.875	0.017*	1.928
ComR_Val	<--	LID×In_Pre	0.037**	2.119	0.028**	2.141
ComR_Val	<--	LID×Ex_Pre	0.074**	2.053	0.086**	2.560
ComR_Val	<--	LID×In_Opp	0.130***	5.386	0.209***	5.294
ComR_Val	<--	LID×Ex_Opp	0.162***	3.060	0.227***	3.082
ComR_Val	<--	LID×In_Rat	0.019*	1.824	0.147*	1.788
ComR_Val	<--	LID×Ex_Rat	0.038*	1.841	0.011*	1.861
ComR_Val	<--	CID×In_Pre	0.017**	2.084	0.129**	2.066
ComR_Val	<--	CID×Ex_Pre	0.006**	2.153	0.022**	2.076
ComR_Val	<--	CID×In_Opp	0.013**	2.557	0.043***	2.593
ComR_Val	<--	CID×Ex_Opp	0.020**	2.300	0.006**	2.309
ComR_Val	<--	CID×In_Rat	0.191***	3.409	0.270***	3.520
ComR_Val	<--	CID×Ex_Rat	0.346***	4.226	0.067***	4.207
ComR_Val	<--	ES	0.535***	4.916	0.561***	4.872
ComR_Val	<--	EA	0.466***	3.614	0.519***	3.679
ComR_Val	<--	EI	-0.163**	-2.305	-0.144**	-2.249
ComR_Val	<--	HO	0.031	0.259	0.002	0.365
ComR_Val	<--	BRC	0.497**	2.071	0.347**	2.099
ComR_Val	<--	GD	0.208	1.015	0.229	1.032
ComR_Val	<--	CO	-0.075	-1.065	-0.004	-1.177

续表

路径			国有组 (N=318)		民营组 (N=249)	
			Est.	C.R.	Est.	C.R.
ComR_Val	<--	LP	0.114**	2.013	0.180**	2.032
模型拟合效果						
模型拟合指标	CMIN/DF	RMSEA	CFI	NFI	IFI	TLI
国有组	1.989	0.078	0.905	0.904	0.911	0.912
民营组	1.993	0.092	0.912	0.902	0.898	0.907
参考标准	<3	<0.1	>0.9	>0.9	>0.9	>0.9

注：* $p<0.10$；** $p<0.05$；*** $p<0.01$。

二、英美与大陆法系分样本分析

一国法系归属在规则制定和行为判别上扮演了纲领性的关键角色。当前全球法系围绕私人权益保护的不同主要分为英美法系和大陆法系。英美法系强调程序与判例，避免定式化的法律规范；大陆法系崇尚规则，具有逻辑缜密的规范法系特征。东道国法系源流的不同会在制度方面影响企业境外合规经营风险。在控制不同东道国法系的影响后，本节重新检验了所有假设。成因检验结果如表10-10所示。压力、机会和合理化的内外部构成因素以及制度距离的影响再次得到了验证。

表10-10 不同东道国法系的结构方程模型成因分析的稳健性检验结果

路径			英美法系组 (N=354)		大陆法系组 (N=213)	
			Est.	C.R.	Est.	C.R.
ComR_Val	<--	In_Pre	0.276***	4.333	0.310***	4.449
ComR_Val	<--	Ex_Pre	1.001***	3.940	0.963***	3.959
ComR_Val	<--	In_Opp	1.098***	3.219	1.084***	3.208
ComR_Val	<--	Ex_Opp	0.671**	2.211	0.686**	2.219
ComR_Val	<--	In_Rat	0.834**	2.070	0.856**	2.075
ComR_Val	<--	Ex_Rat	0.966***	5.269	0.938***	5.351
ComR_Val	<--	EID	0.196***	3.657	0.053*	1.696

续表

路径			英美法系组 (N=354)		大陆法系组 (N=213)	
			Est.	C.R.	Est.	C.R.
ComR_Val	<--	LID	0.223***	4.582	0.083**	2.567
ComR_Val	<--	CID	0.046**	2.065	0.221***	5.160
ComR_Val	<--	EID×In_Pre	0.644***	3.995	0.114***	3.956
ComR_Val	<--	EID×Ex_Pre	0.486***	5.820	0.072***	2.794
ComR_Val	<--	EID×In_Opp	0.083**	2.409	0.027**	2.053
ComR_Val	<--	EID×Ex_Opp	0.060**	2.399	0.021**	2.480
ComR_Val	<--	EID×In_Rat	0.028**	2.089	0.015**	2.024
ComR_Val	<--	EID×Ex_Rat	0.039*	1.905	0.023*	1.925
ComR_Val	<--	LID×In_Pre	0.052**	2.119	0.017**	2.137
ComR_Val	<--	LID×Ex_Pre	0.057**	2.069	0.033**	2.549
ComR_Val	<--	LID×In_Opp	0.468***	5.400	0.194***	5.321
ComR_Val	<--	LID×Ex_Opp	0.357***	3.047	0.208***	3.111
ComR_Val	<--	LID×In_Rat	0.102*	1.823	0.035*	1.774
ComR_Val	<--	LID×Ex_Rat	0.068*	1.810	0.020*	1.836
ComR_Val	<--	CID×In_Pre	0.012**	2.122	0.091**	2.058
ComR_Val	<--	CID×Ex_Pre	0.005**	2.151	0.060**	2.087
ComR_Val	<--	CID×In_Opp	0.034**	2.562	0.050**	2.573
ComR_Val	<--	CID×Ex_Opp	0.026**	2.301	0.032**	2.302
ComR_Val	<--	CID×In_Rat	0.122***	3.409	0.284***	3.528
ComR_Val	<--	CID×Ex_Rat	0.173***	4.238	0.210***	4.227
ComR_Val	<--	ES	0.531***	4.933	0.578***	4.868
ComR_Val	<--	EA	0.470***	3.619	0.480***	3.664
ComR_Val	<--	EI	−0.165**	−2.289	−0.128**	−2.226
ComR_Val	<--	HO	0.016	0.275	0.033	0.372
ComR_Val	<--	BRC	0.510**	2.069	0.363**	2.104
ComR_Val	<--	GD	0.230	1.016	0.216	1.002
ComR_Val	<--	CO	−0.035	−1.101	−0.015	−1.185
ComR_Val	<--	LP	0.102**	1.996	0.169**	2.033

续表

路径		英美法系组 (N=354)		大陆法系组 (N=213)	
		Est.	C.R.	Est.	C.R.
模型拟合效果					
模型拟合指标	CMIN/DF	RMSEA	CFI	NFI	IFI	TLI
英美法系组	2.694	0.077	0.932	0.941	0.935	0.918
大陆法系组	2.294	0.095	0.914	0.908	0.905	0.905
参考标准	<3	<0.1	>0.9	>0.9	>0.9	>0.9

第六节　本章小结

本章旨在实证性检验内外部压力、机会和合理化因素对增加企业境外合规经营风险水平的影响，比较经济距离、法律距离和文化距离三种制度距离在对压力、机会和合理化因素中的调节效应的差异，以期对企业境外合规经营风险成因因素做出更深入的探讨。本章以2009至2019年中国"走出去"境外经营企业为研究样本，包含189个涉及境外经营违规事件的中国企业样本和378个通过倾向得分匹配法获取的境外合规经营中国企业样本进行实证分析，验证了第五章提出的核心假设。然后，本章分别按照不同企业性质和不同东道国法系分样本进行稳健性检验和分类讨论，再次支持研究结论可靠性。研究发现：压力、机会和合理化因素将增加"走出去"企业境外合规经营风险水平，并且经济距离、法律距离和文化距离均对三角因素起调节作用，其中经济距离对压力因素的调节作用、法律距离对机会因素的调节作用和文化距离对合理化因素的调节作用尤为显著。

第十一章

法经济学视角下的"走出去"企业境外合规经营风险防范的传导机制研究

本章借助法经济学视角,独特地结合商业不端行为的"坏苹果""坏掉的苹果桶"和"坏地窖"理论,构建"合规动机—跨国公司合法性—境外合规风险防范"的系统性境外合规经营风险防范框架,探索高管薪酬、内部控制是否能够通过跨国经营合法性的中介影响起到境外合规经营风险防范作用以及制度距离的调节作用,采取2009—2019年中国上市公司"走出去"境外经营企业样本进行实证分析。本章试图从法经济学角度理解企业境外违法和合法行为,从个人、组织、系统三个层次综合探讨企业境外合规经营风险防范对策,为当前跨国企业防范国际商业中日益增加的境外合规经营风险提供重要启示。本章结构安排如下:第一节提供三个假设的发展,为后续的实证研究进行铺垫;第二节阐述了样本选择、变量定义与测度方法;第三节说明实证模型构建;第四节分析了实证结果;第五节为本章小结。

第一节 理论分析与假设提出

Ertz等学者(2019)将商业中不端行为归结为三个层次因素:(1)个人特征:"坏苹果"(Kish-Gephart et al.,2010);(2)情境层面的组织内部组织环境特征:"坏掉的苹果桶"(Muzio et al.,2016);(3)系统层面的外部制度特征:"坏苹果桶的制造者"(Palmer,2012)。

一、境外合规经营合法性与境外合规经营风险防范

Suchman(1995)指出,当某主体的行为在特定的规范和价值体系下被社会普遍地接受和认可,则该主体具有合法性。境外经营合法性涉及东道国利益相关者对跨国企业境外经营行为的普遍认知和预期,而跨国企业的行为应与东道国的社会性系统(如价值观、信仰、规定等)相契合。研究关注组织合法性水平,跨国经营

时企业行动策略与组织合法化之间存在某种内嵌的互动机制(Vaara and Tienari, 2017)。Scott(1995)划分了如下三种合法性的主要形式:基于政治法律许可的规制合法性、基于社会价值认可的规范合法性以及基于普遍心理预期的认知合法性。若企业不重视自身合法性构建,则将成为境外合规经营风险的来源。即使合法的调整成本很高,合法性也有助于遵守法规(Chayes and Chayes, 1998; Zürn and Joerges, 2005)。跨国企业合法性意味着企业境外经营活动符合东道国社会道德期望,有助于提升其与东道国社会公众的关系(Wang et al., 2012),享有业内良好声誉(Fombrun et al., 2000)。通过非市场战略等提升合法性有利于调解跨国公司与东道国的紧张关系,避免冲突(Saïd et al., 2019),进而起到防范境外合规经营风险的作用。

二、合规动机因素与境外合规经营合法性

(一)个人层面:高管薪酬与境外合规经营合法性

根据"坏苹果假说"(Coleman, 1987; Dixon-Woods et al., 2011),商业行为不端是由于管理者具有人格缺陷或陷入错误的价值体系。提升高管薪酬能起到提升合法活动净收入和从事非法活动成本的作用,防止管理者通过受贿、虚假陈述、财务操纵等违规方式获得补偿和额外满足。一方面,企业违规与高管行为密切相关,若违规的机会成本很低,则贪欲过剩、意志不坚定的管理者便会选择违规手段增加收入。因此提高违规机会成本,是对违规行为进行源头治理的有效途径。"高薪养廉",高薪在一定程度上提升了违规的机会成本,避免权力寻租和腐败。对高管的合理激励能够降低代理成本,使高管更加关注企业境外合规经营风险并倾向于选择相对稳健的境外经营策略,防止高管变成"坏苹果",最终污染了果园的其余部分。企业境外经营合法性缺失造成的高管声誉受损的顾虑(Holmstrom, 1999; Dunbar and Schwalbach, 2000),也能有效抑制道德风险。另一方面,提升高管薪酬在一定程度上可以修正高管的错误价值体系,避免其成为坏苹果,陷入商业不端行为。高管薪酬的激励理论认为高薪是高管给企业带来的高效益的结果(Conyon, 2006)。对高管进行薪酬激励,能促使其投入合规工作,提高企业合规保障水平(Adithipyangkul and Leung, 2018),促进企业绩效提升(Conyon, 2006),导致从事合法活动能够获得比从事非法活动的更大利润,带来企业合规动机。高薪吸引高素质和高能力的管理者(Carpenter et al., 2001),其具备的较高的社会资本和人力资本增强各利益主体对企业的认同(McDonald et al., 2008),有利于企业降低境外合规经营风险。故提出假设H11-1a和假设H11-1b。

H11-1a:高管薪酬与境外合规经营风险之间存在直接的负向相关关系。

H11-1b:高管薪酬越高,境外经营合法性越高,进而降低境外合规经营风险。

(二)组织层面:内部控制与境外合规经营合法性

基于"红桶"理论,即"坏掉的苹果桶"假说,组织内部环境影响个人违规与合规经营策略选择(Goldberg and Carr,2011)。若要减少企业不端行为,则需具备有效的内部控制环境。系统性的、完整的、严密的、快速响应的内部控制制度,能够在一定程度上提升违规的直接成本,避免监管漏洞(Donelson et al.,2017),减少违规的有利条件。有效的内部控制弱化企业违规动机,进而修复坏掉的"苹果桶",限制机会主义行为(Yin et al.,2020),减少犯下不当行为的机会。在较高的内部控制水平下,跨国企业提前研判东道国行业的监管趋势,部署动态合规计划,减轻诉讼风险(Mao and Meng,2013)。进一步的,作为被组织广泛运用以寻求合法性的手段(Weaver et al.,1999),较高的内部控制质量可促进企业适应规制、规范和认知的合法性要求,进而获得境外经营合法性,并最终降低境外合规经营风险。高质量的内部控制,增加了违法成本,削弱了信息不对称,进而提升了违法行为被发现查处的概率,这起到了防范境外合规经营风险的作用。综上所述,有效的内部控制通过提升运营透明度,有效缓解信息不对称,提升违规直接成本,进而约束管理者的利己行为。内部控制对境外合规经营风险的防范作用来源于境外经营合法性的中介作用。据此,提出假设 H11-2a 和假设 H11-2b。

H11-2a:内部控制与境外合规经营风险之间存在直接的负向相关关系。

H11-2b:内部控制越高,越有利于境外经营合法性获取,进而降低境外合规经营风险。

(三)系统层面:制度距离的调节作用

生态学的观点暗示了"坏地窖"(Muzio et al.,2016),即"坏苹果桶的制造者"假说,商业不端行为是由各种宏观环境力量对个人和组织施加压力而产生的。基于制度视角,防止跨国公司子公司不当行为的主要因素来自制度压力,包括监管、规范和认知压力方面(Park et al.,2021)。制度距离为不同国家在经济、政治、文化等制度环境方面的差异(Kostiva,1996),母国和东道国的制度距离为跨国公司带来国内公司所未面临的关系性和歧视性风险,即"外来者劣势"(Boehe,2011)。东道国与母国的制度距离较小,便于企业对东道国的社会结构、政策法规、风俗习惯、商业习惯、消费者偏好和行为模式等有深刻而准确的了解(Asmussen,2009),促进东道国利益相关者的消极片面刻板印象(Rangan,2004)的转变。较低的制度距离有效强化当地社区交流,提高本地员工对企业的认同感,便于企业与东道国利益方展开更深层次的信息交互和行为互动,进而显著提升东道国经营的本地合法性。由于高管行为与其声誉密切相关(Dunbar and Schwalbach,2000),而在制度距离较大的情境下,高管违规行为对声誉受损的影响较小,因此容易激发高管的逆向选择和道德风险,这导致境外合规经营风险加剧。而当制度距离较小时,企业较为熟悉东道国的监督机制和惩罚机制,"高薪养廉"更易实现。据此提出假设H11-3a。

H11-3a:制度距离负向调节高管薪酬与境外经营合法性的正相关关系。

制度距离越大,内部控制对境外经营合法性获取的正向效应越弱。企业在跨国经营过程中既会产生可计算的确定性成本,也会产生与制度距离相关的具有不确定性的社会成本。越大的制度距离带来的高昂"异国经营成本",削弱了内部控制对境外经营合法性的促进作用。较高的制度距离,会阻碍跨国企业与东道国利益相关者的交流(Hitt,2016),造成管理和认知障碍。高制度距离将增加企业境外经营时融入新环境的沟通成本和学习成本,不利于境外经营合法性获取,加剧境外合规经营风险。由于跨国公司的境外活动始终带有母国身份印记,因此积极完善信息透明化和加强舆论引导,有利于扭转东道国对中企的偏见。对于内部控制较高的企业,更倾向于透明财务报告向利益相关者传递正面形象(Kim et al.,2012),而非操纵实际经营活动或管理收益。在较低的制度距离下,高内部控制水平的企业,能够有效降低沟通成本和学习成本,提升企业对东道国法律知识和行业政策的学习效率。在高制度距离情境下,外来者劣势更加显著(Kang and Li,2018;Eden and Lorraine,2004),高制度距离阻碍企业充分发挥自身积极性完善内部控制质量,进而阻碍境外经营合法性水平提升。据此提出假设H11-3b。

H11-3b:制度距离负向调节内部控制与境外经营合法性的正相关关系。

第二节 样本与变量测度

一、样本选择

本研究基于"中国全球投资跟踪"数据库,获取2009—2019年中国有境外直接投资经验的上市公司作为研究样本,样本包括了境外经营违规企业和境外经营合规企业。境外合规经营风险事件的仲裁基于世界银行及多边银行制裁名单、牛津国际投资争议仲裁数据库、国泰安诉讼仲裁事件表等。在剔除保险类、金融类的上市企业,剔除财务数据未披露或数据披露不全面的企业,剔除ST企业以及观测变量上数据缺失的样本后,我们最终得到 116 个样本①。

二、变量定义

境外合规经营风险($Risk_{it}$)。借鉴 John 等学者(2008)、Boubakri 等学者(2013)采用企业盈利的波动性衡量企业风险,本研究以包含合规经营风险事件在内的观测时段内的企业盈利波动来度量企业境外合规经营风险。具体地,以三年为一个观测时段计算企业盈利的波动性,关注企业遭遇境外合规经营风险事件年份 t 的三年内(t-1 年至 t+1 年)的盈利波动性,即 $\sigma(ROA_i)$。ROA_i 为企业 i 对应遭遇境外合规经营风险年度的净利润与当年末资产总额的比率。为剔除行业异质性影响,采用经行业调整的 ROA 的标准差以衡量企业境外合规经营风险水平。

内部控制($Internal_{it}$)。深圳迪博数据库为中国专业、权威的内部控制信息数据库,在中国研究中广泛使用(Li et al.,2019;Huang and Huang,2020)。迪博内部控制指数基于内部控制五要素视角(内部环境、风险评估、控制活动、信息与沟通、内部监督)构建,反映了从信息披露角度反映的中国上市公式内部控制水平。本研究运用 DIB 迪博内部控制数据库中的数据,以该数据库中的内部控制指数的自然对数衡量上市公司内部控制水平。

高管薪酬($Compensa_{it}$)。本研究采用企业前三名高管薪酬总额的自然对数来代表高管薪酬。高管薪酬包括工资、奖金和激励型报酬如股权薪酬等。数据来源于企业年报、国泰安数据库。

境外经营合法性($Legitimacy_{it}$)。我们以规制合法性、规范合法性、认知合法性三个维度经归一化处理后的均值衡量境外经营合法性。(1)企业通过遵守海外政府的管制获得规制合法性(Certo and Hodge,2007)。规制合法性采用合规信息披露项目衡量。企业的境外经营合规信息披露项目数量越多说明企业在遵守东道国法律法规方面更具合法性地位。(2)规范合法性关注企业境外经营行为是否遵循社会规范和传统,采用反映媒体报道倾向性的 Janis-Fadner 系数(Janis and Fadner,1943)衡量。计算公式为:

$$\text{Janis-Fadner 系数} = \begin{cases} \dfrac{\epsilon^2 - ec}{t^2} & e > c \\ \dfrac{ec - c^2}{t^2} & e < c \\ 0 & e = c \end{cases}$$

---

① 116 个最终样本包括了有不当行为和没有不当行为的企业。针对有不当行为问题的企业,以企业遭遇第一次境外合规经营风险事件作为研究对象进行观测。

其中 e 为正面媒体报道总数，c 为负面媒体报道总数，t 为报道总数。(3)认知合法性反映企业利益相关者所认知的信息与企业行为的一致性程度，而企业在社会网络中所处中心位置更易于获得外部主体认可(Adler and Kwon, 2002)，采用企业在境外合作网络中的中心性位置衡量认知合法性。数据来源于国泰安数据库企业社会责任报告、上市公司年报和相关的新闻报道、Bvd 数据库。

制度距离($Institu_{it}$)。本研究主要关注正式制度距离，使用世界银行公布的国家治理指标(WGI)作为衡量指标。该指标有六个维度：话语权和问责制，政治稳定性，政府效率，监管质量，法制，腐败控制，比较系统地反映了政府治理环境的质量。本研究使用东道国与母国的国家治理指标六个维度来反映正式制度距离。借鉴 Kogut and Singh(1988)，对东道国与母国之间制度距离计算的公式：$D_{jt} = \frac{1}{6}\sum_{k=1}[(I_{kt} - I_{jkt})^2 / V_{lk}]$，其中 I_{kt} 和 I_{jkt} 分别是第 t 年中国与 j 国在第 k 个制度维度上的得分，V_{lk} 为所有样本国家在第 k 个制度维度上的方差。

控制变量。当企业业绩与经营状况恶化时，公司更容易遭遇法律风险(Field et al., 2005)，因此本研究控制公司成长性($Growth_{it}$)和财务杠杆(Lev_{it})的影响。Growth=(期末营业收入-期初营业收入)/期初营业收入。Lev=期末负债总额/期末资产总额。企业的基本特征也会对遭遇合规经营风险产生影响，因此控制了公司规模($Size_{it}$)，用期末资产总额的自然对数来衡量。此外，采用市场年 beta 值对系统风险因素($Beta_{it}$)进行控制。已有研究证实良好的双边关系($Bilateral_{it}$)能够降低投资环境的不确定性，降低投资风险(Long and Leeds, 2006)。双边投资协定可保证跨国企业的直接投资不被非法征收和侵犯，为境外合规经营提供公平开放的环境，具有承诺效应(Hallward and Riemeier, 2003)和信号效应(Fearon, 1997)。当国际投资协定已签署时，则说明双边关系较为稳固，赋值为 1；当未与东道国签署时，赋值为 0。数据来源于 UNCTAD 提供的国际投资协议。同时，按照联合国《国际标准产业分类》(ISIC)中的产业分类，设置行业虚拟变量($Industry_i$)，用来控制行业因素的影响。

第三节 模型构建

为检验高管薪酬与内部控制对境外合规经营风险的影响，即本章提出的假设 H11-1a 和 H11-2a，构建了如下实证模型，并采用普通最小二乘法(OLS)基于

Stata 进行实证分析,具体模型如下:

$$Risk_{it} = \beta_0 + \beta_1 Compensa_{it} + \beta_2 Internal_{it} + \beta_3 Growth_{it} + \beta_4 Lev_{it} + \beta_5 Size_{it} + \beta_6 Beta_{it} + \sum Industy + \varepsilon_{it} \quad (11-1)$$

上述模型中,境外合规经营风险 $Risk_{it}$ 为因变量,高管薪酬 $Compensa_{it}$ 和内部控制 $Internal_{it}$ 分别为自变量,系数 β_1 和 β_2 分别衡量了高管薪酬和内部控制对境外合规经营风险的影响,根据前文分析,本书预期 β_1 和 β_2 均显著为负。

为检验假设 H11-1b 和 H11-2b,根据 Baron 和 Kenny(1986)的中介效应检验方法,针对境外经营合法性是否在高管薪酬和内部控制影响境外合规经营风险中发挥中介作用进行检验,我们将待检验的模型设定为:

$$Legitimacy_{it} = \beta_0 + \beta_1 Compensa_{it} + \beta_2 Internal_{it} + \beta_3 Growth_{it} + \beta_4 Lev_{it} + \beta_5 Size_{it} + \beta_6 Beta_{it} + \sum Industy + \varepsilon_{it} \quad (11-2)$$

$$Risk_{it} = \beta_0 + \beta_1 Compensa_{it} + \beta_2 Internal_{it} + \beta_3 Legitimacy_{it} + \beta_4 Growth_{it} + \beta_5 Lev_{it} + \beta_6 Size_{it} + \beta_7 Beta_{it} + \sum Industy + \varepsilon_{it} \quad (11-3)$$

为检验假设 H11-3a 和 H11-3b,即制度距离对高管薪酬和内部控制与境外经营合法性间关系的调节效应,将模型设定为:

$$Risk_{it} = \beta_0 + \beta_1 Compensa_{it} + \beta_2 Internal_{it} + \beta_3 Institu_{it} + \beta_4 Institu_{it} \times Compensa_{it} + \beta_5 Institu_{it} \times Internal_{it} + \beta_6 Growth_{it} + \beta_7 Lev_{it} + \beta_8 Size_{it} + \beta_9 Beta_{it} + \sum Industy + \varepsilon_{it} \quad (11-4)$$

第四节 实证结果分析

一、相关性分析

表 11-1 显示了主要变量之间的相关系数检验结果,可知高管薪酬和内部控制与境外合规经营风险分别在 5% 和 1% 的水平上显著负相关,表明高管薪酬和内部控制水平越高,企业境外合规经营风险越低,初步证明了假设 H11-1a 和 H11-2a。其他主要变量之间相关性系数绝对值较小,表明模型中不存在严重的多重共线性问题。

表 11-1　主要变量的 Pearson 相关性分析

	Risk	Compensa	Internal	Growth	Lev	Size	Beta	Bilateral
Risk	1							
Compensa	−0.234**	1						
Internal	−0.152***	0.023	1					
Growth	−0.032	0.067***	0.033	1				
Lev	0.178**	−0.113	−0.039***	−0.110	1			
Size	−0.032***	0.143***	0.154***	0.092***	−0.018	1		
Beta	0.003**	−0.185	−0.057	−0.029	0.103**	−0.052*	1	
Bilateral	−0.021	0.318	−0.081***	0.192***	−0.082*	0.012	−0.278	1

注：***、**、*分别表示在1%、5%、10%的水平上显著。Risk 为境外合规经营风险、Compensa 为高管薪酬、Internal 为内部控制水平、Growth 为企业成长性、Lev 为企业财务杠杆、Size 为企业规模、Beta 为市场系统风险、Bilateral 为双边关系。

二、单变量分析

本部分将样本分别按照高管薪酬和内部控制水平的中位数分别分为高低两组，对两组样本的境外合规经营风险进行对比分析。分析结果如表 11-2 所示：从均值角度分析，高管薪酬高的样本组均值为 2.541，高管薪酬低的样本组均值为 2.553；内部控制高的样本组均值为 2.539，内部控制低的样本组均值为 2.558，从中位数角度分析得出类似结果。t 检验结果表明两组的差异在 5% 的水平上显著。以上结果表明，与高管薪酬和内部控制水平低的上市公司相比，高管薪酬和内部控制水平高的企业遭遇境外合规经营风险程度显著较低，初步支持了本书的假设 H11-1a 和 H11-2a。

表 11-2　单变量组间差异检验：境外合规经营风险

变量	样本	观测值	均值检验		中位数检验	
			均值	T 值	中位数	Z 值
高管薪酬	高管薪酬高	58	2.541	2.341**	2.517	2.342**
	高管薪酬低	58	2.553	—	2.529	—
内部控制	内部控制高	58	2.539	4.213**	5.515	3.234*
	内部控制低	58	2.558	—	5.530	—

注：***、**、*分别表示在1%、5%、10%的水平上显著。均值检验采用 t 检验，中位数检验采用 Wilcoxon 秩和检验。

三、回归分析

表 11-3 的列(1)、(2)、(3)显示了根据模型(11-1)计算的 OLS 回归结果,由第(3)列的结果可看出,高管薪酬($\beta=-0.4571$,p<0.01)和内部控制($\beta=-0.1720$,p<0.01)与境外合规经营风险均在1%的水平上显著负相关,验证了本书提出的研究假设 H11-1a 和 H11-2a。

表 11-3　高管薪酬、内部控制与境外合规经营风险:OLS 回归

变量	OLS 回归结果		
	(1)	(2)	(3)
$Compensa$	−0.4654*** (−5.89)	—	−0.4571*** (−6.68)
$Internal$	—	−0.1721*** (−4.34)	−0.1720*** (−4.75)
$Growth$	−0.0034** (−2.45)	−0.0056** (−2.18)	−0.0041 (−1.37)
Lev	0.0090** (2.28)	0.0089 (1.25)	0.0083** (2.57)
$Size$	−0.2389*** (−6.80)	−0.2367*** (−6.42)	−0.2298** (−2.66)
$Beta$	0.0014 (1.12)	0.0023* (2.02)	0.0021 (1.37)
$Bilateral$	−0.0171*** (−8.13)	−0.0168*** (−7.81)	−0.0123*** (−8.82)
$\_Cons$	0.6322*** (10.21)	0.6334*** (10.23)	0.6742*** (10.21)
Ind	Control	Control	Control
$R^2\_adjusted$	0.2501	0.3031	0.2782

注:***、**、* 分别表示在1%、5%、10%的水平上显著。括号内数值为对应系数的T值。因变量 Risk 为境外合规经营风险、Compensa 为高管薪酬、Internal 为内部控制水平、Growth 为企业成长性、Lev 为企业财务杠杆、Size 为企业规模、Beta 为市场系统风险、Bilateral 为双边关系,_Cons 为常数项,Ind 为产业虚拟变量,$R^2\_adjusted$ 为调整后的 R 平方值。

四、路径检验分析

根据上文分析,高管薪酬和内部控制对境外合规经营风险存在显著影响,而境外经营合法性是产生这一影响效应的主要内在机制。基于此,本研究进一步分析与检验高管薪酬和内部控制影响境外合规经营风险的作用路径,即是否通过境外经营合法性影响了境外合规经营风险。特别的,本部分还检验了制度距离对高管薪酬和内部控制与境外经营合法性间关系的调节效应。

(一)基于境外经营合法性的中介效应路径检验

基于式(11-1)、式(11-2)和式(11-3),中介效应检验步骤为:第一,考察式(11-1)中系数β_1和β_2的显著性,即直接效应;第二,检验高管薪酬和内部控制对境外经营合法性的影响,考察式(11-2)中系数β_1和β_2的显著性;第三,检验在控制了境外经营合法性的情况下,高管薪酬和内部控制对境外合规经营风险的影响,考察式(11-3)中系数β_1、β_2和β_3的显著性。根据检验原理,如果式(11-1)的系数β_1和β_2、式(11-2)的系数β_1和β_2和式(11-3)的系数β_1、β_2和β_3均显著,并且式(11-3)的β_1和β_2的绝对值显著低于式(11-1)的β_1和β_2的绝对值,那么说明境外经营合法性具有部分中介效应;如果式(11-1)的β_1和β_2、式(11-2)的β_1和β_2和式(11-3)的β_3均显著,而式(11-3)的β_1和β_2不再显著,则说明境外经营合法性具有完全的中介效应。

表11-4列示了式(11-2)和式(11-3)的回归结果,其中第(1)、(2)、(3)列分别为高管薪酬和内部控制对境外经营合法性的单独和联合的回归结果。可以看出,在控制其他影响因素的影响之后,高管薪酬($\beta=0.3829$, p<0.05)和内部控制($\beta=0.2120$, p<0.05)与境外经营合法性显著正相关,说明高管薪酬和内部控制水平越高,企业的境外经营合法性水平越高。第(4)(5)(6)列是在控制了境外经营合法性的情况下,高管薪酬和内部控制对境外合规经营风险的回归结果。可以看出,高管薪酬、内部控制和境外经营合法性的回归系数均显著不为0,且高管薪酬、内部控制的系数绝对值0.1224和0.0328小于式(11-1)中系数绝对值0.4571和0.1720。由于以上系数均显著,不需要进行Sobel检验。回归结果表明高管薪酬和内部控制在一定程度上通过境外经营合法性影响了境外合规经营风险,假设H11-1b和H11-2b得证。

表11-4 中介效应检验:境外经营合法性

变量	(1) Legitimacy	(2) Legitimacy	(3) Legitimacy	(4) Risk	(5) Risk	(6) Risk
Compensa	0.3378** (2.28)	—	0.3829** (2.30)	−0.1201** (−2.04)	—	−0.1224** (−2.23)
Internal	—	0.2838*** (6.28)	0.2120** (2.19)	—	−0.0420*** (−3.59)	−0.0328*** (−3.51)
Legitimacy	—	—	—	−0.1291** (−2.54)	−0.1210** (−2.24)	−0.1266** (−2.27)
Growth	0.0216*** (3.71)	0.0515** (2.42)	0.0409* (1.92)	−0.0021** (−2.13)	−0.0034** (−2.55)	−0.0021** (−2.21)
Lev	−0.0319*** (−3.14)	−0.0321*** (−3.22)	−0.0332*** (−3.12)	0.0015* (1.89)	0.0011 (1.01)	0.0021 (1.12)
Size	0.1292 (0.83)	0.3912 (0.40)	0.2312 (0.72)	−0.2523** (−2.29)	−0.2523** (−2.29)	−0.2523** (−2.29)
Beta	−0.2130*** (−5.35)	−0.2277*** (−6.25)	−0.2158*** (−5.38)	0.0030** (2.20)	0.0038** (2.19)	0.0037** (2.29)
Bilateral	0.3498*** (3.84)	0.3412*** (4.21)	0.3230*** (3.93)	−0.0219*** (−5.14)	−0.0221*** (−5.30)	−0.0201*** (−6.21)
_Cons	9.3281*** (7.03)	9.1281*** (7.27)	9.3121*** (7.21)	7.3281*** (11.39)	7.3281*** (11.18)	7.3281*** (11.23)
Ind	Control	Control	Control	Control	Control	Control
R^2_adjusted	0.1892	0.1921	0.1791	0.2031	0.2021	0.2190

注:***、**、*分别表示在1%、5%、10%的水平上显著。括号内数值为对应系数的T值。Risk为境外合规经营风险、Compensa为高管薪酬、Internal为内部控制水平、Legitimacy为境外经营合法性、Growth为企业成长性、Lev为企业财务杠杆、Size为企业规模、Beta为市场系统风险、Bilateral为双边关系、_Cons为常数项,Ind为产业虚拟变量,R^2_adjusted为调整后的R平方值。

(二)基于制度距离的调节效应路径检验

为了检验制度距离对高管薪酬和内部控制与境外经营合法性间关系的调节效应,基于式(11-4),本书对调节效应进行分层回归分析。为避免交互项出现多重共线性问题,首先对变量进行中心化处理,然后按照如下三个步骤进行执行,分别对应表11-5的模型a、b、c。第一步:引入控制变量,如表11-5中模型a所示;

第二步:引入自变量高管薪酬和内部控制,同时引入调节变量制度距离。模型 b 的结果显示:制度距离对境外经营合法性的主效应显著为负(β = -0.173,p<0.05),这表明制度距离对境外经营合法性具有负向作用。第三步:引入自变量与调节变量的交互项,即高管薪酬×制度距离和内部控制×制度距离。模型 c 的回归结果显示:(1)制度距离与高管薪酬的交互作用对境外经营合法性的作用效果不显著(β =-0.214,p>0.10);(2)制度距离对内部控制与境外经营合法性间的关系具有显著负向调节作用(β =-0.283,p<0.05)。表明假设 H11-3a 不成立而假设 H11-3b 成立。因此,"走出去"企业境外经营时,较小的制度距离有助于"走出去"企业充分发挥内部控制优势,获取境外经营合法性,突破外来者劣势。制度距离对高管薪酬的调节作用均不显著,可能是因为企业更为关注自身高管薪酬水平与东道国高管薪酬水平的关联,企业的境外经营合法性水平更受到东道国行业高管薪酬整体水平的影响,因而制度距离起到的对高管薪酬和境外经营合法性的关系的调节作用被削弱。

表 11-5 调节效应检验:制度距离

步骤	变量	模型 a 标准化回归系数	模型 a T统计量	模型 b 标准化回归系数	模型 b T统计量	模型 c 标准化回归系数	模型 c T统计量
第一步	_Cons	—	0.23	—	0.89	—	0.65
	Growth	0.022	1.62	0.041	1.08	0.033	0.18
	Lev	0.087	1.54	0.076	0.97	0.821	0.94
	Size	0.139	0.85	0.125	0.51	0.176	0.83
	Beta	-0.031	-0.18	-0.073	-0.95	-0.065	0.92
	Bilateral	0.208*	1.68	0.232	1.11	0.247	—
第二步	Compensa	—	—	0.325**	2.28	0.318***	3.29
	Internal	—	—	0.114***	3.36	0.165***	5.91
	Institu	—	—	-0.173**	-2.05	-0.124**	-2.24
第三步	Compensa×Institu	—	—	—	—	-0.214	-1.23
	Internal×Institu	—	—	—	—	-0.283**	-2.30
	Ind	Control	Control	Control	Control	Control	Control
R^2_adjusted		—	0.004	—	0.268	—	0.286
R^2 change		—	0.009	—	0.260	—	0.271

续表

步骤	变量	模型a 标准化回归系数	T统计量	模型b 标准化回归系数	T统计量	模型c 标准化回归系数	T统计量
F change	—	1.778	—	56.013	—	3.202	—
Sig. F change	—	0.189	—	0.005	—	0.008	—

注：***、**、* 分别表示在1%、5%、10%的水平上显著。模型a、b、c的被解释变量Risk为境外合规经营风险、Compensa为高管薪酬、Internal为内部控制水平、Legitimacy为境外经营合法性、Institu为制度距离、Compensa×Institu为高管薪酬与制度距离的交互项、Internal×Institu为内部控制与制度距离的交互项、Growth为企业成长性、Lev为企业财务杠杆、Size为企业规模、Beta为市场系统风险、Bilateral为双边关系，_Cons为常数项，R^2_adjusted为调整后的R平方值、R^2change为R平方变化值、F change为F统计量变化值、Sig.F change为F统计量变化值的显著性水平。

五、稳健性检验

（一）变更境外合规经营风险度量方法

本部分使用境外经营处罚程度重新计算境外合规经营风险，以验证上述结论的稳健性。惩罚数据来源于世界银行、多边银行的制裁名单、牛津国际仲裁数据库、国泰安诉讼仲裁事件表、business research center 和企业官网、新闻媒体的资料检索。境外违规处罚程度根据披露的处罚方式整理所得，共分为5级，如表11-6所示。

表11-6 境外经营处罚程度等级

境外经营处罚方式	无	批评/警告	谴责	罚款/没收非法所得	停业整改/取消营业许可	市场禁入
境外经营处罚程度等级	0	1	2	3	4	5

对境外合规经营风险程度的判定采用最高的处罚程度。当境外经营处罚程度等级为0，代表企业未受到境外经营处罚，可用于检验哪些因素能够完全规避境外合规经营风险。基于式(11-1)，回归结果如表11-7的第(1)、(2)、(3)列所示，可看出变更因变量测度方法后，回归结果与前文保持一致，证明结果稳健。

（二）内生性检验

为防止遗漏变量和测量误差导致的内生问题(Ullah et al., 2017, 2020)，本部分将滞后一期的高管薪酬和内部控制作为工具变量，采用两阶段最小二乘法

(2SLS),以及第三章第二节的风险测度,重新对式(11-1)进行回归分析,内生性检验结果如表11-7的第(4)、(5)、(6)列所示。可以看出,采用2SLS回归方法,实证结果基本保持不变,证明了结论的稳健性。

表11-7 高管薪酬、内部控制与境外合规经营风险:稳健性检验

变量	变更境外合规经营风险度量方法			2SLS检验:内生性检验		
	(1)	(2)	(3)	(4)	(5)	(6)
Compensa	-0.4511*** (-7.23)	—	-0.4231*** (-6.37)	—	—	—
Internal	—	-0.1553*** (-5.24)	-0.1565*** (-5.81)	—	—	—
L.Compensa	—	—	—	-0.5813*** (-9.89)	—	-0.5233*** (-9.23)
L.Internal	—	—	—	—	-0.1223*** (-6.89)	-0.1241*** (-7.13)
Growth	-0.0032** (-2.53)	-0.0043* (-1.91)	-0.0065 (-1.23)	-0.0053* (-2.01)	-0.0042** (-2.56)	-0.0045* (-2.03)
Lev	0.0056 (1.01)	0.0054** (2.21)	0.0041** (2.22)	0.0087** (2.58)	0.0097** (2.30)	0.0086** (2.41)
Size	-0.2523** (-2.29)	-0.2549** (-2.32)	-0.2576** (-2.45)	-0.2411*** (-9.23)	-0.2373*** (-9.12)	-0.2218*** (-9.19)
Beta	0.0072 (1.19)	0.0045** (2.23)	0.0043** (2.29)	0.0048** (2.21)	0.0065** (2.18)	0.0063** (2.31)
Bilateral	-0.0238*** (-7.34)	-0.0276*** (-7.83)	-0.0238*** (-8.10)	-0.0121*** (-7.59)	-0.0127*** (-7.49)	-0.0121*** (-7.81)
_Cons	0.7823*** (12.19)	0.7921*** (12.21)	0.7781*** (12.44)	0.6776*** (10.51)	0.6226*** (10.38)	0.6710*** (9.12)
Ind	Control	Control	Control	Control	Control	Control
$R^2\_adjusted$	0.2517	0.2345	0.2389	0.3208	0.3012	0.3397

注:***、**、*分别表示在1%、5%、10%的水平上显著。括号内数值为对应系数的T值。因变量为境外合规经营风险,L.Compensa为滞后一期的高管薪酬、L.Internal为滞后一期的内部控制水平、Compensa为高管薪酬、Internal为内部控制水平、Growth为企业成长性、Lev为企业财务杠杆、Size为企业规模、Beta为市场系统风险、Bilateral为双边关系、_Cons为常数项、Ind为产业虚拟变量,$R^2\_adjusted$为调整后的R平方值。

(三) 其他稳健性检验

考虑到所有制的异质性(Henry,2010),本研究将样本分为国有企业和民营企业两组,分别重复前文检验。回归结果并未改变最终结论,结论具有稳健性。

第五节 本章小结

本章基于法经济学视角,通过考察"坏苹果""坏掉的苹果桶"和"坏地窖"的影响如何相互作用,导致境外违规行为,进而暴露境外合规经营风险敞口的成因过程,我们得到了促进境外合规经营风险防范手段的更深层次理解。本章结合"坏苹果""坏掉的苹果桶"和"坏地窖"分别对应的微观层次高管薪酬、中观层次内部控制、宏观层次制度距离,探讨境外合规经营风险的因素和风险防范的最具代表性的手段。个人层面的高管薪酬和组织层面的内部控制的组合以及系统层面的较低的制度距离,被认为可促进组织合法性获取进而降低境外合规经营风险。研究发现:首先,境外合规经营风险受到"坏苹果""坏掉的苹果桶"和"坏地窖"的个人、组织、系统三个层次因素交织影响。其次,个人层面的高管薪酬、组织层面的内部控制促进企业境外合规经营合法性获取,降低"走出去"企业境外合规经营风险。最后,系统层面的制度距离负向调节内部控制与境外经营合法性获取之间的正相关关系。

第十二章

"走出去"企业境外合规经营风险的防范机制实证研究：基于利益激励、惩罚威慑与价值引导

第一节 样本筛选

本章以2009—2019年中国"走出去"境外经营企业为研究样本。基于如下标准选取沪深两市"走出去"上市公司作为样本：(1)我们重点关注对外直接投资和对外承包工程的"走出去"形式；(2)东道国为境外非避税天堂国家；(3)境外关联公司注册资本在10万元以上，持股比例大于等于51%，以此确保该境外关联公司的经营状况对企业具有重要影响；(4)由于金融企业财务结构特殊，剔除金融企业样本；(5)剔除ST和退市企业以及在观测变量上数据缺失的样本。在通过上述步骤筛选出的初始样本中，按如下两个阶段分别选出境外经营违规企业和境外经营合规企业。

第一阶段，基于中国全球投资跟踪问题交易数据库名单、国泰安数据库诉讼仲裁明细表、世界银行制裁名单三大数据库，并辅以LexisNexis数据库、公司年报和公告、新闻媒体报道等资料，判断涉及境外合规经营风险事件的企业。我们保留在东道国受到禁令、处罚裁决、监管审查阻力、民众抗议的企业，同时剔除裁定结果不明、过程对象不明、无法确认消息属实与否、撤诉后申明对企业生产经营无重大影响的事件。由此得到境外经营违规企业样本189个。

第二阶段，采用基于Logit模型的倾向得分匹配法，筛选作为对照的境外经营合规组。被解释变量为0~1虚拟变量，1代表企业境外经营违规，0代表企业境外经营合规，将企业规模、企业年龄、企业合规投入作为匹配变量，同时控制行业效应和年度效应。计算境外违规倾向匹配得分后，采用最邻近1:2匹配法，选择与境外经营违规企业得分差额最小的企业作为对照组，由此得到境外经营合规企业378个。

最终,我们得到包括189个境外经营违规企业和378个境外经营合规企业在内的567个总样本。

第二节 模型设定

在第十章检验企业境外合规经营风险成因的基础上,本节构建企业境外合规经营风险防范实证分析的结构方程模型。基于567个总样本的企业境外合规经营风险防范结构方程模型Ⅳ的初始设定(如图12-1所示),运行初始模型Ⅳ后拟合效果不佳,依据MI指数,在z2和z6之间建立共变关系,修正后的总样本结构方程模型Ⅴ如图12-2所示。模型Ⅳ和Ⅴ的具体路径如下:(1)高管员工薪酬激励与海外绩效期望差距、东道国产业竞争程度构造的交互项以及母国产业政策激励与海外绩效期望差距、东道国产业竞争程度构造的交互项到企业境外合规经营风险频率的路径,检验假设H6-1a和H6-1b关于内外部利益激励通过缓解内外部压力因素的影响降低企业境外合规经营风险频率的机制。(2)高管强制变更威慑与合规控制体系缺陷、东道国监管不确定性构造的交互项以及同行企业制裁威慑与合规控制体系缺陷、东道国监管不确定性构造的交互项到企业境外合规经营风险频率的路径,检验假设H6-2a和H6-2b关于内外部惩罚威慑通过抑制内外部机会因素的影响降低企业境外合规经营风险频率的机制。(3)企业合规文化引导与高管过度自信倾向、母国产业失范程度构造的交互项以及大众媒体关注引导与高管过度自信倾向、母国产业失范程度构造的交互项到企业境外合规经营风险频率的路径,检验假设H6-3a和H6-3b关于内外部价值引导通过减少内外部合理化因素的影响降低企业境外合规经营风险频率的机制。在构造交互项之前对利益激励、惩罚威慑和价值引导的指标进行中心化处理以避免多重共线性。

然后,为了进一步检验不同防范机制通过削弱何种成因因素的影响降低企业境外合规经营风险的作用更为显著,我们利用多群组结构方程模型检验组间差异的优势,按照三角成因因素高低不同进行分组检验。构建如图12-3所示的多群组结构方程模型Ⅵ,利用压力因素的均值将样本划分为高内部压力和低内部压力群组、高外部压力和低外部压力群组,利用机会因素的均值将样本划分为高机会压力和低机会压力群组、高外部机会和低外部机会群组,利用合理化因素的均值将样本划分为高内部合理化和低内部合理化群组、高外部合理化和低外部合理化群组,对这6个组别进行分样本多群组结构方程模型分析。

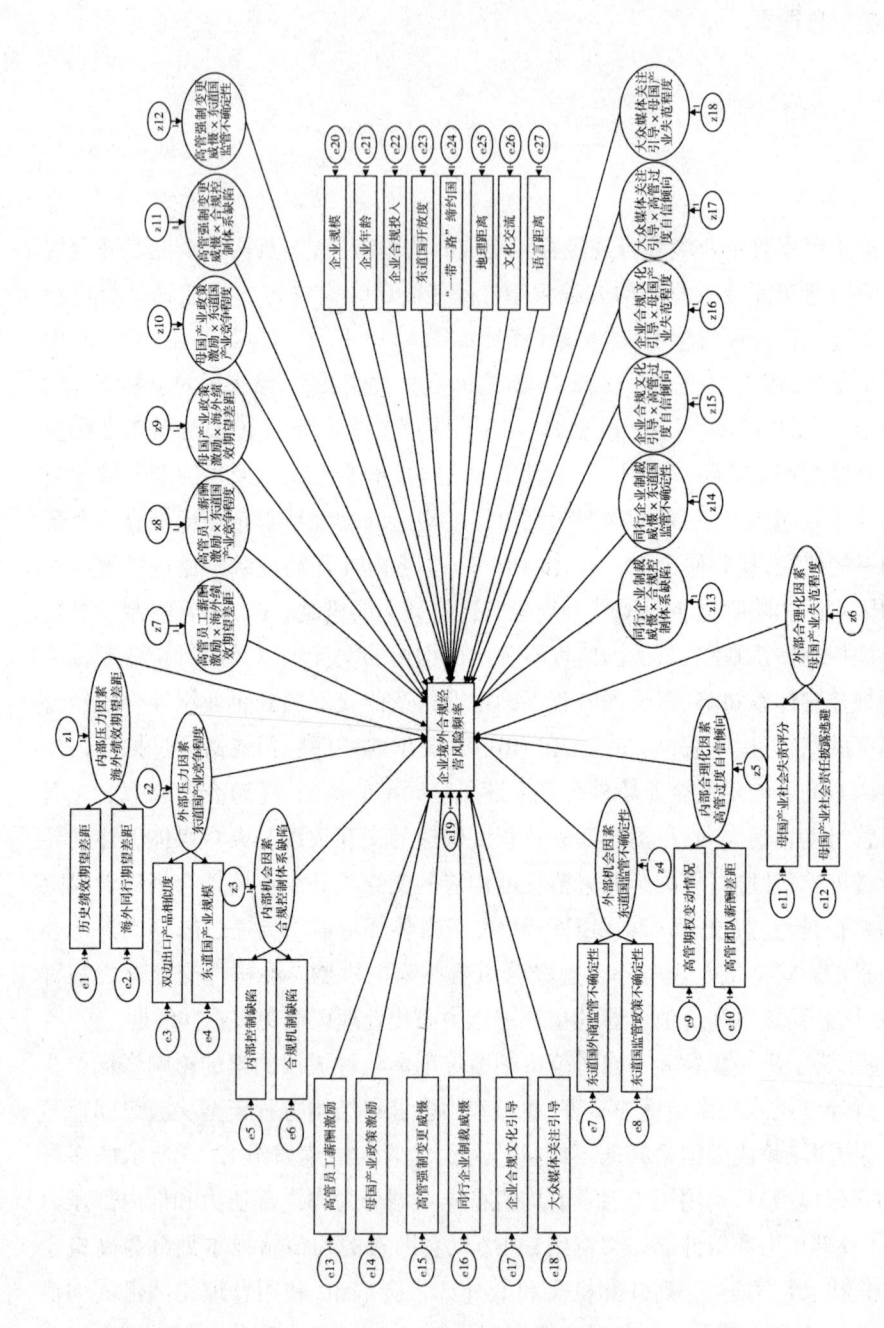

图12-1 企业境外合规经营风险防范的总样本结构方程模型Ⅳ设定

注：潜变量误差项z1—z18；显变量误差项e1—e27；为简洁起见，交互项的显变量不显示。

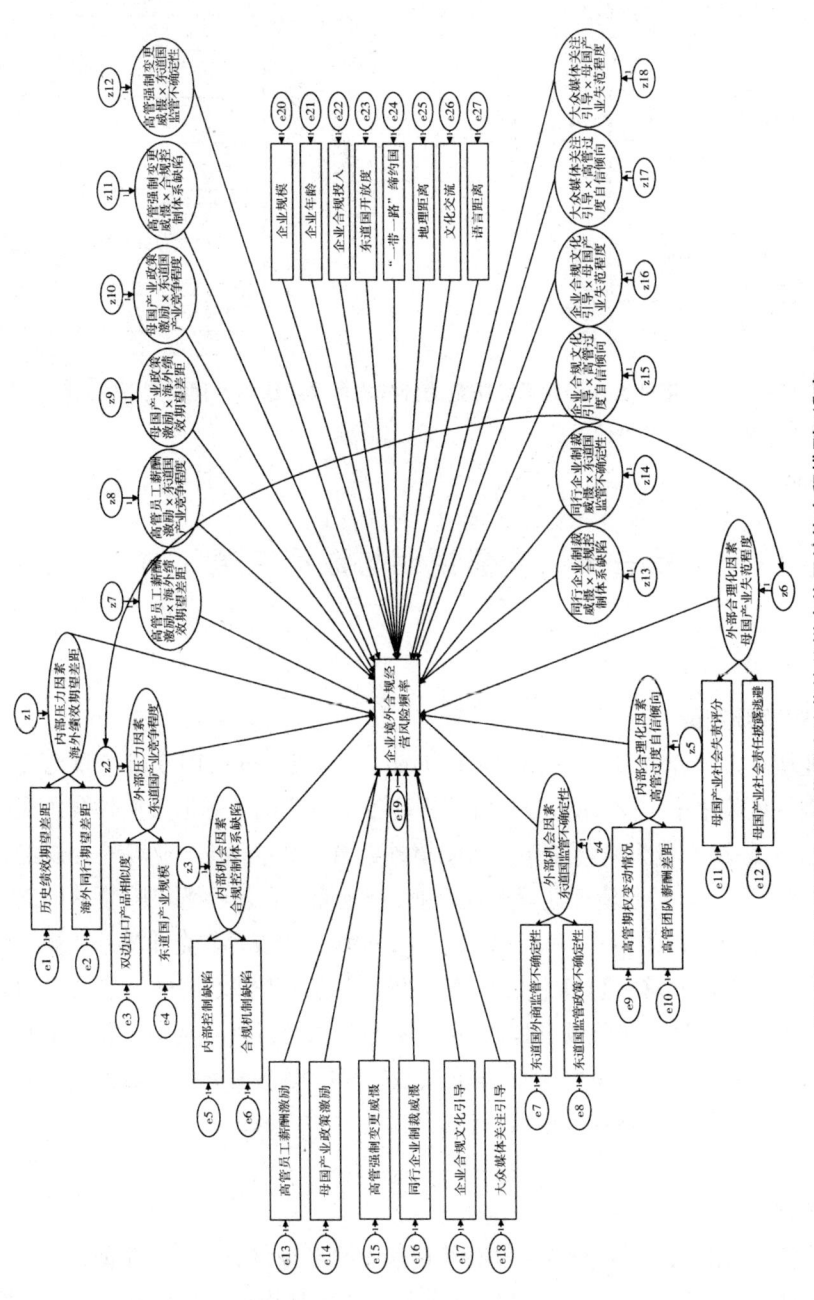

图12-2 企业境外合规经营风险防范的总样本修正结构方程模型V设定

注：潜变量误差项$z1$～$z18$；显变量误差项$e1$～$e27$；为简洁起见，交互项的显变量不显示。

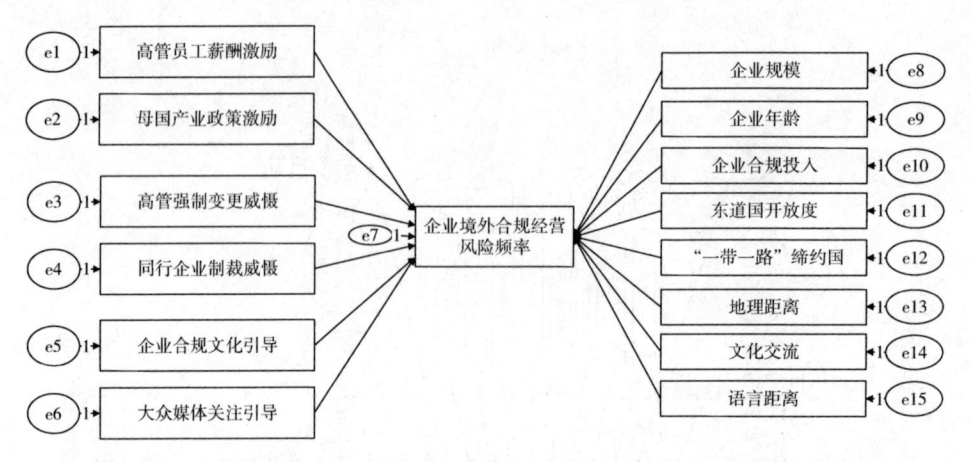

图 12-3　企业境外合规经营风险防范的分样本多群组结构方程模型 VI 设定
注：显变量误差项 e1-e15。

第三节　变量说明与数据来源

一、被解释变量

企业境外合规经营风险频率（ComR_Freq）。与成因分析因变量衡量已发生的违规事件风险水平不同，防范分析着重检验各项防范机制对未来境外合规风险的抑制趋势，故因变量为风险频率。对于境外经营合规企业，企业境外合规经营风险频率赋值为 0。对于境外经营违规企业，企业境外合规经营风险频率的衡量方法为：$ComR\_Freq = [10 - Ln(T+1)] \times M$，其中 M 代表每起企业境外违规事件后一年内境外违规的总次数；T 代表一年内的境外违规事件之间的间隔的平均天数。企业境外合规经营风险频率越低，企业境外合规经营风险越小。数据来源于中国全球投资跟踪问题交易数据库、国泰安数据库的海外投资事件表和诉讼仲裁明细表、世界银行制裁名单以及新闻资讯。

二、解释变量

高管员工薪酬激励（In_Ice）。以高管员工薪酬与业绩挂钩性、高管员工薪酬增长同步性的均值衡量。其中，高管员工薪酬与业绩挂钩性以高管和员工薪酬增长率除以业绩增长率衡量；高管员工薪酬增长同步性以高管薪酬增长率除以员工工资增长率衡量。数据来自国泰安数据库和色诺芬 CCER 经济金融数据库。

母国产业政策激励(Ex_Ice)。以企业所属行业是否受到母国产业政策的重点支持和企业受到政府补助力度的均值衡量。通过企业所属行业的国家发展规划文件以及总部所在省份的发展规划文件,判断该行业是否为国家或地方政府的产业政策鼓励或重点支持的行业,如被列入重点行业赋值为1,否则为0。数据来自中央和地方政府官网;企业受到政府补助力度以政府补助总额除以销售收入衡量,数据来自国泰安数据库。

高管强制变更威慑(In_Det)。选取对企业境外经营发展起决定性作用的董事长、总经理以及涉及海外投资项目部门的管理层作为高管强制变更威慑的研究对象。国泰安数据库给出的高管离职原因有12类:工作调动、退休、任期届满、控制权变更、辞职、解聘、健康原因、个人、完善治理结构、涉案、结束代理和其他等。借鉴Chang和Wong(2009)的研究,首先排除退休、健康原因、涉案和控制权变更的非强制性事件,然后追踪高管离职后的去向,通过以下条件为高管强制变更威慑程度赋值:(1)离任后仍在该企业工作,新职位低于离任前职位;(2)离职后是否进入非上市企业工作;(3)离职后进入其他上市企业工作但新职位低于离职前职位;(4)离职后信息缺失,通常反映其不再担任重要职位。我们关注境外违规事件后一年内的首次高管变更事件,如果高管去向满足上述任意条件,变量赋值为2;如果对比上述条件,高管职位等级不变,则变量赋值为1;如果对比上述条件,高管职位晋升,变量赋值为0。数据来自国泰安数据库、企业官网和新闻检索。

同行企业制裁威慑(Ex_Det)。我们认为能够对"走出去"企业境外经营起到威慑作用的应当是同一母国产业内其他同为"走出去"境外经营的企业境外违规行为被惩罚的水平。参考Yiu等学者(2014)的方法,我们利用每一个样本企业的母国产业中其他"走出去"境外经营违规被制裁的同行企业数量除以该母国产业企业总数衡量同行企业制裁威慑的水平,我们衡量每起境外违规事件后一年内的同行企业制裁威慑水平。数据来源于中国全球投资跟踪问题交易数据库、国泰安数据库的海外投资事件表和诉讼仲裁明细表、世界银行制裁名单以及中国统计年鉴。

企业合规文化引导(In_Gui)。应用文本分析法识别企业官方对外公布的企业境内外合规文化建设情况。我们将企业合规文化划分为遵守法律法规的意识、倡导行业规范的意识、完善内部规章的意识、合乎社会道德的意识四个要素,收集企业官方网站上的宣传报道和企业高层对外公开的发言内容,检索涉及上述四个要素的内容,如文本语句表述含义涉及相应要素,该要素项的分值为1,否则为0。我们设置文本收集的时间范围为每起违规事件后一年内,统计四项要素总分值,量化企业合规文化引导。

大众媒体关注引导(Ex_Gui)。LexisNexis 新闻服务的资料来自世界各地九千多个数据源,包含了境内外大众媒体关注信息。因此,我们利用 LexisNexis 数据库收集媒体报道次数,以"中英文企业名称"加"东道国"、"中英文企业名称"加"境外项目"为关键词进行检索,时间范围上设置为每起境外违规事件后一年之内,同时剔除掉境外违规事件前后 7 天内的报道数据,以此排除境外违规事件曝光对媒体关注度异常增长的影响,客观反映大众媒体对企业的日常关注水平。每起境外违规事件后一年内平均每天的境内外媒体报道次数作为大众媒体关注引导的最终衡量。

海外绩效期望差距(In_Pre)、东道国产业竞争程度(Ex_Pre)、合规控制体系缺陷(In_Opp)、东道国监管不确定性(Ex_Opp)、高管过度自信倾向(In_Rat)、母国产业失范程度(Ex_Rat)的衡量方法与第十章第三节相同,此处不再赘述。

三、控制变量

企业规模(ES)、企业年龄(EA)、企业合规投入(EI)、东道国开放度(HO)、"一带一路"缔约国(BRC)、地理距离(GD)、文化交流(CO)、语言距离(LP)、衡量方法与第十章第三节所述相同,此处不再赘述。

四、变量描述性统计、T 检验

样本的变量描述性统计和 T 检验如表 12-1 所示。依据 T 检验结果,内外部利益激励、惩罚威慑和价值引导对企业境外合规经营风险频率的影响在违规组与合规组的不同组别之间具有显著差异。

表 12-1 防范机制检验的变量描述性统计和 T 检验

变量	总样本 (N=567)				违规组 (N=189)	合规组 (N=378)	T 检验
	最大值	最小值	均值	标准差	均值	均值	
ComR_Freq	34.954	0.000	1.087	3.047	4.537	0.000	8.810***
InH_Pre	0.309	0.000	0.099	0.076	0.161	0.068	17.130***
InP_Pre	3.854	0.045	1.419	0.954	2.090	1.083	14.042***
ExS_Pre	0.712	0.011	0.369	0.202	0.423	0.342	4.595***
ExC_Pre	0.998	0.814	0.904	0.055	0.910	0.900	2.224**
InM_Opp	0.988	0.318	0.652	0.194	0.661	0.648	2.214**
InC_Opp	4.000	0.000	2.127	1.392	2.263	2.059	2.212**

续表

变量	总样本（N=567）				违规组（N=189）	合规组（N=378）	T检验
	最大值	最小值	均值	标准差	均值	均值	
ExM_Opp	7.455	2.502	4.994	1.048	5.039	4.972	1.719*
ExC_Opp	3.172	0.518	1.821	7.629	1.847	1.807	1.594*
InO_Rat	1.000	0.000	0.491	0.500	0.521	0.477	1.819*
InS_Rat	15.305	5.719	10.456	2.847	10.769	10.299	1.798*
ExR_Rat	74.327	20.073	46.289	15.331	46.404	46.232	3.145***
ExE_Rat	10.486	6.005	7.965	1.188	8.346	7.775	5.633***
In_Ice	0.736	-5.776	-0.012	6.720	-0.640	0.014	6.017***
Ex_Ice	1.053	0.002	0.213	0.418	0.139	0.272	4.324***
In_Det	2.000	1.000	0.342	0.807	0.297	0.334	2.148**
Ex_Det	0.073	0.000	0.036	0.023	0.035	0.046	7.349***
In_Gui	4.000	0.000	1.943	1.412	1.058	2.153	4.766***
Ex_Gui	296.39	0.101	14.991	35.486	31.096	45.047	4.670***
ES	13.197	1.845	7.215	3.263	7.215	7.216	-0.030
EA	3.519	1.103	2.286	0.695	2.292	2.282	0.141
EI	3.805	0.237	2.033	1.036	1.999	2.050	-0.539
HO	7.310	-2.404	2.541	2.863	2.600	2.512	0.417
BRC	1.000	0.000	0.521	0.500	0.495	0.534	-0.964
GD	9.377	6.806	8.101	0.748	8.067	8.118	-0.759
CO	38.000	0.000	19.179	11.295	19.134	19.201	-0.043
LP	1.000	0.000	0.513	0.280	0.490	0.525	-1.416

注：* $p<0.10$；** $p<0.05$；*** $p<0.01$。

第四节 结构方程模型实证检验结果

表12-2为企业境外合规经营风险防范的总样本结构方程模型Ⅳ检验，修正后的模型Ⅴ拟合效果提升。首先，高管员工薪酬激励与海外绩效期望差距的交互项（$\beta=-0.166$，$p<0.05$）、高管员工薪酬激励与东道国产业竞争程度的交互项

($\beta=-0.217$, $p<0.01$)对企业境外合规经营风险频率的影响显著为负,这说明高管员工薪酬激励有助于削弱构成内部压力因素的海外绩效期望差距和构成外部压力因素的东道国产业竞争程度的影响,因而内部利益激励通过缓解内外部压力的作用,降低企业境外合规经营风险频率。母国产业政策激励与海外绩效期望差距的交互项($\beta=-0.105$, $p<0.1$)、母国产业政策激励与东道国产业竞争程度的交互项($\beta=-0.121$, $p<0.01$)对企业境外合规经营风险频率的影响显著为负,这说明母国产业政策激励有助于削弱构成内部压力因素的海外绩效期望差距和构成外部压力因素的东道国产业竞争程度的影响,因而外部利益激励通过缓解内外部压力的作用,降低企业境外合规经营风险频率。由此,第六章假设 H6-1a 和 H6-1b 得证。

其次,高管强制变更威慑与合规控制体系缺陷的交互项($\beta=-0.103$, $p<0.01$)、高管强制变更威慑与东道国监管不确定性的交互项($\beta=-0.283$, $p<0.1$)对企业境外合规经营风险频率的影响显著为负,这说明高管强制变更威慑有助于削弱构成内部机会因素的合规控制体系缺陷和构成外部机会因素的东道国监管不确定性的影响,因而内部惩罚威慑通过抑制内外部机会的作用,降低企业境外合规经营风险频率。同行企业制裁威慑与合规控制体系缺陷的交互项($\beta=-0.122$, $p<0.01$)、同行企业制裁威慑与东道国监管不确定性的交互项($\beta=-0.165$, $p<0.1$)对企业境外合规经营风险频率的影响显著为负,这说明同行企业制裁威慑有助于削弱构成内部机会因素的合规控制体系缺陷和构成外部机会因素的东道国监管不确定性的影响,因而外部惩罚威慑通过抑制内外部机会的作用,降低企业境外合规经营风险频率。由此,第六章假设 H6-2a 和 H6-2b 得证。

最后,企业合规文化价值引导与高管过度自信倾向的交互项($\beta=-0.187$, $p<0.1$)、企业合规文化价值引导与母国产业失范程度的交互项($\beta=-0.174$, $p<0.05$)对企业境外合规经营风险频率的影响显著为负,这说明企业合规文化引导有助于削弱构成内部合理化因素的高管过度自信倾向和构成外部合理化因素的母国产业失范程度的影响,因而内部价值引导通过减少内外部合理化因素的作用,降低企业境外合规经营风险频率。大众媒体关注引导与高管过度自信倾向的交互项($\beta=-0.007$, $p<0.01$)、大众媒体关注引导与母国产业失范程度的交互项($\beta=-0.065$, $p<0.1$)对企业境外合规经营风险频率的影响显著为负,这说明大众媒体关注引导有助于削弱构成内部合理化因素的高管过度自信倾向和构成外部合理化因素的母国产业失范程度的影响,因而外部价值引导通过减少内外部合理化因素的作用,降低企业境外合规经营风险频率。由此,第六章假设 H6-3a 和 H6-3b 得证。

表 12-2 总样本结构方程模型 IV 和 V 检验结果

路径			模型 IV (N=567)		模型 V (N=567)	
			Est.	C.R.	Est.	C.R.
ComR_Freq	<--	In_Pre	0.318*	1.896	0.275*	1.857
ComR_Freq	<--	Ex_Pre	0.398*	1.659	0.323*	1.734
ComR_Freq	<--	In_Opp	1.347***	7.471	1.329***	7.511
ComR_Freq	<--	Ex_Opp	0.061*	1.815	0.140*	1.883
ComR_Freq	<--	In_Rat	0.388***	2.392	0.381**	2.344
ComR_Freq	<--	Ex_Rat	0.215*	1.712	0.221*	1.751
ComR_Freq	<--	In_Ice	-0.309**	-2.098	-0.344**	-2.132
ComR_Freq	<--	Ex_Ice	-0.629***	-8.497	-0.484***	-8.507
ComR_Freq	<--	In_Det	-0.955*	-1.942	-0.926*	-1.891
ComR_Freq	<--	Ex_Det	-0.832**	-2.141	-0.941**	-2.193
ComR_Freq	<--	In_Gui	-0.677***	-7.621	-0.623***	-7.743
ComR_Freq	<--	Ex_Gui	-0.733**	-2.018	-0.653**	-2.148
ComR_Freq	<--	In_Ice×In_Pre	-0.072**	-2.118	-0.166**	-2.187
ComR_Freq	<--	In_Ice×Ex_Pre	-0.158***	-3.590	-0.217***	-3.524
ComR_Freq	<--	Ex_Ice×In_Pre	-0.054*	-1.760	-0.105*	-1.795
ComR_Freq	<--	Ex_Ice×Ex_Pre	-0.020***	-2.858	-0.121***	-2.829
ComR_Freq	<--	In_Det×In_Opp	-0.165***	-2.666	-0.103***	-2.743
ComR_Freq	<--	In_Det×Ex_Opp	-0.257*	-1.884	-0.283*	-1.863
ComR_Freq	<--	Ex_Det×In_Opp	-0.173***	-2.961	-0.122***	-2.926
ComR_Freq	<--	Ex_Det×Ex_Opp	-0.250*	-1.726	-0.165*	-1.721
ComR_Freq	<--	In_Gui×In_Rat	-0.244*	-1.754	-0.187*	-1.805
ComR_Freq	<--	In_Gui×Ex_Rat	-0.151**	-2.224	-0.174**	-2.221
ComR_Freq	<--	Ex_Gui×In_Rat	-0.137***	-4.763	-0.007***	-4.867
ComR_Freq	<--	Ex_Gui×Ex_Rat	-0.158*	-1.970	-0.065*	-1.895
ComR_Freq	<--	ES	0.392*	1.944	0.427*	1.970
ComR_Freq	<--	EA	0.235***	5.777	0.247***	5.903
ComR_Freq	<--	EI	-0.997**	-2.535	-0.982**	-2.565
ComR_Freq	<--	HO	0.373	0.808	0.374	0.670

续表

路径			模型 IV (N=567)		模型 V (N=567)	
			Est.	C.R.	Est.	C.R.
ComR_Freq	<--	BRC	−0.233**	−2.169	−0.237**	−2.225
ComR_Freq	<--	GD	0.196**	2.065	0.209**	2.059
ComR_Freq	<--	CO	−0.064**	−2.343	−0.097***	−2.395
ComR_Freq	<--	LP	0.026	0.391	−0.030	0.385
外部载荷						
InH_Pre	<--	In_Pre	1.000	—	1.000	—
InP_Pre	<--	In_Pre	0.652***	8.680	0.641***	9.083
ExS_Pre	<--	Ex_Pre	1.000	—	1.000	—
ExC_Pre	<--	Ex_Pre	0.931***	6.215	0.924***	6.508
InM_Opp	<--	In_Opp	1.000	—	1.000	—
InC_Opp	<--	In_Opp	0.553***	8.269	0.555***	8.988
ExM_Opp	<--	Ex_Opp	1.000	—	1.000	—
ExC_Opp	<--	Ex_Opp	0.880***	4.600	0.879***	5.088
InO_Rat	<--	In_Rat	1.000	—	1.000	—
InS_Rat	<--	In_Rat	0.690***	7.693	0.688***	8.055
ExR_Rat	<--	Ex_Rat	1.000	—	1.000	—
ExE_Rat	<--	Ex_Rat	0.690***	9.967	0.704***	8.812
In_Ice×InH_Pre	<--	In_Ice×In_Pre	1.000	—	1.000	—
In_Ice×InP_Prs	<--	In_Ice×In_Pre	0.836***	12.015	0.839***	12.296
In_Ice×ExS_Pre	<--	In_Ice×Ex_Pre	1.000	—	1.000	—
In_Ice×ExC_Pre	<--	In_Ice×Ex_Pre	0.849***	15.312	0.855***	16.749
Ex_Ice×InH_Pre	<--	Ex_Ice×In_Pre	1.000	—	1.000	—
Ex_Ice×InP_Prs	<--	Ex_Ice×In_Pre	0.503***	4.844	0.509***	4.358
Ex_Ice×ExS_Pre	<--	Ex_Ice×Ex_Pre	1.000	—	1.000	—
Ex_Ice×ExC_Pre	<--	Ex_Ice×Ex_Pre	0.709***	7.415	0.704***	7.659
In_Det×InM_Opp	<--	In_Det×In_Opp	1.000	—	1.000	—
In_Det×InC_Opp	<--	In_Det×In_Opp	0.624***	7.348	0.616***	7.552
In_Det×ExM_Opp	<--	In_Det×Ex_Opp	1.000	—	1.000	—

续表

路径			模型 IV (N=567)		模型 V (N=567)	
			Est.	C.R.	Est.	C.R.
In_Det×ExC_Opp	<--	In_Det×Ex_Opp	0.847***	3.916	0.864***	4.709
Ex_Det×InM_Opp	<--	Ex_Det×In_Opp	1.000	—	1.000	—
Ex_Det×InC_Opp	<--	Ex_Det×In_Opp	0.966***	4.987	0.978***	4.252
Ex_Det×ExM_Opp	<--	Ex_Det×Ex_Opp	1.000	—	1.000	—
Ex_Det×ExC_Opp	<--	Ex_Det×Ex_Opp	0.841***	16.609	0.842***	16.111
In_Gui×InO_Rat	<--	In_Gui×In_Rat	1.000	—	1.000	—
In_Gui×InS_Rat	<--	In_Gui×In_Rat	0.667***	3.520	0.676***	3.213
In_Gui×ExR_Rat	<--	In_Gui×Ex_Rat	1.000	—	1.000	—
In_Gui×ExE_Rat	<--	In_Gui×Ex_Rat	0.983***	6.734	0.981***	6.538
Ex_Gui×InO_Rat	<--	Ex_Gui×In_Rat	1.000	—	1.000	—
Ex_Gui×InS_Rat	<--	Ex_Gui×In_Rat	0.609***	5.918	0.604***	5.330
Ex_Gui×ExR_Rat	<--	Ex_Gui×Ex_Rat	1.000	—	1.000	—
Ex_Gui×ExE_Rat	<--	Ex_Gui×Ex_Rat	0.632***	7.525	0.625***	8.977
模型拟合效果						
模型拟合指标	CMIN/DF	RMSEA	CFI	NFI	IFI	TLI
模型 I	3.083	0.115	0.883	0.877	0.863	0.868
模型 II	2.450	0.063	0.904	0.910	0.913	0.907
参考标准	<3	<0.1	>0.9	>0.9	>0.9	>0.9

注：* p<0.10；** p<0.05；*** p<0.01。

表 12-3 提供了不同压力因素水平下的企业境外合规经营风险防范机制作用效果的多群组结构方程模型 VI 检验结果，模型拟合效果良好。卡方差异值 $\Delta CMIN$ 均达到 1% 的显著性水平，与此同时，仅有高管员工薪酬激励和母国产业政策激励到企业境外合规经营风险频率的路径系数在不同组别中均显著为负，表明内外部利益激励对降低企业境外合规经营风险的作用在高低不同压力因素组别间具有显著差异。内外部压力因素较高的群组中，高管员工薪酬激励和母国产业政策激励对降低企业境外合规经营风险的作用均显著比内外部压力因素较低的群组更强。由此，通过多群组结构方程分析进一步验证了第六章假设 H6-1a 和 H6-1b。

表 12-3 不同压力因素水平多群组结构方程模型 Ⅵ 检验结果

分组变量:内部压力因素—海外绩效期望差距					
路径			高内部压力组 (N=316)		低内部压力组 (N=251)	
			Est.	C.R.	Est.	C.R.
ComR_Freq	<--	In_Ice	-0.490***	-7.310	-0.173***	-6.976
ComR_Freq	<--	Ex_Ice	-0.922***	-8.860	-0.544***	-8.359
ComR_Freq	<--	In_Det	0.152	1.053	0.048	1.070
ComR_Freq	<--	Ex_Det	0.099	1.187	0.043	1.016
ComR_Freq	<--	In_Gui	-0.167**	-2.035	-0.070	-1.067
ComR_Freq	<--	Ex_Gui	-0.167	-1.049	-0.207*	-1.842
ComR_Freq	<--	ES	0.016**	2.373	0.259*	1.763
ComR_Freq	<--	EA	0.313**	2.349	0.240*	1.828
ComR_Freq	<--	EI	-1.119***	-2.828	-1.072**	-2.688
ComR_Freq	<--	HO	0.924	0.887	0.463	0.868
ComR_Freq	<--	BRC	-0.387	-1.802	-0.066**	-2.234
ComR_Freq	<--	GD	0.067*	1.715	0.177*	1.929
ComR_Freq	<--	CO	-0.016*	-1.909	-0.074**	-2.426
ComR_Freq	<--	LP	0.575*	1.666	0.203	0.473
模型拟合效果					
模型拟合指标	CMIN/DF	RMSEA	CFI	NFI	IFI	TLI
高内部压力组	2.598	0.017	0.925	0.894	0.908	0.914
低内部压力组	2.450	0.059	0.902	0.914	0.908	0.898
参考标准	<3	<0.1	>0.9	>0.9	>0.9	>0.9

$\Delta CMIN = 21.357(p=0.000)$

分组变量:外部压力因素—东道国产业竞争程度					
路径			高外部压力组 (N=297)		低外部压力组 (N=270)	
			Est.	C.R.	Est.	C.R.
ComR_Freq	<--	In_Ice	-0.750***	-7.480	-0.290***	-7.063
ComR_Freq	<--	Ex_Ice	-0.939***	-9.081	-0.506***	-8.521
ComR_Freq	<--	In_Det	0.063	1.031	0.014	1.076

184

续表

分组变量:外部压力因素—东道国产业竞争程度					
ComR_Freq	<--	Ex_Det	0.086	1.068	0.054	1.107
ComR_Freq	<--	In_Gui	−0.186**	−1.987	−0.205*	−1.601
ComR_Freq	<--	Ex_Gui	−0.237	−1.292	−0.214	−1.202
ComR_Freq	<--	ES	0.069**	2.560	0.274*	1.839
ComR_Freq	<--	EA	0.012**	2.388	0.152*	1.874
ComR_Freq	<--	EI	−1.379***	−2.883	−0.973**	−2.576
ComR_Freq	<--	HO	0.846	0.924	0.433	0.779
ComR_Freq	<--	BRC	−0.267*	−1.715	−0.161**	−2.219
ComR_Freq	<--	GD	0.143*	1.725	0.188*	1.905
ComR_Freq	<--	CO	−0.002**	−2.117	−0.029**	−2.386
ComR_Freq	<--	LP	0.193	0.885	0.098	0.433
模型拟合效果					

模型拟合指标	CMIN/DF	RMSEA	CFI	NFI	IFI	TLI
高外部压力组	2.057	0.048	0.922	0.935	0.923	0.927
低外部压力组	2.307	0.050	0.914	0.922	0.911	0.901
参考标准	<3	<0.1	>0.9	>0.9	>0.9	>0.9

$\Delta CMIN = 21.197 (p=0.000)$

注:* $p<0.10$;** $p<0.05$;*** $p<0.01$。

表12-4提供了不同机会因素水平下的企业境外合规经营风险防范机制作用效果的多群组结构方程模型 VI 检验结果,模型拟合效果良好。卡方差异值 $\Delta CMIN$ 均达到1%的显著性水平,与此同时,仅有高管强制变更威慑和同行企业制裁威慑到企业境外合规经营风险频率的路径系数在不同组别中均显著为负,表明内外部惩罚威慑对降低企业境外合规经营风险的作用在高低不同机会因素组别间具有显著差异。内外部机会因素较高的群组中,高管强制变更威慑和同行企业制裁威慑对降低企业境外合规经营风险的作用均显著比内外部机会因素较低的群组更强,进一步验证了第六章假设 H6-2a 和 H6-2b。

表12-4 不同机会因素水平多群组结构方程模型 VI 检验结果

分组变量:内部机会因素—合规控制体系缺陷					
路径			高内部机会组 (N=290)		低内部机会组 (N=277)	
			Est.	C.R.	Est.	C.R.
ComR_Freq	<--	In_Ice	−0.114**	−2.200	−0.016	−0.963
ComR_Freq	<--	Ex_Ice	0.024	1.553	0.045**	2.485
ComR_Freq	<--	In_Det	−1.993***	−6.157	−1.321***	−5.859
ComR_Freq	<--	Ex_Det	−1.018***	−4.558	−0.746***	−2.928
ComR_Freq	<--	In_Gui	−0.270*	−1.889	0.072	0.606
ComR_Freq	<--	Ex_Gui	−0.324	−1.588	−0.193	−1.035
ComR_Freq	<--	ES	0.111*	1.909	0.288*	1.814
ComR_Freq	<--	EA	−0.397	−1.655	−0.239*	−1.814
ComR_Freq	<--	EI	−1.356***	−2.706	−1.070***	−2.589
ComR_Freq	<--	HO	0.836	1.271	0.556	0.836
ComR_Freq	<--	BRC	−0.147*	−1.716	−0.240**	−2.177
ComR_Freq	<--	GD	0.108*	1.819	0.152**	2.021
ComR_Freq	<--	CO	−0.028*	−1.807	0.007**	−2.336
ComR_Freq	<--	LP	−0.328*	−1.935	−0.187	−0.406
模型拟合效果					
模型拟合指标	CMIN/DF	RMSEA	CFI	NFI	IFI	TLI
高内部机会组	2.670	0.039	0.923	0.915	0.911	0.905
低内部机会组	2.204	0.054	0.920	0.921	0.925	0.923
参考标准	<3	<0.1	>0.9	>0.9	>0.9	>0.9

$\Delta CMIN = 36.597(p=0.000)$

分组变量:外部机会因素—东道国监管不确定性					
路径			高外部机会组 (N=284)		低外部机会组 (N=283)	
			Est.	C.R.	Est.	C.R.
ComR_Freq	<--	In_Ice	0.017**	2.388	0.045	1.078
ComR_Freq	<--	Ex_Ice	−0.017	−0.685	0.003	0.430
ComR_Freq	<--	In_Det	−2.055***	−9.066	−1.988***	−8.853

续表

分组变量:外部机会因素—东道国监管不确定性					
ComR_Freq	<--	Ex_Det	-1.901***	-9.402	-1.361***	-4.091
ComR_Freq	<--	In_Gui	-0.204*	-1.786	-0.131	-1.609
ComR_Freq	<--	Ex_Gui	-0.222**	-2.447	-0.035	-1.090
ComR_Freq	<--	ES	0.272*	1.682	0.249*	1.934
ComR_Freq	<--	EA	0.213	1.490	0.183*	1.861
ComR_Freq	<--	EI	-1.195***	-2.775	-1.012***	-2.643
ComR_Freq	<--	HO	0.598	0.861	0.503	0.841
ComR_Freq	<--	BRC	-0.311**	-2.087	-0.230**	-2.235
ComR_Freq	<--	GD	0.109	1.518	0.080*	1.971
ComR_Freq	<--	CO	-0.016***	-2.168	-0.029**	-2.391
ComR_Freq	<--	LP	0.393	0.558	0.026	0.435

模型拟合效果					
模型拟合指标	CMIN/DF	RMSEA	CFI	NFI	IFI	TLI
高外部机会组	1.918	0.072	0.915	0.917	0.927	0.930
低外部机会组	2.169	0.081	0.914	0.912	0.910	0.907
参考标准	<3	<0.1	>0.9	>0.9	>0.9	>0.9

$\Delta CMIN = 31.742 (p=0.000)$

注:* $p<0.10$;** $p<0.05$;*** $p<0.01$。

表12-5提供了不同合理化因素水平下的企业境外合规经营风险防范机制作用效果的多群组结构方程模型VI检验结果,模型拟合效果良好。卡方差异值$\Delta CMIN$均达到1%的显著性水平,与此同时,仅有企业合规文化引导和大众媒体关注引导到企业境外合规经营风险频率的路径系数在不同组别中均显著为负,表明内外部价值引导对降低企业境外合规经营风险的作用在高低不同合理化因素组别间具有显著差异。内外部合理化因素较高的群组中,企业合规文化引导和大众媒体关注引导对降低企业境外合规经营风险的作用均显著比内外部合理化因素较低的群组更强。由此进一步验证了第六章假设H6-3a和H6-3b。

表12-5 不同合理化因素水平多群组结构方程模型Ⅵ检验结果

分组变量:内部合理化因素—高管过度自信倾向					
路径			高内部合理化组 (N=278)		低内部合理化组 (N=289)	
			Est.	C.R.	Est.	C.R.
ComR_Freq	<--	In_Ice	-0.283**	-2.437	-0.203	-1.076
ComR_Freq	<--	Ex_Ice	-0.230*	-1.838	-0.130	-1.373
ComR_Freq	<--	In_Det	-0.637	-1.229	-0.285*	-1.821
ComR_Freq	<--	Ex_Det	-0.755	-1.603	-0.410	-1.044
ComR_Freq	<--	In_Gui	-0.850***	-7.725	-0.580***	-7.521
ComR_Freq	<--	Ex_Gui	-1.013**	-2.328	-0.661**	-1.999
ComR_Freq	<--	ES	0.272	1.682	0.285*	1.834
ComR_Freq	<--	EA	0.092*	1.852	0.103*	1.781
ComR_Freq	<--	EI	-0.957***	-2.705	-1.120***	-2.585
ComR_Freq	<--	HO	0.690	1.095	0.457	0.851
ComR_Freq	<--	BRC	-0.181*	-1.980	-0.210**	-2.256
ComR_Freq	<--	GD	0.134*	1.928	0.165**	2.008
ComR_Freq	<--	CO	-0.413*	-1.856	-0.008**	-2.298
ComR_Freq	<--	LP	0.666*	1.866	0.186	0.414
模型拟合效果					
模型拟合指标	CMIN/DF	RMSEA	CFI	NFI	IFI	TLI
高内部合理化组	2.121	0.039	0.941	0.947	0.942	0.946
低内部合理化组	2.783	0.077	0.927	0.879	0.923	0.904
参考标准	<3	<0.1	>0.9	>0.9	>0.9	>0.9
分组变量:外部合理化因素—母国产业失范程度					
路径			高外部机会组 (N=284)		低外部机会组 (N=283)	
			Est.	C.R.	Est.	C.R.
ComR_Freq	<--	In_Ice	-0.340**	-2.135	-0.171	-1.005
ComR_Freq	<--	Ex_Ice	-0.202**	-2.430	-0.167	-1.421
ComR_Freq	<--	In_Det	-0.942**	-2.526	-0.697	-1.087
ComR_Freq	<--	Ex_Det	0.665	0.252	0.563	0.642

续表

分组变量:外部合理化因素—母国产业失范程度					
ComR_Freq	<--	In_Gui	-1.091***	-3.141	-0.866***	-3.908
ComR_Freq	<--	Ex_Gui	-1.006***	-6.336	-0.660***	-3.953
ComR_Freq	<--	ES	0.383*	1.811	0.126	1.479
ComR_Freq	<--	EA	0.108*	1.736	0.154*	1.742
ComR_Freq	<--	EI	-1.201***	-3.153	-1.064***	-2.608
ComR_Freq	<--	HO	0.706	0.804	0.509	0.766
ComR_Freq	<--	BRC	-0.186*	-1.955	-0.205**	-2.157
ComR_Freq	<--	GD	0.169	1.545	0.128*	1.990
ComR_Freq	<--	CO	-0.482**	-2.162	-0.020**	-2.353
ComR_Freq	<--	LP	0.437	0.915	0.117	0.485
模型拟合效果					
模型拟合指标	CMIN/DF	RMSEA	CFI	NFI	IFI	TLI
高外部合理化组	1.690	0.036	0.957	0.953	0.949	0.952
低外部合理化组	2.436	0.084	0.903	0.914	0.908	0.918
参考标准	<3	<0.1	>0.9	>0.9	>0.9	>0.9

注：* $p<0.10$；** $p<0.05$；*** $p<0.01$。

第五节　稳健性检验

一、国有与民营性质分样本分析

本节将样本按照企业所有权性质的不同,分为国有和民营两组再进行结构方程模型检验,利用分样本的方法处理内生性问题。依据前文,修正后的防范分析结构方程模型V具有更好的模型拟合效果,因而我们在稳健性检验中使用模型V。表12-6提供了不同企业性质下的修正后结构方程模型V的检验结果,两组分样本的拟合效果良好。无论是在国有企业组别下还是在民营企业组别下,高管员工薪酬激励、母国产业政策激励与海外绩效期望差距、东道国产业竞争程度构建的交互项对企业境外合规经营风险频率的影响均显著为负,表明内外部利益激励通过缓解内外部压力因素的影响,降低企业境外合规经营风险频率。高管强制变更威慑、同行企业制裁威慑与合规控制体系缺陷、东道国监管不确定性构建的交互项对企业境外合规经营风险频率的影响均显著为负，表明内外部惩罚威慑通过抑制内外部机会因素的影响，降低企业境外合规经营风险频率。企业合规文化引导、大众媒体关注引导与高管过度自信倾向、母国产业失范程度构建的交互项对企业境外合规经营风险频率的影响均显著为负，表明内外部价值引导通过减少内外部合理化因素的影响，降低企业境外合规经营风险频率。上述结果说明分样本处理内生性问题后，防范机制检验的研究结论仍然具有较强的稳健性。

表 12-6 不同企业所有权的结构方程模型防范分析的稳健性检验结果

路径			国有组 (N=320)		非国有组 (N=247)	
			Est.	C.R.	Est.	C.R.
ComR_Freq	<--	In_Pre	0.278*	1.794	0.253*	1.877
ComR_Freq	<--	Ex_Pre	0.394*	1.697	0.379*	1.696
ComR_Freq	<--	In_Opp	1.367***	7.616	1.276***	7.506
ComR_Freq	<--	Ex_Opp	0.087*	1.830	0.079*	1.915
ComR_Freq	<--	In_Rat	0.420**	2.438	0.318**	2.379
ComR_Freq	<--	Ex_Rat	0.314*	1.769	0.262*	1.816
ComR_Freq	<--	In_Ice	-0.410**	-2.011	-0.375**	-2.081
ComR_Freq	<--	Ex_Ice	-0.551***	-8.551	-0.546***	-8.463
ComR_Freq	<--	In_Det	-0.856*	-1.959	-0.921*	-1.885
ComR_Freq	<--	Ex_Det	-0.903**	-2.193	-0.911**	-2.179
ComR_Freq	<--	In_Gui	-0.657***	-7.681	-0.675***	-7.736
ComR_Freq	<--	Ex_Gui	-0.707**	-2.204	-0.680**	-2.122
ComR_Freq	<--	In_Ice×In_Pre	-0.123**	-2.140	-0.114**	-2.229
ComR_Freq	<--	In_Ice×Ex_Pre	-0.177***	-3.518	-0.192***	-3.570
ComR_Freq	<--	Ex_Ice×In_Pre	-0.080*	-1.783	-0.125*	-1.827
ComR_Freq	<--	Ex_Ice×Ex_Pre	-0.080***	-2.822	-0.138***	-2.867
ComR_Freq	<--	In_Det×In_Opp	-0.082***	-2.719	-0.028***	-2.780
ComR_Freq	<--	In_Det×Ex_Opp	-0.258*	-1.795	-0.184*	-1.920
ComR_Freq	<--	Ex_Det×In_Opp	-0.121***	-2.953	-0.181***	-2.990
ComR_Freq	<--	Ex_Det×Ex_Opp	-0.134*	-1.743	-0.183*	-1.724
ComR_Freq	<--	In_Gui×In_Rat	-0.213*	-1.753	-0.169*	-1.842

续表

路径			国有组 (N=320)		非国有组 (N=247)	
			Est.	C.R.	Est.	C.R.
ComR_Freq	<--	In_Gui×Ex_Rat	-0.187**	-2.281	-0.102**	-2.235
ComR_Freq	<--	Ex_Gui×In_Rat	-0.055***	-4.894	-0.043***	-4.850
ComR_Freq	<--	Ex_Gui×Ex_Rat	-0.055*	-1.907	-0.025*	-1.869
ComR_Freq	<--	ES	0.370*	1.993	0.424*	1.913
ComR_Freq	<--	EA	0.230***	5.897	0.220***	5.837
ComR_Freq	<--	EI	-0.964**	-2.472	-0.928**	-2.612
ComR_Freq	<--	HO	0.308	0.624	0.346	0.575
ComR_Freq	<--	BRC	-0.223**	-2.177	-0.204**	-2.252
ComR_Freq	<--	GD	0.266**	2.035	0.272**	2.031
ComR_Freq	<--	CO	-0.059**	-2.459	-0.133**	-2.408
ComR_Freq	<--	LP	0.008	0.491	0.057	0.352
外部载荷						
InH_Pre	<--	In_Pre	1.000		1.000	
InP_Pre	<--	In_Pre	0.622***	8.645	0.669***	8.653
ExS_Pre	<--	Ex_Pre	1.000	—	1.000	—
ExC_Pre	<--	Ex_Pre	0.939***	6.771	0.922***	6.846
InM_Opp	<--	In_Opp	1.000	—	1.000	—
InC_Opp	<--	In_Opp	0.582***	8.472	0.571***	8.511
ExM_Opp	<--	Ex_Opp	1.000	—	1.000	—
ExC_Opp	<--	Ex_Opp	0.911***	5.434	0.899***	5.511
InO_Rat	<--	In_Rat	1.000	—	1.000	—
InS_Rat	<--	In_Rat	0.749***	7.840	0.665***	7.892
ExR_Rat	<--	Ex_Rat	1.000	—	1.000	—
ExE_Rat	<--	Ex_Rat	0.730***	9.627	0.721***	9.590
In_Ice×InH_Pre	<--	In_Ice×In_Pre	1.000	—	1.000	—
In_Ice×InP_Prs	<--	In_Ice×In_Pre	0.834***	12.015	0.825***	11.941
In_Ice×ExS_Pre	<--	In_Ice×Ex_Pre	1.000	—	1.000	—
In_Ice×ExC_Pre	<--	In_Ice×Ex_Pre	0.895***	15.969	0.808***	16.062

续表

路径			国有组 (N=320)		非国有组 (N=247)	
			Est.	C.R.	Est.	C.R.
Ex_Ice×InH_Pre	<--	Ex_Ice×In_Pre	1.000	—	1.000	—
Ex_Ice×InP_Prs	<--	Ex_Ice×In_Pre	0.555***	5.023	0.582***	4.942
Ex_Ice×ExS_Pre	<--	Ex_Ice×Ex_Pre	1.000	—	1.000	—
Ex_Ice×ExC_Pre	<--	Ex_Ice×Ex_Pre	0.750***	7.779	0.701***	7.786
In_Det×InM_Opp	<--	In_Det×In_Opp	1.000	—	1.000	—
In_Det×InC_Opp	<--	In_Det×In_Opp	0.641***	6.686	0.610***	6.771
In_Det×ExM_Opp	<--	In_Det×Ex_Opp	1.000	—	1.000	—
In_Det×ExC_Opp	<--	In_Det×Ex_Opp	0.941***	4.022	0.774***	3.986
Ex_Det×InM_Opp	<--	Ex_Det×In_Opp	1.000	—	1.000	—
Ex_Det×InC_Opp	<--	Ex_Det×In_Opp	0.937***	4.213	1.021***	4.279
Ex_Det×ExM_Opp	<--	Ex_Det×Ex_Opp	1.000	—	1.000	—
Ex_Det×ExC_Opp	<--	Ex_Det×Ex_Opp	0.805***	16.553	0.825***	16.495
In_Gui×InO_Rat	<--	In_Gui×In_Rat	1.000	—	1.000	—
In_Gui×InS_Rat	<--	In_Gui×In_Rat	0.701***	3.749	0.618***	3.801
In_Gui×ExR_Rat	<--	In_Gui×Ex_Rat	1.000	—	1.000	—
In_Gui×ExE_Rat	<--	In_Gui×Ex_Rat	0.963***	6.287	0.952***	6.355
Ex_Gui×InO_Rat	<--	Ex_Gui×In_Rat	1.000	—	1.000	—
Ex_Gui×InS_Rat	<--	Ex_Gui×In_Rat	0.608***	5.595	0.528***	5.658
Ex_Gui×ExR_Rat	<--	Ex_Gui×Ex_Rat	1.000	—	1.000	—
Ex_Gui×ExE_Rat	<--	Ex_Gui×Ex_Rat	0.642***	8.110	0.633***	8.211
模型拟合效果						
模型拟合指标	CMIN/DF	RMSEA	CFI	NFI	IFI	TLI
国有组	2.594	0.046	0.909	0.901	0.907	0.909
非国有组	2.737	0.092	0.903	0.904	0.907	0.902
参考标准	<3	<0.1	>0.9	>0.9	>0.9	>0.9

注：* $p<0.10$；** $p<0.05$；*** $p<0.01$。

结合第十章表10-9和本节表12-6进一步讨论可以发现：在国有企业组别中，内外部机会因素对境外合规经营风险生成的影响以及惩罚威慑通过抑制机会因素对降低企业境外合规经营风险频率的作用非常突出。而在民营企业组别中,压力因素对境外合规经营风险生成的影响以及利益激励通过缓解压力因素对降低企业境外合规经营风险频率的作用最为显著。探究背后的原因,可能的解释是政企同盟、行政规制下的国有企业一股独大或股权过于集中,容易导致利益集团化、权力寻租(杨继生和阳建辉,2015),内部缺乏有效的监督约束机制,决策往往成"一言堂"。同时,国有企业所有制容易在境外敏感产业投资中转化为制度障碍(Zhang et al.,2011),遭遇东道国监管针对性审查。因而合规控制体系缺陷和东道国监管不确定性成为国企境外合规经营风险生成的主因。在这样的背景下,对于国有企业境外合规经营风险防范,应当特别重视发挥惩罚威慑机制在加快内部监督漏洞填补和明确外部监管信号方面的作用。相比民营企业,国有企业在融资、补贴、税收上受到政策倾斜,在面对绩效和竞争压力时敏感性更低、抗冲击能力更好,民营企业则会有更强的境外违规压迫感和冒险倾向。因而海外绩效期望差距和东道国产业竞争程度成为民企境外合规经营风险生成的主因。对于民营企业境外合规经营风险防范,应当特别关注利益激励机制在缩小期望绩效差距和优化产业生存环境方面的作用。

二、英美与大陆法系分样本分析

东道国法系源流的不同会在制度方面影响企业境外合规经营风险。本节控制不同东道国法系的影响进行稳健性检验。不同东道国法系的结构方程模型防范检验结果如下表 12-7 所示。利益激励、惩罚威慑和价值引导的内外部防范机制的影响再次得到了验证,结论具有稳健性。

表 12-7　不同东道国法系的结构方程模型防范分析的稳健性检验结果

路径			英美法系组 (N=354)		大陆法系组 (N=213)	
			Est.	C.R.	Est.	C.R.
ComR_Freq	<--	In_Pre	0.278*	1.794	0.253*	1.877
ComR_Freq	<--	Ex_Pre	0.394*	1.697	0.379*	1.696
ComR_Freq	<--	In_Opp	1.367***	7.616	1.276***	7.506
ComR_Freq	<--	Ex_Opp	0.087*	1.830	0.079*	1.915
ComR_Freq	<--	In_Rat	0.420**	2.438	0.318**	2.379
ComR_Freq	<--	Ex_Rat	0.314*	1.769	0.262*	1.816
ComR_Freq	<--	In_Ice	-0.410**	-2.011	-0.375**	-2.081

续表

路径			英美法系组 （N=354）		大陆法系组 （N=213）	
			Est.	C.R.	Est.	C.R.
ComR_Freq	<--	Ex_Ice	-0.551***	-8.551	-0.546***	-8.463
ComR_Freq	<--	In_Det	-0.856*	-1.959	-0.921*	-1.885
ComR_Freq	<--	Ex_Det	-0.903**	-2.193	-0.911**	-2.179
ComR_Freq	<--	In_Gui	-0.657***	-7.681	-0.675**	-7.736
ComR_Freq	<--	Ex_Gui	-0.707**	-2.204	-0.680**	-2.122
ComR_Freq	<--	In_Ice×In_Pre	-0.323**	-2.140	-0.114**	-2.229
ComR_Freq	<--	In_Ice×Ex_Pre	-0.277***	-3.518	-0.192***	-3.570
ComR_Freq	<--	Ex_Ice×In_Pre	-0.180**	-2.583	-0.125*	-1.827
ComR_Freq	<--	Ex_Ice×Ex_Pre	-0.230***	-2.822	-0.138***	-2.867
ComR_Freq	<--	In_Det×In_Opp	-0.182***	-2.719	-0.028***	-2.780
ComR_Freq	<--	In_Det×Ex_Opp	-0.258**	-2.795	-0.184*	-1.920
ComR_Freq	<--	Ex_Det×In_Opp	-0.321***	-2.953	-0.181***	-2.990
ComR_Freq	<--	Ex_Det×Ex_Opp	-0.334*	-1.743	-0.183*	-1.724
ComR_Freq	<--	In_Gui×In_Rat	-0.103*	-1.753	-0.269***	-3.842
ComR_Freq	<--	In_Gui×Ex_Rat	-0.087**	-2.281	-0.302**	-2.235
ComR_Freq	<--	Ex_Gui×In_Rat	-0.055**	-2.394	-0.143**	-4.850
ComR_Freq	<--	Ex_Gui×Ex_Rat	-0.071*	-1.907	-0.225***	-3.869
ComR_Freq	<--	ES	0.370*	1.993	0.424*	1.913
ComR_Freq	<--	EA	0.230***	5.897	0.220***	5.837
ComR_Freq	<--	EI	-0.964**	-2.472	-0.928**	-2.612
ComR_Freq	<--	HO	0.308	0.624	0.346	0.575
ComR_Freq	<--	BRC	-0.223**	-2.177	-0.204**	-2.252
ComR_Freq	<--	GD	0.266**	2.035	0.272**	2.031
ComR_Freq	<--	CO	-0.059**	-2.459	-0.133**	-2.408
ComR_Freq	<--	LP	0.008	0.491	0.057	0.352
模型拟合效果						
模型拟合指标	CMIN/DF	RMSEA	CFI	NFI	IFI	TLI
英美法系组	2.190	0.074	0.906	0.904	0.911	0.905

续表

路径			英美法系组 (N=354)		大陆法系组 (N=213)	
			Est.	C.R.	Est.	C.R.
大陆法系组	2.227	0.090	0.913	0.917	0.910	0.901
参考标准	<3	<0.1	>0.9	>0.9	>0.9	>0.9

注：* $p<0.10$；** $p<0.05$；*** $p<0.01$。

结合第十章表10-10和本节表12-7进一步讨论，可以发现：英美法系组别中，经济距离和法律距离的调节作用显著更强，特别是经济距离对压力因素的调节效应和法律距离对机会因素的调节效应突出，相对应的，利益激励缓解压力因素、惩罚威慑抑制机会因素进而降低企业境外合规经营风险频率的作用更强；大陆法系组别中，文化距离的调节作用显著更强，特别是文化距离对合理化因素的调节效应突出，价值引导减少合理化因素进而降低企业境外合规经营风险频率的作用更强。对此，可以从不同法系源流下的正式制度和非正式制度维度考虑解释。英美法系注重判例法，法官对规则的解释空间较大，在经济制度和法律制度的正式制度方面与从属大陆法系的中国差异较大，更容易转化为境外合规经营风险因素。在英美法系东道国经营的"走出去"企业应当特别关注经济距离对压力因素、法律距离对机会因素的激化影响，充分发挥利益激励和惩罚威慑防范机制的作用。相比而言，大陆法系中正式性的制定法占主导地位，东道国在正式制度方面更加容易，与中国彼此理解境外合规风险因素更可能受到文化距离代表的非正式距离产生的认同和认知差异的影响。在大陆法系东道国经营的"走出去"企业应当特别关注文化距离对合理化因素的调节效应，充分发挥价值引导对防范境外合规经营风险的作用。

第六节 本章小结

本章基于已剖析的企业境外合规经营风险的压力、机会和合理化成因，对应地找到了利益激励、惩罚威慑和价值引导的企业境外合规经营风险防范机制。围绕三类防范机制，研究发现，利益激励通过缓解压力、惩罚威慑通过抑制机会、价值引导通过减少合理化发挥企业境外合规经营风险防范的功能。具体而言，高管员工薪酬激励和母国产业政策激励有助于削弱海外绩效期望差距和东道国产业竞争程度的影响,通过缓解内外部压力因素的作用降低企业境外合规经营风险;高管强制变更威慑和同行企业制裁威慑有助于削弱合规控制体系缺陷和东道国监管不确定性的影响,通过抑制内外部机会因素的作用降低企业境外合规经营风险;企业合规文化引导和大众媒体关注引导有助于削弱高管过度自信倾向和母国产业失范程度的影响,通过减少内外部合理化因素的作用降低企业境外合规经营风险。

第四篇 04

"走出去"企业境外合规经营风险成因与防范的案例分析

第十三章

"走出去"企业境外合规经营风险成因的多案例分析

第一节 理论背景

一、制度落差、外部合法性与境外合规经营风险

基于制度顺差情景,与东道国本土企业相比,我国企业拥有着更优秀的管理、人才、资金和技术专长,也意味着我国企业将面临与在发达经济体下不一样的合规风险生成路径。东道国本土的企业相比之下核心竞争力不突出,相关行业的产业链上下游企业也会相应受到冲击(Bitektine,2011),竞争力和业务增长会因为跨国企业的加入被削弱。从长远来看,跨国企业将无法确立行业话语权。另外,制度顺差意味着东道国相对母国来说,产业环境相对不完善,信息不透明问题较为严重,政府和产业关系模糊,营商沟通机制不畅通,产业合作不够高效,跨国企业在东道国会遇到沟通不畅通,协调成本高等一系列问题(Feenstra,2015)。政府、上下游企业对跨国企业的生产管理、国际战略、技术创新、生态环保等不够清晰和了解(Buchanan et al.,2011;Bäckstrand et al.,2006;Hernández et al.,2015;Ahmad et al.,2010),在信息不对称的情况下,容易对企业跨国投资经营的动机产生误解,从而使得跨国企业违反规范运营投资的可能性加大。

因此,在制度顺差的背景下,东道国往往无法正确解读跨国企业经营行为,甚至会采取对于跨国企业不利的双重标准来衡量和评判跨国公司,为保护东道国自身企业和行业的安全对跨国企业实施管制。由于存在一系列的背景差异,跨国企业与东道国本地企业、产业链上下游企业的合作交流越发困难,需要更长时间的整合与摸索,同时产业链配套企业也可能出于竞争担忧而不予配合,跨国企业的境外投资经营风险进一步放大(Luo et al.,2007)。此外,政府和行业监管机构等利益相关者对跨国企业境外经营的认识和理解方面存在异质性,可能存在错误解读企业行为的情形,在提供配套基础、行业规范适用、政策条款支持时可能与东道国本土企业存在差别(Marano et al.,2012;Makino,2007),因而,跨国企业境外经营活动难以获得外部监管机构支持,相比于本土企业面临更大的合规风险。

基于制度逆差背景,从法律制度层面来看,主要体现在东道国法规更健全、更成体系,流程操作体系更规范,但是,制度逆差越大,越会增加企业境外投资经营的法律遵从、监管遵从等合规成本(Weinmann,2004)。站在东道国角度,从来自制度不够完善的跨国企业提供的产品来看,跨国企业的产品往往会被贴上"质量欠佳""工艺落后""研发不足""服务不佳"的标签(Levchenko et al.,2016),企业运营透明度也被视为不高,常常被认为经营管理不够规范和成熟。来自不发达的国家的跨国企业,还会被认为对知识和产权的重视程度不够高,可能会有剽取技术,缺乏对数据隐私保护等行为。这部分企业母国的监管和法律框架不一致,会被误认为对法律法规没有足够的敬畏,缺乏严格遵守,存在"钻空子""擦边球"等行为。造成"国家安全威胁"这一说法也常被东道国政府和相关机构使用,将这部分企业的经营管理上升到国家安全的高度,从而为其限制和打压企业赢得来自社会公众、产业等的注意(Porter,1985),大大增加了它们在境外开展经营活动的合规风险。

因此,这大大增加了企业境外投资经营的法律遵从、监管遵从等合规管理成本,对企业的部分偏见亦加大了其境外经营违规的可能性。在政策法规更完善的环境下开展经营,跨国企业行为合法性亦需付出大量的学习成本,从而更可能触犯当地相关行业规范条例、政策条款、法律法规等。基于以上分析提出假设H13-1。

H13-1:制度落差水平越大,我国企业外部合法性水平越低,企业境外合规经营风险越大。

二、东道国制度稳定性与境外合规经营风险

体制机制稳定意味着国家的机构如其法律制度和监管当局,以透明的方式运作,遵守以普遍方式适用于所有公民的明确规则。虽然成熟的机构会受到立法变革的影响,但他们会受到保护,免受幕后政治干预。制度成熟的另一个标志是制度机构有效运作,没有不必要的官僚混乱(Child and Marinova,2014)。随着企业国际化,它们不仅会遇到关键制度不同的制度环境,还会遇到由没有很好制度化的制度组成的环境。

东道国政府可以直接剥夺投资者的资产,或者通过税收、法规或其他协议的不利变化间接减少跨国公司的预期资产回报(Henisz,2000)。实际上,制度调节交

易成本并影响境外投资者在东道国的感知风险(Demirbag et al.,2008)。如果东道国的政策和制度模糊不清,那么跨国公司和当地公司之间的交易会涉及大量的政治利益博弈。稳定的东道国制度有利于跨国公司境外经营,这意味着提供立法完善、腐败程度低的经营环境,能够减少企业的运营合规成本(Wu et al.,2016)。一些来自东道国的不稳定因素,例如,政府服务组织混乱且效率低下、政策频繁修改甚至抵消逆反、落后、多变的司法体系等,增加了企业适应东道国环境的成本,境外经营的投资收益亦面临更大的风险和不确定性,增加了境外合规经营风险。基于以上分析提出假设 H13-2。

H13-2:东道国制度稳定性越低,我国企业境外合规经营风险越大。

三、企业合规管理与境外合规经营风险

合规管理的目的是发现和防止公司违反法律法规等问题,最大限度地减少出现违规问题的可能性,在出现违规行为时减少问题带来的损害,并防止问题再次发生,最后吸取相关经验改进业务和控制流程。在理想的情况下,合规管理可以帮助各个级别的人员在没有发现或未发现违规事件的情况下运营组织。企业采取基本的合规措施可以尽可能地防止违规行为,如果企业致力于寻求高效和有效的合规风险防范机制,则他们能够跟上不断变化的具有挑战性的法律要求。

从合规管理的本质上看,合规管理意味着企业首先进行自我监管,是减少企业境外合规经营风险的重要途径。在合规管理的范围内,它可能包括遵守与业务相关的法律和内部法规、环境问题、劳动和工资法规、数据安全、健康和安全问题、平等就业机会、反垄断考虑和竞争、资金筹集等(Griffith,2015)。虽然国家是法规的主要来源,但合规管理也处理其他形式的法规,如内部公司政策、专业团体、行业协会等。合规管理可以被视为从监管执法向自我监管转变的一部分:自我监管通常比政府监管更迅速、更灵活、更有效。它可以将一个行业积累的判断和经验应用于政府有时难以用明线规则界定的问题。

合规管理可以帮助企业树立良好的形象,减少外界对企业的刻板印象,增加信息透明度,从而减少来自外部的合法性约束,减少企业境外经营违规的可能性。来自公司层面的法律、标准和自愿准则设定了公司内部可接受和期望的商业行为框架,有利于外部甚至是内部人员更好地理解公司的"底线"框架。公司可以通过建立一个系统详尽的合规计划(包括合规体制的设计、合规管理的实施和合规风险的评估和处置等),在组织内部强调和明确道德守则、组织行为和企业文化对于良好的合规管理和企业形象至关重要,还可以向政府、行业监管者等其他利益相关者展示企业在合规性上的任何改进,合规管理的一个潜在动机是建立声誉和公

众信任。

合规管理是应对复杂东道国环境和内部治理的合理选择,通过建立起自上而下的信息流和学习机制减少企业境外违规经营风险。学者基于组织变革研究中的过程模型,结合复杂性理论,强调合规管理是企业面对来自内外的环境的模糊性、多变性、复杂性以及这些环境对企业施加的复杂的压力的良好应对措施。Adcroft 和 Mason(2007)将复杂性概括为内部环境(如组织文化、组织架构、管理行为等)和外部环境(如政府部门、顾客、社会政治、社会技术、社会经济等)的异质性或多样性。对组织来说,混乱和复杂的环境其实能带来价值,企业在这种环境下,出于应对压力,会培养另一种"秩序的过程",复杂的内外部环境使得公司更好地审视一切压力并建立起自己的合规管理制度以更好地生存或提高绩效(Mason and Dobbelstein,2016)。复杂环境目的之一是,企业通过在复杂的环境中自主解决问题,进行一系列实践,构建和产生连续的、自下而上的、系统的信息流,由这些经验创造了应对环境的紧急学习模式(Serrat,2017)。这证明,组织建立完善的合规管理系统可以在不熟悉的、复杂多变的外部环境中建立起统一运营的秩序,在紧急情况下有可选择的学习模式和应对模式,从而缓和境外经营的合规风险。基于以上分析提出假设 H13-3。

H13-3:我国企业合规管理水平会缓和境外合规经营风险。

四、企业国际经验与境外合规经营风险

North(1990)认为,为了学会如何"玩好游戏",组织需要多种技能,但这些技能大多数是通过边做边学的方式获得的。也就是说,组织需要学习以获取适用于不同东道国环境下的境外经验。尽管境外投资经营具有特殊性,但研究表明,组织从其经验中受益,因为一些获得的技能可以从一个事件转移到另一个事件(Barkema and Schijven,2008)。因而,企业的国际化经验不但对于特定的东道国场景有作用,所学习到的经验知识也可以适用于不同的东道国。

企业的国际化水平表现为其适应不同东道国制度环境的能力,也表现为其适应特定东道国环境不稳定的能力(Child and Marinova,2014)。新兴经济体的企业因国内经济开放历史不长,国内外市场环境差异较大,缺乏国际经营经验的企业在开启国际化进程的时候并不熟悉国际环境,在识别和应对国际经营风险方面能力有待提升,因而可能面临着较大的境外合规经营风险(张红娟等,2015)。企业国际化经验对适应东道国的制度环境,并识别可能存在的合规风险至关重要。过去完成的跨境经营经验增加了在制度上更接近的环境中合规经营可能性,同时也缩短了在制度上更遥远的环境中的交易持续时间,以及降低了交易成本、减少经营违规的可能性(Dikova et al.,2010)。

参与大量跨国投资经营的公司可能会就如何获取外部财务、法律或其他资源等(Hitt et al.,1998)制定一般程序,因此,先前在多个国家/地区的经营中的经验可能有助于在新地点顺利进行境外经营。更有国际经营经验的公司在遵守不同的竞争法、向所有利益相关方提供一致的信息、制定有效的沟通战略等方面制定了卓有成效的惯例,能更好地在政府等监管部门面前树立合规合法形象,有助于减少企业在外部利益相关者前的刻板印象。基于以上分析提出假设H13-4。

H13-4:我国企业国际化经验缓和境外合规经营风险。

第二节 多案例研究设计

一、研究方法选择

Yin(2017)指出,案例研究的含义是指案例研究探究真实环境中正在发生的事实,特别是这种事实现象和环境的界限不明显时。案例研究是社会科学研究的重要方法之一,与数据模型等研究方法相比,案例研究也适合于用来描述或验证命题。这些研究方法并无高低等级之分,在进行研究的主要问题是解答"为什么"和"怎么样",案例研究比起其他研究方法可能更值得考虑(Yin,2017)。

本节采用多案例研究方法,选取了4个中国跨国企业境外合规经营经典案例进行分析。现有文献对我国企业境外经营面临的合规风险状况,以及这些风险对我国企业境外经营合规性的挑战提供了有限的理解。研究我国企业境外合规经营问题,尤其是为什么企业会出现违规现象,需要按照事件发生的真实时间的顺序,追溯合规风险生成的内因、外因,分析它们之间的联系,描述出事件发生的链条,而不仅仅是研究它们出现的频率和范围。本研究的核心意图在于展现我国企业境外合规经营的一系列决策过程:是什么导致企业境外经营违规/合规?违规或合规是怎么执行的,结果是怎么样的?本研究的目的是探索企业境外合规经营风险的生成路径,要研究的是合规风险如何生成、演化的问题,我国企业在"走出去"过程中面临的合规风险与所在的制度环境密切相关,当研究深入不同情境下的合规治理的流程、机制等的黑箱时,案例研究方法可以提供一个更清晰、更准确的认识手段。因此,本研究采用案例研究方法,展现我国企业"走出去"过程中合规经营风险问题的真实情况。此外,与仅仅是单案例研究相比,多案例横向分析可以帮助我们建立综合性更强的理论框架,得出一个统一的企业境外合规经营风险因素以及合规经营风险生成机制框架,具有理论可拓展性、可重复性等特点。

二、案例选取与数据搜集

在复制法则的基础上,本研究的跨案例选取覆盖不同东道国、不同行业、不同类型的企业,并注重选取不同时间段最具代表性的案例。我们设定了案例筛选的标准:(1)所选案例覆盖不同发展水平的东道国,包括发达国家和发展中国家;(2)所选案例覆盖境外经营的不同模式,包括对外直接投资、承包工程、日常经营、对外贸易四种类型;(3)所选企业行业覆盖不同类型,包括通信、建筑、互联网等行业;(4)所选企业类型覆盖不同类型,包括国有企业和民营企业;(5)所选案例涵盖不同时间阶段,有2008年"第一波""走出去"的典型企业案例,有后期及新近的备受关注案例。基于这些标准,我们最后选择了4个典型案例,如表13-1所示。

表 13-1 案例介绍列表

案例编号	案例名称	东道国	所属行业	性质分类	企业性质	境外违规类型
案例 A	中海外波兰 A2 高速公路案例	波兰	建筑工程	对外承包工程	国有	成本超支导致项目没有按期履约
案例 B	中国铝业收购南戈壁案例	蒙古	金属材料	境外投资	国有	不符合蒙古国国家安全审查要求
案例 C	中兴通讯出口伊朗电信案例	美国	通信行业	对外贸易	私营	违反美国政府贸易管制要求
案例 D	美国封禁 TikTok 案例	美国	互联网传媒	境外日常经营	私营	美国政府认定不符合数据和隐私保护要求

我国企业在2008年全球经济危机后开启"走出去"风潮,在国家的经济政策支持下企业纷纷开启境外经营模式,但是此时诸多企业并没有相关经验,合规风险准备亦不充分,大家熟知的案例如波兰A2高速公路就承受了高达几十亿的损失,因而本研究的案例研究选取了这一代表性案例。在"一带一路"倡议下,我国企业在多方鼓励下开展对发展中国家投资经营,但面临着东道国政权变更、法律变更频繁等与发达国家不一样的合规风险点,因而本研究的研究案

例选取了中国铝业收购蒙古南戈壁这一典型案例进行深入剖析。2018年国家密集出台了合规文件，开始重视大量违规案例的经验教训，特别是中兴事件的教训，巨额的罚款给中国企业带来沉重的打击，因而本研究的案例研究选择了中兴通讯出口伊朗电信这一起备受关注的境外违规案例。最近的互联网出海企业字节跳动旗下产品TikTok被美国政府怀疑威胁国家安全而受到打压，新时期下我国企业境外违规不得不关注一些新特点，因而本研究选择了热点案例：美国政府封禁TikTok案例。

本研究采用多种数据收集的方法、多种来源渠道的证据来展示整个事件丰富的画面，融汇到一组事实或结果中（Yin, 2017），包括与此案例有关的公开资料，包括学术文章和官方媒体资料，数据来源为主要媒体网站和CNKI网站上检索到的以研究案例为关键词的文章，来自企业与本案例的有关资料，比如，公司对此案例公开发表的公告，主管发表的文章、演说以及相关的动态，年度报告、公司公告和企业其他文件，数据来源为企业公告、企业网站、企业年报、LexisNexis全球资讯数据库、Wind资讯数据库、知网、公众媒体、案例相关合规记载资料。

三、案例分析方法

本研究采用依据理论假设的主要分析策略，参考Pratt等学者的研究方法，以及Yin（2017）指出的模式匹配、构建性解释、时间序列分析、逻辑模型、跨案例分析五种案例研究分析技术，并借鉴近期相关管理学文献中的案例研究使用方法（魏江等，2016），围绕本研究提出的理论假设进行案例分析方法的设计。本研究的案例分析策略总体上按以下步骤进行：第一步，单案例时间序列分析，编制案例关键事件大事年表，由于事件发生的相关原因的基本序列无法逆转，是后续逻辑模型因果关系确定的重要参考，包含初步因果关系的判定；第二步，单案例编码分析，充分考虑搜集到的资料并避免遗漏，逐一梳理出数据和证据，形成证据支持强度，案例数据形成基本类别，检验与理论构念匹配程度；第三步，单案例逻辑模型构建，用更精确的链条呈现各企业境外合规经营问题的"原因—结果"，将整个案例事件联结成一个整体，此阶段也是实际的案例与上文理论分析的初步对比；第四步，跨案例分析，对前文的一系列单案例研究进行综合性的整合研究，设计不同的框架呈现出单案例的资料，对所有案例进行归纳总结，得出研究命题和理论框架，最终形成本研究的案例研究结论。

其中，每一个单案例都是一个完整的研究，为详细说明上文分析策略的前三步，进行单案例分析的步骤如下：第一步，对案例的整体背景情况进行介绍，对案例的来龙去脉初步进行了解;第二步,完整梳理出案例事件链条,得出关键事件表,初步对企业境外经营性问题原因和结果进行解释;第三步,对案例进行开放性编码,这是将所得的案例资料进行独立分解、比较、概念化的完整过程,对资料进行"概念化"分析,对事件进行抽象和概括,并向文献综述和理论假设发掘的概念靠拢,根据案例证据支持程度,标识出核心构念的支持程度(强、较强、中、弱 4 种程度);第四步,将上部分得出的范畴构念逻辑化,总结出单案例合规经营风险的发生机制。在此基础上,本研究得到了描述中国企业境外合规经营风险生成并导致合规经营失败或成功的发生机制。但此时还只是单案例分析,未能达到相对饱和状态,存在无法普及问题,需要进行跨案例分析,是一个不断比较、修正的过程,从而使得归纳提炼出的总体命题关系不断趋于精细和准确。

四、核心构念及一级、二级编码

在对案例资料编码前,我们基于上文的文献梳理和理论假设,明确核心构念和一级编码、二级编码,提高案例研究效率,提高研究结论有效性。构念及一级编码、二级编码指示表的设计目的在于更好围绕上文提出的理论假设,从而为下文的资料编码、时间序列分析、逻辑模型构建提供理论指导与支持。具体而言,如表 13-2 所示,本研究所涉及的理论构念包括:制度落差(顺差/逆差)、东道国制度稳定性、合法性约束、企业合规管理、企业国际化经验。

表 13-2 核心构念及一级、二级编码

核心构念	一级编码	二级编码
制度落差（顺差/逆差）	经济制度落差	总体经济发展水平;商业信息的透明度
	政治法律制度落差	法律法规制定;法律法规体系严密性、完善性;法律法规执行
	产业制度落差	上下游产业链的协同性;产业运营机制的协调性、顺畅度
	技术制度落差	相关技术发展、推广和应用情况;科技体制、科技政策与科技立法情况

续表

核心构念	一级编码	二级编码
东道国制度稳定性	经济环境稳定性	经济政策的连续性与稳定性;经济增长稳定;物价稳定;利率、汇率稳定
	政治环境稳定性	国家政治制度稳定;政治权力主体稳定;政策、法律稳定;社会秩序稳定
	产业环境稳定性	竞争状况、生产状况、产业布局、市场供求情况、产业政策、行业壁垒和进入障碍、行业发展前景稳定性
	技术环境稳定性	技术更新迭代、推广和应用的稳定性;科技体制、科技政策与科技立法的稳定性
	文化环境稳定性	价值、偏好、风俗习惯的稳定性
合法性约束	社会政治合法性约束	政府等监管机构,对企业在遵守法规方面的评价
	认知合法性约束	公众对企业在遵守法规、社会责任、就业机会方面的评价
企业合规管理	合规管理内容	合规管理历史、制度、治理结构、文化等
企业国际化经验	国际化表现	境外营业收入占比;境外分支机构数量;境外并购、投资、承包工程项目次数、金额;融资国际化;生产国际化

第三节　环保合规风险案例研究:中海外波兰 A2 高速公路项目

一、中海外波兰 A2 高速公路项目背景

中国海外工程公司(简称中海外),其成立可以追溯到 20 世纪 90 年代初,经过多年的整合重组,于 2003 年并进了铁路总公司,随后成为中国中铁的全资公司。经过多年发展,中海外已经成为中国中铁海外项目开展的重要支撑。中海外属于第一批进军国际工程承包业务的国企,其在海外经过多年运营已经涉及了多套项目的施工建设,涵盖了基础设施和城市重点工程的建设等,也参与了房地产市场的开发建设,在业内享有较高的评价。中铁总公司是中海外的母公司,品牌号召力强大,经营机构和投资项目覆盖了全球多个国家和区域。美国《工程新闻》杂志曾对承包公司按照收入规模进行排名,从 2019 年的承包商排名看,中国中铁在 250 家机构中排名第 18 位。

由波兰高速公路局与国道管理机构投资建设并具有波兰最高评级认证的公路项目——波兰 A2 高速公路项目,是嫁接德国与波兰的纽带,也是打通波兰和欧洲中部和西部的交通枢纽。中铁的子公司中海外与中铁隧道在 2009 年 9 月就和上海建工以及波兰的一家设计公司联合中标了此项目。中国中铁在欧盟成功中标的规模型项目——波兰 A2 高速公路项目,也是中铁集团首个大型国外项目,对中铁以及中国承包公司在海外市场拓展意义非凡。虽如此,在项目建设中,中海外对项目复杂程度估计不足,对于困难缺乏及时应对能力,导致项目建设后期没有按照时间节点支付波兰分包商的款项,最后造成项目停工。经过对相关成本的重新计算之后,中海外发现项目损失金额较大。于是,中海外在 2011 年 6 月放弃项目,而波兰方则要求中海外赔偿 2.7 亿美金,并决定其在 3 年之内不能参与该国的一切工程项目的投标。

二、中海外波兰 A2 高速公路项目时序分析

根据案例整理的所有资料,我们追溯出中海外波兰 A2 高速公路项目的关键事件,以求全面深刻理解整个案例的来龙去脉,梳理出中海外波兰 A2 高速公路项目整个事件的关键事件年表,见表 13-3。整理关键事件年表后,我们再根据 Yin(2017)的方法,参考事件发生不可逆转的时间序列,初步分析事件发生的因果关系。

表 13-3　中海外波兰 A2 高速公路项目关键事件年表

编号	事件描述
1	2009 年 9 月,中海外联合体成功中标波兰 A2 高速公路项目
2	2010 年 9 月,中海外联合体在施工过程中遇到环境保护问题,波兰业主要求中海外在施工时必须妥善保护当地珍稀野生动物雨蛙
3	2011 年 3 月,中海外之前预估的国内更低成本工人签证延误,中国工人此时才逐渐到达波兰现场

续表

编号	事件描述
4	2011年5月,中海外由于面临着严重的资金短缺问题,无法按时给当地分包商付款
5	2011年5月,中海外工程完成程度严重滞后,A段高速公路完成量仅为15%,C段高速公路完成量仅为18%
6	2011年5月,中海外希望提高中标价格,被波兰业主拒绝
7	2011年3月,原材料、设备价格开始上涨,沙子价格上涨近3倍,工程需要使用的设备的价格涨了5倍以上
8	2011年4月,中海外对整个项目重新测算,若要按期完成,项目需投入资金7.86亿美元,收回3.91亿美元,亏损3.95亿美元
9	2011年7月,中海外最终决定放弃工程。波兰业主要求中海外赔偿2.71亿美元,禁止中海外建筑企业成员3年内踏入波兰市场

2009年9月,中海外通过低价竞标,以竞争对手一半的价格成功夺得波兰A2高速公路项目,因而在中标之后,中海外联合体引起了政府和竞争对手的质疑。信心满满的竞标的背后,是中海外想快速打入波兰市场,从而进军欧洲的雄心壮志。

中海外来到波兰时几乎毫无准备,对欧洲市场的认识是零。仓促竞标后,中海外联合体对波兰本土制度却是不熟悉、不了解。中海外首次踏足欧洲市场,对欧洲市场的政策法规、经济政策、语言文化等均了解不深,特别是对波兰原材料、人工、汇率等成本骤升的经济环境缺乏前期调查,对国内劳工跨境施工情况的不了解,以及对合同法律的不熟悉,以上问题都是后期项目成本飙升并不能通过法律维系权利的重要根源。预想的国内工人也因为签证问题迟迟未能到达,到达的时候项目已经接近停工。对当地环境保护法律的不熟悉,中海外在项目施工过程中增加了大量预算外的成本以满足环保要求。项目后期由于波兰经济环境的变化,原材料价格的变化使得项目支出暴增。面对项目进行过程中的成本骤升,中海外联合体希望得到波兰业主的赔偿,理由是发生多项重大工程变更,但波兰业主认为,事先签订的合同无法修改,因而拒绝中海外索赔请求。

中海外对境外合规经营管理重视程度不高,在没有很好地了解欧洲市场时就仓促进入，无法识别潜在的诸多风险，在出现诸多合规风险后亦无法对这些合规风险进行管控，最终导致项目走向违规，而在一开始波兰业主设计的不公平合同更是大大削弱了中海外在项目实施过程中抵御风险的能力。

三、中海外波兰 A2 高速公路项目编码分析

为了初步呈现出中海外波兰 A2 高速公路项目的全貌，并向本研究的理论假设靠拢以促使不同案例之间研究整体性的达成，为后面逻辑模型的搭建做准备，我们从搜集到的案例资料进行开放性编码。开放性编码把原始资料分解为一件件事件，然后进一步归纳总结，即范畴化。由于篇幅原因，我们在这里列举了搜集到的案例的部分资料（经过总结和归纳），共 16 个副范畴。由开放性编码得到的 16 个副范畴，可以继续进行整理归纳并得到抽象性更高的主范畴，并根据支持程度标出强弱水平。（如表 13-4 所示）

表 13-4　中海外波兰 A2 高速公路项目编码举例

对应构念	案例证据举例（经总结和归纳）	范畴化	支持程度
制度落差大	中海外在投中 A2 高速公路前，对波兰和欧洲严肃的法律环境不了解	A1 东道国法律法规体系完善严密	强 ★★★★
	中海外发现如果继续进行项目会发生大额亏损，但不能再和业主重新协商合同，欧盟法律禁止对已经确立的公共采购合同进行任何后续的修改调整		
	对中海外来说，如果不继续履行项目合同，意味着需要面临繁杂的手续和漫长的法律诉讼程序		
	波兰的法律体系虽然相对来说透明完善，但初次接触的人很难彻底明白		
	环境和生态保护导致的成本激增是中海外所始料不及的		
	为了快速夺得项目而进行低价竞标，谎称存在成本优势，然后在项目后续过程中再不断提高项目合同价格，进行"二次竞标"	A2 波兰企业运营更规范	
	波兰供应商对中海外"暗中报价"的合作方式表示不理解		

续表

对应构念	案例证据举例(经总结和归纳)	范畴化	支持程度
外部合法性低	由于价格协定和支付安排上有不同意见,分包商不再和中海外合作,并拒绝向项目建设现场补给材料	A3 与分包商合作不顺利	强 ★★★★
	项目说明书比较模糊,其中之一是说明书没有规定使用桥涵钢板桩,但是在项目实际进行中发现桥梁都需使用钢板桩加固	A4 波兰业主合同制定模糊	
	波兰业主提供的合同对项目当地地质情况复杂等事项表述不清,导致项目进行中需要的实际工程量和预想的投标工程量有很大出入		
	合同的内容存在着很大的争议,纠纷处理的有关的项目条款都不复存在,并说明后续所有的纠纷都由波兰法院审理,不能进行仲裁		
	波兰业主为了控制项目的成本并压低承包商的利润,将一些设计原材料价格变动调整及项目施工与投标工程量不符等能维护承包商权益的条件删除		
	中海外竞标的价格大大低于预算,只为竞争对手的一半左右,因此引起了波兰政府和竞争对手的质疑,认为中国政府在背后提供了项目资金补贴	A5 政府对中海外低价竞标产生怀疑	
	波兰业主的工程付款滞后,导致中海外后期资金进出极度不匹配	A6 波兰业主不配合项目进行	
	项目进行中,关于道路的大量的设计文件和施工规则的审批被波兰的设计工程师拖延。迟迟不进行审批,是项目被耽误的一个重要原因		
	竞标失败的欧洲公司怀疑中海外背后是中国政府的补贴,进行抗议	A7 行业竞争者排斥中海外	
	中海外在波兰没有合作的经销商网络体系,当地的供应商由于不熟悉不了解中海外,不愿意和中海外合作,欧洲的竞争对手也在排挤中海外		
	项目建设过程中,波兰业主对验收的标准非常苛刻,在合同原先的标准基础上,不断提高验收门槛	A8 波兰业主提高履约标准	
	国外媒体对中海外终止合同、无法完工的事情感到气愤,在事件报道的时候不清晰,在原有事实的基础上抹黑中海外形象和其他中国企业的形象	A9 媒体抹黑中海外形象	
	由于拖欠分包商付款及当地工人工资,波兰民众对中海外严重不满,波兰工人在华沙办公场抗议示威	A10 波兰人抗议中海外	

续表

对应构念	案例证据举例(经总结和归纳)	范畴化	支持程度
东道国制度不稳定	欧洲经济回暖,原材料价格和设备租赁价格不断升高,项目成本大大增加	A11 波兰物价大幅上涨	中 ★★
合规管理水平不高	中海外在投标的时候,一心想着快速进入欧洲市场,拿下订单开展国际化之路,但是对波兰的环境几乎没有任何的提前了解	A12 中海外不了解波兰环境	强 ★★★★
	中海外终止合同后,项目负责人在日志中提到,当初的行为太过于草率,诸多事项都没有提前准备和建立规范的流程		
	中海外在提出竞标价格时没有认真进行过项目的成本收益测算,企图一开始通过低报价,然后后期再和业主协商,把项目价格慢慢提上去覆盖之前没有计算到的成本,并赚取利润	A13 中海外合规文化缺失	
	和中海外进行合作的其他企业,合规合作方面也没有准备好,相关的资金管理更是乱作一团,其中有不少企业临时退出,给中海外带来了更大的资金压力		
	中海外原本认为国内的工人派遣到欧洲市场可以实现低成本,但是不清楚欧洲的签证法律体系,中方工人因签证耽误迟迟不能到达项目现场,原先计划的低成本优势不存在	A14 中海外合规管理体制缺失	
	因为项目成本暴增,不少项目成员一人担任数个角色,分工情况较为混乱,没有专门的合规法务人员		
	成本暴增的原因,是中海外在项目组织中暴露出的缺陷,所有流程都没有一个标准的规范,以及不了解当地市场,流程也无法根据实际面临的市场环境调整		

续表

对应构念	案例证据举例（经总结和归纳）	范畴化	支持程度
国际化经验不足	波兰 A2 高速公路项目,是中海外的母公司中国中铁在欧洲当地成功投中的第一个承包工程项目	A15 首次进入欧洲市场	强 ★★★★
	中海外波兰 A2 高速公路项目,是中国中铁在欧洲市场开展的大型基础建设项目之一,对中海外来说,其则是国内唯一一家获得如此大额的欧洲市场订单的承包商		
	面对欧洲市场原料价格的不断上涨,只有在欧洲有固定的供应网络体系才能有效应对这部分风险,因而需要企业拥有从分包到供货有固定的网络体系才能保证原材料以锁定的价格得到稳定供应	A16 国际化经营网络缺乏	

由表 13-4 中相关构念的一级编码及二级编码中可得知,"东道国法律法规体系完善严密"和"波兰企业运营更规范"在印证着波兰法律、产业环境方面的制度比我国更完善,因而可以归入"制度落差大"这一主范畴,予以强程度的支持。"与分包商合作不顺利""波兰业主合同制定模糊""政府对中海外低价竞标产生怀疑""波兰业主不配合项目进行""行业竞争者排斥中海外""波兰业主提高履约标准""媒体抹黑中海外形象"这均反映出由于对中海外的缺乏了解以及对中国企业运营的不了解,波兰各利益相关者对中海外的负面评价,因而可以归入"外部合法性低"这一主范畴,予以强程度支持。"中海外不了解波兰环境""中海外合规管理体制缺失"根据关键指示表明,中海外在签署项目时并没有进行相应的合规管理,可以归入"合规管理水平不高"这一主范畴,予以强程度支持。"国际化经营网络缺乏""首次进入欧洲市场"反映中海外跨国经营的经验较为缺乏,因而归入"国际化经验不足"这一主范畴,予以强程度支持。

四、中海外波兰 A2 高速公路项目逻辑模型

结合前文的时序分析,将上部分观察到的案例事件与理论假设相比对,进一步梳理主范畴之间的逻辑关系。由于中海外仓促进入波兰市场,国际化经验不足、合规意识淡薄,合规流程、合规体制没有相应建立起来,无法识别可能遇到的一系列合规风险,后期合规成本失控,项目整体成本飙升,项目进度延误。这是中海外后期面临成本超支导致项目没有按期履约的最重要原因。中海外在进入波兰市场时,就不可避免地面临着国内制度与波兰制度的差异性,制度落差以及由此带来的一系列来自政府、行业、业主等的合法性约束是进入市场的初始条件。另外,波兰制度的不稳定性带来的风险也是中海外面临的重要条件之一。制度落差导致的合法性约束和不稳定带来的风险没有被中海外有效识别并进行管控,同时国际化经验的不足亦使得中海外在高速公路项目上频繁失误。最终,波兰A2高速公路项目以违规终止合同。我们进一步归纳出逻辑关系,如图13-1所示。

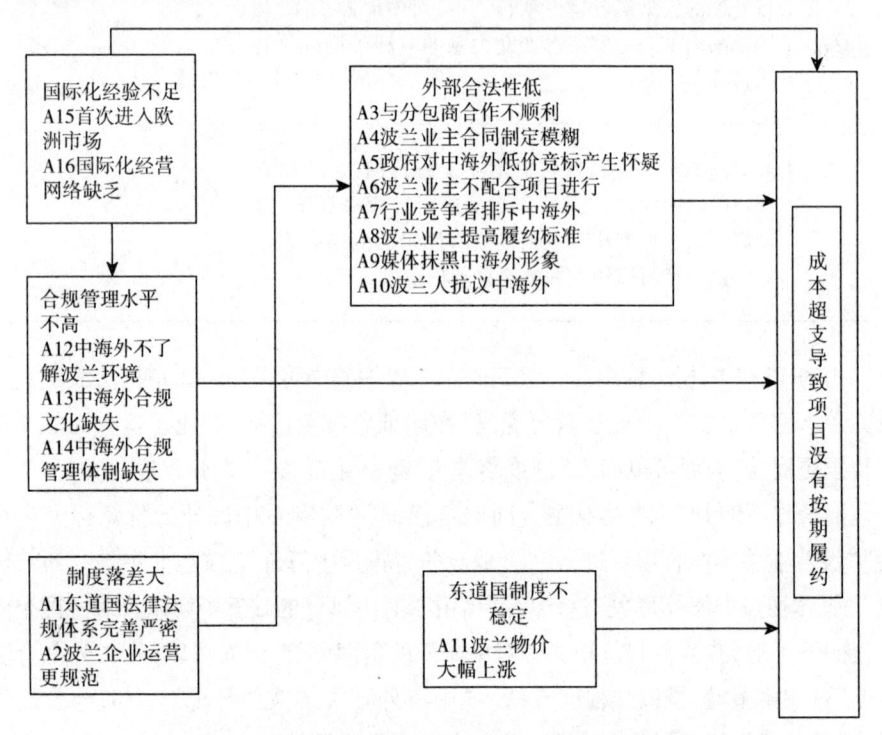

图13-1 中海外波兰A2高速公路项目逻辑模型

第四节 国家安全审查合规经营风险案例研究:中国铝业收购南戈壁项目

一、中国铝业收购南戈壁项目背景

中国铝业股份有限公司(以下简称"中国铝业")成立于21世纪初,其一直是我国金属制品的领军企业,形成了多元化的发展体系,涵盖了铝土和煤炭资源开发以及铝产品的加工制造等,在发电领域以及国贸和物流产业上也有不同程度的参与。成立以来,中国铝业始终奉行国家关于聚焦产业发展布局的战略要求,为中国核潜艇建设、卫星制造和核材料的研制做出了突出贡献。

南戈壁资源公司主业是在蒙古国开发煤矿产业,同时对煤产品开展多元化加工(蒙古能源和金融领域的重要支柱)。南戈壁资源公司位于蒙古和中国交界区域,该区域煤炭储备相当丰富,拥有储量丰盈的煤田,其主要开发当地区域的煤炭资源,同步供给中国使用。本次并购,也是中国铝业开展国际化战略的重要动作,为其全球化进展起到有力的推动作用。中国铝业于2012年4月向南戈壁公司的相关股东发出要约,进行一定比例的收购,收购比例达到了6成,计划以10亿美金作为对价进行收购。

二、中国铝业收购南戈壁项目时序分析

同中海外波兰A2高速公路案例分析思路相同,我们首先梳理出中国铝业收购南戈壁项目的关键事件年表进行案例投资失败的初步因果分析,如表13-5所示。

表13-5 中国铝业收购南戈壁项目关键事件年表

编号	事件描述
1	2012年4月4日,中国铝业向南戈壁公司的相关股东发出要约,进行一定比例的收购,收购比例达到了6成,计划以10亿美金作为对价进行收购
2	2012年4月17日,蒙古国矿产资源局表示,考虑到南戈壁可能被外国公司收购,并可能带来国家安全问题后,强制暂停南戈壁矿场的包括勘探和开采在内的一切活动
3	2012年5月17日,蒙古国通过新的矿产资源领域的外国投资法律,并规定此后任何矿产资源领域的投资、并购都需要向蒙古国政府提出申请,由蒙古国政府进行核查
4	2012年7月3日,中国铝业发布公告,向艾芬豪矿业等股东的要约收购延期30天
5	2012年8月2日,中国铝业发布公告,向艾芬豪矿业等股东的要约收购延期至9月4日

续表

编号	事件描述
6	2012年9月3日,中国铝业发布公告,收购成功可能性较低,已终止收购协议

在蒙古国,中国企业相比当地企业,在矿产资源领域拥有更先进的经营理念和生产流程,意味着可以以更低的成本产生质量高的产品或服务。因而东道国政府以及相关产业担心中国铝业收购南戈壁后对相关企业和产业造成冲击,侵占本国矿产资源市场,威胁经济安全。特别是矿产资源产业作为蒙古国关键性产业,产业特征对资源依赖性高,更是引起了蒙古国政府及蒙古国民众对中国铝业此次收购南戈壁事项的警惕心理。因而,无论是政府还是民众,都为阻止该项交易设置障碍,这是中国铝业所始料不及的。中国铝业投资项目失败的主要原因在于蒙古国对中国企业收购国内矿产资源带来的国家安全的担忧,以及对中国企业的刻板印象,从而使得境外投资经营被动违规的风险大大增加。

本案例投资失败背后的一个重要因素是蒙古国国内多变的法律政策,而这又是蒙古国政权不稳定导致的。蒙古国的政权更替使得国内的政局环境不稳定,新上任的政府由于考虑到自身的利益,往往不会延续上一届政府计划推出或正在实施的政策,予以全部否定或推翻。这不仅给境外投资,甚至给当地的企业正常经营也带来较高的遵守法律方面的成本。为了阻挠中国铝业收购,新上任的蒙古国政府直接制定新的矿产领域对外投资法规,若中国铝业继续进行收购事项,则直接触犯相关法律,此次收购事件也是我国企业境外经营过程中"被动违规"案例的典型代表。

在收购南戈壁项目失败之前,中国铝业集团曾经有过并购力拓失败的惨痛教训。中国铝业并购力拓失败也是因为澳大利亚政治层面的变化。而蒙古国相比澳大利亚,在外部制度环境上可能隐藏着更多的风险点,中国铝业在开始此项收购的时候就应该意识到收购南戈壁可能会遇到比收购力拓时更为棘手的政治层面的问题,然而中国铝业并没有做好充分准备。

三、中国铝业收购南戈壁项目编码分析

正如对中海外波兰A2公路项目进行译码分析一样,我们对中国铝业收购南戈壁项目案例进行开放性译码。我们对搜集到的案例在总结的基础上得到多个相关的副范畴。这里我们继续将20个副范畴进行整理归纳并得到抽象性更高的主范畴。

表 13-6 中国铝业收购南戈壁项目编码举例

对应构念	案例证据举例（经总结和归纳）	范畴化	支持程度
制度落差大	蒙古国国内矿产业发展滞后，不规范，出现大量的矿产不当开发、利用效率低下、矿产资源保护不充分、企业之间无序竞争事件	B1 蒙古国产业结构失衡	强 ★★★★
	蒙古国矿产资源较丰富，经济对矿产资源依赖程度较高，外国投资者对蒙古国的投资主要集中在矿产等资源产业，蒙古国无论在金融，还是如机械设备等制造型的技术密集型产业都处于较为落后的水平		
	熟悉蒙古国矿业投资环境的相关人员表示，矿产领域投资环境不佳，政府对矿产领域境外投资态度不明朗，很难达成收购事项	B2 蒙古国经济欠发达	
	蒙古国国内腐败问题较为严重，根据相关反腐组织公布的世界国家廉政指数，蒙古国在183个国家和地区中排第120位，各项指标得分情况不高	B3 蒙古国国内腐败较为严重	
	由于政府换届，准备撤换的旧监管机构不愿意向中国铝业提供收购南戈壁相应的审核和批文，后来新任政府对此事亦不予回复	B4 蒙古国政府机构体系较混乱	
	蒙古国存在法律制度不连续，体系松散的问题，立法机构的立法过程不透明，各部门权责不清晰，有关的投资法律不健全且多变	B5 蒙古国政策法规制度不完善	

续表

对应构念	案例证据举例(经总结和归纳)	范畴化	支持程度
东道国制度不稳定	蒙古国每次进行政府换届,新上任的政府会对国内政策进行大幅度修改,政策和法律法规变更和修订频繁,体系混乱	B6 蒙古政权不稳定	强 ★★★★
	国内资源保护主义逐渐兴起,蒙古国开始加强对矿场资源的管制,其他相关的涉及资源领域的并购和非控股投资项目也因此受阻	B7 蒙古环保主义兴起	
	蒙古国政府认为,煤矿的勘探、开采、制作、生产和销售的某一个环节让外国政府和企业掌握会导致国家安全方面的隐患,导致价格垄断、资源缺失等问题	B8 蒙古矿业产业政策不稳定	
	政府换届后,为了加强对矿产领域的管制,成立了新的"政策常设委员会"和"国家地质局"这两个部门,专门管理矿产法律事项		
	作为国内重要的经济支柱,历届政府均重视矿场领域的利益问题,因而根据不同的政治立场,矿场法律朝令夕改,无论是在国外还是在国内企业的经营也因此困难重重		
	蒙古国国内的经济政策变幻莫测,不同政府的经济刺激方针政策不连续	B9 蒙古经济制度变化频繁	
	中国铝业收购南戈壁案例发生时,随着蒙古国国内大选完成,民族主义兴起	B10 蒙古民族主义兴起	
	蒙古国政府根据自身的立场,对外商投资的态度模糊,频繁变化,常常阻挠其认为不合规的并购及控股事项,并多次修改投资法	B11 蒙古国对外商投资态度变化	

续表

对应构念	案例证据举例(经总结和归纳)	范畴化	支持程度
外部合法性低	在中国铝业发出收购要约后,蒙古国矿产资源局便不允许南戈壁矿产进行开采,理由是会影响到国家安全	B12 政府阻挠南戈壁项目正常运营	强 ★★★★
	蒙古国相关政府部门对中国铝业提交的关于投资争端的事项不予理睬和反馈		
	收购目标方首席执行官 Alex Molyneux 指出,蒙古国政府在本次收购中多次阻挠,公司业务也被叫停,就是在传达交易不可能通过审批的意思		
	多数业界人士认为,中国铝业此次收购南戈壁是蒙古国政府修改矿产领域外商投资法规的主要驱动力,目的就是阻止这次收购,投资法规的修改会更加针对中国企业	B13 政府出台新投资法阻挠交易	
	蒙古国通过《关于外国投资战略领域协调法》,规定新法规出台后,矿产资源领域的投资并购需要向蒙古国政府提出申请,审批决定权在政府手里		
	中国铝业是中国国企,因而在蒙古国国内,中国铝业的收购行为被警惕为由中国政府在背后主导,认为会严重威胁到蒙古国国家安全	B14 政府认为交易威胁国家安全	
	蒙古国国内民族主义兴起,民族主义者主张和中国严密隔离,包括经济领域减少来往	B15 民众对中国铝业存在偏见	
合规管理水平不高	缺乏灵活的合规风险防范机制,中国铝业在蒙古国矿产法律变动时没有做出任何的合规方面的变动和评估	B16 中国铝业合规管理机制不灵活	中 ★★
	中国大部分企业并不了解蒙古国的形势,也没有投入过任何资源去了解蒙古国当地的实际投资环境	B17 中国铝业合规风险评估不充分	
	外部法律人士评价,中国铝业的要约收购其实是相当草率的,没有考虑到复杂棘手的蒙古国政治及法律问题		

续表

对应构念	案例证据举例（经总结和归纳）	范畴化	支持程度
国际化经验不足	中国铝业此前在澳大利亚有失败的并购经历，原因来自政治层面，中国铝业没有认真吸取并购力拓失败的教训	B18 中国铝业没有吸收之前经验教训	中 ★★
	南戈壁业务对中国市场依赖很大，因而认为有足够的专业知识和背景对南戈壁业务开展运营管理，收购可以充分实现协同效用	B19 中国铝业拥有一定国际化管理运营经验	
	中国铝业认为在收购项目前已经拥有较为丰富的海外经验，再加上自身对矿产产业运营有较久的历史经验，以及叠加雄厚的资本，对此次收购有较大的把握		
	本次收购标的南戈壁与蒙古国政府沟通协调不充分，平时不注重维系和政府的关系，在收购事项前，南戈壁也没有向蒙古国政府提请，没有进行过任何合理性方面的咨询	B20 中国铝业缺乏与东道国政府关系管理经验	
	中国铝业与南戈壁沟通的作用已经不大，需要的是蒙古国政府和中国政府更高层面上的沟通，但这一高层面上的沟通一直未能进行		

  由表13-6中相关构念的一级编码和二级编码的指示中可得知，"蒙古国产业结构失衡""蒙古国经济欠发达"和"蒙古国国内腐败较为严重"等5个副范畴在印证着蒙古国法律、产业环境方面的制度与我国相比不完善，因而可以归入"制度落差大"这一主范畴，予以强程度支持。"政府阻挠南戈壁项目正常运营""政府出台新投资法阻挠交易""政府认为交易威胁国家安全"等4个副范畴均反映出由于对中国铝业缺乏了解，对中国企业运营不了解，以及蒙古国政府出于对国家安全的考虑，而对中国铝业此项交易设置诸多障碍，因而可以归入"外部合法性低"这一主范畴，予以强程度支持。"蒙古政权不稳定""蒙古环保主义兴起""蒙古民族主义兴起"等6个副范畴揭示了蒙古国国内环境的复杂多变，因而可以归入"东道国制度不稳定"这一主范畴，予以强程度支持。"中国铝业合规管理机制不灵活""中国铝业合规风险评估不充分"关键指示表明，中国铝业在签署项目时并没有进行相应的合规管理，可以归入"合规管理水平不高"这一主范畴，予以中等程度支持。"中国铝业没有吸收之前经验教训""中国铝业缺乏与东道国政府关系管理经验"等归入"国际化经验不足"这一主范畴，予以中等程度支持。

四、中国铝业收购南戈壁项目逻辑模型

参照前面案例的逻辑模型归纳模式，进一步梳理主范畴之间的逻辑关系。中国铝业在进入蒙古国市场时，就不可避免地面临着国内制度与蒙古国制度的差异性，蒙古国在经济、产业等商业环境上比较不完善，法律法规的制定亦有不少漏洞，针对外商投资的法律亦模糊不清。此外，蒙古国国内的产业结构失衡严重，矿产资源产业是国内经济的重要支柱，产业的严重失衡使得政府对中国铝业收购南戈壁产生担忧，政策缺乏对外商投资者的保护亦使得中国铝业面临较大的合法性约束。蒙古国国内政权的更替，针对外商投资的法规朝令夕改大大增加了中国铝业收购南戈壁违规的可能性。上述问题构成了中国铝业进入蒙古国市场时的合规风险环境。中国铝业在进入蒙古国时，行动亦较为草率，没有摸清此时蒙古国可能存在的外部合规风险因素，在出现问题时合规管理体制亦不够灵活。虽然中国铝业有一定的境外投资经验，但是在此次案例中表现为与蒙古国政府关系管理经验缺乏，沟通不畅，而与政府的关系管理在发展中国家的投资中较为重要。综上，我们进一步归纳出逻辑关系，如图13-2所示。

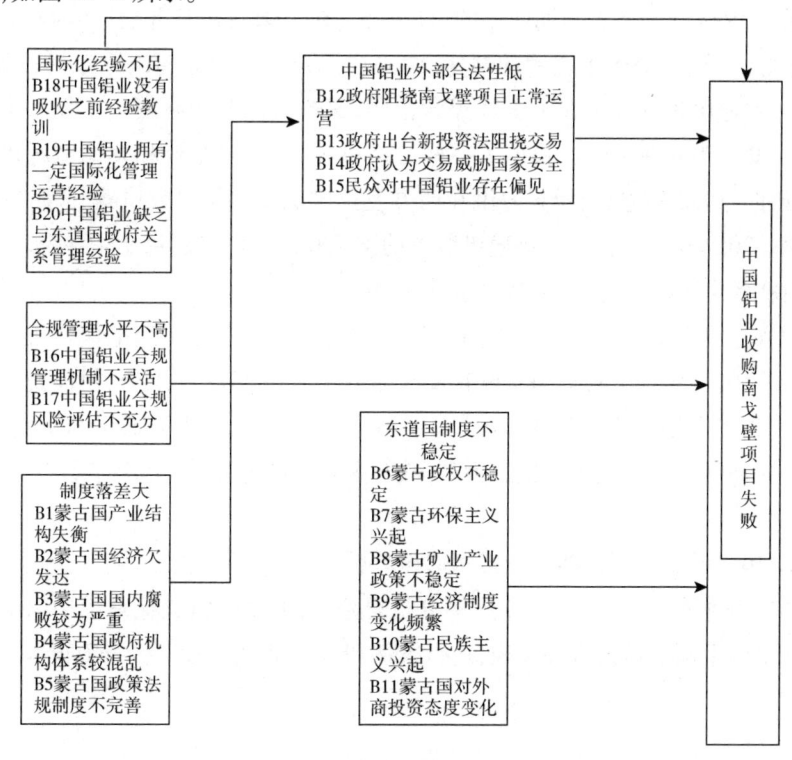

图13-2 中国铝业收购南戈壁项目逻辑模型

第五节　长臂管辖合规风险案例研究：中兴通讯出口伊朗电信案例

一、中兴通讯出口伊朗电信案例背景

中兴通讯股份有限公司（以下简称"中兴通讯"）成立历史比较悠久，公司多年以来专心于主业，不断加大产品和技术研发，并集合了生产、销售以及服务于一体的多元化服务，重点积聚在网络运营领域，涵盖了不同基站的运营和网络介入以及数据利用，同时也介入了通信领域。中兴通讯在航空、军工和人民生产生活中提供了巨大的通信服务支持。公司在国内竞争力较强，并且领先于其他同类型企业。

从中兴通讯国际化战略发展来看，中兴通讯历经多个发展时期，具体如下：中兴通讯在1995年开始了为期两年的全球探索；在1998—2002年，公司为产品进入市场做好了铺垫；2003年之后的两年，中兴通讯强化了产品的国际布局；2005年以来，中兴通讯进一步扩大了全球经营范围，深耕国内和国际两个市场。中兴通讯早在1996年就在东南亚获得了一些交换机项目，并对东亚和其他地区进行了业务延伸。1998年之后，中兴通讯在西方发达国家设立了研究机构，并不断接国际大单。2017年12月末，中兴通讯服务的国家和区域已经超过了150个，并且覆盖了500多个运营公司，服务客户超过了20亿人。

中兴通讯在2012年和伊朗电信进行了全面合作，并与伊朗电信达成了一系列的合作协议，包括交易美国集成软件产品等。而在2012年之前，伊朗受美国制裁影响，很多产品和技术遭到了抵制。美国政府强烈抵制中兴通讯和伊朗合作，并以中兴通讯违反美国出口规定为理由，对中兴通讯进行调查和反制。

二、中兴通讯出口伊朗电信案例时序分析

同中海外波兰A2高速公路案例分析思路相同，我们首先梳理出中兴通讯出口伊朗电信案例的关键事件年表，进行案例初步因果分析，如表13-7所示。

表 13-7　中兴通讯出口伊朗电信案例关键事件年表

编号	事件描述
1	2010年6月10日,联合国通过关于伊朗核制裁方面的决议,对伊朗展开制裁
2	2010年6月16日,美国政府在决定对伊朗进行制裁后,开始公布制裁内容,其中一部分是对伊朗实施出口禁令,包括重点技术、设备等禁止运送到伊朗
3	2012年,中兴通讯向伊朗电信出售违禁产品,美国商务部开展调查
4	2016年3月7日,美国商务部证实,经过长时间的翔实调查,确认中兴通讯违反了出口禁令,决定对中兴通讯采取限制措施
5	2018年4月16日,中兴通讯在此前调查中做出虚假陈述,并没有认真执行和解协定,美国因而再次对中兴通讯启动制裁

中兴通讯在整个事件当中合规管理意识淡薄,对合规风险处置不当,是遭到国际制裁的主要原因。追溯整个事件的来龙去脉,美国对中兴通讯的制裁既不是"故意刁难",也不是"毫无征兆"。中兴通讯违反了美国法规,在进行国际化业务时没有建立起合规管理体系。中兴通讯在面对国际制裁时不恰当地应对和处理,不按照和美方商定的协议进行整改,最终走到今天这种艰难的局面。如果中兴通讯在开展国际化经营之初就建立了健全的合规风险管理体系,首次被国际制裁的时候妥当地对合规风险进行应急管理,和美方达成和解协议,不做虚假陈述,不做违反企业国际制裁合规风险管理的事情,就不至于后面再次被制裁并上交相当于全企业数年利润的巨额罚款。

从事件发生的背景来看,中兴通讯被制裁事件恰好发生在中美贸易战硝烟正起的时候,被看作美国对我国科学技术产业的打击。由于中兴通讯诸多重要供应商均为美国企业,我国相关领域尚未实现自主研发,积累较为薄弱,美国政府的此项制裁将使中兴通讯面临供应链断掉的风险,企业后续经营面临前所未有的压力。

三、中兴通讯出口伊朗电信案例编码分析

正如对中海外波兰A2公路项目进行译码分析一样,我们对中兴通讯出口伊朗电信案例进行开放性译码。由开放性编码得到的10个副范畴可以继续进行整理归纳并得到抽象性更高的主范畴。

表 13-8 中兴通讯出口伊朗电信案例项目编码举例

对应构念	案例证据举例(经总结和归纳)	范畴化	支持程度
制度落差大	在高端芯片领域,我国技术积累还不够深,未能实现自主研发,瓶颈未突破	C1 东道国产业科技实力雄厚	强 ★★★★
	作为本次制裁的基础,美国出口管制法体系严密	C2 东道国出口管制法严密	
外部合法性低	由于我国和美国在各方面制度存在着巨大差异,美国政府及民众层面对中国企业带有一贯的偏见,中兴通讯被制裁时正面临中美贸易战开端	C3 美国政府打压中国科技企业	中 ★★
东道国制度不稳定	特朗普任美国总统后,对我国关于经济合作和科技领域的政策处于不稳定的状态,特朗普政府将中国列为科技领域的重要竞争者	C4 特朗普对华经贸和科技政策的不稳定	中 ★★
合规管理水平不高	根据美国目前对伊朗的出口限制法规,中兴通讯和伊朗的订单涉嫌违反这些出口禁令	C5 因非法出口被制裁	强 ★★★★
	美国 BIS(商业信息系统)指控中兴通讯非法出口,且在整个案件过程中不配合调查,提供不真实陈述,误导执法人员执法,事前对不遵守出口管制的后果及对于带来的风险有着清晰认知但仍不遵守,BIS 在上述指控的基础上收集了大量证据	C6 因非法出口后虚假陈述被再次制裁	
	美国商务部称,此前和中兴通讯达成了制裁协议后,按照协议要求,中兴通讯需处置涉事的违法违规员工,但后续中兴通讯并没有按照协议处分。更为严重的是,中兴通讯向美国商务部谎报已经完成处置,由此美国再次对中兴通讯展开制裁	C7 被制裁后仍没有合规风险管理办法	
	中兴通讯认罪,承诺后期会做出合规改善,成立直接向董事会报告的独立的合规管理部门	C8 被美方要求重组合规管理体系	
	公司内部员工曾经在美国政府对公司展开调查前,就公司合规管理方面问题的不足提出建议,并草拟相关政策文件,但是领导层不予通过,亦没有落实执行	C9 合规管理体系不落实	

续表

对应构念	案例证据举例（经总结和归纳）	范畴化	支持程度
国际化经验不足	公司不了解所在经营地区的相关法律法规知识，在知道可能会违反法律的情况下仍然开展相关业务，境外经营风险意识淡薄	C10 国际地区法律知识淡薄	较强 ★★★

由表 13-8 中相关构念的一级编码和二级编码指示中可得知，"东道国产业科技实力雄厚""东道国出口管制法严密"2 个副范畴在印证着中美在产业技术和法律方面的巨大差距，因而可以归入"制度落差大"这一主范畴，并予以强程度支持。"美国政府打压中国科技企业"这 1 个副范畴反映出由于美国政府对中国企业科技赶超的担忧，尝试制裁中国科技企业，因而归入"外部合法性低"这一主范畴，由于此时特朗普政府就职时间不长，中美贸易战开启时间不长，因而予以中等程度的支持。"特朗普对华经贸和科技政策的不稳定"这 1 个副范畴揭示了美国国内政权更替带来的政治环境不稳定以及科技政策不稳定，因而可以归入"东道国制度不稳定"这一主范畴，同上述分析相同，特朗普政府上任初期实施的政策尚未成型，予以中等程度的支持。"因非法出口被制裁""因非法出口后虚假陈述被再次制裁""被制裁后仍没有合规风险管理办法""被美方要求重组合规管理体系""合规管理体系不落实"这 5 个副范畴指示表明中兴通讯的合规管理水平不高，无论在被美国政府调查前还是调查中，以及制裁后的反映，均暴露出中兴通讯的诸多合规管理漏洞，可以归入"合规管理水平不高"这一主范畴，证据资料予以强程度支持。

四、中兴通讯出口伊朗电信案例逻辑模型

结合前文的时序分析，将上部分观察到的案例事件与理论假设相比对，梳理主范畴之间的逻辑关系。由于中美在政治制度、法律环境等存在差异，美国政府对中国企业存在刻板印象。事件发生正临特朗普政府上任，中美关系进入不确定时期，美国将中国视为科技领域的重要竞争者。然而，中兴通讯合规管理体系的重大缺陷是被制裁的最重要原因。虽然中兴通讯有一定的国际化经营历史，但是缺乏健全的海外合规管理体系，在被美国政府制裁时仍不能合理处置合规风险，因而被美国政府再次制裁。综上，我们进一步归纳出主范畴之间的逻辑关系，如图 13-3 所示。

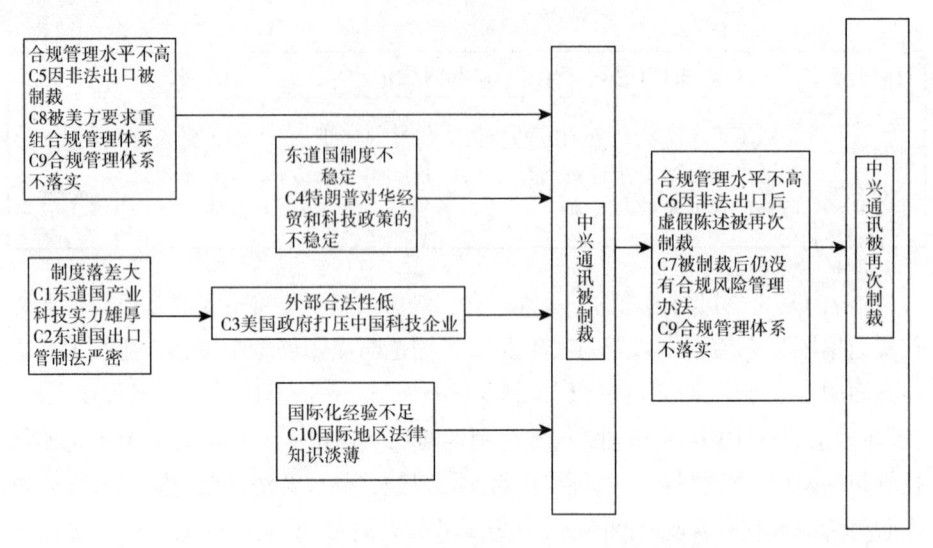

图 13-3　中兴通讯出口伊朗电信案例逻辑模型

第六节　新兴数据合规风险案例：美国封禁 TikTok 案例

一、美国封禁 TikTok 案例背景

TikTok 是一个视频社交平台，隶属于字节跳动集团，并在 2017 年 5 月正式运营。其面对的客户群体较为广泛，覆盖了不同的年龄段，可以为客户提供多元化的视频产品，用户可以根据自己需要选择自身感兴趣的视频，并且可以运用自媒体方式对自己的生活和喜好进行记录。在很多国家，TikTok 用户使用量都领先于其他同类型软件。

但是，美国于 2019 年对字节跳动和 TikTok 进行了多项调查，比较有代表性的是外国投资委员会以国家安全为由对 TikTok 开展了专项调查。字节跳动被迫于同年 10 月对该业务进行了调整，将其和抖音分拆，美国以数据敏感性调查为手段逼迫 TikTok 暂停相关业务。拜登政府上台之后，宣称暂时对 TikTok 禁令进行停止，目的就是对其是否构成对美国自身安全的威胁进行全面检查和评估，但和上届政府对比看，禁令似乎有所松懈。

二、美国封禁 TikTok 案例时序分析

同中海外波兰 A2 高速公路案例分析思路相同，我们首先梳理出美国封禁

TikTok案例的关键事件年表,进行案例初步因果分析,如表13-9所示。

表13-9 美国封禁TikTok案例关键事件年表

编号	事件描述
1	2019年12月16日,美国国防部警告美国公民,称使用TikTok存在数据隐私和网络安全隐患
2	2020年3月,为应对美国政府和民众的疑虑,TikTok承诺不存在数据隐私侵犯问题,公司已经成立专门的美国运营团队,美国用户数据只在美国储存,在新加坡备份
3	2020年4月,美国国务卿表示,出于国家安全考虑,美国正在考虑对TikTok以及其他中国应用软件的全面封禁
4	2020年8月8日,中央情报局评估表明,TikTok没有泄露用户数据给中国政府
5	2020年9月24日,TikTok向美国法院申诉,阻止总统禁令生效
6	2020年10月31日,美国法官称TikTok禁令不执行

由于政治体制、法律体制的巨大差异,美国政客和美国公民对中国公司常常带有刻板印象。目前,外国投资委员会同时涵盖某些涉及"可能威胁国家安全,涉及美国公民敏感个人数据"的投资审查权力。外国投资委员会也越来越多地审查中国进入美国软件市场的问题。美国政府禁止TikTok被下载使用的原因,是担心TikTok甚至是其他的中国互联网企业存在数据安全问题,担心TikTok偷取美国公民数据,给美国国家安全造成隐患。尽管TikTok屡次澄清并承诺仅将数据存储在美国,组建美国团队进行本土化运营,但是仍不能消除政客及公众的疑虑。

本次美国政府封禁TikTok主要是因为政治层面的对中国企业持有偏见,但是美国不少公众对TikTok业务上的算法分化模式亦提出了隐私安全方面的疑问。TikTok的业务决定了其需要搜集用户浏览等偏好信息,然后由算法分发,投放与用户喜好匹配的内容。公众认为TikTok大量搜集用户信息,无疑会对用户隐私权构成威胁。就用户隐私保护方面,TikTok曾于2018年被美国指控。再加上由于TikTok是中国企业,民众对于用户信息被外国企业搜集保持高度敏感状态。

美国政府对华政策的不稳定性也是此次美国封禁TikTok的重要背景之一。特朗普政府进入执政期后,中美关系进入不稳定期,从合作走入竞争格局,甚至进入关系冰点,其在《国防战略报告》等官方战略文件中将中国定位为"竞争者"乃至"对手"。具体到与TikTok案例相关的,美国将中国视作高技术发展领域的竞争对手,对一系列中国新兴技术企业、人才进行制裁,列入"实体清单"。

具体到字节跳动事件中的做法上,字节跳动根据美国政府态度和制裁措施的变化,在事件当中亦尝试做出努力,例如,彻底拒绝政治广告,规避美国大选带来的风险,邀请前迪士尼高管出任 CEO,投入重金组建游说团队,将用户数据储存在美国,在新加坡建立数据中心。在事件后期,字节跳动亦进行对美国总统特朗普颁布的行政令提起诉讼,努力维护自身及员工的合法权益,积极准备"关停预案"。

三、美国封禁 TikTok 案例编码分析

正如对中海外波兰 A2 公路项目进行译码分析一样,我们对美国封禁 TikTok 案例进行开放性译码。由开放性编码得到的 18 个副范畴可以继续进行整理归纳并得到抽象性更高的主范畴。

表 13-10　美国封禁 TikTok 案例项目编码举例

对应构念	案例证据举例(经归纳和总结)	范畴化	支持程度
制度落差大	美国政客对有中国背景的 TikTok 充满质疑,担心其影响选举,故而将经贸问题政治化。美国民权组织指出,针对 TikTok 的新法案背后是美国国会议员试图利用美国宪法第一修正案赋予民众的权利换取政治筹码	D1 政治距离大	强 ★★★★
	美国存在长期的反华情绪,加上文化价值观差距大等原因,TikTok 被部分美国民众质疑	D2 文化距离大	
外部合法性低	美国政府一直未能拿出相关证据证明 TikTok 存在数据安全隐患,相关企业人员称,若是存在相关隐患和顾虑,通过技术手段也可以解决,不是非禁用不可	D3 美国政府禁令没有合理证据	强 ★★★★
	政府发布两次总统令,称 TikTok 违反国家安全方面的法规而被全面禁止使用	D4 美国政府以国家安全为由发布禁令	
	根据 CFIUS 记录,美国外资投资委员会曾多次拒绝与字节跳动进行接触,在法律规定的审查期结束前,就私自终止了一切沟通	D5 美国外资投资委员会拒绝与公司进行沟通	
	有媒体称,被担心获取并掌握美国用户数据信息的 TikTok 会影响美国社会的舆论走向,成为中国向美国发动信息战的重要武器	D6 媒体担心公司影响舆论导向	
	行业内人士指出,数据问题很多互联网社交公司都会存在,包括 Reddit、LinkedIn 等公司也有着类似的问题,但它们没有被封禁	D7 其他情况相同的公司没有被封禁	

续表

对应构念	案例证据举例(经归纳和总结)	范畴化	支持程度
东道国制度不稳定	自拜登就职以来,商务部已开始重新审查之前特朗普政府任期内发布的某些决策	D8 政治环境不稳定	较强 ★★★
	从特朗普到拜登政府,对中国科技公司的政策朝令夕改	D9 技术政策不稳定	
合规管理水平不高	设置企业合规内控专家、法务经理,职责包括检查各部门是否符合国家法律法规进行合规把控、定期产出合规工作报告,及时根据公司政策调整合规工作重点方向、建立和落实常规合规检查	D10 设置合规管理架构	中 ★★
	在海外业务的管理上,字节跳动的做法是使各国业务独立,海外数据存储在海外当地,审核人员也是聘用海外当地本土的人员	D11 设置业务合规管理制度	
	TikTok涉嫌非法收集未成年人隐私信息被罚款570万美元	D12 前期因业务违规被国外部门处罚	
	我国相关部门对字节跳动开展处罚,原因为其违法转载广告和新闻,发布不实信息	D13 前期因业务违规被国内部门处罚	
	字节跳动发布声明,如果政府不予公司公正的对待,将诉诸美国法院	D14 合规风险合理处置	
国际化经验不足	TikTok全球下载接近20亿次,连续三个季度夺得Apple ios下载量第一位	D15 境外业务众多	较强 ★★★
	字节跳动从美国谷歌等公司聘用高管打造本土化运营团队	D16 聘用海外团队	
	公司融资大多是由美元基金主导	D17 融资国际化	
	针对不同市场采取本土化运营策略推出和改进产品	D18 业务标准根据海外情况制定	

由表13-10中相关构念的一级、二级编码指示中可得知,"政治距离大""文化距离大"2个副范畴在印证着中美在政治和文化方面的巨大差距,因而可以归入"制度落差大"这一主范畴。"美国政府禁令没有合理证据""美国政府以国家安全为由发布禁令""美国外资投资委员会拒绝与公司进行沟通""媒体担心公司影响舆论导向""其他情况相同的公司没有被封禁"这5个副范畴均反映出由于对TikTok缺乏了解,以及美国政府出于对国家安全的考虑和媒体担心中国企业,而对TikTok在美国运营设置诸多障碍,因而可以归入"外部合法性低"这一主范畴。"政治环境不稳定""技术政策不稳定"这2个副范畴揭示了美国国内政权更替带来的政治环境不稳定以及科技政策不稳定,因而可以归入"东道国制度不稳定"这一主范畴。"设置合规管理架构""设置业务合规管理制度""前期因业务违规被国外部门处罚""前期因业务违规被国内部门处罚""合规风险合理处置"这5个副范畴指示表明,TikTok之前因为业务数据收集及分发的违规被国内外政府处罚,后期无论在国内或是国外都有加强合规管理的措施,可以归入"合规管理水平不高"这一主范畴,证据资料予以中等程度支持。"境外业务众多""聘用海外团队""融资国际化""业务标准根据海外情况制定"这4个副范畴印证字节跳动的全球化布局速度快,打造了境外管理层及经营团队,但是由于字节跳动作为新兴互联网企业,国际化历史经验还不够丰富,归于"国际化经验不足"这一主范畴,并予以较强程度支持。

四、美国封禁 TikTok 案例逻辑模型

结合前文的时序分析,将上部分观察到的案例事件与理论假设相比对,进一步梳理主范畴之间的逻辑关系。由于中美长期以来在政治制度、法律环境、文化价值观等方面存在巨大差异,美国政客和美国公民对中国公司常常带有刻板印象,TikTok在美国运营面临较大的困难(来自政府、行业、社会媒体方面的合法性约束),美国政府以TikTok违反国家安全为由进行封禁,使得TikTok面临巨大的合规风险。自特朗普政府上任以来,中美关系进入紧张时期,美国将中国视为科技领域的重要竞争者,政策的不稳定性亦增加了TikTok在美国运营的合规性风险。由于本土及海外法律法规的差异,字节跳动亦十分注重聘请当地的高管及相关法律人员担任法务及合规方面的职务。进行海外人才的大量布局,大力引进全球名企高管,字节跳动国际化进程迅猛。字节跳动的合规性管理和国际化布局基础亦是字节跳动禁令后期被延长的重要调节因素。我们进一步归纳出主范畴之间的逻辑关系,如图13-4所示。

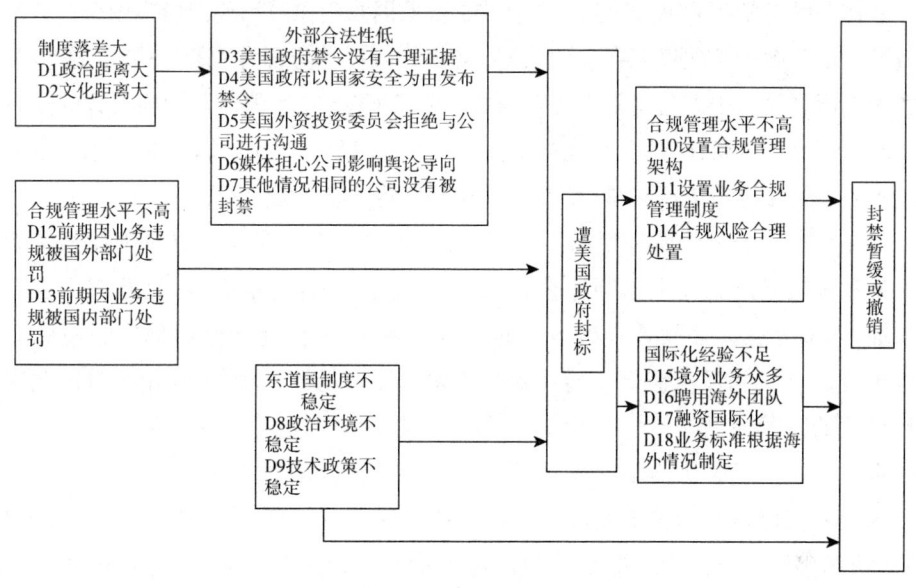

图 13-4　美国封禁 TikTok 案例逻辑模型

第七节　跨案例分析

一、制度落差导致的低外部合法性加大境外合规经营风险

在中海外波兰 A2 高速公路项目中,波兰业主设计的合同对中海外不利,使得中海外后期在面临飙升的成本时无法维护自身的利益,业主为中海外设计的合同里面删除了很多通用的保护承包商权益的条款,因而合同对中海外联合体保护不足。

在中国铝业收购南戈壁项目中,中国铝业投资项目失败的主要原因在于蒙古国对中国企业收购国内矿产资源带来的国家安全的担忧,以及对中国企业的刻板印象,从而使得境外投资经营被动违规的风险大大增加。

在中兴通讯出口伊朗电信案例中,美国禁止国内公司向中兴通讯继续提供美国制造的关键零部件产品。由于我国相关领域尚未实现自主研发,积累较为薄弱,中兴通讯诸多重要供应商均为美国企业,中兴通讯以及我国本土的产业链不可避免地受到此次制裁的冲击。

在美国封禁 TikTok 案例中,封禁的主要原因是美国政治层面对中国企业持有偏见。由于中美长期以来在政治法规、文化价值观等方面存在巨大差异,美国政客和美国公民对中国公司常常带有刻板印象,TikTok 在美国运营面临较大的来自政府、行业、社会媒体方面的合法性约束,因而美国政府以 TikTok 违反国家安全和侵犯公民隐私为由进行封禁,使得 TikTok 面临巨大的合规风险。

在东道国新的经营环境中,面对更为熟悉本土规则和获得更多利益相关者支持和配套措施的东道国当地企业,我国企业面临着竞争劣势,经营成本也会增加,外部合法性获取具有相当大的难度。除此之外,跨国经营同时也意味着组织管理方式和经营惯例要转移到东道国的经营场景,而原本适用于母国制度环境下的经营惯例显然也会"水土不服",增加境外经营的合规风险。信息不对称也是大制度落差下企业在东道国难以获取外部合法性的主要原因,东道国利益相关者难以从其他渠道获取关于跨国企业的经营战略、产品质量、用工、环保方面的信息,出于保护当地企业和当地环境及劳动力的需要,东道国监管机构及产业链企业不得不用"谨慎"和"提防"的心理面对我国企业,我国企业缺乏相关经验,难以处置由低外部合法性带来的境外合规经营风险。因此,本研究提出命题 13-1:制度落差导致的低外部合法性加大我国企业境外合规经营风险。

表 13-11　命题 13-1 例证总结

案例	典型例证总结
中海外波兰 A2 高速公路项目	与国际通用的标准合同菲迪克标准合同相比,波兰业主对中海外设计的合同对中海外权益保护不足
中国铝业收购南戈壁项目	蒙古国出于对中国企业收购国内矿产资源带来的对于国家安全的担忧,阻挠、干涉中国铝业收购南戈壁
中兴通讯出口伊朗电信案例	发生在中美贸易战硝烟正起的时候,相关人士认为可能是美国对中国科技企业的精准打压
美国封禁 TikTok 案例	美国政府以 TikTok 违反国家安全为由进行封禁

二、东道国制度不稳定加大境外合规经营风险

在中海外波兰 A2 高速公路项目中,项目施工时欧洲经济处于逐渐复苏的通道,基础设施的复工导致需求增加,波兰当地的原材料价格和设备租赁价格不断上涨,项目成本大大增加。在中国铝业收购南戈壁项目中,东道国制度不稳定是重要因素,蒙古国在政治和法律方面都出现了较为剧烈的变动。中国铝业收购南戈壁之际,蒙古国正好面临政府换届,政治局面不确定,新上任的政府常常对上届政府已推出的或未实施的议案重新审议或推翻,涉及投资领域的政策常常朝令夕改,新一届政府对待重点产业的态度发生变更,新矿产法的颁布给中国铝业收购南戈壁带来了较大的障碍。在中兴通讯出口伊朗电信案例中,中兴通讯被制裁事件正发生在美国发起贸易战之时。在美国封禁 TikTok 案例中,中美关系进入不稳定期,从合作走入竞争甚至进入关系冰点。

由此可见,制度的稳定性是境外合规经营风险的重要外部因素之一。东道国制度的不稳定表现为政府换届、政策不连贯、政策不明确、社会动乱、文化冲突,会对企业跨国经营带来较大的成本投入和风险。除此之外,东道国政府对待外来企业的态度也可能处于一个不稳定的状态:极端的不稳定表现为东道国能直接掠夺境外投资者资产,或者利用当地法律实施管制、制裁,利用税收政策加大境外投资成本,这些都会使得境外投资收益风险大大增加。因此,本研究提出命题 13-2:东道国制度不稳定加大我国企业境外合规经营风险。

表 13-12　命题 13-2 例证总结

案例	典型例证总结
中海外波兰 A2 高速公路项目	金融危机后经济复苏,需求拉动原材料价格和设备租赁价格不断升高
中国铝业收购南戈壁项目	政府换届,新上任的政府常常对上届政府已推出的或未实施的议案重新审议或推翻; 新矿产法的颁布使得中国铝业收购南戈壁项目不符合相关规定
中兴通讯出口伊朗电信案例	美国特朗普政府对中国发起贸易战,贸易战硝烟正起
美国封禁 TikTok 案例	中美关系进入不稳定期,从合作走入竞争格局甚至进入关系冰点

三、合规管理不完善加大境外合规经营风险

在中海外波兰 A2 高速公路项目中,中海外几乎没有任何与合规管理相关的措施。首先,合规治理结构、管理结构缺失,管理层没有认识到在欧洲市场合规的

重要性,因而项目组没有建立起相关的合规治理权责分配架构,也没有设置相关的人员和资源去保证合规管理的实现,更没有合规负责人,任由缺乏合规经验的项目经理身兼多职。其次,没有相应的合规管理制度制定和执行落实,整个项目经营流程都是处于"放任自由"的状态,各个程序都没有规范的流程,各个方位都埋下了风险隐患。最后,合规管理协调缺位,中海外没有和波兰业主方以及相关的监管机构建立起明确的、持续的信息沟通和汇报反馈机制,不清楚波兰方对项目的合规要求,后期项目违约时没有进行相关沟通协调、实施改正措施以降低处罚等级。因此,中海外合规管理的不完善是后面项目无法及时履约进而触发违规的最主要原因。

中国铝业收购南戈壁项目中,合规管理的不完善是收购协议不符合蒙古国国家安全审查要求而被迫放弃的重要原因。首先,合规管理制度不清晰,没有清楚掌握蒙古国关于矿产资源市场准入、国家安全审查和行业监管方面的法律法规。其次,合规管理协调缺失,特别是没有积极与蒙古国监管机构建立沟通渠道并了解清楚监管机构相关要求,导致蒙古国政府对中国铝业收购动机存在疑虑并否决收购协议。

在中兴通讯出口伊朗电信案例中,中兴通讯更是暴露出企业合规管理体系的缺陷:首先,合规文化严重缺失,公司领导层漠视合规文化建设,想办法规避出口管制政策,在美国政府调查过程中曾主张实施抗拒和不配合措施,合规价值观缺失严重。其次,合规管理运行机制有较大缺陷,合规汇报渠道不畅通,向高层汇报重大合规风险的渠道被堵塞,内部亦缺乏相关资源进行合规风险自查与评估。最后,合规风险处置能力缺失,公司在被美国政府制裁后,发生重大违规风险后依然没有采取相应的整改措施,没有重视后续补救,最后导致被再次制裁,合规风险最终走向失控。

在美国封禁 TikTok 案例中,则体现出字节跳动整个事件过程中不断改进的合规管理体系,最终合规风险得以缓解:首先,合规风险处置较为灵活,针对美国政府不同时期的不同特点的制裁措施灵活应对,后期采取必要的措施予以还击。其次,合规管理架构完善,注重本土化团队的建设,以更熟悉境外合规方面的制度环境,减少合规经营风险。根据以上分析,本研究提出命题 13-3:我国企业合规管理不完善加大境外合规经营风险。

表 13-13 命题 13-3 例证总结

案例	典型例证总结
中海外波兰 A2 高速公路项目	波兰作为欧洲透明度最高的市场之一,腐败程度低,法律法规流程规范,中海外后期希望通过变更已经签署的合同来提高价格以弥补项目亏损; 中海外在整个项目开始前没有进行正式的预算,没有进行任何的风险排查,项目进行中不懂得监管和备存任何纪录; 中海外管理层几乎不清楚任何和波兰及欧洲环境保护、道路工程相关的法律法规,在项目进行中发现要遵守这些规定时不得不大大增加预算,项目组也没有任何关于法务方面的成员,全由项目经理操办所有事务; 欧盟国家工程建设需要在政府的严密监管下进行,包括在严格监管下负责设计、融资和建设,但是中海外在整个过程中缺乏可监管者和第三方的沟通合作,后期出现问题时希望通过中方政府和波兰政府和解来解决
中国铝业收购南戈壁项目	中国铝业在收购南戈壁项目前没有清楚了解蒙古国当地关于矿产资源的法律限制以及相关政策的多变; 整个收购过程的波折以及导致中国铝业最终放弃收购的原因是蒙古国政府监管当局的不批准
中兴通讯出口伊朗电信案例	公司原有管理层对合规管理重视程度不高,事前不清楚出口管制合规风险,在被美国监管当局立案调查后,公司还曾计划规避管制; 在美国监管当局调查过程中,公司担心名誉受到影响,多次隐瞒重要信息甚至提供虚假陈述,调查后相应的裁决措施也没有执行,整个过程不但不配合,还出现抗拒行为,导致合规风险进一步升级; 当时公司的合规管理部门没有权力直接向董事会报告,首席执行官或项目经理等的决策可以阻挠合规风险向上报告,合规消息流断裂,合规风险无法及时向公司高管传递
美国封禁 TikTok 案例	对美国政府对其数据安全和数据隐私保护方面的怀疑进行相关承诺及组织调整; 在封禁总统令执行的情况下,根据美国相关法律法规维护自身的合法权益,对总统令进行起诉; 注重境外合规团队建设,聘用当地知名高管担任合规官及法务负责人

四、国际化经验不足加大境外合规经营风险

在中海外波兰 A2 高速公路项目中,中海外第一次进入欧洲市场,在对欧洲市场环境完全不熟悉的情况下急于求成,虽然有以往非洲市场经营的经验,但是由于两地制度环境差异太大,中海外无法将在非洲经营项目的经验照搬到法律环境严密的欧洲市场。在中国铝业收购南戈壁项目中,中国铝业不了解蒙古国国内的投资形势,亦不注重和蒙古国相关政府机构维持交流沟通,因而后期被蒙古国政府阻挠交易。过去完成的跨境经营经验增加了在制度上更接近的环境中的合规经营可能性,同时也缩短了在制度上更遥远的环境中的交易持续时间以及降低了交易成本,因而国际经验减少了经营违规的可能性。在中兴通讯出口伊朗电信案例中,公司不了解所在经营地区的相关法律法规知识,在知道可能会违反法律的情况下仍然开展相关业务,境外经营风险意识淡薄。在美国封禁TikTok案例中,情况则略微不同。字节跳动从开始境外业务经营时,就注重境外团队的创建,引进境外高管搭建本土化的团队,因而国际化经营经验会缓和"被动"的违规风险,从反面上论证国际化经验对合规经营风险的影响。根据以上分析,本研究提出命题13-4:我国企业国际化经验不足加大境外合规经营风险。

表13-14 命题13-4例证总结

案例	典型例证总结
中海外波兰A2高速公路项目	中海外第一次进入欧洲市场,在对欧洲市场的环境完全不熟悉的情况下急于求成; 中海外波兰A2高速公路项目是中国中铁在欧洲市场开展的大型基础建设项目之一,而中海外是国内唯一一家获得如此大额的欧洲市场订单的承包商
中国铝业收购南戈壁项目	被收购的南戈壁与蒙古国政府沟通协调不充分,平时不注重维系和政府的关系,在收购事项前,南戈壁也没有向蒙古国政府提请,没有进行过任何合理性方面的咨询; 中国铝业与南戈壁沟通的作用已经不大,需要的是蒙古国政府和中国政府更高层面上的沟通,但这一高层面上的沟通一直未能进行
中兴通讯出口伊朗电信	公司不了解所在经营地区的相关法律法规知识,在知道可能会违反法律的情况下仍然开展相关业务,境外经营风险意识淡薄
美国封禁TikTok案例	从开始境外业务经营时,就注重境外团队的创建,适用本土化的人才和监管措施

五、命题框架

作为新兴转型国家的企业,我国企业在"走出去"的过程中不可避免地面临着与东道国制度差距大的问题,因为在政治、经济、文化等方面存在的制度距离,使得东道国政府、行业监管机构、行业产业链上下游企业在解读我国企业境外经营问题时存在信息不对称,形成刻板印象,使得我国企业"走出去"时只能获得较低的外部合法性,加大了企业"走出去"境外经营的难度,境外合规经营风险增加。另外,东道国的制度环境不稳定加大了企业适应和学习东道国合规要求的成本和风险,境外合规经营风险由此增大。然而,企业的合规管理完善度和国际化经验可以缓和企业面临的境外合规经营风险。企业构建并执行完善的合规管理体系可以有效形成一套稳定的合规风险识别、评估、报告、反馈、处置、改进机制,企业的国际化经验可以帮助企业更好总结相关经验应对企业境外合规风险。因而,本研究形成解释企业"走出去"境外合规经营风险生成的框架,如图 13-5 所示。

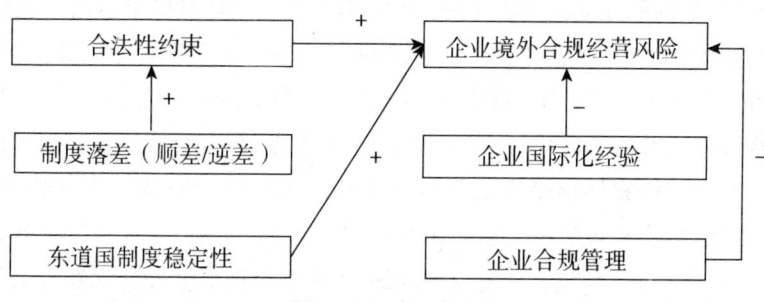

图 13-5 命题框架

第八节 本章小结

本章在梳理制度理论、企业合规管理理论、企业国际化经营理论,进行回顾并提出研究假设的基础上,选取经典案例进行"走出去"企业境外合规经营风险成因的多案例研究。本章选取了中海外波兰 A2 高速公路项目、中国铝业收购南戈壁项目、中兴通讯出口伊朗电信项目、美国封禁 TikTok 四个跨越不同"走出去"时期的重要经典案例,通过案例的纵向分析和横向比较,得出以下命题:第一,中国企业境外经营所在的东道国与母国相比,制度落差水平越大,企业外部合法性越低,企业境外合规经营风险越大;第二,中国企业境外经营所在的东道国制度稳定性越低,企业境外合规经营风险越大;第三,企业合规管理水平会缓和境外合规经营风险;第四,企业国际经验水平会缓和境外合规经营风险。在单个命题基础上,本章形成解释中国企业"走出去"境外合规经营风险成因的总体框架。

第十四章

"走出去"企业境外合规经营风险的成因与防范策略的多案例分析

在本章中,我们将选取"走出去"中国企业境外合规经营风险典型案例进行深入探究,以更长期的纵向时间轴跟踪案例的阶段性动态,以更丰富的维度展开呈现不同企业境外合规经营风险成因的具体情境以及风险防范体系构建的独特性,从而弥补实证研究在指标衡量时间窗口上的局限性,发挥案例研究基于翔实资料把握事件来龙去脉的方法优势,为中国企业"走出去"境外合规经营提供细致的经验参考。本章根据案例典型性以及数据资料的可得性和完备性,选取了中国铁建、国家电投、紫金矿业、中兴通讯、阿里巴巴五家"走出去"企业进行境外合规经营风险的成因与防范研究。首先,对每家一案例企业选取境外合规经营风险典型事件展开压力、机会和合理化的三角因素与制度距离的成因分析,评估事件风险水平,然后,展开利益激励、惩罚威慑和价值引导的具体防范机制分析,综合分析防范效果。通过上述纵向分析,呈现企业"走出去"从"违规操作"到"合规经营"的转变趋势。在此基础上,展开案例的横向比较,为理论提供进一步的探讨和印证。

第一节 案例选取与资料编码

案例企业有共性也有差异,遵循差别复制和逐项复制的案例选取基本原则,使其对理论的印证更有说服力。案例选取的具体依据和理由如下:

(1)案例企业性质以国有为主、民营为辅。大量的境外合规经营风险事件发生在国有企业之中。以中兴通讯为代表的国有企业开启了中国境外合规风险防范"元年",国家出台的系列合规指导政策以国有企业为试点再向非国有企业推广,例如,早在2018年国资委就发布了《中央企业合规管理指引(试行)》。国有企业在境外合规风险防范实践中已形成较为成熟的标准与方法,因此本章选取中国铁建、国家电投、紫金矿业、中兴通讯四家国有企业展开分析。同时，由于民营企业难以模仿国有企业合规改革，本章选取阿里巴巴这一民营龙头企业分析境外合规经验。

（2）案例企业所属母国产业、"走出去"形式、境外合规经营风险事件所在东道国有所不同。中国铁建从属土木工程建筑业，以境外铁路工程承包的形式"走出去"，在沙特麦加的轻轨项目面临合规风险；国家电投从属电力服务业，以境外电站工程承包的形式"走出去"，在缅甸密松的水电站项目面临合规风险；紫金矿业从属金、银采矿业，以境外并购的形式"走出去"，在秘鲁收购的铜矿项目面临合规风险；中兴通讯从属通信制造业，以境外设立子公司的直接投资形式"走出去"，在美国的子公司经营面临合规风险；阿里巴巴从属互联网跨境电商行业，以境外直接投资形式"走出去"，在美国电商平台经营面临合规风险。由于新时代世界格局与大国关系发生根本调整，美国对华遏制战略使中企境外合规经营风险更为严峻，本章选取了中兴通讯和阿里巴巴两个在美合规风险事件进行研究，突出案例分析的时代性与典型性。

（3）案例企业均已上市且阶段性变化资料翔实。上市企业信息公开、透明度高，能够提供丰富的资料，且案例企业"走出去"从初期到后期的境外经营合规性有明显的变化，适用于境外经营风险成因和防范分析。我们选取的五家案例企业在"走出去"初期、在不同的东道国遭遇过不同类型的境外合规经营风险事件，并且这些事件在理论界和实业界均具有一定的知名度和影响力。此外，我们选取的五家案例企业在"走出去"后期通过强化内外部的境外合规经营风险防范机制，在降低企业境外合规经营风险方面取得了一定的成效。

案例分析资料主要来自：（1）已有关于所选案例的文献和相关报道。在中国知网、LexisNexis 数据库以及主流门户网站以所选案例为关键词进行检索；（2）直接从企业获取的案例相关材料。企业历史档案、企业网站及内部资料、企业年报、高管演说等；（3）统计数据库和统计年鉴。中国全球投资跟踪问题交易数据库、世界银行制裁名单、国泰安数据库、BvD—Osiris 数据库、世界治理指数、全球竞争力指数、世界各国概况年鉴等。

案例资料编码过程利用 Nvivo 软件进行：首先，利用活力编码建立 411 个节点，对相关语句贴标签。其次，把一组涉及同一现象的节点聚敛为一类，发展新的副节点进行范畴化。经由上述过程得到 9 个范畴、21 个子范畴，范畴关系如图 14-1 所示。

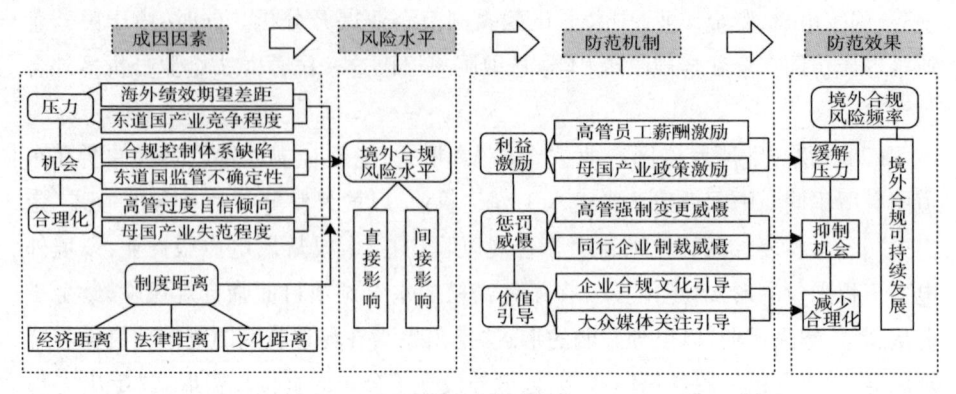

图 14-1 范畴关系

第二节 中国铁建境外合规经营风险成因与防范的案例分析

一、中国铁建案例企业境外经营背景介绍

中国铁建股份有限公司于 2007 年成立、2008 年上市（A 股代码 601186,以下简称"中国铁建"），在 2020 年美国《工程新闻记录》评选的"全球 220 家最大承包商"榜单上排名第三位。中国铁建"走出去"因为不遵守行业规范、欺诈等行为,先后在沙特阿拉伯、格鲁吉亚等地遭遇境外合规经营风险,具体情况如表 14-1 所示。中国铁建在 2019 年被世界银行制裁后,企业整体合规管理发生重大转变。接下来,我们将中国铁建案例资料的时间轴划分为 2009—2018 年的"境外违规操作"阶段和 2019—2020 年的"境外合规经营"阶段,展开案例分析。

表 14-1 中国铁建企业境外合规经营风险事件一览

事件日	事件名称	东道国	事件概要
2010/10/25	中国铁建沙特麦加轻轨项目巨额亏损事件	沙特阿拉伯	○ 2009 年 2 月,中国铁建与沙特阿拉伯签署麦加轻轨建设合同;工程建设期间,由于未能理解并遵守国际行业规则,中国铁建遭遇自身低价竞争行为的反噬;2010 年 10 月,中国铁建发布公告称沙特项目预计发生总额约 41.53 亿元的巨额亏损

续表

事件日	事件名称	东道国	事件概要
2019/06/05	世界银行对中国铁建及下属730家子公司实施9个月禁令	格鲁吉亚	○ 2011年11月，中国铁建中标格鲁吉亚22亿元的铁路改造总承包项目。由于中国铁建在公路建设合同的资格预审和招标过程中提交虚假陈述人员、设备、业绩以及其他实体经验资料的文件，构成"世界银行采购准则"界定的欺诈行为，受到世界银行9个月禁令及2年合规监管期的制裁

二、中国铁建沙特麦加轻轨项目合规经营风险成因分析

（一）中国铁建沙特麦加轻轨项目合规经营风险的内外部压力因素分析

海外绩效期望差距使中国铁建面临较大的内部压力。中国铁建净资产收益率相比历史水平下滑，多次强调把多承揽、多拿订单、多储备任务摆在首位。2009年全球最大国际工程承包商榜单的225家企业之中，中国铁建排名第五十一位，中国交建排名第十七位，二者同属公路建筑工程业。中国交建给中国铁建带来了较大的同行绩效比较压力。此外，东道国产业竞争程度使中国铁建面临较高的外部压力。沙特阿拉伯所在的中东地区是世界上海外工程承包竞争最为激烈的市场之一，但2009—2010年中国建筑企业对中东市场的贡献率均不足15%。中国铁建的海外业务受沙特阿拉伯的建筑产业竞争环境影响较大，海外项目成本增加、海外新签合同数量下降。因此，内外部压力使得中国铁建急于打开沙特阿拉伯乃至中东市场，并把沙特麦加的轻轨项目作为提升企业绩效的海外大单，以及拓宽整个中东公路建筑工程产业市场的重大机遇，从而使其实施违反行业规范的低价抢单。中国铁建的报价比熟知当地道路建设的沙特本地公司的报价整整低了10亿美元。

（二）中国铁建沙特麦加轻轨项目合规经营风险的内外部机会因素分析

中国铁建内部较大的合规控制体系缺陷产生违规机会。中国铁建既没有了解好当地的自然环境、人力成本、拆迁因素、工程所使用的标准是欧美基准还是中国国内基准，也没有掌握清楚业主方对工程设计的要求，项目整体缺少严谨慎重的考察和论证分析。此外，中国铁建的境外合规运行机制建设不足，浮于表面的合规审查工作使得中国铁建做出错误决策，难以管控沙特麦加轻轨项目的合规经营风险。此外，中国铁建外部较高的东道国监管不确定性产生违规机会。沙特阿拉伯的监管质量不高，在全球排名中处于中游水平，尽管沙特阿拉伯与中国签订

了双边投资协定,但协议签署于20世纪90年代,对在沙特阿拉伯经营的中企利益保护存在滞后性。沙特阿拉伯设立了保护本国工业的监管规定,并赋予监管机构很大的自由裁量权,如果外来企业达不到用工"沙特化"的要求会被罚款。中国铁建没有按照招标文件的规定履行本地化要求,结果遭受极大的合规风险。

(三)中国铁建沙特麦加轻轨项目合规经营风险的内外部合理化因素分析

内部高管过度自信使中国铁建对违规合理化倾向较高。中国铁建高管仅看到了沙特乃至中东是中企具有巨大成长空间的市场,而没有汲取之前阿富汗公路项目、尼日利亚铁路项目失败的教训。通过主打价廉、实用的建设能力,中国企业比欧美企业更快地适应当地市场需求,使得中国铁建高管没有意识到沙特业主更信赖欧美标准,轻率地根据国内广州轻轨的投标成本来测算沙特轻轨项目,并在业主需求频繁变更己方损失还未落实的情况下,就强调"不讲条件、不讲价钱、不讲客观"地完成沙特轻轨项目建设。此外,外部母国产业失范使中国铁建对违规合理化倾向较高。随着国内企业竞争向海外蔓延,中国企业在国际公路建筑工程项目中相互压价,导致海外项目盈利率低,最终陷入优汰劣胜的困境。中国铁建单纯地在沙特麦加轻轨项目中复制国内惯性思维,合理化低价竞争并将其作为抢占海外市场的主打牌,习惯了"赔本赚吆喝""堤内损失堤外补",拿下合同后再按照惯例向沙特政府索赔,放任失范行为、败坏中国企业海外形象,最终招致境外合规经营风险。

中国铁建沙特合规经营风险的压力、机会和合理化因素的典型证据如表14-2所示。

表14-2 中国铁建沙特麦加轻轨项目合规经营风险中的压力、机会和合理化因素分析

范畴	子范畴	关键词	典型证据举例	影响程度 高	影响程度 中高
压力因素	海外绩效期望差距	历史比较落差	净资产收益率相比上一年下滑5%;中国铁建高层在工作会议上强调"产值高速增长""压力大""看明天""多承揽""多拿大单"		
		同行比较落差	中国交建作为当年榜单上最大的中国上市企业,总资产回报率较中国铁建高出0.4个百分点,比中国铁建更早地拿下沙特海岸开发项目,给中国铁建带来了较大的同行绩效比较压力	◎	

242

续表

范畴	子范畴	关键词	典型证据举例	影响程度 高	影响程度 中高
压力因素	东道国产业竞争程度	竞争高地领域	欧美等发达国家和地区已过了基础设施建设的高峰期,建筑需求持续下滑,公路建筑工程产业的企业都在加大力度向发展中国家和地区拓展海外业务,沙特阿拉伯所在的中东地区是世界上海外工程承包竞争最为激烈的市场之一	◎	
		竞争对手占优	中国建筑企业对中东市场的贡献率远低于来自欧洲、美国和韩国的建筑企业;沙特设置限制劳务进入的隐性壁垒极大地削弱了中国建筑企业在廉价劳动力上的比较优势		
机会因素	合规控制体系缺陷	内部控制低效	中国铁建没有进行严格的审批检查、缺少胜任的工作人员、没有准确及时地进行信息传递与沟通,负责该项目的工作团队存在语言障碍和经验不足的严重问题		◎
		合规机制缺失	中国铁建仅召开一次法律事务人员培训会,未建立把关项目的合规组织架构;项目评审组不具备专业资质,直接通过信息不充分的可行性报告		
	东道国监管不确定性	政策波动性大	受到大力推行经济多元化、趋于强硬和激进的外交态度和渐进式自我改革推进的影响;沙特政策存在一定的波动性		◎
		自由裁量权大	沙特设立了保护本国工业的管制规定,要求优先考虑沙特的产品和分包商,沙特的监管偏袒当地人,极少给外国人或机构与当地人平等的机会;监管机构具有自由裁量权		

续表

范畴	子范畴	关键词	典型证据举例	影响程度 高	影响程度 中高
合理化因素	高管过度自信倾向	盲目乐观估计	中国铁建高管对沙特工程建筑市场过度乐观,有着时不我待的急迫心理,大肆宣扬沙特项目的标志性,不曾对沙特项目存在的风险做出任何报告和示警;对成本优势过度自信,忽视合规成本测算环节	◎	
		态度轻率冒进	沙特项目采用议标形式,竞争性和公开性较低,容易滋生幕后交易;沙特业主需求较合同大幅度变更时,中国铁建没有按行业惯例停工定损,反而以"不讲条件、不讲价钱、不讲客观"的态度继续施工		
	母国产业失范程度	规范理念缺失	几乎一夜之间,沙特涌入了上百家中国建筑工程类企业,沙特本地企业抱怨中国企业在招标过程中的互相压价,扰乱了市场环境	◎	
		败德恶性传导	规范理念缺失的企业自发实施低价策略,认为亏本项目更划算,不必"白养活一大批人";产业链从下游向上游恶性传导:不压价,中不了标;中了标,产品质量往往下降		

(四)中国铁建沙特麦加轻轨项目合规经营风险中的制度距离分析

根据第十章给出的制度距离衡量指标与方法衡量 2009 年中国与东道国沙特阿拉伯之间的不同制度距离。表 14-3 给出了中国与沙特阿拉伯在经济距离、法律距离和文化距离上的指标原始值、最终得分以及该得分与 2009 年样本均值比较的结果。中国与沙特阿拉伯之间的经济距离得分为 1.272,相比经济距离均值 1.227 较高;法律距离得分为 0.287,相比法律距离均值 1.023 较低;文化距离得分为 6.185,相比文化距离均值 2.043 较高。

表 14-3　2009 年中国与沙特阿拉伯不同制度距离衡量

制度距离					得分	均值比较	
经济距离指标原始值					经济距离得分	相较均值	
						高	低
指标	产权保护	税收负担	商业自由	劳动力自由	1.272		◎
中国	20	70.6	51.6	61.8			
沙特阿拉伯	40	34	79.6	76.4			
指标	货币自由	贸易自由	投资自由	金融自由			
中国	72.9	71.4	30	30			
沙特阿拉伯	68.4	81.8	40	50			
法律距离指标原始值					法律距离得分	相较均值	
						高	低
指标	司法独立性	法律架构效率	法治水平		0.287		◎
中国	3.949	3.994	-0.407				
沙特阿拉伯	5.000	3.170	0.050				
文化距离指标原始值					文化距离得分	相较均值	
						高	低
指标	企业道德行为	高管权力下放给员工的意愿	劳资关系合作性	对专业管理的依赖性	宗教多元化	6.185	◎
中国	4.261	3.859	4.466	4.863	0.002		
沙特阿拉伯	4.904	4.294	4.871	4.412	1.000		

三、中国铁建沙特轻轨项目合规经营风险水平分析

2010 年 10 月 25 日,中国铁建停牌并发布公告称,由于实际工程数量比签约时大幅度增加,沙特麦加轻轨项目面临巨额亏损。2010 年 10 月 26 日复牌后,中国铁建 A 股收盘价为 7.59 元,跌幅 5.24%。从表 14-4 不同事件窗口期的累积超常收益可以看出:21 天事件窗口期内,中国铁建股票累积超常收益均为负,境外合规经营风险水平较高。

在此次境外合规经营风险的直接影响方面:从经济损失来看,中国铁建估计沙特麦加轻轨项目发生 41.53 亿元的亏损;从声誉损失来看,中国铁建沙特麦加轻

轨项目成为境外恶性竞争的负面典型。正如中国铁建同行企业所指出的,中国铁建沙特麦加轻轨项目事件仅存的一点正面影响,是向中国企业发出警告并促使它们重新思考"走出去"的意义所在。

在此次境外合规经营风险的间接影响方面:中国铁建的最终股东——国家利益受损。沙特麦加轻轨项目的亏损计入中国铁建总公司的"资本公积",总公司向中国铁建支付20.77亿元,这意味着由最终的股东——国家来为这一项目的损失买单,并接手后续的索赔事宜。但中国企业缺少法律专业人才和程序经验,在国际工程纠纷中的成功率并不高,直至2014年年底沙特政府仍未与中国铁建就麦加轻轨项目的损失达成索赔方案。

表14-4 中国铁建沙特麦加轻轨项目合规经营风险水平分析

事件窗口期	累积超常收益		交易日期	日超常收益	交易日期	日超常收益
1	CAR[-0,0]	-0.058	2010/10/11	0.005	2010/10/27	0.000
3	CAR[-1,1]	-0.062	2010/10/12	-0.010	2010/10/28	-0.004
5	CAR[-2,2]	-0.086	2010/10/13	0.010	2010/10/29	0.000
7	CAR[-3,3]	-0.115	2010/10/14	0.023	2010/11/01	-0.028
9	CAR[-4,4]	-0.177	2010/10/15	0.019	2010/11/02	-0.008
11	CAR[-5,5]	-0.120	2010/10/18	0.065	2010/11/03	0.012
13	CAR[-6,6]	-0.089	2010/10/19	-0.033	2010/11/04	-0.012
15	CAR[-7,7]	-0.078	2010/10/20	-0.029	2010/11/05	-0.009
17	CAR[-8,8]	-0.077	2010/10/21	-0.021	2010/11/08	-0.018
19	CAR[-9,9]	-0.106	2010/10/22	-0.003	2010/11/09	-0.012
21	CAR[-10,10]	-0.113	2010/10/26	-0.058	—	—

注:数据来源于同花顺数据库。

四、中国铁建企业境外合规经营风险防范机制分析

(一)中国铁建境外合规经营风险防范的内外部利益激励机制分析

中国铁建内部高管员工薪酬激励强化,从"贡献回报不相匹配"向"公平发展激发活力"转变。在"违规操作"阶段,中国铁建的薪酬体系整体缺少相对公平的设计、缺乏弹性和灵活性,员工的付出与回报、职称与能力之间没有建立对等性,中国铁建高管员工合规的积极性和主动性没有被调动起来。在"合规经营"阶段,

中国铁建及下属子公司在公平与发展并举的指导思路下构建激发全员合规活力的差异化薪酬激励体系,旨在提升人员素质、工作质量,减少短期违规行为,增加中国铁建境外竞争能力。

中国铁建外部母国产业政策激励强化,从"着重事中事后监管"向"着重事前资质把关"转变。在"违规操作"阶段,尽管建筑业相关部门明确了政策扶持倾斜优质企业"走出去"的改革发展思路,但针对企业境外合规的激励措施没有具体落地。在"合规经营"阶段,依据国务院《关于促进建筑业持续健康发展的意见》,支柱性产业地位得到肯定的中国建筑业连续出台推动产业合规发展的政策。政府鼓励建立联营体合规开拓境外建筑市场,由此为中国铁建这样的龙头企业境外合规提供了有效的政策激励。

(二)中国铁建境外合规经营风险防范的内外部惩罚威慑机制分析

中国铁建内部高管强制变更威慑强化,从"追责惩处浮于表面"向"问责警示深度结合"转变。在"违规操作"阶段,尽管中国铁建提出要加强基础管理、立规矩、明惩处,颁布了领导干部、项目经理失职渎职的惩罚办法,并取得了初步成效,但在实际处理合规问题时的追责和震慑力度还不足。在"合规经营"阶段,中国铁建强调对高层领导"一带头""两必讲""三督促"的要求,对职责、流程、体制、环境等风险点进行逐一梳理,做到了惩罚问责和警示震慑的双管齐下及有机结合,筑牢企业境外合规经营风险堤坝。

中国铁建外部同行企业制裁威慑强化,从"放任自流规则碰壁"向"联合惩治失信行为"转变。在"违规操作"阶段,投资中东的中国建筑企业担忧的是项目停摆、工程款回收困难,规则遵从的问题并没有被摆在突出位置,可供借鉴的同行企业教训并不多。路桥建设等境外违规竞标被世界银行制裁的事件对中国铁建在境外长期的建筑工程建设很难起到威慑作用。在"合规经营"阶段,建筑行业社会力量广泛参与的失信联合惩罚大格局规范了建筑产业的市场秩序,对同行企业违规行为的制裁能够对包括中国铁建在内的建筑企业形成有效威慑。

(三)中国铁建境外合规经营风险防范的内外部价值引导机制分析

中国铁建内部企业合规文化引导强化,从"碎片式合规要求提出"向"系统性合规理念塑造"转变。在"违规操作"阶段,中国铁建合规文化尚处于较为薄弱的萌芽状态,碎片式地提出合规要求、打补丁式地填补漏洞、短期性地进行合规工作的学习交流。在"合规经营"阶段,中国铁建内部通过高管与员工的上下协同系统性地塑造合规理念。高层起到了"垂范"作用,下属各单位利用多媒体循环播放、"法治铁建"微信公众号、公司官网、制定印发合规手册、签署合规申明等方式宣贯,引导全体员工欣然接受企业的合规理念。

中国铁建外部大众媒体关注引导强化,从"消极逃避追踪报道"向"良性互动树立典范"转变。在"违规操作"阶段,中国铁建在厄瓜多尔铜矿项目环境问题、天价业务招待费违规问题中虚应故事,对媒体关注报道要么是直接否认,要么是一问三不知。在"合规经营"阶段,中国铁建与媒体良性互动建立的品牌声誉传播效应一方面引导中国铁建坚定了"打铁还需自身硬"的信念,使其坚持通过合规运行的诚信行动和优质工程来筑牢合作根基,另一方面在东道国起到潜移默化的宣传效果,引导当地利益相关者提升对中国铁建合规的认可和信任感。

中国铁建内外部利益激励、惩罚威慑和价值引导机制的典型证据如表14-5所示。

表14-5 中国铁建企业境外合规经营风险防范机制分析

范畴	子范畴	关键词	典型证据举例	防范机制 较强	防范机制 较弱
\multicolumn{6}{c}{"违规操作"阶段}				
利益激励	高管员工薪酬激励	贡献回报不相匹配	尽管中国铁建强调加强海外业务考核、鼓励创先争优,但员工效益工资对绩效差别体现不足;薪酬向高管领导倾斜、员工共享组织收益不足,导致合规管理人才流失		◎
	母国产业政策激励	着重事中事后监管	中国铁建的母国建筑产业在这一时期更注重工程施工的监管考核,对于推动项目向合规专业人才储备充足、对风险准备充分的优秀企业的激励措施没有具体落地		◎
惩罚威慑	高管强制变更威慑	追责惩处浮于表面	中国铁建在爆出"天价招待费"事件后,采用通报批评、诫勉谈话等处理措施,查处少数人的违纪违法问题,震慑力度有所欠缺。		◎
	同行企业制裁威慑	放任自流规则碰壁	中国铁建同行企业普遍以"中国式援建打开世界之窗"的低价揽项目思路"走出去",没有遭遇过境外规则制裁的问题,国内对行业中不规范问题缺少惩罚约束		◎

续表

范畴	子范畴	关键词	典型证据举例	防范机制	
				较强	较弱
价值引导	企业合规文化引导	碎片式合规要求提出	中国铁建强调要与世界游戏规则接轨的合规理念，但尚未形成具体的合规文化培育手段，停留在"统一思想、提高重要性认知"的专题会议、法律合规管理现场对标交流上，缺少配套性的其他宣贯手段		◎
价值引导	大众媒体关注引导	消极逃避追踪报道	媒体对中国铁建投资的厄瓜多尔铜矿项目环境问题的争议进行了报道，中国铁建事后出公告澄清，但该项目因为生态环境破坏爆发了严重的冲突事件		◎
"合规经营"阶段						
利益激励	高管员工薪酬激励	公平发展激发活力	中国铁建一改以往窗口公司根据销售业绩"提点"、境外工程混入工程局账本的方式，转变为以区域为核算单元的模式，使每个工程局的境外工程都有"账"可查，激发境外项目的合规活力	◎	
利益激励	高管员工薪酬激励	公平发展激发活力	中国铁建着力推动薪酬待遇向关键岗位、现场一线倾斜，解决薪酬外部、内部和自我三个公平问题；中国铁建子公司量化"员工幸福感"的标准，相继出台和修订境外员工薪酬、提拔等管理办法，解决海外员工的后顾之忧，成为境外项目经营合规的重要保障	◎	
利益激励	母国产业政策激励	着重事前资质把关	住建部颁布《建设工程企业资质标准框架》，注重事前把好企业资质的"入口"关卡；政府扮演好"守门人"的角色，将建筑工程质量合规风险管控工作不到位的企业排除在市场之外	◎	
利益激励	母国产业政策激励	着重事前资质把关	政府鼓励加设建筑安全合规监管信息系统；支持形成一批以开发建设一体化、全过程工程咨询服务、工程总承包为业务主体的龙头企业；推行工程款支付担保、履约担保、维修金担保等为企业出海合规减负的激励举措	◎	

249

续表

范畴	子范畴	关键词	典型证据举例	防范机制 较强	防范机制 较弱
惩罚威慑	高管强制变更威慑	问责警示深度结合	中国铁建对中国铁建投资集团董事长、重庆区域总部执行总经理采取强制变更;在境外施工项目更容易产生侥幸心理、私欲膨胀、思想滑坡,选取作风过硬的纪检干部,确保问责工作落地	◎	
			为了避免惩罚问责出现"一问了之""责而不息"的问题,中国铁建在惩罚问责的基础上结合专题警示,出台了《处分决定宣布工作有关要求的通知》,突出"问责一人,警示一片,带动一线,转变一方"		
	同行企业制裁威慑	联合惩治失信行为	世界银行制裁名单中的中国企业大多为涉及建筑基建类的企业,通过禁止受到制裁的违规企业承接世界银行资助类的项目,对同行企业潜在的境外违规行为产生震慑	◎	
			跨地区、跨行业、跨领域的失信联合惩戒机制和"黑名单"体系规范了建筑产业的市场秩序,同行企业违规行为受到的制裁对包括中国铁建在内的建筑企业形成威慑		
价值引导	企业合规文化引导	系统性合规理念塑造	中国铁建高层自上而下引导,党委书记、董事长、总裁多次强调各级领导干部和全体员工应转变观念,充分认识境外合规的重要性和紧迫性,总法律顾问、首席合规官进行指导,有效开展合规文化建设	◎	
			中国铁建注重境外合规的"全员"基础,下属各单位通过不同形式对合规管理制度进行宣贯;在合规文化培育途径上积极探索新思路,利用"一书、一册、一课、一测"创新组合,把系统性合规要求由"抽象"变"具体"		

续表

范畴	子范畴	关键词	典型证据举例	防范机制 较强	防范机制 较弱
价值引导	大众媒体关注引导	良性互动树立典范	中国企业全球形象高峰论坛中,中国铁建选送的尼日利亚、安哥拉项目获评十大优秀案例;中国铁建境外单位积极与驻东道国的新华社、央视等主流媒体对接,邀请他们在中国铁建的重大项目中跟踪报道、传递海外声音	◎	
			中国铁建积极邀请墨西哥、马来西亚、俄罗斯以及东南亚五国等属地主流媒体到中国铁建参观采访,回国发布报道200余篇,提升中国铁建境外合规经营知名度	◎	

五、中国铁建企业境外合规经营风险防范效果分析

中国铁建内外部有力的防范机制削弱境外合规经营风险因素:(1)缓解境外合规经营风险的压力因素。中国铁建在美国《工程新闻纪录》发布的"全球最大250家国际承包商"榜单上稳居前三,净资产收益率平均同比历史增长3.7%,总资产回报率相比中国交建平均高出23.7%。此外,中国铁建面对新的形势和市场需求,实现全产业链"走出去",推动参与东道国产业竞争的业务升级蝶变。(2)抑制境外合规经营风险的机会因素。中国铁建发布包括《合规管理工作总则》《合规行为准则》等在内的"1+9"合规制度,建立了一套覆盖中国铁建全员、全领域、全层级、全流程、全方位的"大合规"管理体系。此外,中国铁建定期派出独立董事、党委常委、副总裁赴西非、中东等地开展境外考察调研,针对东道国监管不确定性及早收集信息制定方案。(3)减少境外合规经营风险的合理化因素。中国铁建召开针对中高管理层的法律合规教育培训,促使各级干部强化认知、勇于担当。同时,中国铁建从资源型、粗放式、低质量的低成本优势建造模式向综合实力提升的生态型、精细化、高质量模式转型,为中国建筑业树立品质升级、社会责任担当的标杆。中国铁建紧盯境外重点项目合规管理,召开项目专题会、安排专人跟踪进展、协调解决相关问题、举办项目周例会、深度融入项目管理,保障斯里兰卡铁路、莫斯科地铁、卢赛尔体育场、阿联酋铁路等境外项目合规有序的进展,树立起境外可持续发展新形象,境外合规经营风险频率降低。

综上,通过内外部利益激励、惩罚威慑与价值引导的强化,中国铁建实现了从"境外违规操作"向"境外合规经营"的转变。案例小结如图14-2所示。

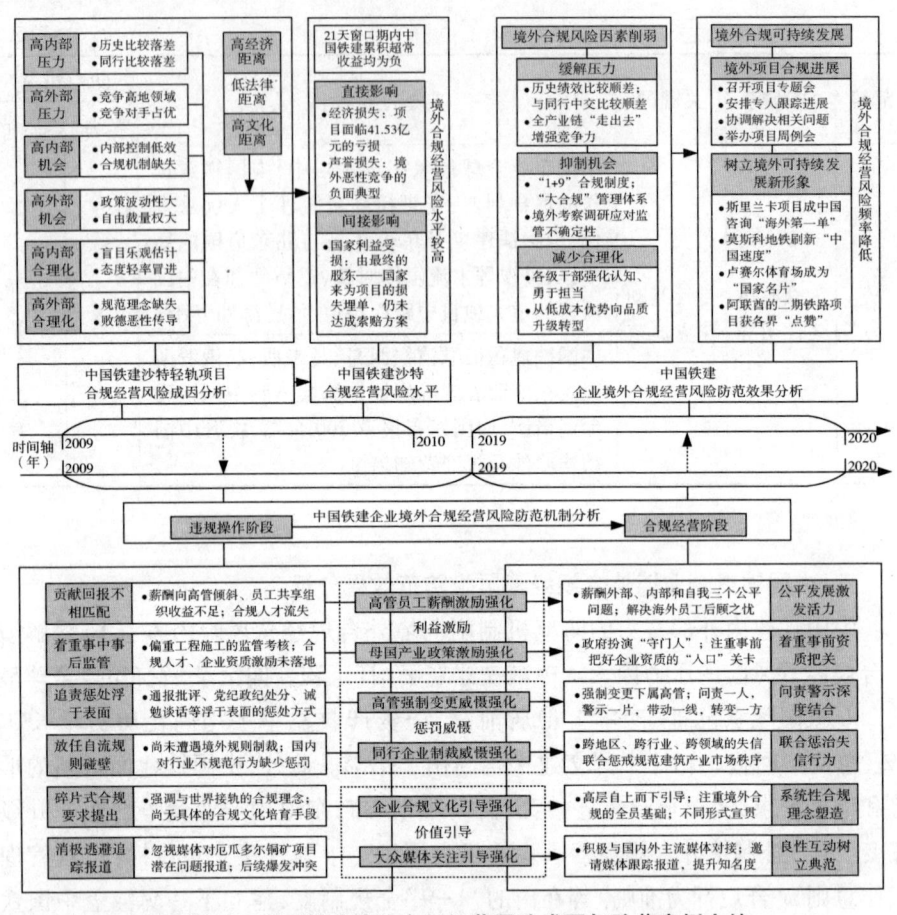

图 14-2　中国铁建境外合规经营风险成因与防范案例小结

第三节　国家电投境外合规经营风险成因与防范的案例分析

一、国家电投案例企业境外经营背景介绍

国家电力投资集团有限公司是特大型能源开发供应集成的国有企业，于2015年以中国电力投资集团公司为主合并国家核电技术有限公司组建（旗下A股代码为600021，以下统称"国家电投"）。国家电投遭遇过的主要境外合规经营风险事件是其前身承建的缅甸密松水电站项目招致缅甸当地民众强烈抗议而失败，事件具体内容如表14-6所示。国家电投在"十三五"期间完成了300多项境内外投资项目的法律合规管理工作,标志着国家电投境外合规经营风险防范从2015年开始得到系统性提升。因此,我们以2015年为关键转折点,将国家电投案例资料的时间轴划分为2010—2014年的境外"违规操作"阶段和2015—2020年的境外"合规经营"阶段。

表14-6 国家电投企业境外合规经营风险事件一览

事件日	事件名称	东道国	事件概要
2011/09/30	缅甸密松水电站项目搁置	缅甸	○ 早在1952年,缅甸政府就有建设密松大坝的宏愿,但遍寻欧洲、日本合作未果; ○ 2009年3月,中缅政府签订《关于合作开发缅甸水电资源的框架协议》,国家电投成为伊江上游开发水电站项目合作伙伴之一; ○ 2009年12月,缅甸密松水电站项目举行开工典礼,全面推进建设开发; ○ 2011年3月,随着缅甸密松水电站项目对周边环境影响严重的环评报告公开,缅甸抗议加剧; ○ 2011年9月,缅甸新任总统宣布在任期内搁置缅甸密松水电站项目; ○ 2013年,国家电投人员设备完全撤出缅甸密松水电站项目

二、国家电投缅甸密松水电站项目合规经营风险成因分析

(一)国家电投缅甸密松水电站项目合规经营风险的内外部压力因素分析

海外绩效期望差距使国家电投面临较高的内部压力。在电力企业经营盈利下降、亏损增加、负债高起时期,国家电投运营效率下降、经营风险增加,净资产收益率相比历史水平降低。国家电投与华能集团同属资源争夺激烈的五大电力豪门企业,而在海外的缅甸市场,华能比国家电投更早地实现了"走出去、走进去"战略的突破,华能参股投建的缅甸瑞丽江一级水电站创下水电建设新纪录,给国家电投带来较大的同行比较压力。此外,东道国产业竞争程度使国家电投面临较高的外部压力。缅甸所处的东南亚地区拥有丰沛的水力资源,水电市场开发程度较低、开发潜力巨大,水电站项目的平均收益率与国内相比更高,来自泰国、日本、中国的大量电力企业在缅甸市场上激烈竞争,且泰国MDX集团、中国电工设备总公司、中国水利水电建设集团等相较国家电投在缅甸更具有先发优势。由此,内外

部压力使得国家电投急于在缅甸水电市场中占据一席之地,未做好境外合规经营风险防范的前期准备工作。

(二)国家电投缅甸密松水电站项目合规经营风险的内外部机会因素分析

国家电投内部较大的合规控制体系缺陷产生违规机会。国家电投缺少系统性的合规运行机制,对项目各关键节点的内部控制不足。因而在项目前期,国家电投缺少尽职合规审查把关,不能像日本 Kansai 公司一样规避该风险项目;在项目中后期,也没有把握住各方面存在的项目搁置信号并及时采取应急补救措施。此外,国家电投外部较高的东道国监管不确定性产生违规机会。在英国风险分析公司梅普尔克罗夫特的评估中,缅甸是世界上 19 个投资风险最高的国家之一。国家电投进入缅甸时,缅甸正处于改革进程的加速期,政策波动频繁且经常不按经济规律办事,现行规章对外来企业的公开性和透明度较低。同时,中缅双边投资协定处于初级阶段,导致国家电投的投资可预见性较差。东道国监管的高度不确定性使得国家电投未能充分符合当地的规章程序而违规,与缅甸政府就缅甸密松水电站的协商也始终没有明确的说法。

(三)国家电投缅甸密松水电站项目合规经营风险的内外部合理化因素分析

内部高管过度自信使国家电投合理化其松懈的境外合规风险防范。国家电投高管对中国企业在缅甸的舆论环境过度乐观,没有充分认知缅甸民众对军政府的不满情绪以及中国企业在缅甸的话语权缺失,忽视国内专家的风险预警报告,且对除了缅甸政府之外的当地社区、克钦人、非政府组织等其他相关方的尊重和利益保护较为轻率。此外,外部母国产业失范程度使国家电投合理化其滞后的社会责任理念。母国很多电力企业不顾市场规律"跑马圈地""硬发展",在先建设后核准、缺少充分论证和核准的潜规则下,违背交易规则,不按有关政策执行经营,市场上出现了抢夺项目和资源、哄抬竞价、中间插脚、超低价投标、高薪挖人等败德失范的乱象。这些不规范的产业行为集聚起来导致合规问题向境外项目不断地传递和扩散,使得国家电投海外社会责任理念定位陈旧,没有很好地在缅甸密松水电站中识别当地环境以及对社区发展的社会关注,从而遭遇境外合规经营风险。

国家电投缅甸合规经营风险的压力、机会和合理化因素的典型证据如表 14-7 所示。

表 14-7　国家电投缅甸合规经营风险的压力、机会和合理化因素分析

范畴	子范畴	关键词	典型证据举例	影响程度 高	影响程度 中高
压力因素	海外绩效期望差距	历史比较落差	国家电投面临高投资、高负债、低盈利、高风险的发展压力,曾经制定的"两步走"集团整体上市计划因为连续亏损难以实现,旗下A股净资产收益率相比前一年降低 22.7%	◎	
		同行比较落差	国家电投与华能同为中国电力豪门国企,国家电投通过缅甸密松水电站刚进入缅甸市场时,华能在缅甸投资的最大 BOT 项目已经建成;国家电投总资产回报率相比华能低 1.16 个百分点		
	东道国产业竞争程度	竞争高地领域	随着缅甸电力需求的快速增长,缅甸丰富的、尚未充分挖掘的水电资源具备良好的开发前景,缅甸周边的印度、中国、泰国、孟加拉国均在着力推进与缅甸共同开发清洁能源	◎	
		竞争对手占优	缅甸电力行业内众多资金和管理实力雄厚的企业竞争,泰国 MDX 集团、中国电工设备总公司、中国水利水电建设集团、葛洲坝集团依托大型项目在缅甸具有较高的竞争优势		
机会因素	合规控制体系缺陷	内部控制低效	国家电投对缅甸密松水电站的信息披露不充分,委托第三方完成的环评调查没有第一时间向具有知情权的缅甸民众披露;对施工过程中的阶段性风险因素控制不足,没有把握住各方面存在的项目搁置信号及时采取应急补救措施	◎	
		合规机制缺失	国家电投此前并未设立合规部门,仅召开过一次针对集团骨干的全面风险管理培训会议;对缅甸密松水电站项目缺少系统完善的合规风险评估,相比国家电投,日本 Kansai 公司曾勘察缅甸密松水电站项目,充分研判从而规避了该项目		
	东道国监管不确定性	政策波动性大	缅甸监管政策随意性较大,波动频繁且经常不按经济规律办事;缅甸仅与我国签订投资促进与保护协定,中缅双边投资协定面对争端多数难以达到预期效果,使投资可预见性差	◎	
		自由裁量权大	缅甸现行规章中对外来企业的限制条件过多,对外来企业差别对待、规则模棱两可、层层审批手续烦琐,公开性和透明度较低,使得对企业合规与否的政府审查不明确		

255

续表

范畴	子范畴	关键词	典型证据举例	影响程度 高	影响程度 中高
合理化因素	高管过度自信倾向	盲目乐观估计	国内学者在深入调研缅甸各阶层对缅甸密松水电站态度、获取大量一手资料、研判国际形势规律的基础上,对项目风险做出预警报告。然而,中方高层对中缅关系和项目进展盲目乐观,忽视预警报告且未采取防范措施	◎	
		态度轻率冒进	国家电投在对除了缅甸政府之外的当地社区、克钦人、非政府组织等其他相关方的尊重和利益保护方面较为轻率,小觑了舆论和民间力量,使其放大了对国家电投的猜测质疑		
	母国产业失范程度	规范理念缺失	中国水力发电产业此时处于提效增速阶段,规范建设滞后于业绩提升,社会责任理念定位陈旧,使得国家电投没有很好地识别缅甸对环境、社区发展的社会关注	◎	
		败德恶性传导	中国水力发电产业存在大批涉及违反环保、用地、取水、水土保持等产业规定的电站项目,先建设后核准、缺少充分论证和核准的电站建设潜规则在境外项目中往往会因为滞后的管理暴露更大的合规风险		

（四）国家电投缅甸密松水电站项目合规经营风险中的制度距离分析

根据第十章给出的制度距离衡量指标与方法衡量2010年中国与东道国缅甸之间的不同制度距离。下表14-8给出了中国与缅甸在经济距离、法律距离和文化距离上的指标原始值、最终得分以及该得分与2010年样本均值比较的结果。中国与缅甸之间的经济距离得分为1.833,相比经济距离均值1.361较高;法律距离得分为1.568,相比法律距离均值1.142较高;文化距离得分为3.757,相比文化距离均值2.794较高。

表14-8 2010年中国与缅甸不同制度距离衡量

制度距离					得分	均值比较	
经济距离指标原始值					经济距离得分	相较均值	
						高	低
指标	产权保护	税收负担	商业自由	劳动力自由	1.833	◎	
中国	20	70.2	49.7	53.2			
缅甸	5	81.9	20	20			
指标	货币自由	贸易自由	投资自由	金融自由			
中国	70.6	72.2	20	30			
缅甸	46.5	72.3	0	10			
法律距离指标原始值					法律距离得分	相较均值	
						高	低
指标	司法独立性	法律架构效率	法治水平		1.568	◎	
中国	3.970	4.093	−0.410				
缅甸	2.744	2.490	−1.222				
文化距离指标原始值					文化距离得分	相较均值	
						高	低
指标	企业道德行为	高管权力下放给员工的意愿	劳资关系合作性	对专业管理的依赖性	宗教多元化	3.757	◎
中国	4.184	4.457	4.707	3.634	0.002		
缅甸	3.303	3.703	2.866	3.215	0.795		

三、国家电投缅甸密松水电站项目合规经营风险水平分析

2011年9月30日,缅甸新任总统吴登盛宣布在本届政府任期内搁置缅甸密松水电站项目。如表14-9所示,除去事件日当天,21天的事件窗口期内,国家电投旗下A股的累积超常收益均为负,境外合规经营风险水平较高。

在此次境外合规经营风险的直接影响方面:从经济损失来看,缅甸密松水电站项目长期的搁置使得国家电投此前73亿元的资金投入"打水漂",国家电投后续每年还需就财务付息与人员维护花费3亿元人民币,并面临有关合同方的巨额违约赔偿。从声誉损失来看,缅甸当地非政府组织大肆渲染"中国掠夺缅甸资源"

的论调,极为负面地影响了国家电投和中国建筑工程业在缅甸的形象。

在此次境外合规经营风险的间接影响方面:缅甸密松水电站项目成为"双输之局",导致中缅双方的国家利益受损。中国政府在缅甸密松水电站项目萌芽时期设想的以云南地缘优势加强与东南区合作的战略遇挫。缅甸当地原本可在缅甸密松水电站建设中就业的7.8万伊江移民如今生计无着落。此外,缅甸密松水电站项目折射出缅甸不稳定的治理环境,使得缅甸外商投资骤降92.3%。

表14-9 国家电投缅甸密松水电站项目合规经营风险水平分析

事件窗口期	累积超常收益		交易日期	日超常收益	交易日期	日超常收益
1	CAR[-0,0]	0.005	2011/09/16	-0.002	2011/10/10	0.006
3	CAR[-1,1]	-0.042	2011/09/19	-0.015	2011/10/11	0.015
5	CAR[-2,2]	-0.044	2011/09/20	-0.004	2011/10/12	0.011
7	CAR[-3,3]	-0.040	2011/09/21	0.018	2011/10/13	0.019
9	CAR[-4,4]	-0.013	2011/09/22	0.007	2011/10/14	-0.008
11	CAR[-5,5]	-0.031	2011/09/23	-0.011	2011/10/17	-0.002
13	CAR[-6,6]	-0.026	2011/09/26	0.008	2011/10/18	-0.010
15	CAR[-7,7]	-0.018	2011/09/27	-0.007	2011/10/19	0.000
17	CAR[-8,8]	-0.022	2011/09/28	-0.017	2011/10/20	-0.004
19	CAR[-9,9]	-0.041	2011/09/29	-0.053	2011/10/21	0.011
21	CAR[-10,10]	-0.032	2011/09/30	0.005	—	

注:数据来源于同花顺数据库。

四、国家电投企业境外合规经营风险防范机制分析

(一)国家电投境外合规经营风险防范的内外部利益激励机制分析

国家电投内部高管员工薪酬激励强化,从"用工分配结构僵化"向"精准考核盘活内力"转变。在"违规操作"阶段,国家电投的下属单位、岗位设置、管理层级亟须调整,改善结构弊端以服务于合规经营所需。在"合规经营"阶段,国家电投以价值创造融入经营发展全过程为核心,做好高管员工薪酬市场对标工作、建立差别化的晋升通道,从而以充分的利益激励开发、使用、留住和提升合规人才,带动整体合规的能动性。

国家电投外部母国产业政策激励强化,从"优惠政策执行困难"向"鼓励利益共享风险共担"转变。在"违规操作"阶段,水电是中国装备"走出去"计划中的"拳头项目",这一阶段母国产业对境外电站项目投资经营的支持政策持续酝酿,但政策执行落实低于预期,且对境外水电站项目的合规进展缺少直接激励。在"合规经营"阶段,《关于鼓励社会资本投资水电站的指导意见》《关于做好水电开发利益共享工作的指导意见》等国家政策密集出台,为"走出去"企业通过共建、共享、共赢提升合规竞争力提供利益激励和政策保障。

(二)国家电投境外合规经营风险防范的内外部惩罚威慑机制分析

国家电投内部高管强制变更威慑强化,从"问责整改不严不实"向"刚性约束从严治企"转变。在"违规操作"阶段,国家电投执行选人用人政策规定不严格,对高管违规问题的监督执纪问责过于宽、松、软,惩罚威慑力度不足使得一些高管纪律和规矩意识淡薄。在"合规经营"阶段,国家电投落实"一岗双责""三严三实",从高层开始强化内部的从严监管、从严惩处、从严执纪,对境外项目等重点领域的高层负责人进行集中检查、专项整治,加强对境外违规问题的查办、惩戒和威慑。

国家电投外部同行企业制裁威慑强化,从"违规处罚力度不足"向"依法自律联合惩戒"转变。在"违规操作"阶段,迫切渴望扩张规模的电力行业内对不规范经营企业的"紧箍咒"欠缺。在"合规经营"阶段,国家发展改革委等多部门签署《关于对电力行业严重违法失信市场主体及其有关人员实施联合惩戒的合作备忘录》,委托中国电力企业联合会对违反法律法规,不履行法定义务,违背社会道德、协议和承诺等的电力企业实施联合惩戒机制,以此推进重点关注名单上的电力企业加速整改,同时震慑潜在不规范的电力企业,促进行业健康发展。

(三)国家电投境外合规经营风险防范的内外部价值引导机制分析

国家电投内部企业合规文化引导强化,从"合规理念建设缺失"向"打造独特合规文化"转变。在"违规操作"阶段,国家电投的企业文化围绕价值增加、争创一流等愿景展开,初步提出诚信、道德、依法经营等合规文化理念。在"合规经营"阶段,国家电投细化和具象化合规文化引导,从战略高度提出协同合规的"和文化"理念进行系统性指引,主修内功稳步推进合规文化建设,强调严格恪守职业精神、科学应对各类风险、合规共赢融入世界发展大格局。

国家电投外部大众媒体关注引导强化,从"舆论宣传互动空白"向"立体化宣传调动积极性"转变。在"违规操作"阶段,国家电投缺少与主流媒体特别是境外媒体的互动,在缅甸密松水电站中没有牢牢把控环保合规的宣传阵地。在"合规经营"阶段,国家电投汲取缅甸密松水电站的教训,注重追踪东道国受众关注焦点和捕捉海外受众情绪、与东道国地方媒体的记者们举行联谊活动、打造民族特色宣传主题曲、联合新华社策划全球视频直播、设立融媒体中心建设境外传播渠道，迅速打开国家电投在东道国的知名度，使企业境外合规品牌形象深入人心。

国家电投内外部利益激励、惩罚威慑和价值引导机制的典型证据如表14-10所示。

表14-10　国家电投企业境外合规经营风险防范机制分析

范畴	子范畴	关键词	典型证据举例	防范机制 较强	防范机制 较弱
	"违规操作"阶段					
利益激励	高管员工薪酬激励	用工分配结构僵化	国家电投内部人事、劳动、分配的结构弊端较为明显，臃肿僵化的下属单位、岗位设置、管理层级亟须清理；缺少一套合规经营所需的科学考评和人才激励模式		◎
利益激励	母国产业政策激励	优惠政策执行困难	电价和税收优惠并行，激励水电企业降低成本，但优惠政策的落实幅度和进度均低于预期；执行有诸多困难；对境外水电站项目的合规进展缺少直接激励		◎
惩罚威慑	高管强制变更威慑	问责整改不严不实	高管落实"两个责任"不到位，执纪惩罚宽、松、软，以处理经办人代替问责负有主要责任的高管；威慑不足使得违规违纪问题突出		◎
惩罚威慑	同行企业制裁威慑	违规处罚力度不足	迫切渴望扩张规模的电力企业违规行为屡禁不止，相关监管机构对违规企业以警告和通报批评的较轻处罚为主，"紧箍咒"的欠缺对潜在违规行为几乎没有威慑力		◎
价值引导	企业合规文化引导	合规理念建设缺失	国家电投的企业文化围绕价值增加、争创一流等愿景展开，尽管有提及诚信、道德、依法经营，但缺少具体落地的合规文化理念建设		◎
价值引导	大众媒体关注引导	舆论宣传互动空白	国家电投的舆论宣传更多地在企业内部进行，以官网的宣传专栏和通信员队伍建设为主，缺少与主流媒体特别是境外媒体的互动，在缅甸密松水电站中没有抓住合规宣传阵地		◎

续表

范畴	子范畴	关键词	典型证据举例	防范机制较强	防范机制较弱
	"合规经营"阶段					
利益激励	高管员工薪酬激励	精准考核盘活内力	依据战略目标建立"三分、两挂、一激励"的差别化实用考核指标体系,突出绩效目标导向,推动企业在境外市场发挥优势,提升经营质量、实现合规发展	◎	
			建立"薪酬特区",规范薪酬岗位和晋升通道,吸引包括合规管理人才在内的"高精尖缺"人才,激活高管员工对合规经营的能动作用		
	母国产业政策激励	鼓励利益共享风险共担	中国水电产业围绕开发管理、资源配置、项目核准的政策法规体系密集出台,规范产业秩序,提高我国水电企业在境外的合规经营与竞争力	◎	
			国家能源局发布指导文件鼓励社会资本投资水电站,建立风险共担的长效机制;国家发展改革委发布指导文件强调通过政策扶持做好水电开发的环保、移民安置与工程安全等工作,实现合规经营的利益共享、多方共赢		
惩罚威慑	高管强制变更威慑	刚性约束从严治企	国家电投强调依法治企、从严治企,要求总部高层在提升督办方面做出表率,严格对照"五条禁止,23个不准"排查各层级高管行为,对违规高管严肃问责,强化合规约束管权、管事和管人	◎	
			国家电投加强对高管的综合研判并建立评价信息库,对不作为乱作为、不胜任合规经营要求的高管及时调整岗位,引入退出机制		
	同行企业制裁威慑	依法自律联合惩戒	国家发改委等十七个政府部门以及中国电力企业联合会签署对电力行业内企业严重违规行为实施联合惩戒,并采取定期通报机制,通过信用中国等网站向全社会公布,加大对违法违规经营的问责力度,威慑潜在的不规范行为	◎	
			世界银行对中国电力及其子公司、施璐德亚洲有限公司在境外项目中的欺诈行为实施制裁,对电力产业的同行企业具有倒逼合规的威慑效果		

续表

范畴	子范畴	关键词	典型证据举例	防范机制 较强	防范机制 较弱
价值引导	企业合规文化引导	打造独特合规文化	国家电投发布《内控合规手册》,召开总部质量管理体系建设培训会、合规体系建设经验交流会,董事长动员要求在三年内建成覆盖所有层级的合规体系,提升企业依法合规水平	◎	
			国家电投接轨国际合规管理建设,由高层签署管理层合规承诺书,明确企业合规的宣誓作用,提示全员更好地落实合规工作,同时吸纳传统文化精髓,提出协同合规的"和文化"理念		
	大众媒体关注引导	立体化宣传调动积极性	国家电投系统运用传统加现代、线上加线下的立体化媒体平台,宣传合规先进典型,发挥正面榜样示范引领的价值导向作用	◎	
			国家电投成立新闻中心,举办媒体开放日、记者招待会,借助权威媒体力量定期宣传发声,与境外主流媒体及受众紧密沟通对话,督促自身高质量发展,打开境外知名度,带动中国模式走出国门,树立境外合规积极形象		

五、国家电投企业境外合规经营风险防范效果分析

国家电投内外部有力的防范机制削弱境外合规经营风险因素:(1)缓解境外合规经营风险的压力因素。在五大发电集团中资产规模最小的国家电投"弯道超车",净资产收益率连续五年超过华能,实现了转型发展、提质增效。此外,国家电投充分发挥水电全产业链优势,坚持属地化经营,带动地方特色产业上下游发展,提升在东道国产业内的竞争力。(2)抑制境外合规经营风险的机会因素。国家电投构建起以法治为根本、以合规为底线、以风险为导向、以内控为手段的四位一体协同运作机制,实现对内部违规行为的高效监督。此外,国家电投统筹"全生命周期""大监督""三道防线"的合规风险事项整改和处置,能够第一时间获取东道国市场信息,对境外合规经营风险做出趋势判断,降低对东道国监管的不确定性。

(3)减少境外合规经营风险的合理化因素。国家电投通过解决高管存在的思想根子问题，推进高管做细做实、严谨论证、问题会商，将决策路线与境外经营实际情况紧密结合起来，从而用"关键少数"推动"绝大多数"。此外，国家电投在境外项目中积极参与社区建设、履行社会责任，以多种形式向项目所在地居民介绍进展，第一时间收集民众诉求和意见，推进真诚沟通与良好互动，传播企业价值、促进民心相通。国家电投组建国际三方合作架构共同出海，以"走出去"新模式有效规避政府关系、业务网络、行业规则、市场敏锐度等的合规风险，提振合作信心，构建境外项目合规的常态化工作机制，通过精准发力、及时作为、全面风控，在境外开发中迈出坚实的合规步伐，境外合规经营风险频率降低。

综上，通过内外部利益激励、惩罚威慑与价值引导的强化，国家电投实现了从"境外违规操作"向"境外合规经营"的转变。案例小结如图14-3所示。

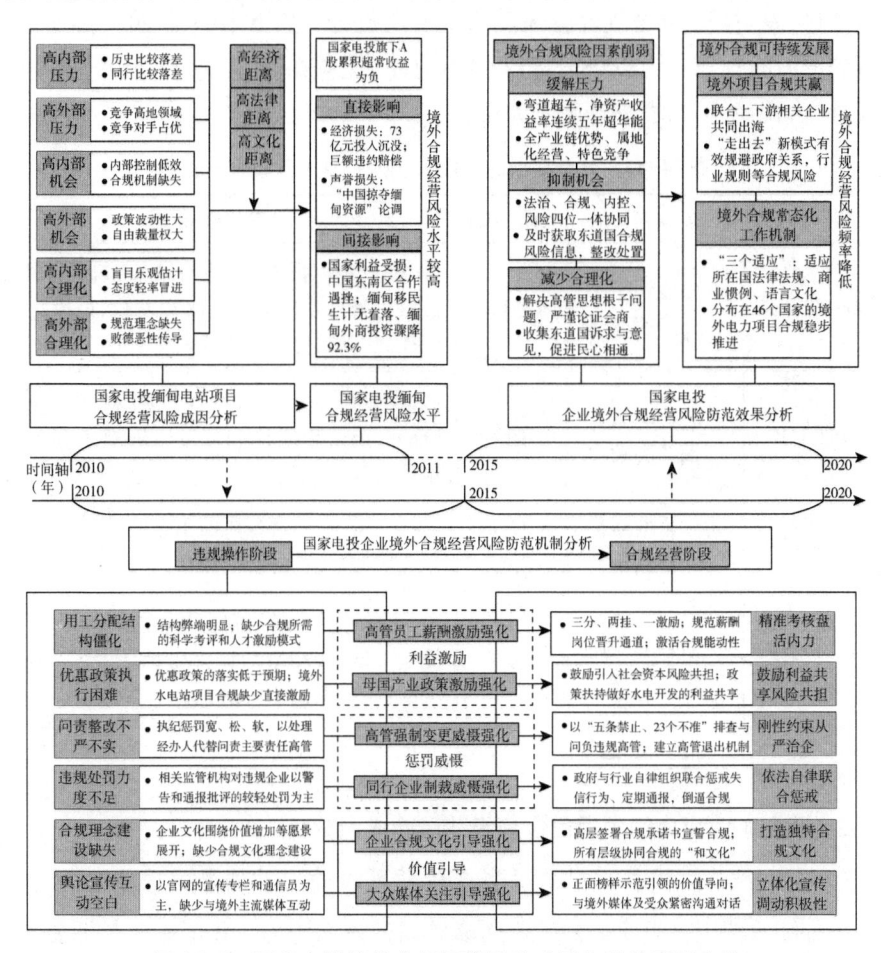

图14-3 国家电投境外合规经营风险成因与防范案例小结

第四节 紫金矿业境外合规经营风险成因与防范的案例分析

一、紫金矿业案例企业境外经营背景介绍

紫金矿业集团股份有限公司是以金属矿产资源勘查和开发及工程技术应用研究为主的大型国有企业，于1993年成立、2008年A股上市（A股代码为601899，以下简称"紫金矿业"）。紫金矿业在"走出去"初期因为不规范的境外经营行为，先后在秘鲁、刚果、吉尔吉斯斯坦、俄罗斯等地面临境外合规经营风险。事件具体内容如表14-11所示。紫金矿业在2013年及以后无重大境外合规经营风险事件，表明其境外合规经营风险防范有所提升。接下来，我们将紫金矿业案例资料的时间轴划分为2008—2012年的境外"违规操作"阶段和2013—2020年的境外"合规经营"阶段展开案例分析。

表14-11 紫金矿业企业境外合规经营风险事件一览

事件日	事件名称	东道国	事件概要
2009/11/01	秘鲁铜矿开发困境	秘鲁	○ 紫金矿业通过收购英国Monterrico公司间接获得秘鲁大型铜钼矿床开发权，但因为环保违规，受到秘鲁当地工人运动冲击
2010/05/10	收购刚果铜矿失败	刚果	○ 紫金矿业通过收购控股刚果Deziwa及Ecaille铜钴矿项目被宣告违反刚果有关规定而无效
2012/10/25	吉尔吉斯斯坦项目纠纷	吉尔吉斯斯坦	○ 紫金矿业吉尔吉斯斯坦子公司在建的左岸金矿与当地居民发生纠纷导致暂停施工
2012/11/26	西伯利亚环保投入问题	俄罗斯	○ 紫金矿业在西伯利亚从事矿业生产环保投入不足，对环境的损害受到俄罗斯"河流无国界"生态组织协调人关注

二、紫金矿业秘鲁铜矿项目合规经营风险成因分析

（一）紫金矿业秘鲁铜矿项目合规经营风险的内外部压力因素分析

海外绩效期望差距使紫金矿业面临较高的内部压力。紫金矿业早期急于投资扩张规模，导致现金流量净额连年下降，同比历史经营绩效水平的落差产生了

较大的压力。与此同时,紫金矿业的愿景使命是成为全球重要的黄金及金属原料生产企业,因而同处全球矿业市场前列但更早进入秘鲁的巴里克黄金公司成为紫金矿业同行比较的对象。紫金矿业净资产收益率和全球排名与巴里克有较大的落差,产生了同行比较压力。此外,东道国产业竞争程度给紫金矿业施加了较大的外部压力。优质的成矿条件、国家对外资开放的态度使秘鲁成为全球矿业竞争的高地领域,但紫金矿业的竞争对手安哥拉CMA公司、南方铜矿公司、首钢秘铁公司、中国铝业集团等在秘鲁占据更强的竞争优势,急于在全球矿业中脱颖而出的紫金矿业没有做好合规风险防范而在秘鲁违规。

(二)紫金矿业秘鲁铜矿项目合规经营风险的内外部机会因素分析

紫金矿业内部较大的合规控制体系缺陷产生违规机会。紫金矿业内部控制低效,治理架构权责不明、总部和各个矿区之间缺乏统一覆盖的网络,使得紫金矿业与境外项目的信息沟通不畅,境外合规风险信息被拖延误报。与此同时,紫金矿业合规机制缺失,缺少设置衔接总部与境外项目把关的合规部门或东道国环境风险监督办公室,导致其未能及时探查和预警秘鲁铜矿项目的合规风险隐患。此外,紫金矿业外部较高的东道国监管不确定性产生违规机会。秘鲁政策波动性较大,特别是处于金融危机时期的秘鲁不断改变政策和行动,规章政策的变化使矿业企业不断卷入合规纠纷。与此同时,秘鲁对规则标准的自由裁量权较大,特别是在"社会许可证"体制下,政府当局难以约束民众和工会的力量,社区各种有理或无理的罢工和环境斗争使企业陷入违规困境。

(三)紫金矿业秘鲁铜矿项目合规经营风险的内外部合理化因素分析

内部高管过度自信倾向使紫金矿业合理化其对环保合规的忽视。紫金矿业高管盲目乐观地认为在国内通过低价投资"问题矿"再通过后续经营盈利的模式也能够在境外矿产项目中起效,并低估了连国际矿业巨头都极其容易碰壁的秘鲁环保合规风险,以轻率冒进的态度收购了秘鲁白铜矿,对环保问题存在侥幸心理。此外,外部母国产业失范程度使紫金矿业合理化其滞后的社会责任理念。这一时期国内矿业处于粗放的快速发展期,规范理念缺失,众多矿产企业能耗高、污染重、资源利用率和劳动生产率双低;忽视对环保合规、社区关系等社会责任的履行而只注重项目盈利,在"大家都采取这种策略"的心理下,败德理念恶性传导扩散至走出国门的企业境外项目中,使得紫金矿业在秘鲁白铜矿项目中也未充分重视当地民众对环保的诉求,招致境外合规经营风险。

紫金矿业秘鲁合规经营风险的压力、机会和合理化因素的典型证据如表14-12所示。

表 14-12 紫金矿业秘鲁合规经营风险的压力、机会和合理化因素分析

范畴	子范畴	关键词	典型证据举例	影响程度 高	影响程度 中高
压力因素	海外绩效期望差距	历史比较落差	紫金矿业为了扩大经营规模,将大量固定资产投入在建工程项目和对外收购,2008年净资产收益率单季度环比下降42.9%,近三年投资活动产生现金流量净额均为负数		◎
		同行比较落差	同行的巴里克黄金公司,较紫金矿业更早地开发了秘鲁的北拉古纳斯金矿,且拥有行业内仅有的A级资产负债表,净资产收益率和全球排名高于紫金矿业		
	东道国产业竞争程度	竞争高地领域	秘鲁优质的成矿条件、国家层面的极端重视、国际矿产品价格飙升使得秘鲁矿业成长显著,秘鲁进入全球十大矿业投资国行列,并对外来矿业资本广开大门,良好的开发前景吸引了众多国际矿业投资者参与竞争		
		竞争对手占优	秘鲁70%以上的铜产量来自安哥拉CMA公司和南方铜矿公司;秘鲁唯一的铁矿石生产商是首钢秘铁公司;中国铝业集团收购世界最大铜矿之一的特罗莫克铜矿。紫金矿业的竞争对手企业在秘鲁有较大的市场份额		◎
机会因素	合规控制体系缺陷	内部控制低效	紫金矿业内部治理结构缺乏科学决策和执行力,未通过环保审查也未按承诺执行整改工作;内部权责不明,总部和各个矿区分设局域网缺乏统一覆盖,使信息被隐瞒拖延		
		合规机制缺失	紫金矿业内部缺少合规部门设置或者专门的环境风险监督办公室,日常监督和专项监督执行低效,重大合规隐患项目重点监管缺失,导致没能及时发现秘鲁铜矿项目的合规风险隐患,及时给予风险预警		◎
	东道国监管不确定性	政策波动性大	秘鲁存在监管过度和不确定的风险,特别是金融危机时期,商业紧张局势和国际市场不确定性相关的更大金融波动使得秘鲁不断改变政策和行动,政策的前后变化使得矿业企业不得不与政府进行多轮磋商、卷入商业纠纷		◎
		自由裁量权大	秘鲁矿业活动实行"社会许可证"体制、工会力量强大,社区和工会对矿业项目有较大的裁量权,社区不同意则矿业企业的项目无法开发,各种有理或无理的罢工、环境斗争成秘鲁常态,政府当局对此难以监管控制		

续表

范畴	子范畴	关键词	典型证据举例	影响程度 高	影响程度 中高
合理化因素	高管过度自信倾向	盲目乐观估计	紫金矿业高管在国内尝到过"问题矿"的甜头,盲目乐观地认为紫金矿业让"问题矿"起死回生的方式在海外也有效,可高管很快发现国资企业缺少西方国家的心理和管理优势,而秘鲁铜矿项目的合规问题甚至连国际巨头都难解决	◎	
		态度轻率冒进	紫金矿业董事柯希平表示过度追求速度疏忽小环节导致轻率地拿下"问题矿",合规风险发展成为切肤之痛的教训,"一些高管顾不过来,人才和其他配套跟不上,权力也下放了,各个矿山都独立运营"		
	母国产业失范程度	规范理念缺失	中国矿产业长期处于分散、能耗高、污染重的局面;国内矿业法尚不完善,矿区免费搭便车的行为普遍;紫金矿业处于产业粗放快速发展期,频频采取不规范做法	◎	
		败德恶性传导	国内大多矿产项目开采难度高、品味低、矿权关系复杂,矿产项目的环保、社区关系等沉疴容易遮蔽在盈利的光环中,败德行为传导至紫金矿业的海外项目中,使其遭遇劳工、环保、社区关系等一连串的合规问题		

(四)紫金矿业秘鲁铜矿项目合规经营风险中的制度距离分析

根据第十章给出的制度距离衡量指标与方法衡量2008年中国与东道国秘鲁之间的不同制度距离。表14-13给出了中国与秘鲁在经济距离、法律距离和文化距离上的指标原始值、最终得分以及该得分与2008年样本均值比较的结果。中国与秘鲁之间的经济距离得分为1.113,相比经济距离均值1.549较低;法律距离得分为0.588,相比法律距离均值1.112较低;文化距离得分为3.576,相比文化距离均值1.992较高。

表 14-13 2008 年中国与秘鲁不同制度距离衡量

制度距离					得分	均值比较	
经济距离指标原始值					经济距离得分	相较均值	
^	^	^	^	^	^	高	低
指标	产权保护	税收负担	商业自由	劳动力自由	1.113		◎
中国	20	66.4	50.3	64.8	^		
秘鲁	40	80.2	65.7	47.5	^		
指标	货币自由	贸易自由	投资自由	金融自由	^		
中国	76.5	70.2	30	30	^		
秘鲁	85.9	73.4	60	60	^		
法律距离指标原始值					法律距离得分	相较均值	
^	^	^	^	^	^	高	低
指标	司法独立性	法律架构效率	法治水平		0.588		◎
中国	3.800	3.900	−0.420		^		
秘鲁	2.700	2.800	−0.704		^		
文化距离指标原始值					文化距离得分	相较均值	
^	^	^	^	^	^	高	低
指标	企业道德行为	高管权力下放给员工的意愿	劳资关系合作性	对专业管理的依赖性	宗教多元化	3.576	◎
中国	4.168	4.515	5.013	4.188	0.002	^	
秘鲁	3.764	4.300	4.855	4.163	0.678	^	

三、紫金矿业秘鲁铜矿项目合规经营风险水平分析

紫金矿业在秘鲁的 Rio Blanco 铜矿项目因为环保问题受到秘鲁当地社区的强烈抗议。2009 年 11 月 2 日紫金矿业 A 股开盘价下跌 3.05%。从表 14-14 不同事件窗口期的累积超常收益可以看出：21 天的事件窗口内，紫金矿业的累积超常收益均为负，境外合规经营风险水平较高。

在此次境外合规经营风险的直接影响方面：从经济损失来看，紫金矿业当季度的投资亏损为 8066 万元，相比去年同期的投资收益 2328 万元下降 446%；紫金矿业当年前 9 个月的投资亏损为 5375 万元，相比去年同期的投资收益 1.15 亿元

下降147%。受此事件影响,Rio Blanco铜矿项目搁置多年,无力独自开发的紫金矿业被迫寻找其他联合运作的伙伴。从声誉损失来看,这次事件对紫金矿业的环保品牌是一次重大打击,此前为打消当地居民疑虑做出的努力几乎前功尽弃。

表14-14 紫金矿业秘鲁项目合规经营风险水平分析

事件窗口期	累积超常收益		交易日期	日超常收益	交易日期	日超常收益
1	CAR[-0,0]	-0.018	2009/10/19	-0.004	2009/11/03	-0.008
3	CAR[-1,1]	-0.026	2009/10/20	0.018	2009/11/04	0.008
5	CAR[-2,2]	-0.027	2009/10/21	-0.013	2009/11/06	0.004
7	CAR[-3,3]	-0.036	2009/10/22	0.002	2009/11/09	0.024
9	CAR[-4,4]	-0.027	2009/10/23	-0.007	2009/11/10	-0.018
11	CAR[-5,5]	-0.058	2009/10/26	-0.012	2009/11/11	-0.008
13	CAR[-6,6]	-0.073	2009/10/27	-0.016	2009/11/12	-0.003
15	CAR[-7,7]	-0.075	2009/10/28	-0.013	2009/11/13	-0.019
17	CAR[-8,8]	-0.107	2009/10/29	-0.008	2009/11/16	0.000
19	CAR[-9,9]	-0.089	2009/10/30	0.000	2009/11/17	-0.004
21	CAR[-10,10]	-0.097	2009/11/02	-0.018	—	

注:数据来源于同花顺数据库。

在此次境外合规经营风险的间接影响方面:中国与秘鲁的国家利益均受损。对秘鲁而言,矿业是其作为全球主要产铜国家的重要经济支柱,中国正在成为秘鲁的第一大贸易伙伴,秘鲁官方希望吸引更多中方企业投资,但政府对紫金矿业开发铜矿的支持与民众对环境保护的维护存在矛盾,使得众多类似的外资矿产项目难以为继。对中国而言,紫金矿业等中资企业在秘鲁开发矿产困难重重,使得中国对重要矿产资源的掌控频频遇挫。

四、紫金矿业企业境外合规经营风险防范机制分析

(一)紫金矿业境外合规经营风险防范的内外部利益激励机制分析

紫金矿业内部高管员工薪酬激励强化,从"效率导向有余公平缺失"向"良驹培养共享发展成果"转变。在"违规操作"阶段,紫金矿业着力建设积分升格激励制度、拓宽员工晋升渠道,对合规建设的薪酬激励公平性不足,同工不同酬的隐患挫伤合规积极性。在"合规经营"阶段,紫金矿业通过设置三年期解锁限制性股票的方式与骨干高管员工共享发展成果,调整高管员工的考核评价模式使其薪资收

入与贡献一致,从而调动全员合规积极性,使国际化合规人才脱颖而出。

紫金矿业外部母国产业政策激励强化,从"开发速度为主自律不足"向"多规合一规范矿业行为"转变。在"违规操作"阶段,国内产业政策对绿色环保合规的政策激励落实不足,长期积累下来导致矿业体制机制僵化、资源约束趋紧、生态问题突出。在"合规经营"阶段,矿业政策对企业建设绿色矿山采取"真金白银"的激励政策,例如,自然资源部等出台《关于加快建设绿色矿山的实施意见》,设立达标企业的"红名单"制度。同时,相关部门就管理政策、技术标准、行业规范等与各国加强交流对接,激励矿业合规管理的国际合作。

(二)紫金矿业境外合规经营风险防范的内外部惩罚威慑机制分析

紫金矿业内部高管强制变更威慑强化,从"事后追责惩处不力"向"问责警示肃清作风"转变。在"违规操作"阶段,紫金矿业缺少系统性的高管责任监督整改机制,直至环保违规的"污染门"事件后,才开始重视对渎职违规高管的惩处追责规章建设。在"合规经营"阶段,紫金矿业发布《公司举报管理政策声明》、落实领导班子整改方案,对存在违规苗头、责任担当不够、项目管理不到位的高管约谈肃清,以高管为切入点开启合规内控体系漏洞整改。

紫金矿业外部同行企业制裁威慑强化,从"缺乏研究同行教训"向"借鉴同行经验强化历练"转变。在"违规操作"阶段,国内矿业资源领域还没有建立信用"黑名单"管理制度,紫金矿业受到的外部约束不强,且紫金矿业没有汲取同行首钢在秘鲁首钢马尔科纳铁矿时遭遇当地工会激烈斗争的教训,仍然以国内经验应对境外高风险地区的合规问题。在"合规经营"阶段,境内外矿业领域均在加强对矿产项目的安全、用地、环保等的违规追责制裁力度,中国铝业秘鲁特罗莫克铜矿项目因环保违规被当地政府叫停整改、万宝矿业缅甸蒙育瓦莱比塘铜矿项目因社区关系处理不当而长期停滞,均给紫金矿业整改合规管理体系以极大的威慑。

(三)紫金矿业境外合规经营风险防范的内外部价值引导机制分析

紫金矿业内部企业合规文化引导强化,从"合规文化系统雏形"向"新合规理念引领新跨越"转变。在"违规操作"阶段,紫金矿业的合规价值文化只有初步雏形,形成"廉洁文化理念""安全文化理念""环保文化理念"等子系统。在"合规经营"阶段,紫金矿业坚持"企业、员工、社会协调发展"以及"绿水青山就是金山银山"文化核心理念,着力塑造矿山开发与环境和谐共存的合规文化系统,将环境、社会和治理纳入境外经营全过程,在东道国引导"命运共同体"建设。

紫金矿业外部大众媒体关注引导强化,从"负面公关沉默以对"向"正面宣传掌握主动权"转变。在"违规操作"阶段,紫金矿业在面对媒体对其环保违规报道和质疑时,以"维稳"为借口逃避整改与信息披露。在"合规经营"阶段,紫金矿业主动对接、积极宣传,总结出紫金矿业境外项目的绿色范式以及"紫金现象"的"五个经验、四个启示",化解中国在"一带一路"国家投资时面临的国际媒体在环保合规方面"误报"的"绿色隐忧"。

紫金矿业内外部利益激励、惩罚威慑和价值引导机制的典型证据如表 14-15 所示。

表 14-15　紫金矿业企业境外合规经营风险防范机制分析

范畴	子范畴	关键词	典型证据举例	防范机制 较强	防范机制 较弱
\multicolumn{6}{c}{"违规操作"阶段}					
利益激励	高管员工薪酬激励	效率导向有余公平缺失	紫金矿业建立积分升格激励制度,拓宽员工晋升渠道,设置多元化的福利补贴,但薪酬制度同工不同酬的不公平隐患较大,挫伤合规建设积极性		◎
	母国产业政策激励	开发速度为主自律不足	中国矿业设置海外矿产勘查的政府财政补贴、税收优惠、地质勘查基金等,着力鼓励企业提高国家紧缺矿产勘查开采的速度,而绿色矿山建设尚处于规划试点阶段,对矿产企业合规自律的政策激励不足		◎
惩罚威慑	高管强制变更威慑	事后追责惩处不力	紫金矿业在环保违规的"污染门"事件中,内部对渎职违规的高管惩处追责力度不足,在此之前并未建立系统的高管责任监督整改机制		◎
	同行企业制裁威慑	缺乏研究同行教训	紫金矿业没有认真研究首钢收购秘鲁铁矿项目事例的经验教训,合规风险准备工作不足,仍然坚持到西方公司认为存在极高风险的地方去		◎
价值引导	企业合规文化引导	合规文化系统雏形	紫金矿业建立了"廉洁文化理念子系统""安全文化理念子系统""环保文化理念子系统"等规范企业的制度,初步形成合规价值文化雏形	◎	
	大众媒体关注引导	负面公关沉默以对	紫金矿业面对媒体报道讳莫如深,在深陷环保违规的"污染门"事件中,以"维稳"为借口滞后信息披露,通过"信封"公关媒体瞒报关键信息、掩盖负面危机		◎
\multicolumn{6}{c}{"合规经营"阶段}					

续表

范畴	子范畴	关键词	典型证据举例	防范机制 较强	防范机制 较弱
利益激励	高管员工薪酬激励	良驹培养共享发展成果	紫金矿业设置薪酬激励计划的三年期解锁条件,向骨干高管员工授予不超过1亿股的A股限制性股票,通过将高管员工利益与紫金矿业绩效增长的深度绑定,共享发展成果,充分调动企业成员合规积极性	◎	
			紫金矿业设置"KPI(60%)+360度(20%)+个人述职(20%)"的员工考核评价总模式,并将其应用到员工薪酬、职位晋升中,以使"良驹"脱颖而出,获得与贡献一致的薪资收入,提升境外合规的国际化人才比例		
	母国产业政策激励	多规合一规范矿业行为	中国矿业出台合规政策激励健全矿区资源开发收益分配机制,鼓励企业建立和谐矿区,构建矿山与矿区群众利益共享机制。紫金矿业紧跟国家政策,将环境恢复与社区公益结合起来,推进境外矿区项目合规共生	◎	
			这一时期中国矿业迈向专业规范管理和长远发展,中央和地方密集出台矿业生态合规激励政策,从用地、用矿、财政、金融等4方面拿出"真金白银"的激励政策措施,促进紫金矿业绿色合规范式构建		
惩罚威慑	高管强制变更威慑	问责警示肃清作风	紫金矿业建设内部问责制度,将公司董事、监事、高级管理人员列为潜在的"被问责人",成立专门的内部高管问责机构,对违规高管采取批评乃至撤职惩罚	◎	
			紫金矿业落实领导班子整改方案,发现高管违规苗头及时约谈肃清,对重点岗位管理高层采取"零距离"警示震慑,整理近年来"三违"伤亡事故案例,在集团网站不定期予以刊登		
	同行企业制裁威慑	借鉴同行经验强化历练	紫金矿业在境外有中国铝业、五矿、江西铜业等较多可供直接借鉴的中资企业经验,例如,中国铝业在秘鲁的特罗莫克铜矿项目的试生产阶段局部露出污染苗头,就收到秘鲁环保部门禁令暂停开采以及社区居民的阻挠,汲取经验的紫金矿业耐心遵照规则不敢再随意污染	◎	
			紫金矿业总结中资矿企境外失败教训,例如,万宝矿业在缅甸的蒙育瓦莱比塘铜矿项目因为缺乏透明度以及缺乏与当地民众、地方政府的沟通交流而两次停工;中信泰富大洋洲项目因忽视投资环境和合作伙伴而巨亏,紫金矿业通过项目历练增强合规管理体系		

续表

范畴	子范畴	关键词	典型证据举例	防范机制 较强	防范机制 较弱
价值引导	企业合规文化引导	新合规理念引领新跨越	紫金矿业在"一带一路"合规培训中参与发起和签署《"一带一路"参与企业廉洁合规倡议》,向公众披露《公司商业道德管理政策声明》《公司供应商管理政策声明》等与企业合规建设相关的系列声明,强化境外合规意识	◎	
			紫金矿业提出新时代、新作为、新跨越,坚持在参与全球竞争中创造绿色价值,在境外项目中提升文化软实力、展示中国企业的文明之美,建设得到市场、项目所在地及员工广泛认同的企业合规文化		
	大众媒体关注引导	正面宣传掌握主动权	紫金矿业主动拍摄多组环保宣传片,借助国内的中国新闻网、新华社、人民网以及境外的国家新闻通讯社宣传紫金矿业境外项目的绿色范式,以此应对中国在"一带一路"倡议下国家的投资面临的国际媒体在环保合规方面"误报"的"绿色隐忧"	◎	
			紫金矿业在"一带一路"倡议上主动对接,形成《紫金矿业集团实施"走出去"战略情况》调研报告,总结出"紫金现象"的"五个经验、四个启示",成为主流舆论热点,新华社、《经济日报》、中新社等采选报道,形成"一带一路"境外合规建设可复制的紫金模式		

五、紫金矿业企业境外合规经营风险防范效果分析

紫金矿业内外部有力的防范机制削弱境外合规经营风险因素:(1)缓解境外合规经营风险的压力因素。紫金矿业在美国《福布斯》杂志发布的"全球上市公司2000强"排行榜位列全球黄金企业第一位,净资产收益率相比巴里克黄金公司高出10.46%,紫金矿业国际化经营质量显著提升,领跑全球黄金矿产企业;紫金矿业机制活、体制好,奠定了坚实基础,已成为中国在海外矿产品产量和资源储量最多的企业之一,逐步积淀下参与境外产业竞争的品牌优势。(2)抑制境外合规经营风险的机会因素。紫金矿业建立起环境、社会和公司治理的全面合规内控体系,境外违规漏洞的自我识别、自我评价、自我改进的良性循环机制得到有效执行;紫金矿业对境外项目信息平台进行了有效部署和提升,加上科学决策和合理运营能够应对境外监管不确定性。(3)减少境外合规经营风险的合理化因素。紫金矿业设置"环境安全日""法治宣传周"等,从高层开始坚定转变理念,表明每一代紫金人不忘绿色发展、安全发展、依法合规发展的社会责任;紫金矿业紧抓中国企业"走出去"境外合规中最为薄弱的民心民意环节,改变了境外部分媒体批评的中国企业不够透明、不在意居民意见的形象,取得"一带一路"合作多国民众对其合规经营的认同。紫金矿业的境外合规矿业经营,正在成为境外地区经济发展、社会维稳的重要力量,是紫金矿业传递"一带一路"正能量效应、"共同发展、互利共赢"战略的落地实践。通过构建"紫金方案",紫金矿业实现境外矿产项目全生命周期的改造升级与绿色合规,达成生态与效益双赢,境外合规经营风险频率降低。

综上,通过内外部利益激励、惩罚威慑与价值引导的强化,紫金矿业实现了从"境外违规操作"向"境外合规经营"的转变。案例小结如图14-4所示。

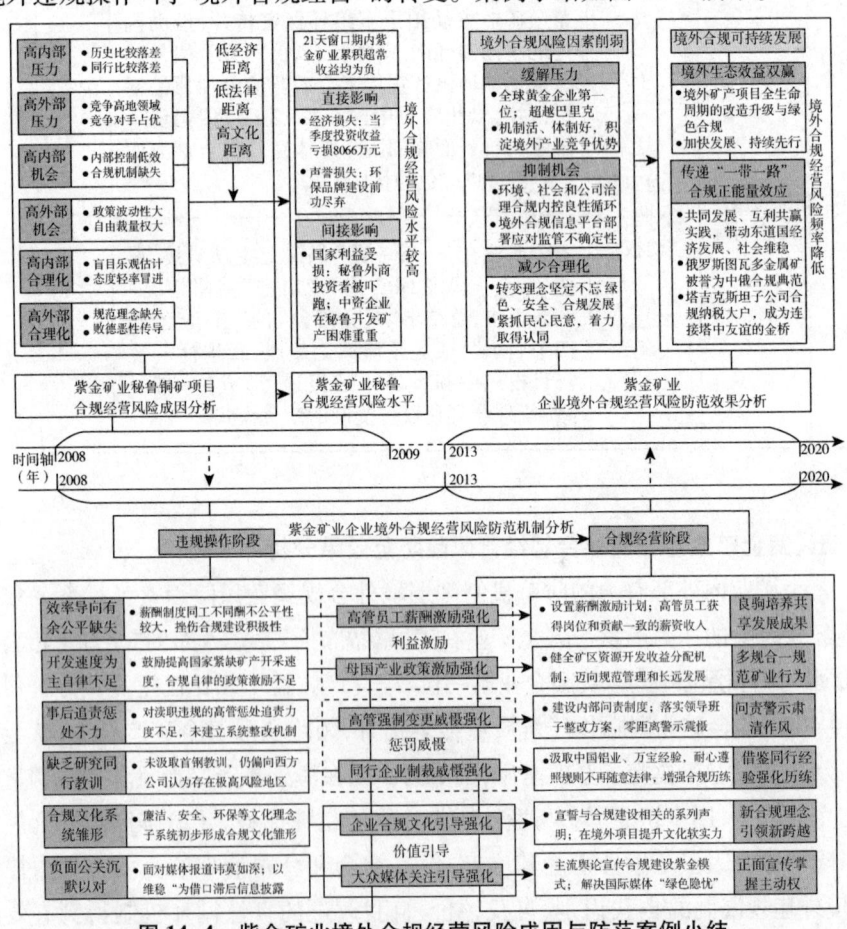

图14-4 紫金矿业境外合规经营风险成因与防范案例小结

第五节　中兴通讯境外合规经营风险成因与防范的案例分析

一、中兴通讯案例企业境外经营背景介绍

中兴通讯股份有限公司于1985年成立、1997年上市（A股代码000063，以下简称"中兴通讯"），是全球领先的综合通信解决方案提供商。2008至2018年，中兴通讯涉及企业境外合规经营风险的事件高达17起，系列事件概要如表14-16所示。2018年美国"封杀"中兴事件成为中兴通讯合规管理的战略转折点，2019至2020年，中兴通讯无重大境外合规经营风险事件。接下来，我们将中兴通讯案例资料的时间轴划分为2008—2018年的境外"违规操作"阶段和2019—2020年的境外"合规经营"阶段后展开案例分析。

表14-16　中兴通讯企业境外合规经营风险事件一览

事件日	事件名称	东道国	事件概要
2008/10/14	挪威电信运营竞标行贿	挪威	○ 中兴通讯在竞标过程中因涉嫌商业贿赂挪威电信运营商TelenorASA，触犯该企业的行为准则，TelenorASA决定在6个月的时间里在全球范围内不给中兴通讯任何生意机会
2009/03/20	巴基斯坦履约纠纷	巴基斯坦	○ 巴基斯坦某公司要求中兴通讯赔偿合同违约损失7亿巴基斯坦卢比
2010/05/24	印度国家安全审查	印度	○ 印度电信部以"国家安全考虑"为由，多次拒绝当地主要电信运营商采购中国设备的请求。国有电信运营商BSNL禁止中国电信设备制造商中兴通讯参与其GSM北区和东区项目的竞标
2011/06/14	美国许可协议侵权不当竞争	美国	○ 美国加州法院认定中兴通讯违反与美国某公司签署的软件点击许可协议中关于评估适用期限的规定，中兴通讯分三年支付总计975万美元的赔偿费用
2011/08/31	厄瓜多尔工程质量问题	厄瓜多尔	○ 厄瓜多尔的某运营商提请商事仲裁，称中兴通讯的工程施工存在质量问题，中兴通讯赔付该运营商赔偿金782.25万美元

续表

事件日	事件名称	东道国	事件概要
2011/11/30	埃塞俄比亚劳工纠纷	埃塞俄比亚	○ 中兴通讯外包商员工与埃塞俄比亚电信员工发生摩擦,经报道升级为斗殴事件
2013/02/01	德国专利侵权不当竞争	德国	○ Vringo Germany GmbH 起诉中兴德国 UMTS 产品侵犯其专利权,德国曼海姆法院颁发了针对中兴通讯 UMTS 产品的禁止令
2013/03/18	蒙古项目行贿	蒙古	○ 中兴通讯在其承建蒙古国国家电子教育项目存在行贿行为
2013/06/25	尼日利亚项目因质量问题搁浅	尼日利亚	○ 中兴通讯在尼日利亚承建的价值 4.7 亿美金的警察网 CCTV 项目未能在合同期内完成,被当地政府调查设备质量问题
2013/11/11	加纳国家安全审查	加纳	○ 由加纳政府授予中兴通讯的一份价值 6000 万美元的合同,引发了该国一个联合议会委员会的担忧,并将需要接受详细审查
2013/12/01	德国国家安全审查	德国	○ 德国法院命令华为和中兴通讯停止使用 AVC／H.264 技术,如智能手机和平板计算机。此外,必须召回和销毁他们拥有或拥有第三方的所有此类产品
2014/01/06	埃塞俄比亚反垄断	埃塞俄比亚	○ 中兴通讯在埃塞俄比亚电信业务被批信号差收费高,国外调查指责埃塞俄比亚项目竞标流程出现纰漏,使得中兴通讯以高收费,"垄断"整个产业
2016/09/27	泰国非法劳工	泰国	○ 中兴泰国被查有 50 名中国的和 1 名马来西亚的非法外籍员工,其中 31 名员工持有旅游签证,所有员工均没有工作证。中兴泰国负责人被带到警局,将面临起诉和罚款
2016/11/01	美国专利侵权不当竞争	美国	○ Maxell,Ltd 起诉中兴美国 7 件专利构成故意侵权,赔偿金额为 4330 万美元
2017/11/01	美国专利侵权不当竞争	美国	○ 包括 Inter、Digital、Holdings、Inc 在内的四家公司起诉中兴美国 3G 和 4G 专利侵权
2018/04/16	美国"封杀"制裁事件	美国	○ 美国商务部发布公告称,美国政府在未来 7 年内禁止中兴通讯向美国企业购买敏感产品。并且,美国国家网络安全中心,警告美国电信行业不要使用中兴通讯的设备和服务

续表

事件日	事件名称	东道国	事件概要
2018/12/17	捷克国家安全警告	捷克	○ 捷克网络与信息安全办公室发布"安全警示",称对中兴通讯产品参与捷克的信息基础设施建设表示担忧

二、中兴通讯美国制裁事件合规经营风险成因分析

（一）中兴通讯美国制裁事件合规经营风险的内外部压力因素分析

海外绩效期望差距使中兴通讯面临较高的内部压力。中兴通讯净资产收益率水平相较历史水平下滑,且同行绩效比较落差较大。华为、中兴通讯均处于全球通信设备厂商前列。然而,中兴通讯与华为的差距正在逐步拉大,美国对华为和中兴通讯采取了截然不同的打压手段,对前者是"不让卖",限制华为手机进入美国市场;对后者则是"不让买",禁止美国企业向中兴通讯销售软硬件和技术。对自主创新能力落后于华为的中兴通讯而言,境外经营违规的压力更大。此外,东道国产业竞争程度使中兴通讯面临较高的外部压力。美国通信产业早年鼓励新通信设备制造商进入市场,放松管制后激烈的市场竞争导致美国大型电信设备制造商被削弱,整体市场走向碎片化。美国互联网通信业生态的繁荣产生强劲的市场需求,催生出一批具有国际领军地位的大型通信企业。在这样的东道国产业竞争程度背景下,中兴通讯在长期竞争中维持地位的压力较大。

（二）中兴通讯美国制裁事件合规经营风险的内外部机会因素分析

中兴通讯内部较大的合规控制体系缺陷产生违规机会。中兴通讯内部控制低效,对防范美国出口管制合规管理的审查和重视程度不够,缺乏对出口管制合规风险的正确评估和认识,没有采取必要的应对措施,反而想方设法规避相关规定。当美国政府聘用第三方合规调查公司进驻中兴通讯,合规机制缺失的中兴通讯因为不适应、担心泄露其他信息,在调查过程中一直试图隐瞒相关信息。后续美国政府提出的指控中,还纳入了中兴通讯阻挠司法以及向联邦调查人员做出虚假陈述的名目。中兴通讯外部较高的东道国监管不确定性产生违规机会。美国监管政策不确定性是中国企业在美经营合规失败的主要原因。美国对其他国家的制裁本质上是美国利用自身强势性采取的单边制裁行为。在相关的监管问题上,制裁的实施根据不同对象和环境具有较大随机性。同时,美国推进外商投资制度改革,对中国企业在美投资的审查权和自由裁量权进一步增加。

(三)中兴通讯美国制裁事件合规经营风险的内外部合理化因素分析

内部高管过度自信倾向使中兴通讯对违规合理化倾向较高。中兴通讯法务部在2009年就预计公司将在出口中面临风险,并向中兴通讯高管层提交了《关于全面整顿和规范公司出口管制相关业务的报告》《进出口管制风险规避方案》,但中兴通讯高层在对于美国出口管制合规并不了解的前提下,没有落实文件方案采取相应的应对措施,"主战派"、不配合的态度占上风,在已经违规的情形下继续与伊朗维持交易,最终中兴通讯"规避方案"形成的电子文件被美方查获。此外,外部母国产业失范程度使中兴通讯对违规合理化倾向较高。通信产业内大量企业的经营思路是先试错、再纠错,敢于打规则的擦边球,规范理念缺失和败德行为的恶性传导使得行业生态恶劣,而受此环境影响的中兴通讯建立了惯性思维,没有严格、谨慎地按照美国程序行事,最终遭遇合规风险。

中兴通讯美国合规经营风险的压力、机会和合理化因素的典型证据如表14-17所示。

表14-17 中兴通讯美国合规经营风险的压力、机会和合理化因素分析

范畴	子范畴	关键词	典型证据举例	影响程度 高	影响程度 中高
压力因素	海外绩效期望差距	历史比较落差	由于被列入美国商务部"实体清单",中兴通讯在2017年年初一次性向美国政府部门支付了60亿元的巨额罚款;中兴通讯单季度净资产收益率水平同比下滑42.3%	◎	
压力因素	海外绩效期望差距	同行比较落差	华为的体量至少是中兴通讯的15倍;华为总资产回报率较中兴通讯高出6.22%;中兴通讯在5G领域关键技术参数指标要求方面落后于华为		
压力因素	东道国产业竞争程度	竞争高地领域	包括通信设备在内的新一代信息技术产业是中美竞争的核心赛道与必争之地,特别是中美5G领域的产业竞争已进入白热化阶段,上升到国家间博弈的高度	◎	
压力因素	东道国产业竞争程度	竞争对手占优	在基础硬件、核心软件、应用服务等诸多细分市场,中国企业仍缺乏能与国际商业机器公司如微软、亚马逊、甲骨文等美国跨国企业巨头比肩的领军企业		

续表

范畴	子范畴	关键词	典型证据举例	影响程度 高	影响程度 中高
机会因素	合规控制体系缺陷	内部控制低效	中兴通讯迪博内部控制指数中的经营层级指数与资产安全指数得分较低;中兴通讯内审环境不严格,配备的审计人员专业水平不高;信息传递时效性差、信息质量不高,使中兴通讯落入信息孤岛	◎	
		合规机制缺失	中兴通讯在2017年及以前并未设立"合规管理委员会",合规职能与法律部门合并在一起,合规部门运作并不独立;中兴通讯缺乏风控把关,甚至将在美国的违规行为白纸黑字写进了文件之中		
	东道国监管不确定性	政策波动性大	美国政府投资和贸易政策的不稳定性成为中国企业最大的隐忧,美国利用"长臂管辖",出台有针对具体海外国家与地区的经济制裁项目,并且这些项目的规则经常更新,引起诸多不确定性	◎	
		自由裁量权大	美国政府既是监管规则的制定者,又是监管规则的执行者,因此在是否制裁以及如何制裁问题上,美国政府相关部门具有极大的自由裁量权		
合理化因素	高管过度自信倾向	盲目乐观估计	中兴通讯高层低估事态严峻性,"主战派"、不配合的态度占上风,认为中兴通讯作为一家中国企业不需要配合美国政府的调查;一面谈判和解,一面顶风作案		◎
		态度轻率冒进	中兴通讯法务部在2009年就预计公司将在出口中面临风险,并向中兴通讯高管层提交了规避相关风险的文件,但高层没有落实文件方案,放任事态恶化		
	母国产业失范程度	规范理念缺失	通信产业出现不少严重侵害消费者的事件,如恶意设计和雇佣说客规避监管、无序滥采甚至非法采集数据、对用户进行不当利益宰割,企业社会不负责任的现象较为严峻		◎
		败德恶性传导	通信企业为保住海外市场份额,牺牲利润甚至不断缩减各种应有成本,导致设备质量差、寿命短,在相继实施的败德行为恶性传导之下,整个行业生态恶劣		

（四）中兴通讯美国制裁事件合规经营风险中的制度距离分析

根据第十章给出的制度距离衡量指标与方法衡量 2017 年中国与东道国美国之间的不同制度距离。表 14-18 给出了中国与美国在经济距离、法律距离和文化距离上的指标原始值、最终得分以及该得分与 2017 年样本均值比较的结果。中国与美国之间的经济距离得分为 3.205，相比经济距离均值 1.722 较高；法律距离得分为 2.181，相比法律距离均值 1.199 较高；文化距离得分为 1.599，相比文化距离均值 2.711 较低。

表 14-18　2017 年中国与美国不同制度距离衡量

制度距离					得分	均值比较	
经济距离指标原始值					经济距离得分	相较均值	
						高	低
指标	产权保护	税收负担	商业自由	劳动力自由			
中国	48.3	70	53.9	63.4	3.205	◎	
美国	81.3	65.3	84.4	91			
指标	货币自由	贸易自由	投资自由	金融自由			
中国	70.6	72.2	20	30			
美国	80.1	87.1	80	70			
法律距离指标原始值					法律距离得分	相较均值	
						高	低
指标	司法独立性	法律架构效率	法治水平				
中国	4.494	4.104	-0.263		2.181	◎	
美国	5.510	5.373	1.645				
文化距离指标原始值					文化距离得分	相较均值	
						高	低
指标	企业道德行为	高管权力下放给员工的意愿	劳资关系合作性	对专业管理的依赖性	宗教多元化		
中国	4.161	3.933	4.578	4.542	0.084	1.599		◎
美国	5.361	5.211	5.439	5.887	0.260			

三、中兴通讯美国制裁事件合规经营风险水平分析

2018年4月17日,由于美国商务部制裁令激活,中兴通讯A股紧急停牌。2018年6月13日复牌当天,中兴通讯A股收盘价为28.18元,跌幅10.00%。从表14-19不同事件窗口期的累积超常收益可以看出:19天的事件窗口期内,中兴通讯美国制裁事件的合规经营风险水平持续上升。21天的事件窗口期内,受到境外合规经营风险影响的中兴通讯的累积超常收益均为负,股票市值下降。

在此次境外合规经营风险的直接损失方面:从经济损失来看,中兴通讯要向美国政府支付4亿元保证金之后才能解除禁令、恢复运营。此外,受此次事件影响,中兴通讯2018年的营业收入为855.1亿元,同比减少21.41%,净利润亏损69.8亿元,同比减少252.88%;从声誉损失来看,中兴通讯美国制裁事件使得投资者信心下降,多家公募基金下调中兴通讯估值。此外,中兴通讯原本与欧洲主流电信运营商建立良好的合作关系,但就在美国政府"封杀"中兴通讯的同时,英国国家网络安全中心以担忧中兴通讯的设备可能威胁英国信息安全的理由,向英国电信行业发出书面建议,警告本土厂商不要使用中兴通讯的设备服务。

在此次境外合规经营风险的间接影响方面:一是中兴通讯在美国的合作商受损。受到中兴通讯被美国"封杀"事件的影响,中兴通讯在美国的一些供应商如Qualcomm Incorporated、Finisar Corporation等的股价均有不同程度下跌。其中,美国光纤网络设备生产商Acacia Communication全年近三分之一的业务收入来自中兴通讯,在禁令颁布之后其股价呈现"断崖式"下跌,跌幅达到36%。二是国家利益受损。以中兴通讯在美国经营不合规为借口,美国限制本土运营商、设备制造商等与中兴通讯等中国企业往来,这不仅是从产品开发、规划、制造、销售等境外经营重点环节对中兴通讯予以痛击,更是在通信装备领域MPU、DSP等核心集成电路的国产芯片占有率几乎为0%的情形下,通过扼制中国对核心芯片的获取打击中国通信产业乃至中国整体科技产业的发展。

表14-19 中兴通讯美国制裁事件合规经营风险水平分析

事件窗口期	累积超常收益		交易日期	日超常收益	交易日期	日超常收益
1	CAR[-0,0]	-0.081	2018/03/30	-0.003	2018/06/14	-0.095
3	CAR[-1,1]	-0.166	2018/04/02	0.018	2018/06/15	-0.076
5	CAR[-2,2]	-0.238	2018/04/03	-0.016	2018/06/19	-0.024

续表

事件窗口期	累积超常收益		交易日期	日超常收益	交易日期	日超常收益
7	CAR[-3,3]	-0.270	2018/04/04	0.001	2018/06/20	-0.110
9	CAR[-4,4]	-0.356	2018/04/09	-0.003	2018/06/21	-0.073
11	CAR[-5,5]	-0.407	2018/04/10	0.022	2018/06/22	-0.114
13	CAR[-6,6]	-0.524	2018/04/11	0.024	2018/06/25	-0.097
15	CAR[-7,7]	-0.418	2018/04/12	-0.008	2018/06/26	-0.024
17	CAR[-8,8]	-0.644	2018/04/13	0.003	2018/06/27	-0.027
19	CAR[-9,9]	-0.686	2018/04/16	0.011	2018/06/28	0.018
21	CAR[-10,10]	-0.650	2018/06/13	-0.081	—	

注：数据来源于同花顺数据库。

四、中兴通讯企业境外合规经营风险防范机制分析

（一）中兴通讯境外合规经营风险防范的内外部利益激励机制分析

中兴通讯内部高管员工薪酬激励强化，从"侧重核心高层激励"向"倾斜骨干留住人才"转变。在"违规操作"阶段，中兴通讯实施股权激励的对象仅占全员的2.3%，薪酬倒挂的问题比较严峻，合规人才容易流失。在"合规经营"阶段，中兴通讯股权对员工的激励覆盖面相比上一期增长了3倍，汇聚大量反腐败和反贿赂合规专家、风控专家、尽职调查专家、律师、法学专业人才，以及具备丰富经验的合规团队，形成"顶层专家+一线业务单位合规团队"的专业合规管理人才体系，持续提升合规激励有效性。

中兴通讯外部母国产业政策激励强化，从"大力推动数据应用"向"数据合规赋能发展"转变。在"违规操作"阶段，数据数量和价值攀升的趋势在母国通信产业内逐步显现，随之而来的是数据资源开放共享和安全保护合规之间的矛盾。受到重数据应用、轻数据合规的母国产业激励政策的影响，中兴通讯的境外合规经营风险防范呈现出数据保护不严谨的弱点。最终在美国制裁事件中，机密数据文档外泄给了中兴通讯致命一击。在"合规经营"阶段，我国在国家层面明确了数据的巨大价值，以及着力确保数据安全和个人隐私的必要性。受到母国产业政策激励，中兴通讯积极推进数据和隐私保护的合规工作，赋能中兴通讯境外合规经营。

(二) 中兴通讯境外合规经营风险防范的内外部惩罚威慑机制分析

中兴通讯内部高管强制变更威慑强化,从"被动撤换惩处高管"向"主动调整高层换血"转变。在"违规操作"阶段,中兴通讯按照与美国制裁的和解协议,必须解雇4名高管,并以减少奖金或谴责的方式处罚另外35名员工。但依据美国商务部官员的说法,中兴通讯的涉事高管和员工并未受到相应惩罚,对潜在违规行为的威慑未得到落实。在"合规经营"阶段,中兴通讯坚定了吸取教训、切实问责的信念,通过调整高层为企业注入复兴的新气象,在合规治理、境外战略、运营流程等方面走向成熟。

中兴通讯外部同行企业制裁威慑强化,从"境内境外规制鸿沟"向"执法惩治全面趋严"转变。在"违规操作"阶段,国外的数据保护法律和配套惩治措施已趋于系统性,例如,欧盟允许成员国对数据违规企业处以高额罚金,反观国内相关的要求仅停留在规定层面。在这样的产业环境下,中兴通讯在较长时期内对数据合规的建设存在空白。在"合规经营"阶段,全球通信产业内对数据信息保护的立法密集出台,美国颁布《加州消费者隐私法案》、中国制定《中华人民共和国数据安全法》,国内外对数据安全违规企业的执法打击力度加大,受此趋势影响的中兴通讯将数据合规列入境外合规风险防范的重点领域之中。

(三) 中兴通讯境外合规经营风险防范的内外部价值引导机制分析

中兴通讯内部企业合规文化引导强化,从"单领域规则遵从管理"向"多领域合规生态圈共建"转变。在"违规操作"阶段,中兴通讯实施的是集中于商业反腐单一领域规则遵从管理,对员工有一定的合规培训和考试,同时在信息化方面投入精力,将所有的合规、法律事务结合到自创的合规信息系统来报告。在"合规经营"阶段,中兴通讯投入多领域合规生态圈共建,合规作为中兴通讯战略基石的地位得到进一步明确,所有规则都以商业合规可持续作为最优先保障,对违规事件秉持零容忍的态度,以更好地维护客户、合作伙伴、股东等相关方利益。

中兴通讯外部大众媒体关注引导强化,从"舆论发酵反思教训"向"汲取经验重塑形象"转变。在"违规操作"阶段,大众媒体关注引导的作用薄弱,在美国制裁中兴通讯事件之后,媒体对中国企业应当遵守境外经营的游戏规则、反思中国企业境外合规管理滑铁卢教训的关注报道才逐步发酵,为企业寻求防范境外合规经营风险的实践提供初步引导。在"合规经营"阶段,信息通信合规成为行业内媒体关注的热点问题,媒体圆桌会议通过面对面交流和媒体宣传报道为同行企业树立了可供借鉴的合规样本。中兴通讯与媒体在合规文化建设上深入交流合作,获取同行合规管理的信息与经验,在境外合规经营上重塑形象调整再出发。

中兴通讯内外部利益激励、惩罚威慑和价值引导机制的典型证据如表14-20所示。

表 14-20 中兴通讯企业境外合规经营风险防范机制分析

范畴	子范畴	关键词	典型证据举例	防范机制 较强	防范机制 较弱
\multicolumn{6}{c}{"违规操作"阶段}					
利益激励	高管员工薪酬激励	侧重核心高层激励	中兴通讯的激励和福利政策主要倾向给中高层管理者,基层员工很难享受,合规管理这些关键部门的高级别人员得到的激励也不足		◎
利益激励	母国产业政策激励	大力推动数据应用	数据应用经历了粗放式的发展,母国产业政策存在缺乏顶层设计和统筹规划、数据合规激励不足、跨境数据流动保护薄弱的问题		◎
惩罚威慑	高管强制变更威慑	被动撤换惩处高管	中兴通讯按照和解协议必须撤换高管、处罚员工,但实际上中兴通讯并没有采取相应措施,仅仅是被动应对美国的处罚,对潜在违规行为的威慑力度有限		◎
惩罚威慑	同行企业制裁威慑	境内境外规制鸿沟	国外的数据保护法律和配套惩治措施已趋于系统性,国内还没有专门的数据保护立法,法律责任未得到实质明确,对信息通信企业的制裁威慑有限		◎
价值引导	企业合规文化引导	单领域规则遵从管理	中兴通讯集中于商业反腐单一领域规则遵从管理,也进行了一定的培训、考核和信息系统建设,但对合规风险管理的文化氛围营造不足		◎
价值引导	大众媒体关注引导	舆论发酵反思教训	大众媒体关注引导滞后于企业境外合规风险;在美国制裁中兴通讯事件之后,媒体反思中国企业境外合规管理"滑铁卢教训"的关注报道才逐步发酵		◎
\multicolumn{6}{c}{"合规经营"阶段}					

284

续表

范畴	子范畴	关键词	典型证据举例	防范机制 较强	防范机制 较弱
利益激励	高管员工薪酬激励	倾斜骨干留住人才	中兴通讯在这一阶段的股权激励相比同期覆盖面更广,激励对象为6000多名员工,且向中层合规管理部门有所倾斜,99.15%为核心骨干人员	◎	
			中兴通讯启动岗位管理与薪酬激励改革,打破"官本位",公投"首席科学家"等专业人才享高管薪酬待遇,公平导向的激励改革助力中兴通讯形成"顶层专家+一线业务单位合规团队"的专业合规管理人才体系		
	母国产业政策激励	数据合规赋能发展	数据合规建设已成为中兴通讯所属通信产业的重要议题;母国产业政策和立法激励行业企业在数据采集、使用、流通全环节中重视及投入数据合规	◎	
			中兴通讯确立了"满足合规要求、充分防控风险、促进业务落地、建立合规信任、保证商业可持续发展、共建合规良好生态"的数据保护合规战略赋能境外经营发展		
惩罚威慑	高管强制变更威慑	主动调整高层换血	中兴通讯主动对高层进行换血,陆续调整变更了执行总裁、副总裁等高层职位人事,应对发展过缓和合规不足	◎	
			中兴通讯结合公司高管作为各自领域合规管理的首要责任人签署合规责任状、处罚警示案例的手段,将对合规失职行为的惩处威慑从高层下沉覆盖至全员		
	同行企业制裁威慑	执法惩治全面趋严	境外欧盟《通用数据保护条例》在生效后展现出强大的域外执法能力,对小米手机、谷歌、Knuddels公司这些信息通信企业的严厉处罚极大地震慑了同行其他企业	◎	
			国内对数据保护违规企业的刑事惩治手段显著增加,严厉的刑事威慑手段催生公平有序的行业发展		

续表

范畴	子范畴	关键词	典型证据举例	防范机制 较强	防范机制 较弱
价值引导	企业合规文化引导	多领域合规生态圈共建	中兴通讯高层公开表达合规建设决心,在各种场合通过内部会议、视频、书面、内部大讲堂等形式进行合规承诺,向全员传递公司建设合规的决心和信心	◎	
			中兴通讯积极加强合规交流与共建,建设包括数据保护、商业反腐、出口管制合规等多领域在内的合规生态圈,持续培育法律合规品牌,与广大商业伙伴共建合规		
	大众媒体关注引导	汲取经验重塑形象	媒体圆桌会议的举办汇聚了具有丰富从业经验的企业合规官、合规主管等分享企业合规框架和计划、道德管理、诚信管理等方面的见解和经验	◎	
			中兴通讯与新华社、辽宁广电等媒体在企业合规文化、合规人才培训等方面深入交流合作,获取合规经验		

五、中兴通讯企业境外合规经营风险防范效果分析

中兴通讯内外部有力的防范机制削弱境外合规经营风险因素:(1)缓解境外合规经营风险的压力因素。经过2019年一年的调整期,中兴通讯的主要业务恢复,在2020年海外绩效增幅2.7%,海外市场的毛利率也同比上升约5%,达到37.2%。同时,中兴通讯拓展的新领域、新市场具备强大的动力,参与境外东道国市场的竞争力提升,经营成本降低、产业地位提升。合规真正成为中兴通讯在"走出去"境外产业竞争中的优势。(2)抑制境外合规经营风险的机会因素。中兴通讯建立起了嵌入业务流程、有效运转、闭环管控的内部合规控制体系,业务单位、合规部门、监督单位三道防线及时稽查潜在的违规行为,净化境外经营环境。此外,中兴通讯在境外监管不确定的环境中建立起可以依托的合规方案,对于中兴通讯境外经营的重点环节都具有了切实可行的实施路径。(3)减少境外合规经营风险的合理化因素。高层不再独断专行,而是把重大事项的审议和决策纳入合规管理委员会工作界面,同时与外部律师和咨询团队建立良好沟通。此外,中兴通

讯入选富时社会责任指数系列,合规努力得到了外界的肯定。中兴通讯通过全球合作伙伴大会、高管交流峰会、渠道服务大会等与产业同行交流合规管理经验,在学习典型榜样的同时传播合规理念,促进母国产业合规理念升级。中兴通讯在境外市场坚持健康经营、合规提效,持续改善境外市场格局与经营质量,形成合规生态圈。同时,中兴通讯的数据合规保护体系水平获得全球权威的ISO/IEC隐私信息管理体系国际标准认证,以合规建设的示范引领助力数字红利释放,为数字经济安全与发展创造可持续价值。

综上,通过内外部利益激励、惩罚威慑与价值引导的强化,中兴通讯实现了从"境外违规操作"向"境外合规经营"的转变,案例小结如图14-5所示。

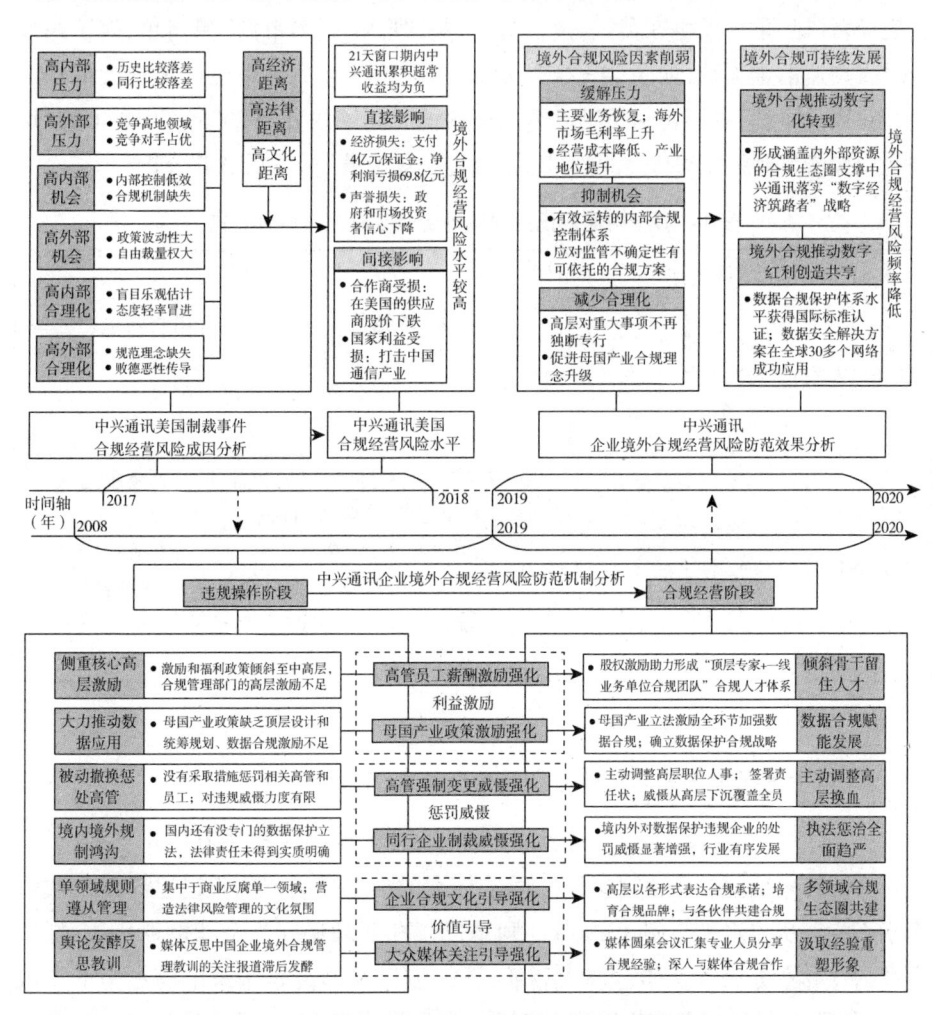

图14-5 中兴通讯境外合规经营风险成因与防范案例小结

第六节　阿里巴巴境外合规经营风险成因与防范的案例分析

一、阿里巴巴案例企业境外经营背景介绍

阿里巴巴集团成立于1999年,历经24年的发展形成了涵盖商业、云计算、数字娱乐以及创新业务的数字生态(以下简称"阿里巴巴")。阿里巴巴主要的境外合规经营风险事件发生在美国,包括淘宝网被列入"恶名市场"黑名单、旗下蚂蚁金服收购速汇金失败,如表14-21所示。由于2018年后阿里巴巴无重大境外合规经营风险事件,我们将阿里巴巴案例资料的时间轴划分为2008—2018年的"境外违规操作"阶段和2019—2020年的"境外合规经营"阶段后展开分析。

表14-21　阿里巴巴企业境外合规经营风险事件一览

事件日	事件名称	东道国	事件概要
2016/12/22	淘宝网被列入"恶名市场"黑名单	美国	美国以"销售假冒产品"的理由将阿里巴巴淘宝网等线上线下共计九家电商平台列入"恶名市场"黑名单,阿里巴巴美国投资者发起集体诉讼
2018/01/02	旗下蚂蚁金服收购速汇金失败	美国	2017年1月,阿里巴巴旗下蚂蚁金服与美国速汇金达成收购协议; 2018年1月,这笔收购的再三申请均未能通过美国外资审议委员会的审核,收购宣告失败。蚂蚁金服向速汇金支付3000万美元交易终止费

二、阿里巴巴美国恶名事件合规经营风险成因分析

(一)阿里巴巴美国恶名事件合规经营风险的内外部压力因素分析

海外绩效期望差距使阿里巴巴面临较大的内部压力。阿里巴巴净资产收益率水平相较历史水平下滑13.96%。阿里巴巴和亚马逊同为全球电商巨头,在电商和云计算业务展开竞争。澳大利亚、新加坡以及印度是未来电商竞争的主战场,亚马逊在北美、欧洲、澳大利亚市场具有先发优势,并已成为全球最大的云服务提供商,给阿里巴巴带来同行比较压力。此外,东道国产业竞争程度使阿里巴

巴面临较大的外部压力。美国是全球最大的经济体,也是全球第二大电商市场,互联网技术整体领跑世界。阿里巴巴必须与包括亚马逊和eBay在内的诸多美国老牌跨国电子商务企业同台竞争,试图通过11 Main打入美国市场的计划正是由于低估了美国电商产业竞争压力的影响而折戟。

(二)阿里巴巴美国恶名事件合规经营风险的内外部机会因素分析

阿里巴巴内部较大的合规控制体系缺陷产生违规机会。阿里巴巴内部控制松散,董事会针对合规风险没有采取有效的针对性措施,国外卖家投诉欺诈问题没有引起重视,未责成经营层加强对客户进行信用审查,关键管理流程仅为一纸空文,高流动性使很多销售人员抓住机会违规且免于处罚。同时,阿里巴巴没有重视全面合规管理,对重大诚信合规问题的风险把控不足。阿里巴巴外部较高的东道国监管不确定性产生违规机会。电商作为数字经济的突出代表在全球飞速发展,美国在电子商务行业政策方面持续加码,同时致力于在知识产权领域打击中国互联网企业,因此对在美中国电商企业的监管政策波动较大,对政策规定的解释具有任意性和利己性,加大了阿里巴巴在美合规风险。

(三)阿里巴巴美国恶名事件合规经营风险的内外部合理化因素分析

内部高管过度自信倾向使阿里巴巴存在一定的合理化倾向。阿里巴巴低估了美国消费者对电商平台的高品质要求以及行业协会施加的影响力,美国成衣及鞋业公会、法国行业协会认为假货在淘宝平台上销售猖獗,阿里巴巴对解决侵权的问题无力,这些问题推动阿里巴巴被列入黑名单。此外,外部母国产业失范程度增加了阿里巴巴的合理化倾向。尽管国内电商企业积极参与跨境国际分工,但仍然处于产业链中下游,忽视品牌质量、服务意识的建设,制假售假、违法侵害专利的问题层出不穷。受此环境影响的阿里巴巴尽管在维护平台知识产权方面做出了努力,但仍然低估了美国消费者对资质和权益的重视,最终遭遇境外合规风险。

阿里巴巴美国合规经营风险的压力、机会和合理化因素的典型证据如表14-22所示。

(四)阿里巴巴美国恶名事件合规经营风险中的制度距离分析

根据第十章给出的制度距离衡量指标与方法衡量2015年中国与东道国美国之间的不同制度距离。表14-23给出了中国与美国在经济距离、法律距离和文化距离上的指标原始值、最终得分以及该得分与2015年样本均值比较的结果。中国与美国之间的经济距离得分为3.028,相比经济距离均值1.207较高;法律距离得分为2.263,相比法律距离均值1.101较高;文化距离得分为1.427,相比文化距离均值1.923较低。

表 14-22　阿里巴巴美国合规经营风险的压力、机会和合理化因素分析

范畴	子范畴	关键词	典型证据举例	影响程度 高	影响程度 中高
压力因素	海外绩效期望差距	历史比较落差	由于在线交易减速,阿里巴巴股价表现低迷,市值较巅峰时期跌了三分之一以上,业绩持续不达预期,净资产收益率水平同比下滑13.96%	◎	
		同行比较落差	亚马逊相比阿里巴巴规模更大、实力更强,员工总数是阿里巴巴的3倍,资产总额是阿里巴巴的3倍,销售额是阿里巴巴的10倍,并在云计算服务方面领先阿里巴巴	◎	
	东道国产业竞争程度	竞争高地领域	美国市场是世界上最开放的市场之一,电商产业市场容量大且接纳性强。美国消费者已经十分了解电商,习惯了商家带来的良好体验,市场需求日益多样化,竞争异常激烈	◎	
		竞争对手占优	美国电子商务和在线市场行业中,老牌零售商亚马逊和eBay牢牢占据主导地位,沃尔玛、Target等利基市场企业不仅有忠实顾客簇拥,也具备迎合市场灵活转变思维模式的竞争优势	◎	
机会因素	合规控制体系缺陷	内部控制低效	业务驱动型的阿里巴巴内部控制松散,对会员供应商诚信与否的多渠道交叉认证没有严格执行,高流动性使很多销售人员抓住机会违规且免于处罚	◎	
		合规机制缺失	阿里巴巴在2016年及以前并未注重全面合规管理,没有注重合规是企业责任的一部分,对涉及企业生死存亡的诚信合规缺乏风控把关,合规体系建设的资金和人员投入不足	◎	
	东道国监管不确定性	政策波动性大	美国致力于在知识产权领域打击中国科技产品,以扭转贸易逆差,因此对在美电商企业的监管政策波动较大,监管调查、惩罚关税等手段错综复杂	◎	
		自由裁量权大	美国法院对互联网高科技企业具有不同的态度,实体规则和程序规则中含有模糊性、概括性指令,因此在判断中国电商企业违规与否方面享有很大的自由	◎	

续表

范畴	子范畴	关键词	典型证据举例	影响程度 高	影响程度 中高
合理化因素	高管过度自信倾向	盲目乐观估计	尽管阿里巴巴在打击平台知识产权行为方面做出了一定的努力,但仍然低估了美国消费者对品牌诚信的高要求以及当地行业协会对政府部门施加的影响力		◎
合理化因素	高管过度自信倾向	态度轻率冒进	阿里巴巴将诚信危机归咎于经营管理层违背公司价值观以及中美贸易摩擦,认为假货是社会的责任而非平台的责任,在自身责任履行方面做得不够彻底		◎
合理化因素	母国产业失范程度	规范理念缺失	尽管国内电商产业大力规范产业行为,但仍存在制假售假、恶意投诉、侵害专利商标等问题,跨境电商信用评价体系缺失,涉及商品质量的监督和维权问题突出,对消费者权益保护不足		◎
合理化因素	母国产业失范程度	败德恶性传导	国内电商产业知识产权侵权行为呈现一定的组织精细化、分布碎片化特征,买方、物流、平台方和卖方等多方跨境参与难以遏制败德行为传导		◎

表 14-23 2015 年中国与美国不同制度距离衡量

制度距离					得分	均值比较	
经济距离指标原始值					经济距离得分	相较均值	
						高	低
指标	产权保护	税收负担	商业自由	劳动力自由	3.028	◎	
中国	20	69.7	52.1	63			
美国	80	66.2	88.8	98.5			
指标	货币自由	贸易自由	投资自由	金融自由			
中国	74.2	71.8	25	30			
美国	76.6	87	70	70			

续表

法律距离指标原始值				法律距离得分	相较均值	
					高	低
指标	司法独立性	法律架构效率	法治水平	2.263	◎	
中国	3.888	3.736	−0.410			
美国	5.153	4.829	1.596			

文化距离指标原始值					文化距离得分	相较均值	
						高	低
指标	企业道德行为	高管权力下放给员工的意愿	劳资关系合作性	对专业管理的依赖性	宗教多元化	1.427		◎
中国	4.000	3.933	4.396	4.423	0.080			
美国	4.900	5.211	4.824	5.930	0.269			

三、阿里巴巴美国恶名事件合规经营风险水平分析

2016年12月22日,受恶名事件影响的阿里巴巴股价跌幅2.75%。从表14-24不同事件窗口期的累积超常收益可以看出:21天的事件窗口期内,阿里巴巴累积超常收益均为负,境外合规经营风险水平较高。

在此次境外合规经营风险的直接损失方面:从经济损失来看,阿里巴巴在美国的扩张受阻,试图吸引美国小企业主入驻平台向中国消费者出售商品、将海外业务份额从2%增长到40%的努力遇挫;从声誉损失来看,"恶名市场"针对在互联网上进行的存在侵权、盗版、伪造作假等状况的行业或市场,一般是需要就上述问题进行调查或开展维权行动的对象,迅雷、腾讯、百度、搜狐网等都曾进入名单,被扣上侵犯知识产权的恶名。此次淘宝网被列入名单,导致海外消费者信赖度下降,阿里巴巴在打击假货方面所做的工作瞬间付诸东流。

在此次境外合规经营风险的间接影响方面:一是关联企业在美国投资受损。关联企业及其产品的信誉度是海外并购成功与否的隐性条件之一,阿里巴巴美国恶名事件昭示蚂蚁金服的关联企业在隐私保护、知识产权保护方面可靠性较低,间接影响了美国外资投资委员会在蚂蚁金服收速汇金项目中对涉及的美国24亿个个人账户信息安全问题审查,进一步导致收购失败。二是国家利益受损。在2016年美国贸易代表办公室发布的"恶名市场"名单中,中国企业占到将近1/4。

美国以此将中国打上"知识产权保护巨大漏洞"的烙印,在后续知识产权的双边谈判之中占据更多筹码。

表14-24 阿里巴巴美国制裁事件合规经营风险水平分析

事件窗口期	累积超常收益		交易日期	日超常收益	交易日期	日超常收益
1	CAR[-0,0]	-0.027	2016/12/08	-0.007	2016/12/23	-0.001
3	CAR[-1,1]	-0.035	2016/12/09	-0.002	2016/12/27	0.006
5	CAR[-2,2]	-0.031	2016/12/12	-0.006	2016/12/28	0.001
7	CAR[-3,3]	-0.021	2016/12/13	0.006	2016/12/29	0.003
9	CAR[-4,4]	-0.063	2016/12/14	-0.003	2016/12/30	-0.006
11	CAR[-5,5]	-0.060	2016/12/15	0.000	2017/01/03	-0.003
13	CAR[-6,6]	-0.032	2016/12/16	-0.002	2017/01/04	0.002
15	CAR[-7,7]	-0.034	2016/12/19	-0.005	2017/01/05	-0.001
17	CAR[-8,8]	-0.022	2016/12/20	0.002	2017/01/06	0.004
19	CAR[-9,9]	-0.017	2016/12/21	0.001	2017/01/09	0.002
21	CAR[-10,10]	-0.021	2016/12/22	-0.001	—	—

注:数据来源于同花顺数据库。

四、阿里巴巴企业境外合规经营风险防范机制分析

(一)阿里巴巴境外合规经营风险防范的内外部利益激励机制分析

阿里巴巴内部高管员工薪酬激励强化,从"利益趋同激励失控"向"资源聚合各取所需"转变。在"违规操作"阶段,阿里巴巴缺少中长期激励策略的使用,过度注重短期绩效导向的薪酬设计使得主管和销售人员利益趋同,在业绩重压下更容易达成违规共识。在"合规经营"阶段,阿里巴巴考虑到现有的激励制度难以兼顾不同员工的需求,回应内部自下而上地出现期望绩效改革的呼声,取消强制"361"考核制度、不再强制领导给员工绩效评级、"3.25"绩效不得转岗、晋升一年后不得转岗的限制性规定,并从整合资源走向资源聚合,使员工自主性与企业的需求相匹配,高管员工将工作方向与组织发展目标结合在一起,各尽其才各取所需。

阿里巴巴外部母国产业政策激励强化,从"野蛮生长全面做大"向"着重扶持提质升级"转变。在"违规操作"阶段,这一时期国内着力为跨境电商蓬勃发展创造良好的产业扶持环境,产业政策倾向大力促进跨境电商换挡提速、弯道超车,对电商平台规范治理的激励乏力。在"合规经营"阶段,国内电商产业迈入提质升

级、纵深合规发展的新时期，政策导向着重对优质电商品牌进行激励，对合规经营的跨境电商企业实行优惠、财政奖励和补助，同时加快电商平台知识产权保护升级，将电商企业知识产权信用状况与评奖、评优、评先、国家级和省级项目推荐、政策优惠等挂钩。

（二）阿里巴巴境外合规经营风险防范的内外部惩罚威慑机制分析

阿里巴巴内部高管强制变更威慑强化，从"宽松放任违规滋生"向"高度警惕捍卫底线"转变。在"违规操作"阶段，阿里巴巴平台对客户资质判断和私下交易采取宽松政策，监管打击功能滞后，使得违规腐败链滋生，执行平台审核的高管成为攻陷对象。在"合规经营"阶段，阿里巴巴对高管违规行为的打击力度为业内之最，围绕电商平台的规则、知识产权保护、打假、打击信用炒作，在内部彻查与惩治违规高管，做到了违规行为"零容忍"与处罚"无论层级""不遮丑"，成为民企反腐威慑的典范。

阿里巴巴外部同行企业制裁威慑强化，从"惩戒不足禁而不止"向"授权处罚联合制裁"转变。在"违规操作"阶段，尽管国内出台《侵害消费者权益行为处罚办法》，但侵权的跨境电商企业并没有付出足够的代价，致使违规成为"潜规则"。在"合规经营"阶段，《中华人民共和国电子商务法》的出台彻底消除跨境电商产业的"灰色地带"，对跨境电商知识产权保护、违规侵权处罚上升到新高度，对侵犯用户隐私、信息安全、知识产权的电商企业最高处以200万元罚款，同时授予电商平台处罚侵权企业的权利，对未尽责的电商平台实施连带惩罚性赔偿，联合制裁链对潜在侵权违规企业形成有效威慑。

（三）阿里巴巴境外合规经营风险防范的内外部价值引导机制分析

阿里巴巴内部企业合规文化引导强化，从"理念萌芽言传身教"向"诚信文化贯穿组织"转变。在"违规操作"阶段，阿里巴巴初步形成了服务、尊重等九条精神理念，合规文化理念萌芽但未融入制度体系，价值观引导依靠老阿里人言传身教。在"合规经营"阶段，阿里巴巴凝练合规文化精华，总结出"客户第一，团队协作，拥抱变化、诚信、敬业、激情"的核心价值观，并将诚信合规文化实实在在地嵌入企业各项治理体系、各个业务环节，以此为旗帜指明团队自觉努力的方向。

阿里巴巴外部大众媒体关注引导强化，从"注重输出缺少反思"向"充分发挥媒体价值"转变。在"违规操作"阶段，阿里巴巴注重自媒体宣传控制舆论导向、维护集团形象，对外部媒体揭露的合规问题反思整改不足。在"合规经营"阶段，一方面，阿里巴巴得到海内外媒体的极大关注，主动表态接受媒体监督引导，以更积极透明的态度规范行为实现长足发展；另一方面，阿里巴巴也在谋求助力财经媒体转型升级,打造大数据服务平台,促进媒体以数据库、指数、数据资讯、研究报告等多种形式更好地发挥合规引导作用。

阿里巴巴内外部利益激励、惩罚威慑和价值引导机制的典型证据如表14-25所示。

表14-25 阿里巴巴企业境外合规经营风险防范机制分析

范畴	子范畴	关键词	典型证据举例	防范机制 较强	防范机制 较弱
\multicolumn{6}{c}{"违规操作"阶段}					
利益激励	高管员工薪酬激励	利益趋同 激励失控	阿里巴巴的待遇设计是低底薪和高提成,销售提成实施阶梯式的提成率,主管和销售人员利益高度一致,在业绩重压之下达成违规默契致使激励失控		◎
利益激励	母国产业政策激励	野蛮生长 全面做大	国内政策大力支持信息消费、鼓励电子商务产业创新发展,简政放权全面促进电商产业"轻装上阵",跨境电商产业蓬勃发展,经历野蛮生长		◎
惩罚威慑	高管强制变更威慑	宽松放任 违规滋生	阿里巴巴平台对客户资质判断和私下交易采取宽松政策,监管打击功能滞后,使得违规腐败链滋生,执行平台审核的高管成为攻陷对象		◎
惩罚威慑	同行企业制裁威慑	惩戒不足 禁而不止	相比美国日本对电商侵权的处罚力度,国内违规侵权的法律和经济成本过低,导致电商企业受到的威慑不足,一再轻易失信于消费者		◎
价值引导	企业合规文化引导	理念萌芽 言传身教	阿里巴巴初步总结出了团队精神、教学相长、质量、简易、激情、开放、创新、专注、服务与尊重十条价值观,行为规范以老阿里人言传身教为主		◎
价值引导	大众媒体关注引导	注重输出 缺少反思	阿里巴巴注重自媒体宣传控制舆论导向、维护集团形象,对外部媒体揭露的合规问题反思不足		◎

续表

范畴	子范畴	关键词	典型证据举例	防范机制 较强	防范机制 较弱
\multicolumn{6}{c}{"合规经营"阶段}					
利益激励	高管员工薪酬激励	资源聚合各取所需	阿里巴巴着手激励改革,取消强制"361"考核制度,不强制10%的员工无年终奖,强化绩效管理体系对员工的正面激励作用,强化兼顾不同员工需求	◎	
			阿里巴巴从整合资源走向资源聚合,将团队项目的绩效和个人连接,鼓励员工自由流动,以招募制而非派遣制做项目,使员工各尽其才明确个人发展方向		
	母国产业政策激励	着重扶持提质升级	国内产业政策着重对优质电商品牌进行激励,对国内外知名、成长性好、资源占用少、品牌认证、合规示范的电商企业,实行优惠、财政奖励和补助	◎	
			加大联合激励力度,将知识产权保护规范的电商平台列入知识产权保护"红名单"予以激励,对投保知识产权海外侵权责任险的企业给予保费补贴		
惩罚威慑	高管强制变更威慑	高度警惕捍卫底线	阿里巴巴对失责高管的惩治毫不手软,首席风险官兼任首席平台治理官,其调查权限高度独立且上不封顶,做到了处罚"无论层级"	◎	
			阿里巴巴围绕电商平台的规则、知识产权保护、打假、打击信用炒作,对每个部门、每条业务线进行彻底清扫,严格促使高管员工诚信合规		
	同行企业制裁威慑	授权处罚联合制裁	跨境电商产业新政策紧密结合《中华人民共和国电子商务法》,细化电商平台权责,赋予电商平台处罚违反规则制度的跨境电商企业,以及及时关闭违规信息页面的权利,从而震慑侵权企业	◎	
			跨部门、跨地区执法协作和政企合作加强,严厉惩戒跨境电商知识产权违法行为,将侵权严重的电商企业、侵权频发的电商市场纳入知识产权保护重点关注市场名录		

续表

范畴	子范畴	关键词	典型证据举例	防范机制 较强	防范机制 较弱
价值引导	企业合规文化引导	诚信文化贯穿组织	阿里巴巴将诚信文化价值观建设紧密嵌入合规制度建设、廉正机构设置、反腐防控策略制定、业务决策、管理标准与行动、绩效管理等治理体系	◎	
			阿里巴巴签署向社会公开的《依法合规经营承诺》,创始人马云多次公开强调"要做永不行贿的企业",由上至下坚持捍卫诚信文化底线,与企业合规文化价值观相悖的人和事均会被淘汰		
	大众媒体关注引导	充分发挥媒体价值	阿里巴巴创始人马云认为媒体传播的思想、事实、观点非常重要,希望媒体关注和监督阿里,阿里进行事后研究、透明面对这些问题才可能走得更久	◎	
			阿里巴巴与上海广文集团达成战略合作,共同成立第一财经数据科技有限公司,打造CBN-Data数据平台,在政策制定、商业决策、投资参考等方面更好地发挥财经媒体的引导作用		

五、阿里巴巴企业境外合规经营风险防范效果分析

阿里巴巴内外部有力的防范机制削弱境外合规经营风险因素:(1)缓解境外合规经营风险的压力因素。阿里巴巴2019年营收同比强劲增长51%,总资产回报率约为亚马逊的2倍,近三年内海外市场规模增长10倍以上。同时,阿里巴巴互联网产业链布局从基于核心主业协同发展向中心驱动生态优化转变,数字化建设全面赋能产业全球竞争,合规助力阿里巴巴稳步走向服务全世界20亿消费者的长期目标。(2)抑制境外合规经营风险的机会因素。阿里巴巴建立起对外打击平台知识产权侵权和对内打击渎职腐败"双管齐下"的合规内控体系,高度独立和全方位渗透的风险管理联盟实现各业务线间信息共享和违规漏洞预警。同时,阿里巴巴海外法务工作数字化升级,实现智能问答、智能风险预警、智能案件管理等应对东道国监管不确定性的合规风控优化方案。(3)减少境外合规经营风险的合理化因素。阿里巴巴各业务线收拢集聚统一认知、统一指挥,进一步发挥"合伙

人+委员会"治理架构的统筹优势,减少高管独断专行的合理化倾向。此外,阿里巴巴应用"技术赋能+多元共治"的知识产权保护模式,并主动向全产业、全社会开放共享以知识产权保护科技大脑为代表的核心技术,阿里巴巴在知识产权保护方面的社会责任担当得到了美国众议院司法委员会副主席道格·柯林斯的高度肯定。由此,阿里巴巴全面探索垂直领域知识产权合规方案终结了被动应对侵权时代,以"中国经验+中国样板"实现境外合规经营,并为海内外权利人提供便捷、多元的知识产权保护服务,通过阿里商业操作系统和阿里知识产权保护体系赋能,助力超过5000家C2M工厂进行数字化改造,在推动产业跨境数字化知识产权保护合规方面发挥龙头带动作用。

综上,通过内外部利益激励、惩罚威慑与价值引导的强化,阿里巴巴实现了从"境外违规操作"向"境外合规经营"的转变。案例小结如图14-6所示。

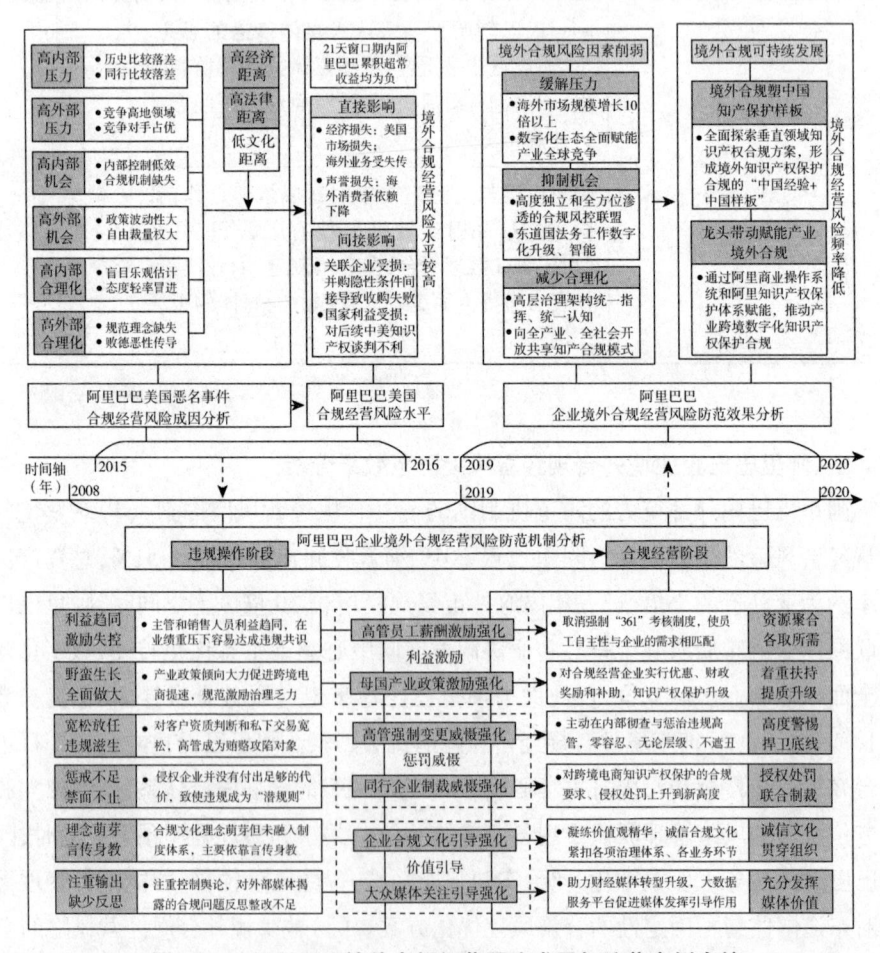

图14-6 阿里巴巴境外合规经营风险成因与防范案例小结

第七节 案例横向比较与总结

前文选取五个典型案例,以纵向角度分析"走出去"企业从"境外违规操作"向"境外合规经营"的阶段性转变过程。本节展开横向比较,表14-26总结了五个案例在不同制度距离作用下的压力、机会和合理化因素对企业境外合规经营风险生成的影响,以及利益激励、惩罚威慑和价值引导机制对企业境外合规经营风险防范的作用。

表14-26 案例横向比较

案例			中国铁建	国家电投	紫金矿业	中兴通讯	阿里巴巴
所属行业			建筑业	电力业	采矿业	通信业	电商业
"走出去"形式			境外工程承包			境外直接投资	
企业性质			国有企业				民营企业
境外违规事件			沙特麦加轻轨项目	缅甸密松水电站项目	秘鲁铜矿项目	美国制裁禁令事件	美国恶名市场事件
境外合规经营风险三角因素	压力因素	内部压力	海外绩效期望差距:历史比较落差、同行比较落差				
		外部压力	东道国产业竞争程度:竞争高地领域、竞争对手占优				
		影响程度	高度	高度	中高度	高度	高度
	机会因素	内部机会	合规控制体系缺陷:内部控制低效、合规机制缺失				
		外部机会	东道国监管不确定性:政策波动性大、自由裁量权大				
		影响程度	中高度	高度	中高度	高度	高度
	合理化因素	内部合理化	高管过度自信倾向:盲目乐观估计、态度轻率冒进				
		外部合理化	母国产业失范程度:规范理念缺失、败德恶性传导				
		影响程度	高度	高度	高度	中高度	中高度
制度距离	高经济距离		是	是	否	是	是
	高法律距离		否	是	否	是	是
	高文化距离		是	是	是	否	否

续表

	案例		中国铁建	国家电投	紫金矿业	中兴通讯	阿里巴巴
境外合规经营风险水平	直接损失		巨额经济损失、恶性竞争声誉损失	巨额违约损失、掠夺资源声誉损失	项目搁置损失、环保品牌声誉损失	巨额罚款、投资下降声誉损失	市场损失、侵权恶名声誉损失
	间接损失		损失转嫁，最终股东国家利益受损	"双输之局"中缅国家利益受损	项目难以为继、中秘国家利益受损	在美合作商利益受损、国家利益受损	关联企业投资受损、国家利益受损
	股票累积超常收益为负		是	是	是	是	是
境外合规经营风险防范机制	内部利益激励	违规操作阶段	贡献回报不相匹配	用工分配结构僵化	效率导向有余公平缺失	侧重核心高层激励	利益趋同激励失控
		合规经营阶段	公平发展激发活力	精准考核盘活内力	良驹培养共享发展成果	倾斜骨干留住人才	资源聚合各取所需
		转变	高管员工薪酬激励强化				
	外部利益激励	违规操作阶段	着重事中事后监管	优惠政策执行困难	开发速度为主自律不足	大力推动数据应用	野蛮生长全面做大
		合规经营阶段	着重事前资质把关	鼓励利益共享风险共担	多规合一规范矿业行为	数据合规赋能发展	着重扶持提质升级
		转变	母国产业政策激励强化				

续表

案例			中国铁建	国家电投	紫金矿业	中兴通讯	阿里巴巴
境外合规经营风险防范机制	内部惩罚威慑	违规操作阶段	追责惩处浮于表面	问责整改不严不实	事后追责惩处不力	被动撤换惩处高管	宽松放任违规滋生
		合规经营阶段	问责警示深度结合	刚性约束从严治企	问责警示肃清作风	主动调整高层换血	高度警惕捍卫底线
		转变	高管强制变更威慑强化				
	外部惩罚威慑	违规操作阶段	放任自流规则碰壁	违规处罚力度不足	缺乏研究同行教训	境内境外规制鸿沟	惩戒不足禁而不止
		合规经营阶段	联合惩治失信行为	依法自律联合惩戒	借鉴同行经验强化历练	执法惩治全面趋严	授权处罚联合制裁
		转变	同行企业制裁威慑强化				
	内部价值引导	违规操作阶段	碎片式合规要求提出	合规理念建设缺失	合规文化系统雏形	单领域规则遵从管理	理念萌芽言传身教
		合规经营阶段	系统性合规理念塑造	打造独特合规文化	新合规理念引领新跨越	多领域合规生态圈共建	诚信文化贯穿组织
		转变	企业合规文化引导强化				
	外部价值引导	违规操作阶段	消极逃避追踪报道	舆论宣传互动空白	负面公关沉默以对	舆论发酵反思教训	注重输出缺少反思
		合规经营阶段	良性互动树立典范	立体化宣传调动积极性	正面宣传掌握主动权	汲取经验重塑形象	充分发挥媒体价值
		转变	大众媒体关注引导强化				

续表

案例		中国铁建	国家电投	紫金矿业	中兴通讯	阿里巴巴
境外合规经营风险防范效果	境外合规经营风险因素削弱 - 缓解压力	海外经营绩效提升	弯道超车提质增效	国际化经营质量提升	海外经营绩效提升	海外业务强劲扩张
		全产业链竞争升级蝶变	全产业链竞争优势	产业竞争品牌优势	产业竞争地位提升	数字全面赋能产业竞争
	抑制机会	全方位大合规体系	四位一体协同合规	合规内控良性循环	合规内控三道防线	合规内控全方位渗透
		定期考察收集信息定制方案	全生命周期风险趋势判断	信息平台部署科学决策	切实可行风控方案	数字法务智能处置
	减少合理化	强化认知勇于担当	严谨论证问题会商	坚定转变合规理念	良好沟通审慎把控	统一认知统筹发展
		社会责任担当标杆	真诚沟通良好互动	民心民意相通认同	社会责任担当认同	知产保护担当认同
	境外合规可持续发展	境外合规有序进展、可持续发展新形象	组队出海合规共赢、境外合规常态化	境外合规生态效益双赢、传递合规正能量	境外合规推动数字化转型、数字合规红利共享	境外合规中国样板、龙头带动合规赋能
境外合规经营风险频率降低		是	是	是	是	是
是否验证假设		是	是	是	是	是

根据表14-26,首先,五个案例均具有高水平压力、机会和合理化三角因素,海外绩效期望差距和东道国产业竞争程度施加内外部违规压力,合规控制体系缺陷和东道国监管不确定性提供内外部违规机会,高管过度自信倾向和母国产业失范程度促使内外部合理化,导致企业境外合规经营风险升高,由此支持第五章假设H5-1a和H5-1b、H5-2a和H5-2b、H5-3a和H5-3b。其次,案例企业均面临制度距离的影响。其中,中国铁建、国家电投、中兴通讯、阿里巴巴面临高经济距离,相应的,这四个案例的境外合规经营风险受到压力因素的影响相比紫金矿业更

高;国家电投、中兴通讯、阿里巴巴面临高法律距离,这三个案例的境外合规经营风险受到机会因素的影响相比中国铁建和紫金矿业更高;中国铁建、国家电投和紫金矿业面临高文化距离,这三个案例的境外合规经营风险受到合理化因素的影响相比中兴通讯、阿里巴巴更高,综上进一步支持第五章假设 H5-4a、H5-4b 和 H5-4c。最后,五个案例内外部境外合规经营风险防范机制的构建各具特色又殊途同归,均强化了内外部的利益激励、惩罚威慑和价值引导。通过高管员工薪酬激励和母国产业政策激励的利益激励机制强化缓解压力因素的影响,通过高管强制变更威慑和同行企业制裁威慑的惩罚威慑机制强化抑制机会因素的影响,通过企业合规文化引导和大众媒体关注引导的价值引导机制强化减少合理化因素的影响,从而降低企业境外合规经营风险频率。由此支持第六章假设 H6-1a 和 H6-1b、H6-2a 和 H6-2b、H6-3a 和 H6-3b。

第八节　本章小结

本章力图弥补实证研究在指标衡量时间窗口上的局限性,发挥案例研究基于翔实资料把握事件本质特征的方法优势,选取不同"走出去"形式、不同东道国、不同产业的中国铁建、国家电投、紫金矿业、中兴通讯、阿里巴巴五家代表性企业,进行企业境外合规经营风险的成因与防范研究。本章在第一节说明案例选取依据和数据编码过程,在第二节到第六节依次对五个案例进行纵向案例分析,呈现"走出去"企业从"境外违规操作"到"境外合规经营"的转变趋势。首先对每一个案例企业选取境外合规经营风险典型事件,分别为中国铁建沙特麦加轻轨项目、国家电投缅甸密松水电站项目、紫金矿业秘鲁铜矿项目、中兴通讯美国制裁禁令事件、阿里巴巴美国恶名市场事件展开压力、机会和合理化的三角因素与制度距离的成因分析,评估事件风险水平。然后剖析企业内外部的利益激励、惩罚威慑和价值引导的具体防范机制,以及这些防范机制从境外经营初期到后期强化的具体过程,综合分析防范效果。在第七节展开案例横向比较后的总结可知,高压力、机会和合理化的三角因素以及高经济距离、法律距离和文化距离导致企业面临高水平的境外合规经营风险,而通过强化内外部的利益激励、惩罚威慑和价值引导,有助于缓解压力、抑制机会和减少合理化因素,降低企业境外合规经营风险,案例分析结果支持第五章和第六章的核心理论假设。

第十五章

双元合法性视角下的"走出去"企业境外合规经营风险动态防范的案例分析

本章以中国铁建的四家子公司为对象开展多案例研究,探讨企业境外合规风险防范的动态过程,旨在回答以下问题:企业合规战略(象征性合规和实质性合规)和双元合法性水平(内部合法性和外部合法性)如何相互影响发生变化?二者如何影响企业境外合规风险防范能力提升?本章着眼于"外部合法性"与"内部合法性"的双元视角,在一个动态框架内剖析了合规战略与双元合法性的动态变化关系,探索企业从脱钩到重新耦合的合规战略转变过程与双元合法性假面形成到克服的过程。尽管已有研究对"脱钩"理论进行了广泛研究,但对"重新耦合"发生的过程知之甚少,本章构建了企业境外合规风险防范能力提升的概念模型,基于"合法性假面"现象解释了这一过程的前因后果,贡献于制度理论研究,试图为中国企业同时关注合规战略与双元合法性变化的境外合规风险有效防范提供指导。

第一节 文献综述与理论框架

合规理论表明,企业应对外部制度压力时在象征性或实质性合规程度上不同(Meyer and Rowan,1977;Okhmatovskiy and David,2012;Chandler,2014)。象征性合规表示企业仅在仪式上采用合规,既满足了外部监管要求又保持了业务"一切如常"(Marquis and Qian 2014;Chandler and Hwang,2015)。实质性合规则与更深程度的合规改进和道德反思相关,需要更高程度的企业资源调动努力。虽然象征性合规可以使企业满足外部监管机构合规要求(Bromley and Powell,2012),但通常意味着企业合规政策("说")和实践("做")不一致(Meyer and Rowan,1977;Wijen,2014)。随着合规透明度和问责制的提高,象征性合规的风险越来越大(Halme et al.,2020;Bree and Stoopendaal,2020;Gaur et al.,2019)。事实上,企业通常动态调整其合规战略以应对不同的外部监管。由于实质性合规的高成本,企业通常采取象征性合规姿态防范风险(Elsbach and Sutton,1992;MacLean and

Behnam,2010),在外部监管增强时才采取实质性合规行动(Marquis and Qian, 2014)。然而,目前尚不清楚企业从象征性到实质性合规动态调整合规战略的机制(Egels-Zanden,2014;Greenwood et al.,2011),这对研究企业境外合规风险防范问题至关重要。

合法性分为外部合法性和内部合法性(Drori and Honig,2013)。外部合法性强调企业行为被东道国政府、监管者和利益相关者认为是符合法律法规和道德的(Zheng et al.,2015;DiMaggi and Powell,1983)。内部合法性被定义为通过内部参与者的共识对组织战略的接受或规范性验证,它是一种加强组织实践并动员组织成员围绕共同的道德战略或意识形态愿景的工具(Drori and Honig,2013;Chan and Makino,2007),依赖从高管到普通员工形成的"自上而下"的合规实践,而不是仅由领导人提倡的合规承诺。寻求外部合法性体现了企业通过满足外部监管要求防范境外合规风险,而提升内部合法性更体现了企业通过增强合规实践和内部自我监管防范境外合规风险。双元合法性对理解企业合规战略和境外合规风险防范问题提供了很好的视角。然而,已有研究往往忽视了内部合法性对境外合规风险防范的影响,忽视了双元合法性的动态变化。因此,本章旨在了解企业外部合法性和内部合法性的动态变化以及它们对企业合规战略和合规风险防范的影响。

一、企业合规战略:象征性合规与实质性合规

合规被定义为有意识地遵守或纳入价值观规范或制度要求(Oliver,1991)。面临外部监管压力时,合规意识与能力决定了企业象征性或实质性合规的不同行动(Chandler,2014)。象征性合规即满足外部监管要求但不采取足够措施将合规付诸实施(Meyer and Rowan,1977),而实质性合规要求将合规作为一项重要组织职能真正整合到日常业务中。

由于实质性合规的高成本,企业通常采用象征性合规来获取外部合法性。然而,已有研究表明这种"说"和"做"不一致的行为很难长期维持。研究表明,企业的象征性合规行为面临"脱钩风险"(Hensel and Guérard,2020;Wijen,2014; Hallett,2010;Sandholtz,2012;Okhmatovskiy and David,2012),这种象征性姿态会产生有害后果(Christensen et al.,2013;Tilcsik,2010)。事实上,外部压力被认为能推动企业从象征性合规到实质性合规的动态转变(Bree and Stoopendaal,2020;Hensel and Guérard,2020;Wijen,2014)。企业象征性或实质性合规取决于其被监控的程度(Marquis and Qian,2014)。Durand 等学者(2019)发现,组织意愿和能力决定了从不作为到象征性和实质性合规的一系列合规反应。Gaur 等学者(2019)分析了企业从象征性合规采用到实质性合规实施的影响因素。Hensel 等学者(2019)提出企业遭遇违规制裁、初始象征性合规有效性反思和提升合规程度的过程模型。Pache 和 Santos(2013)提出介于象征性到和实质性合规中间的企业"选择性耦合"行为。Egels-Zanden(2014)发现了中国跨国公司海外经营合规程度从低到高的证据。然而,我们对企业合规战略如何从象征性合规转变为实质性合规知之甚少。

二、双元合法性动态:外部合法性和内部合法性

合法性是实体行为被认为在社会规范、价值和信仰系统中是适当的(Suchman,1995)。它分为内部合法性和外部合法性,分别反映内部和外部成员的认可、支持和服从(Brown and Toyoki,2013;Elsbach,2003)。外部合法性取决于组织外部成员对企业合规的积极评价,而内部合法性强调组织内部成员对企业合规计划和实施的认知和行动的一致性(Perez-Batres et al.,2012)。低水平内部合法性意味着组织成员不认为合规是有价值、有必要或有用的(Maclean and Behnam,2010;MacLean et al.,2015)。然而,已有研究通常忽略了内部合法性对企业合规风险防范的影响。

已有研究表明合法性是一个动态的过程。例如,Pavlovich 等学者(2016)识别了合法性获取、侵蚀和修复的三个阶段。Garud 等学者(2014)讨论了企业丧失、维持和修复合法性的动态过程。然而,已有研究往往忽视了企业外部合法性与内部合法性的相互作用,例如,Drori 和 Honig(2013)认为内、外部合法性是相互独立的,事实上,组织合法性文献表明,企业纯粹追求外部合法性本身可能带来"脱钩风险"而抑制内部合法性,组织内、外部成员合法性认知可能存在不一致,形成"合法性假面"(Colyvas and Powell,2006;Hengst et al.,2020;Suddaby et al.,2017;Burdon and Sorour,2020;van der Steen et al.,2021;Huy et al.,2014)。反过来,内部合法性的提升有利于外部合法性的可持续性,因此,双元合法性是相互影响和相辅相成的(Burdon and Sorour,2020;van der Steen et al.,2021),需要考虑二者的动态变化关系。然而,双元合法性动态及它们与企业合规战略的相互作用未得到深入研究。

三、合规战略与双元合法性动态对企业境外合规风险防范的影响

象征性或实质性合规对组织内、外部合法性的影响不同(Hengst et al.,2020)。企业通常通过象征性合规遵守外部规范要求以获取外部合法性(Elsbach and Sutton,1992;Karlsson and Honig,2009)。然而,单纯追求外部合法性可能导致内外部合法性的差距或不对称(MacLean and Behnam,2010;Rocha and Granerud,2011;Huy et al.,2014)。当组织成员认为企业承诺合规只是"粉饰门面"时,内部合法性认知不足可能导致持续违规(Jaber and Oftedal,2020;Crilly et al.,2015)。如

Maclean 和 Behnam（2010）提出"合法性假面"概念，即当组织将合规计划与核心业务流程分离以获得外部合法性时，可能导致组织违规制度化（Haack and Schoeneborn，2015；Frandsen et al.，2013）。相比之下，投入更多资源和努力实施的实质性合规更能提升组织成员对合规的认知一致性（Brown and Toyoki，2013；Bree and Stoopendaal，2020；Halme et al.，2020）。合规培训、合规监督和处罚等实质性合规行动能增强组织成员合规意识，提升企业内部合法性水平。

　　双元合法性水平的变化也会影响组织合规实践演变（Shalique et al.，2021；Stal and Corvellec，2021；Bird et al.，2019）。已有研究表明，当企业屡次违规遭遇外部合法性丧失时（如公开谴责、经济利益和声誉损失），对外部合法性的威胁可能会迫使企业强调实质性管理，而不是仅仅依赖象征性管理（Suddaby et al.，2017；Christmann and Taylor，2006；Haack et al.，2012）。此外，内部合法性提升也能促进企业"自上而下"对合规重要性认知的一致，促进企业后续采取更多合规承诺与实践统一的实质性合规行动。然而现有研究尚未对企业双元合法性与象征性和实质性合规的相互作用进行系统探讨。

　　合规风险是指企业因未遵守法律法规而受到制裁、重大财务或声誉损失。企业境外合规风险防范是一个动态的过程。在母国和东道国的不同外部监管压力下，企业不同合规战略和内、外部合法性水平下的境外合规风险防范可能是被动或主动的。一方面，尽管企业采取象征性合规可以获取外部合法性（可能会导致违法行为更容易被隐藏），但会反而增加长期合规风险。因此，追求外部合法性的象征性合规行为体现了企业被动地响应外部制度规范和监管压力，如事后追责和静态监控，形成了被动的境外合规风险防范能力（MacLean and Behnam，2010；Tashman et al.，2019）。相反的，当企业采取实质性合规战略时，有利于促进企业内部合法性提升，全员合规意识提升更能增强企业主动的境外合规风险防范能力，如风险事前预警、风险动态监控、全面风险自查，从而真正减少而不是隐藏合规风险。然而，现有研究尚未将合规战略、双元合法性与企业海外合规风险防范纳入一个动态框架。

第二节　案例研究设计

一、研究方法

本研究采用定性案例研究方法（Corbin and Strauss，1990）。首先，本研究旨在回答企业合规战略与双元合法性的变化如何驱动境外合规风险防范能力提升,案例研究方法适用于回答"如何"的问题(Yin,2014),对于深入分析这种过程动态问题也十分有帮助。其次,本研究属于归纳式研究,没有先验理论假设,在研究这种新的问题时案例研究尤其有价值。

二、案例选择

本研究选择中国一家大型基础设施建设行业的企业——中国铁建集团作为案例。首先,中国铁建是典型的"走出去"中国企业,海外业务已遍及"一带一路"124个合作国家和地区。其次,中国铁建境外合规风险频发,包括境外腐败、合同和项目不合规等,尤其是2019年世界银行将中国铁建730家企业列入黑名单。最后,中国铁建的合规战略经历了从早期象征性合规到后期实质性合规的明显变化,为本研究提供了丰富的纵向数据。我们选择了中国铁建最具代表性的4家子公司,分别是中国土木工程、铁建国际、中铁二十三局及中铁建设,它们是集团内由于违规遭遇很多海外风险的典型子公司。其中,铁建国际和中铁二十三局是因欺诈受到世界银行制裁的核心子公司,中国土木工程和中铁建设受到了联合制裁。这些子公司拥有丰富的二手数据,重新建立了合规制度体系和组织架构,可以收集合规管理动态变化的详细描述。

三、数据搜集

本研究通过多元化数据来源进行"三角验证"。本研究数据搜集发生于2020年4月至2021年6月期间,分为三个阶段。第一阶段,在开始研究之前,我们与几位合规专家学者交流了研究问题。沟通主要通过面对面、电话、电子邮件和微信的方式,每次持续30分钟以上,由此确定了本研究数据收集的主题和大纲。第二阶段,充分利用公开档案资料,从各种来源收集了大量二手数据,如通过企业年度报告、官网新闻和专业研究报告,收集整理得到100多页二手数据。第三阶段,搜索官网和新闻等渠道公布的公开演讲和采访稿,获得了4家子公司的高管、普通员工以及境外工作员工等关键人物的访谈数据。一手数据围绕以下问题搜索:企业合规管理采取了哪些措施?外部监管机构如何评估企业合规?公司内部领导和员工对实施合规制度和合规组织架构有什么看法和态度?企业海外合规风险防范的态度和效果如何?

四、数据分析

基于扎根理论的数据分析和编码分四步进行,在数据和理论之间进行迭代

(Corbin and Strauss,1990)。第一步,对原始数据进行深入分析,通过叙述的方法为企业形成基于各个阶段的动态时间表。第二步,我们挖掘了一组反映原始数据的一阶构念。第三步,我们开始寻找一阶构念间的相似性和差异性,将相似的一阶构念分组并聚集形成二阶主题。为了确保有效性,第一作者和第二作者最初对数据编码进行了独立分析,然后对编码结果的不一致之处进行了纠正、讨论和补充,直到达成共识。第四步,我们将二阶主题提炼为总体维度。第一个维度境外合规风险防范能力包括"被动风险防范能力""主动风险防范能力";第二个维度合规战略包括"象征性合规""实质性合规";第三个维度双元合法性包括"内部合法性""外部合法性"。图 15-1 为数据结构图。

总体维度	二阶主题	一阶构念
境外合规风险防范能力	被动风险防范能力	• 事后问责 • 静态风险监控 • 缺乏全面风险识别
	主动风险防范能力	• 风险事前预警 • 风险动态监控 • 全面风险自查
合规战略	象征性合规	• 缺乏与业务整合的详细合规系统和规则 • 缺乏全面覆盖的海外合规组织架构 • 缺乏合规监督和处罚运行机制
	实质性合规	• 运作良好的海外合规组织架构 • 合规管理体系与日常业务的深入整合 • 合规管理体系与其他管理体系的整合
双元合法性	内部合法性	• 领导干部对合规的认同与实用认知 • 合规部门监督意识 • 员工对合规的理解和认可
	外部合法性	• 项目规范合规获东道国认可 • 社会责任道德合规获东道国赞誉

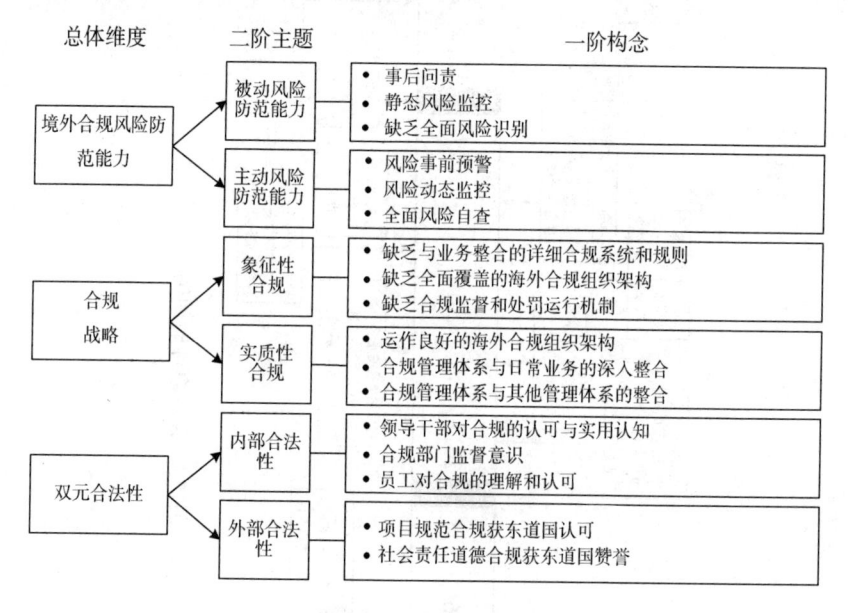

图 15-1　数据结构图

五、阶段划分

根据关键事件时间轴,将中国铁建境外合规风险防范的过程呈现为三个阶段(图 15-2)。2014 年,中国铁建开始在"一带一路"沿线开展海外业务。中国政府 2015 年发布《关于全面推进法治央企建设的意见》后,中国铁建 2016 年提出"法治铁建"口号,然而此时中国铁建只采取了一系列象征性合规行动被动防范境外风险,缺乏与业务实践结合的合规管理体系和组织架构。2017 年开始,中国政府相继出台《关于规范企业海外经营行为的若干意见》和《合规管理体系指南》等合规政策文件,中国铁建被要求建立更全面的合规体系。随着外部合规压力不断

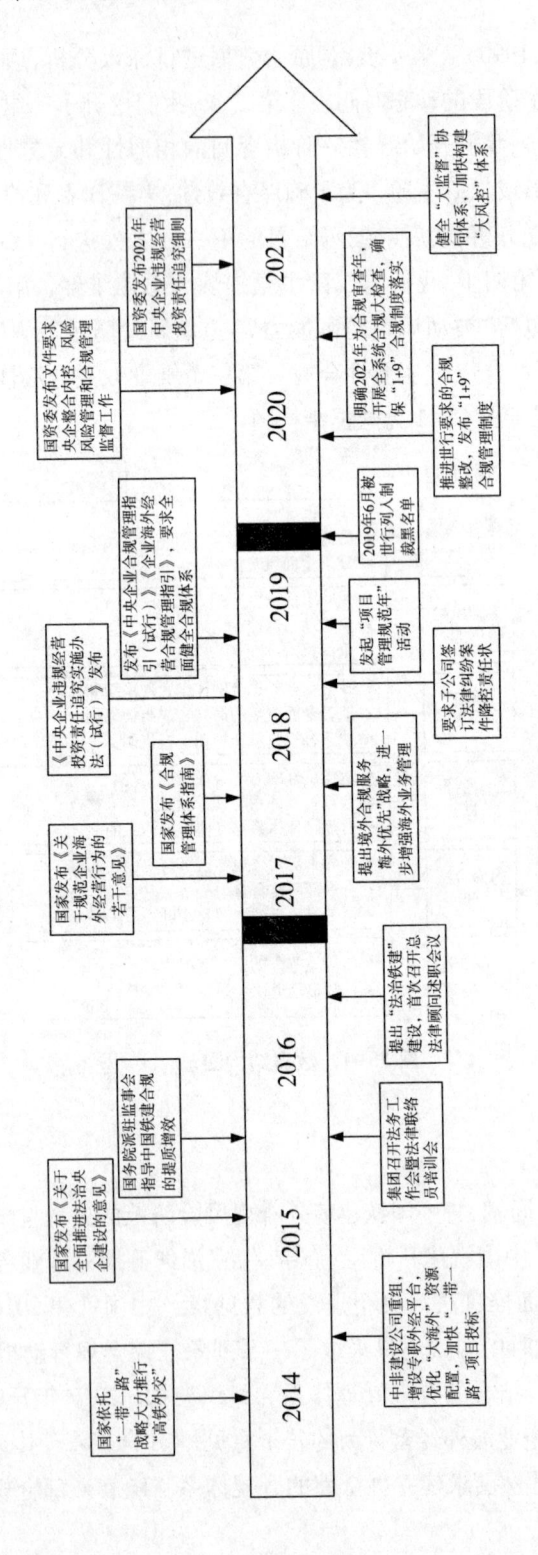

图15-2 关键事件时间轴

加大,中国铁建开始从象征性合规向实质性合规转变。2019年6月,中国铁建被世界银行列入黑名单,这起事件成为中国铁建彻底转变选择实质性合规的转折点,此后采取更多实质性合规行动主动防范合规风险。因此,本研究将2014年1月至2016年12月划分为转变前阶段,2017年1月至2019年6月划分为转变阶段,2019年7月到2021年12月划分为转变后阶段。

第三节 案例发现

一、转变前阶段:双元合法性缺失、象征性合规与境外合规风险被动防范能力

转变前阶段,双元合法性缺失,企业为寻求外部合法性先采取象征性合规战略,进而形成了对境外合规风险的被动防范能力。如表15-1所示。

表15-1 转变前阶段的编码

总体维度	一阶构念	二阶主题	典型案例证据
双元合法性	外部合法性较低	较低的项目规范合规认可	与东道国业主缺乏良好关系,铁建国际沙特项目规范质量不被认可;中铁建设的施工规范不被澳大利亚业主认可
		较低的社会责任道德合规认可	中铁建设巴新子公司被业主指责不守信义;二十三局工人与当地人打架被格鲁吉亚执法部门拘留,当地工人罢工数天
	内部合法性较低	领导干部轻视和执行意愿低	部分领导到基层单位把"一点小心意"当成感情联络
		合规部门监督职责意识低	部分纪检干部在面对违规违纪现象时"睁只眼闭只眼",不敢唱"黑脸"不会说"硬话"
合规战略	象征性合规	与业务整合的合规制度细则缺失	二十三局缺乏专门的海外项目合同规范管理办法;中铁建设未出台《境外单位廉洁风险防控实施方案》制度细则
		合规组织架构缺位或形同虚设	二十三局缺乏全覆盖的境外项目法律联络员;铁建国际未建立专门的法律合规部门和合规官
		合规监督与惩罚机制缺失	中国土木对境外子公司未形成群众举报、驻地监察和专项检查的境外合规监督体系

续表

总体维度	一阶构念	二阶主题	典型案例证据
境外合规风险防范能力	被动风险防范能力	风险事后追责	二十三局在打架事件后才对格鲁吉亚境外员工进行职工违规违纪教育； "那时以跟踪信访、核查举报和责任追究为主，是事后堵漏"，铁建集团纪委副书记说
		风险静态监控	铁建国际境外子公司缺乏向总部定期汇报，无法动态跟踪境外项目风险； 中铁建设缺乏对境外干部职工进行廉洁谈话和风险点动态掌握
		风险识别单一	中国土木缺乏从投标、采购到合同审核的全流程合规风险识别； 中铁建设缺乏对8个重点领域的廉洁风险全程监督

该阶段,双元合法性缺失意味着外部合法性水平较低和内部合法性水平较低。外部合法性水平较低体现为企业境外项目规范、社会责任和道德合规行为不被东道国政府和监管者等认可。如铁建国际项目规范不被沙特业主认可、二十三局境外员工行为规范引发格鲁吉亚抗议等。内部合法性水平较低体现为内部人员对境外合规认知不足、合规未被董事会和高层管理人员视为有利的、纪检干部对合规监督执纪不严。例如,中国铁建董事会和高级管理层认为合规只会导致项目损失和海外收入受损。中国土木纪律执行不严格,纪检官员总是对违纪行为视而不见。

境外违规风险频繁地发生威胁了企业外部合法性。此时,寻求外部合法性的动机促使企业首先采取象征性合规战略。如中国土木董事长袁立谈道,"违规不仅导致经济利益和声誉受损,也丢掉了海外市场机会……"象征性合规体现为合规制度细则未与核心业务融合、境外合规组织架构不完善或形同虚设、缺乏违规惩罚与举报机制等。例如,四家公司都缺乏境外合规官等组织架构的全面覆盖,中铁建设缺乏合规培训、监控和处分。二十三局缺乏驻地检查和专项检查的全面合规监督体系。

寻求外部合法性的象征性合规行动导致企业形成了风险事后追责、风险静态监控、风险识别单一的境外合规风险的被动防范能力。如二十三局2016年仅通过与下属单位签订廉政建设责任状要求廉洁承诺的象征性合规行动,缺乏对境外领导违规的有效监督和惩罚机制;中铁建设2016年加大追责问责力度,但仅派驻海外专员定期视察,没有设置专门境外合规管理人员,无法动态跟踪境外合规风险。

二、转变阶段:双元合法性假面与合规战略转变

然而,随时间推移,尽管上一阶段的象征性合规行为促进企业获取了外部合法性,但加大了双元合法性假面现象,表现为外部合法性水平较高但内部合法性水平较低,这一差距反映了双元合法性的不对称性。象征性合规提升了企业外部合法性,体现为企业项目质量合规规范和社会责任道德合规被东道国认可和赞誉。如二十三局境外项目合规规范得到格鲁吉亚道路局局长认可,铁建国际社会责任道德合规得到沙特政府和业主赞许。然而,象征性合规导致企业内部合法性较低。合规制度流于形式,不被员工理解与认同、合规管理人员监督职责不到位、领导干部无所畏惧顶风作案。

"大家感觉合规就是一种仪式……员工对新的合规制度和培训存在畏难、抵触、不理解等负面情绪,合规认知还没有在整个组织内部中扩散",中铁建设法律部门总监谈道。"合规流于形式,领导干部对自身岗位的权力认识不全面,违规违纪现象仍普遍存在",铁建国际党委书记说道。

在双元合法性假面下,内部成员的合规意识较低,合规政策与实践不一致导致企业无法减少境外违规。违规事件后企业外部合规压力和企业外部合法性的威胁越大,企业越可能开始从象征性合规走向实质性合规,体现为企业开始完善境外合规组织架构与制度细则,合规管理体系与日常核心业务以及其他管理体系深度整合。

例如,中铁二十三局境外员工对合规的内部合法性认知水平较低,导致2016年12月与格鲁吉亚当地村民之间的打架事件。当地大罢工和要求撤换中方领导并开除中国工人,威胁了二十三局外部合法性。面临来自格鲁吉亚的外部合规压力的增大,中铁二十三局才开始进一步强化合规管理。2018年制定了《子公司负责人法律工作绩效考核管理办法》,将合规管理与海外业务领导的绩效考核挂钩,并且印发了《项目法律联络员管理办法》,鼓励基层干部职工担任法律联络员,体现了中铁二十三局从象征性合规向实质性合规的转变。

类似的,2017年5月,纪律检查委员会对中铁建设犯贪污罪的前领导熊某进行了处罚,社会媒体大肆报道了这一事件。"腐败丑闻"暴露了中铁建设内部控制体系的缺陷,加大了企业外部合规压力。事后公司各级纪委被要求履行"监督再监督"职责,制定了《子公司纪委书记履职考核办法》《纪检监察人员管理办法》等20项制度,开始进一步将内部合规管理与内部控制体系结合,体现了中铁建设从象征性到实质性合规的转变。

再如2019年6月,中铁二十三局和铁建国际投标因欺诈被世界银行纳入黑名单,来自世行和国资委的外部合规压力大大增加,这成为企业从象征性合规转变为实质性合规的转折点,事后铁建国际开始建立"总部—境外子公司—项目部"的合规架构,设立兼职合规官并将合规融入业务流程。中铁二十三局也开始严格规范境外合同管理。

三、转变后阶段:实质性合规、双元合法性对称与境外合规风险主动防范能力

在转变后阶段,企业通过实质性合规进一步提升了内部合法性,实现了双元合法性对称性,形成了境外合规风险的主动防范能力,典型例证如表15-2所示。

表15-2 转变后阶段的编码

总体维度	一阶构念	二阶主题	典型案例证据
双元合法性	外部合法性水平较高	较高的项目规范合规认可	2020年监理单位ILF对中铁二十三局格鲁吉亚项目工程规范管理给予肯定; 2019年铁建国际卡塔尔卢赛尔体育场项目成立本地化设计团队,合同和项目合规受到俄罗斯好评
		较高的社会责任道德合规认可	尼日利亚充分肯定中国土木在尼工程施工的社会责任履行; 2019年欧洲人权组织对铁建国际劳工营地给予高度评价
	内部合法性水平较高	员工合规理解与认知高	"现在有方案、有流程指引,还能随时线上问",中铁建设员工说; "以前等着我们去检查合规风险点,现在提前审运用得越来越多",中铁二十三局法规部负责人说
		领导重视与执行意愿高	中国土木纪委要求境外干部职工观看反腐专题片,提高了廉洁合规意识; 中铁二十三局领导班子履行"一岗双责"制度
		合规管理人员监督职责意识强	中国土木各级纪检组织日常监督中及时纠正执行不到位的问题; 中铁二十三局纪委严格监督执纪问责,对违规人员批评教育

续表

总体维度	一阶构念	二阶主题	典型案例证据
合规战略	实质性合规	全面的境外合规组织架构	中铁二十三局将合规与境外子公司负责人绩效考核挂钩,法律联络员全覆盖; 铁建国际成立合规委员会和合规办公室,设立专职和兼职合规官
		合规管理体系与核心业务整合	铁建国际建立"公司层+管理类+业务类"的三层合规风险防控体系; 中国土木全面推进合同审批标准化和合规化流程
		合规管理体系与其他管理体系融合	"我们建立了一套新的合规制度,增强了合规部门与其他各部门的制度协调",二十三局首席合规官李强说; 铁建国际纪委加大合规与境外审计内控管理深度融合,总部纪律检查部与财务部、审计监事部联合对境外单元开展资金安全专项检查
境外合规风险防范能力	主动风险防范能力	风险事前预警	2019年中国土木对各境外子公司开展一系列"廉洁谈心谈话月"活动预防腐败; 2019年上半年中铁建设基础设施部对重要决策和合同的提前审核率达100%
		风险动态监控	铁建国际设立专兼职的境外合规官,实时监控并向总部汇报境外合规风险; 中铁建设每年都开展新一轮廉洁风险梳理排查
		全面风险自查	铁建国际纪委制定2020年综合检查方案,每月侦查各领域合规风险; 中铁建设2020年主动梳理各组织岗位廉洁风险点400个,制定措施549个

首先,在寻求内部合法性的动机下,企业从象征性合规转变为实质性合规,进一步将合规管理体系与日常核心业务以及其他管理体系深度整合。如中铁二十三局2019年年底将合规制度与原有其他管理体系融为一体。铁建国际将合规管理融入业务流程,建立了"公司层+管理类+业务类"的三层合规风险防控体系。

然后,实质性合规促进企业实现了双元合法性的对称性,即高的外部合法性和高的内部合法性。不同于上一阶段双元合法性假面下外部合法性高而内部合法性低的不对称性，这一阶段内部合法性提高，体现为员工对合规管理重要性的理解认知、领导干部执行意愿和合规管理人员监督意识的明显增强，企业自上而下形成合规文化。如中铁建设合规管理人员严格监督执纪问责，定期合规培训，提高合规管理人员监管能力。

最后，在实质性合规和内部合法性提升的作用下，二者促进了企业境外合规风险的主动防范能力提升，即风险事前预警、风险动态监控、全面风险自查。如铁建国际纪委联合各部门开展 2020 年境外子公司合规综合检查活动，在多个境外项目中主动自查风险。中铁建设 2020 年开展境外项目"智慧监督"，对授权审批、费用支付等业务关键环节实行线上动态监测，主动发现 8 类违规问题并及时督促整改。

四、概念框架

如图 15-3 所示，本研究归纳形成一个动态关系框架。具体的，在转变前阶段，双元合法性缺失（外部合法性低和内部合法性低）促使企业先采取象征性合规寻求外部合法性，促使企业形成了境外合规风险被动防范能力。在转变阶段，象征性合规加速了企业双元合法性假面（高外部合法性和低内部合法性）现象。双元合法性假面下，境外违规导致的外部合规压力和对外部合法性的威胁越大，企

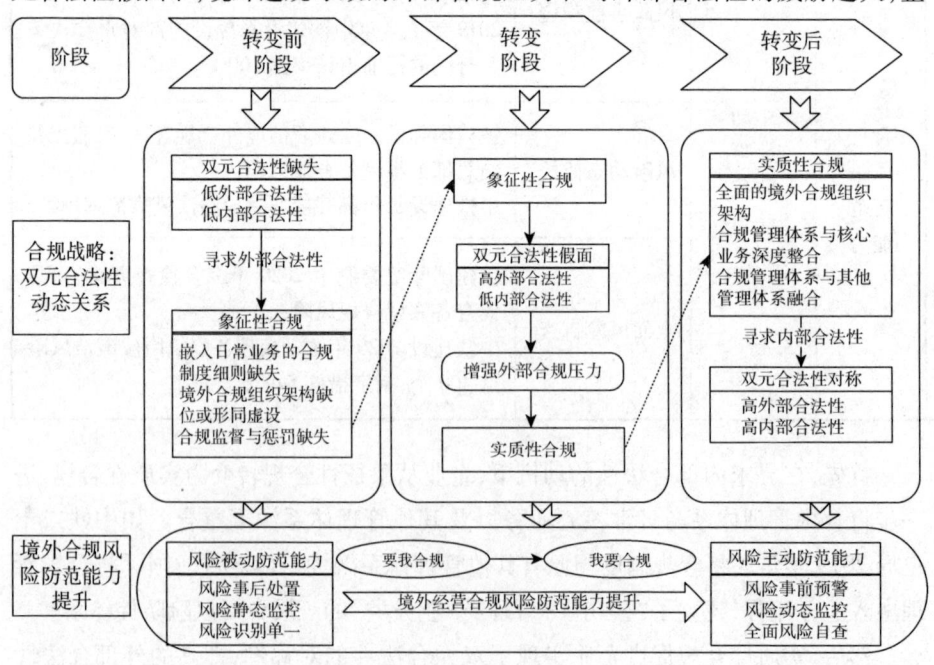

图 15-3 理论模型

业越可能开始从象征性合规转变为实质性合规。在转变后阶段,实施实质性合规战略提升了企业内部合法性,使企业实现了双元合法性的对称性(高外部合法性和高内部合法性),形成了境外合规风险主动防范能力。以上三个过程形成一个动态模型,为企业合规战略、双元合法性与境外合规风险防范的动态演变关系提供了清晰见解。

五、结论与讨论

(一)理论贡献

第一,本研究通过双元合法性视角贡献于组织合规管理理论。本研究弥补了对企业合规管理动态研究的不足(Maclean and Behnam,2010;Marquis and Qian,2014)。虽然大量实证和理论研究已经揭示了象征性合规可能会对组织产生有害后果(Maclean and Behnam,2010),但我们对企业是否以及何时改变象征性合规战略仍知之甚少。本研究进一步深化了这一理论观点,表明象征性合规的脱钩行为是不可持续的,寻求外部合法性可能会促使企业采取象征性合规,然而当象征性合规导致的双元合法性假面增大企业外部合规压力时,又会促进企业转变为采取实质性合规实施。因此,外部合法性和内部合法性的动态变化可以促使企业从采取象征性合规转变为实质性合规,这些发现突破了将企业合规行动视为静态的假设。

第二,本研究从动态视角扩展了组织双元合法性文献(Maclean and Behnam,2010)。现有文献大多聚焦于外部合法性,缺乏对内部合法性的研究。企业外部合法性和内部合法性相互影响并随时间动态变化的机制尚未被深入研究。基于双元合法性视角,我们发现企业双元合法性水平从双元合法性缺失(低外部合法性和低内部合法性)逐渐变化到双元合法性假面(高外部合法性和低内部合法性),然后上升到双元合法性对称性(高外部合法性和高内部合法性)。我们表明外部合法性和内部合法性相互影响,二者在初始阶段是"不对称"的,企业合规战略的动态调整促进企业双元合法性从不对称逐渐变化到对称。

第三,通过区分企业从被动到主动的境外合规风险防范的不同能力,本研究为理解企业境外合规风险防范的动态过程提供了独特视角。本研究首次构建了企业合规战略与双元合法性的动态关系模型,发现二者的变化共同促进企业从"要我合规"的被动合规风险防范能力提升到"我要合规"的主动合规风险防范能力。此外,大多数研究侧重于外部合法性对企业合规风险防范的重要性,本研究从双元合法性角度进一步强调了内部合法性有利于企业合规风险主动防范能力的提升。

(二) 启示

本研究对企业合规管理和境外合规风险防范具有启示。首先,为了有效防范境外合规风险,企业不仅要追求外部合法性,还要关注内部合法性。实现双元合法性对称性,即高水平的外部合法性和高水平的内部合法性,更有利于有效防范境外合规风险。如对管理者而言,不应仅口头上宣称合规和仪式上建立合规制度,而是应该通过合规激励和合规培训等方式提高全员合规意识和培养全员合规的文化氛围。最后,象征性合规隐藏的长期风险越来越大。虽然象征性合规有助于获取外部合法性,但组织成员缺乏内部合法性认知可能会导致双元合法性假面,由此导致违规行为制度化和海外合规风险。企业需要增加实质性合规行动来将合规体系融入日常业务核心流程和其他管理体系。企业需要从"要我合规"的被动风险防范态度转变为"我要合规"的主动风险防范态度,才能真正防止海外合规风险。

(三) 研究局限与未来方向

首先,案例研究的结论效度有限,本研究以中国基建行业企业为例,未来应扩展到其他国家和行业进一步检验结论普适性。此外,尽管单案例研究具有纵向深入分析的独特优势,未来进行多案例比较能得出更全面的结论。最后,本研究分析了企业合规战略转变的三阶段过程。未来学者应该更多地关注中间转变阶段,探索影响企业合规行为变化的其他影响因素。

第四节 本章小结

本章对中国铁建四家子公司进行纵向案例研究,归纳出象征性和实质性合规、内部和外部合法性、主动和被动风险防范等构念,发现企业境外合规风险防范能力提升是从"脱钩"到"重新耦合"的合规战略转变与双元合法性假面从形成到克服共同演化的阶段性过程驱动的。在转变前阶段,面临双元合法性缺失,企业首先通过象征性合规提升外部合法性,形成了境外合规风险被动防范能力。在调整转变阶段,象征性合规正向增强合法性假面程度,而合法性假面通过增强外部合规压力和内部合法性缺失感知反过来刺激企业向实质性合规转变。在转变后阶段,实质性合规实现了内外部合法性较高的双元合法性一致性,形成了境外合规风险主动防范能力。本章为中国企业合规管理和组织合法性等相关研究做出理论贡献,对在"一带一路"倡议背景下中国"走出去"企业境外合规经营风险防范提供了启示。

第五篇 05

中国"走出去"企业境外合规经营风险防范操作细则研究

第十六章

"走出去"境外合规经营风险防范之企业一般策略工具的操作细则

第一节 全方位提升境外合规经营风险意识

一是加强合规文化建设,优化合规经营环境。提升中国企业"一带一路"境外合规经营质量,就要主动提升合规经营意识。国际化经营下,合规经营的概念不再局限于反贿赂、反垄断等个别领域,企业内部一定要全方位提高对合规重要性的认识,最终在整个企业范围内形成合规文化。例如,在共建"一带一路"过程中,中交集团发布中国企业首份"一带一路"专题社会责任报告,打造"中国企业+地方政府+境外园区+境外企业"的价值共享模式;吉利建设员工合规"源动力工程"塑造成功典范,中企还应借鉴跨国企业经验,如日本企业大多建立内部检举制度和纠错机制,员工可以匿名向公司专设的"内部通报窗口"举报违规行为。在海外投资后的本地化合规努力上,日本企业高管与海外同行合作,在平等基础上建立协同小组,制定相互认可的企业战略和使命宣言,非日籍高管获得的自由和权威甚至超过日籍高管。

二是加大合规管理方面的资源投入,推进诚信道德建设。加快建立覆盖全员的合规风险组织管理、动员和培训体系。例如,阿里巴巴投入近百人团队建立整套大数据安全管理规范,覆盖14个安全域,50个安全管理过程,保护数据合规使用。此外,借鉴日本企业内部检举制度和纠错机制,建立求助热线、在线报告系统、监察员等有效载体。

三是培养良好的商业习惯,善用内外部合规资源。重视合同签订、项目竞标的合规操作流程,灵活运用律所、咨询公司等第三方资源。可以学习华为经验,在合同审查等一般化的合规业务方面,更多依赖内部合规力量;而在法律、税务、劳工、商业习惯等的调查方面更多依赖外部力量。

第二节　全系统完善境外合规经营体制机制

一是增加合规经营投入,增强合规管理能力。是否投入足够多的"建设资源"和"管理资源"成为衡量合规体系完备程度的重要指标。如著名资产管理公司荷兰国际集团(Internationale Nederlanden Group)就曾因在执行客户尽职调查方面投入资源不够,存在严重缺陷,而被荷兰政府罚款6.75亿欧元。基于中国企业目前合规经营现状水平,必须在项目规划与实际操作中重视并增加合规投入。中国企业应该逐步建立以领导人带头合规表率、全体员工自我约束的合规意识并组建合规团队。企业可以考虑"自上而下"的约束,在总部设置首席合规官,在各子分公司设合规专员;培育"优质特色"合规人才队伍,针对派驻境外工作人员实行专岗专训、定时培训、专题培训,达到培育熟悉企业情况又具备高水平综合素质的人才的目的。

二是围绕合规运营完善治理结构。企业应重视提高合规部门地位,设立总法律顾问制度,统领合规部门。学习百度经验,成立职业道德委员会,拥有独立的调查权,直接向最高管理层汇报。借鉴日本经验,加强指引,结合人员派出的经验调查,加强对各国历史文化、法律规则、裁判案例、审批程序的研究,提高合规信息数据库质量。

三是健全企业合规经营运行机制。健全考核问责和奖惩机制,建立并改进合规管理流程,使其融入业务流程。如吉利管理层接到伊朗订单后,在内部审议中根据合规部门交易风险报告否决该交易,有效地阻隔了合规风险。

第三节　全流程加强境外合规经营风险管控

一是加强事前尽职调查,规避合规经营风险。企业应重视深度调研与全面对标,及早引入海外法律与合规团队,深入研究本国和东道国相关法律法规、国际组织合规要求、国际合规惯例以及国际最佳实践,专设机构评估和监控境外项目合规情况。在进行调查时,应考虑聘请了解全球要求和当地规定的外部本地律师,有助于调研团队快速识别合规风险信号,借助当地语言避免文化敏感性错误。可借鉴的国际经验有:日本企业以"综合商社"形式结伴进行前期调查,同时对法律和监管系统、合作伙伴的可信度等的专项尽职调查会更彻底和耗时,通常比美国或欧洲企业投入更多时间。考虑到第三方业务咨询协议有被滥用于贿赂的风险，德国西门子的尽职调查还纳入了对合作咨询机构声望、司法指控情况的调查。还应促进东道国子公司高管和合规管理人员参与合规管理体系建设，与总部形成积极的合规评估反馈，构建东道国合规管理部门与总部其他监督部门之间的互动机制，将东道国管理层高管的合规行为纳入员工合规管理制度。

二是灵活采取化整为零、抱团取暖的策略化解合规风险。企业合理选择项目的同时，可参考万向收购A123公司主动剥离军事业务等敏感资产，打消东道国政府的顾虑。联合各种类型资本抱团取暖，可淡化国企背景，实现优势互补、风险分散。企业树立合规形象，履行社会责任。如华立集团投资开发的"泰中罗勇工业园"，为泰国当地解决就业3.2万人，取得东道国政府与民众的信任。

三是要直面合规危机，争取合法权益。违规危机发生后，积极协商、调解、让步、改错以化解纠纷，主动配合调查，公开信息，同时根据情节轻重展开自纠自查。比如，中国某企业受制裁后积极与非洲开发银行进行谈判并达成和解协议，显著降低了处罚金额及时限。

第四节 本章小结

本章聚焦企业层面的"走出去"境外合规经营风险防范的一般性策略工具操作细则，提出全方位、全系统、全流程的企业境外合规经营风险防范的对策建议，为"走出去"中国企业以合规经营打造"一带一路"形象大使提供指导。在全方位提升境外合规经营风险意识方面，我们提出企业应加强合规文化建设，优化合规经营环境；加大合规管理方面的资源投入，推进诚信道德建设；培养良好的商业习惯，善用内外部合规资源。在全系统完善境外合规经营体制、机制方面，我们提出企业要增加合规经营投入，增强合规管理能力，围绕合规运营完善治理结构，健全企业合规经营运行机制。在全流程加强境外合规经营风险管控方面，我们提出企业要加强事前尽职调查，规避合规经营风险，灵活采取化解合规风险的策略，积极采取保护合法权益的手段。

第十七章

"走出去"境外合规经营风险防范之政府一般政策服务的操作细则

第一节 合规红利正向激励,让境外经营"不必违规"

政府应分类施策,加大"合规红利"激励。一是加强境外投资投向引导,降低合规风险。鼓励和支持民营企业对外展开投资并购,鼓励企业、各类资本抱团取暖,鼓励国有企业在"走出去"的过程中化整为零,降低投资规模导致的合规风险。二是提供法律和财政支持,引导企业主动避开"合规陷阱"。可借鉴美国经验:美国司法部发布《反垄断刑事调查中企业合规项目的评估》,鼓励企业投入资源制定有效的反垄断合规方案;新修订的《反海外腐败法》对及时补救不合规行为的企业给予从宽待遇,形成政府执法机构与违法企业的合作机制,政府在保持追责威慑的同时,可以利用企业资源破解执法困境,而企业获取改过自新的机会,有彻底改革内控机制的激励;《公司执法政策 2019》鼓励企业自首与自查机制;推动 COSO 框架下的企业财务诚信和责任制度。同时,英国首创独特的"充分程序",即可以证明已采取适当法律程序的企业,能够免于受追责,从而鼓励企业贯彻合规。

政府应提供"合规红利"的多方位服务支持。基于"合规管理指引"、中国对外承包工程商会和中国国际商会组织的"海外合规经营培训和巡讲"、"海外合规经营专家委员会",未来可借鉴国际经验:韩国政府支持企业实现国际标准,承担部分与获取国际标准证书有关的费用,协助企业提高可靠性;挑选和培养具备语言能力和实践技能的专业人才,派往该国;设立海外投资呼叫中心,企业可以借此与地区专家就投资环境和程序进行咨询;韩国贸易投资振兴机构、韩国业务发展中心等组织现场便利化项目,利用海外基地为企业开展当地员工合规培训。新加坡、墨西哥等在东道国建立"舒适区"作为进入政府部门的一站式地点,也为投资者提供法律服务。在国际监管方面,日本经济产业省下属的日本工业标准委员推动日本工业标准向国际标准的转化,从而推动企业接轨国际惯例。此外,可进一步推广德国中国商会运作经验,通过提供商业和法律的信息、培训和网络,帮助企业深入海外市场。

第二节　合规入法惩处威慑,让境外经营"不敢违规"

　　政府应完善合规法律制度,巩固企业境外合规经营法制体系,形成系统性、一体化的法律文件来指导与规范企业境外投资经营行为。如法国政府对企业对外投资的鼓励政策均被转化为法律文件,通过立法、实施法律来确保政策的合理贯彻和执行。在企业廉洁建设方面应着重加强规范指导,出台相关企业腐败违规处罚处理规章,精耕"廉洁丝绸之路"建设,督促"走出去"企业将合规经营尤其是反腐廉洁经营放在企业责任首要地位常抓不懈,从而提升国家形象和促进企业在全球范围内的可持续发展。政府还应加强境外投资合规风险管控与查处力度。在继续贯彻落实"境外投资不良信用记录""境外投资违规责任追究制度"的基础上,政府可借鉴的经验有英国的《反贿赂法》,处罚态度极为严厉,对涉及海外贿赂的世界第二大军火公司英国航太、英国最大型的公司罗尔斯-罗伊斯的查处与罚款毫不手软。推进"走出去"诚信体系建设,让合规理念"扎根"。深化境外投资不良信用记录,出台境外合规评价制度,成立境外合规评价机构,将企业境外合规情况列入企业征信系统和失信惩戒的范围,同时借鉴美国政府检举奖励的经济手段,加强公众监督。加强违规惩罚机制,增强企业合规自律动力。强化指引公司管理层担责模式,美国《耶茨备忘录》呼吁联邦检察官在调查公司不法行为时重点关注个人责任,情节严重时对高管追究刑事责任。

　　同时,政府也应加强我国域外管辖和执法以全面提升反制能力。在法律文件储备上增设与"一带一路"相关国家的贸易投资协定条款,引入"争端解决"预设条款。可参考美国在双边投资条约中硬化、深化和细化海外投资企业的重点领域合规义务,并引入"法庭之友"加大海外投资争端解决的透明度。针对数据合规,可借鉴美国快速出台的《合法使用境外数据明确法》(以下简称"CLOUD"法)应对欧盟《通用数据保护条例》的经验,基于《中华人民共和国网络安全法》(以下简称《网络安全法》)进一步确立数据出境规范实施细则和审批执法机制。加强涉外律师人才储备,加快设立境外分支机构,提早介入违规争端,提升应对美国长臂管辖的能力。

第三节　合规氛围培育引导，让境外经营"不愿违规"

政府完善企业合规制度建设指引。在《企业境外经营合规管理指引》等基础上，加快出台细则要求。可借鉴美国经验：2017年美国司法部颁布评估企业合规计划的指引文件；2019年美国海外资产控制办公室发布《OFAC合规承诺框架》提出企业有效制裁合规计划必备五个基本要素；2010年美国《联邦量刑指南》明确要求企业高级官员负责企业合规并向董事会报告，确保其独立性与权威性。加大政府扶持的合规人才培养计划。整合政府、企业和高校资源，培养具有国际视野的综合合规人才，借鉴美国经验：政府追加财政预算，牵头设立带薪培训和免费培训制度，支持多家跨国企业联合成立合规培训中心。

政府作为中国企业"走出去"境外经营的引导者与支持者，应主动为相关企业提供合规信息服务，规范流程规定，使得企业合规经营有"准"可依。在进一步完善现有"对外投资合作国别（地区）指南""国别投资经营障碍报告制度""重点国家（地区）政府间投资促进合作机制""境外投资前期费用补助（第三方法律咨询服务、项目可行性研究、购买或翻译规范文件）"等保障措施的基础上，政府可牵头设立专家咨询服务平台，为企业提供母国和东道国的税收程序、海外通报程序、就业援助或劳动管理特定部门的专业信息。还可参考韩国经验，利用贸易促进代表团支持企业参加海外展览了解相关信息，与外国咨询公司合作为企业补充当地投资规范和商业网络信息。此外，政府还可牵头建立智库，针对"一带一路"沿线完善风险信息共享和预警体系，扩充丰富"一带一路"建设指导性案例库。同时，政府还需顺应全球互联网和大数据的潮流，推进大数据下合规评估体系建立，强化合规标准对市场培育、服务能力提升和行业管理的支撑作用。

第四节　本章小结

本章聚焦政府层面的"走出去"境外合规经营风险防范的一般性政策服务操作细则，提出政府可通过如下支撑境外合规经营风险防范的政策服务，助力中国"走出去"企业境外合规经营风险防范：一是政府应加大合规红利正向激励，让"走出去"境外经营企业"不必违规"。政府可利用企业资源破解执法困境，而企业获取改过自新的机会，有彻底改革内控机制的激励。同时政府可提供境外合规经营风险防范的培训巡讲、专家咨询、法律服务站点等增加"合规红利"的配套支持。二是政府应加大合规入法惩处威慑力度,让"走出去"境外经营企业"不敢违规"。政府应深化境外投资不良信用记录,出台境外合规评价制度,成立境外合规评价机构,将企业境外合规情况列入企业征信系统和失信惩戒的范围。三是政府应加强合规氛围培育引导,让"走出去"境外经营企业"不愿违规"。在《企业境外经营合规管理指引》等的基础上,加快出台细则要求,主动为相关企业提供合规信息服务,积极开发合规信息化系统,为企业提供母国和东道国的税收程序、海外通报程序、就业援助或劳动管理特定部门的专业信息。

第十八章

"走出去"境外合规重点领域之长臂管辖合规风险防范的企业操作细则

第一节 设置避开长臂管辖"合规陷阱"的隔离带和警报器

"走出去"企业要对标欧美国家标准,加大对外投资合规风控的资源投入。中国企业对外投资应提前建立世界银行《诚信合规指南》建议的诚信合规计划。分层级梳理合规体系,如浙江跨境电商杭州呼嘭智能技术有限公司在境外各地设立分支机构和资深合规专家团队。如美国埃克森美孚公司,出台"管理控制基本标准体系"明确公司全球控制系统运作基本要求;出台《从业行为规范》涵盖16个不同方面细化要求。针对数据合规风险,可与美企同步实施数据加密计划。二是设立对外投资合规的主动自查机制。如借鉴美国企业设立吹哨人制度和内部匿名举报制度,并设立独立调查组,由合规小组长专职负责,实现内部自查监督并保护员工隐私。

"走出去"企业要加强对合作伙伴的全面合规审查,加深与东道国社区的良性互动。首先,中企应通过建立完善对第三方的选择机制、评价机制和信息化管理平台,及时识别和化解来自合作伙伴的合规风险。如美国雪佛龙在投资境外油气项目中引入第三方承包商时,通过调查问卷、体系审核、现场审查等全面且严格的资质预审确定投标资格,并按照风险等级确定作业过程的监督频次,对违规人员立即进行清退处理。其次,中企应注重与当地利益相关者保持广泛接触,履行社会责任。例如,美国通用电气强调获取法律法规的认可并非成功的唯一保障,获取"社会执照"是保持企业正常运营的宝贵无形"资产",通用注重扎根当地社区辅助能力建设,与东道国第三方利益相关者保持密切沟通。

第二节 形成高质量母子公司合规枢纽，提升合规内控透明度

"走出去"企业要提高合规内控制度设计的系统性，提升执行的有效性。首先，中企可借鉴美国跨国公司发布合规"蓝宝书"，明确海外业务单元的合规政策和行为准则，形成全面细致的行为规范指引。可参考美国埃克森美孚出台"控制完善性管理体系"明确风控、监督和汇报的系统要求；出台《从业行为规范》，涵盖国际业务、客户关系等16个不同方面的细化要求。其次，中企需健全"三防一查"体系来严格执行合规内控制度，强调发挥纪委、审计部门查处违规行为、推动合规制度有效运行的保障功能。如高盛全球合规部门跟踪各地监管趋势，及时与公司各部门共享信息，采用分区管理和垂直管理的双重管理机制。此外，还可参考美国索尼设置"集团违规举报热线"，埃克森美孚每年执行"公司行为审核"。

"走出去"企业要加强合规内控的治理与领导力，推动合规沟通与培训。首先，中企可引入关键岗位强制轮换制度，在公司员工内部开展线上线下合规培训，定期进行主题教育，增强合规意识和跨文化适应能力。例如，IBM很早就开始实施"G100"人才计划，逐步推广到全球其他地区，建立内部人才市场，为员工提供各种培训和轮岗的机会。其次，中企应强调高管作为建立合规环境的首要责任人，通过奠定"高管基调"，从高层开始营造合规氛围。例如，IBM建立对高管的打分测评及问责机制，如果评分结果是"不满意"，通常会给予12个月的改进期。如果在12个月内两次评分较低，则高管会被邀请至审计委员会做出解释。

第三节 "全方位合规"防控完成"新兴""传统"全面布控

"走出去"企业应实现境外投资经营"全过程"合规风险防控，对境外目标方或第三方进行深入的合规风险事前尽职调查，加强全过程持续动态监控和预警。可借鉴经验：美国自恃本国企业通常从对外投资初期阶段就对目标公司是否触犯FCPA进行尽职调查，拥有较高"全过程"合规风险防控能力，肆意加大合规制裁力度。中国企业应重视涉外专业律师作用，积极回应合规诉讼。重视美国法院发起的长臂管辖相关诉讼，借助涉外律师专业服务积极应诉，避免被美国法院认定

为恶意。中国企业应实现"新兴合规"与"传统合规"的"全领域"防控,以龙头企业为引领,重视数据和隐私保护合规,如吉利通过设立"数字合规风险官",负责子公司戴姆勒全球数据合规。企业应设计有效全球 IT 设施架构,构建全球数据处理机制应对不同国家数据与网络安全要求。可借鉴美国经验,亚马逊、谷歌、苹果、推特等带头响应美国《加州消费者隐私法案》(简称 CCPA 法案)。美国 51 家行业领先公司首席执行官召开美国商业圆桌会议,号召建立国家隐私保护框架。对此,中国企业应深化推广阿里巴巴联合业内权威机构发布的《数据安全能力成熟度模型》,助力企业以国家标准发现和弥补数据安全能力短板,丰富跨境数据合规应对策略。

第四节　本章小结

本章提出"走出去"境外合规重点领域之长臂管辖合规风险防范的企业操作细则,具体提出:第一,企业应设置避开长臂管辖"合规陷阱"的隔离带和报警器,加大对外投资合规风控的资源投入,设立对外投资合规的主动自查机制。第二,企业应形成高质量母子公司合规枢纽,完善内部治理结构,合规部门专项负责合规制度建设,保证合规官的独立性和权威性,保证合规内控体系顺畅透明,加强合规内控的治理与领导力,推动合规沟通与培训。第三,企业应"全方位合规"完成"新兴""传统"全面布控,对境外目标方或第三方进行深入合规风险事前尽职调查,持续动态监控和预警。由此,本章指导企业加强"一带一路"合规建设,破解欧美"长臂管辖"陷阱。

第十九章

"走出去"境外合规重点领域之长臂管辖合规风险防范的政府操作细则

第一节 模拟欧美本土企业合规"惩罚"与"红利"环境

政府应加强对外投资违规惩罚机制。政府应继续深化中国境外投资不良信用记录,将对外投资合规情况列入企业征信系统和失信惩戒范围。同时可参考美国政府检举经济奖励,加强社会公众监督。强化指引公司管理层担责模式,避免中企境外经营权力被架空。美国已通过《耶茨备忘录》呼吁联邦检察官在调查公司不法行为时重点关注个人责任,尤其是企业高层,情节严重时处以高额罚款同时会对高管进行刑事责任的追究。政府应加大对外投资"合规红利",构建合规免责或减轻制度。美国基于众多合规鼓励政策对美企合规极度自信,例如,美国司法部《反垄断刑事调查中企业合规项目的评估》鼓励企业投入资源制定有效反垄断合规方案;《反海外腐败法》提出及时补救不合规行为的企业享受从宽待遇;《公司执法政策 2019》鼓励企业自首自查;推动 COSO 框架的企业财务诚信和责任制度。

政府应加强顶层设计推进合规人才培养,支持企业成立合规培训中心。政府可借鉴国际经验,设立带薪培训制度、免费培训制度等,以及多种类型的政策与资金支持,激励企业员工积极参与跨文化适应与合规培训项目。例如,美国专设官方机构提供员工技术、咨询和资金支持。针对合规管理人才短缺,如网络安全方面的人才缺口,美国政府通过积极设立人才咨询项目、追加财政预算、强化竞赛实践导向、加大资助力度、扩展培训宣传渠道等方式支持人才建设。

第二节 完善管理制度指引,落实"实质合规"

政府应完善对外投资企业合规制度建设指引,细化现有合规竞争条例内容。美国为扩大合规制裁霸权,颁布众多文件指导本国企业合规,司法部 2017 年发布《企业合规计划测评》;海外资产控制办公室 2019 年发布《OFAC 合规承诺框架》,提出企业有效合规计划必备五要素;2010 年《联邦量刑指南》(修订版)明确要求设立高级官员负责企业合规并确保其独立性与权威性。

政府应发挥作为外部监督部门的功能,指导企业建立健全合规内控制度。尽管中国已发布《企业内控基本规范》,但还需要加快在相关法律文本中嵌入合规内控要求。相比而言,美国在发布《反海外腐败法》《萨班斯—奥克斯利法案》的基础上,发布了《联邦量刑指南》,该指南提出对组织合规性内控的间接要求,美国标准公司法明确董事作为合规责任主体,不同法律文本之间的衔接和补充营造良好的企业内控环境,增强企业境外投资的合规性。此外,政府应加强多双边投资促进机制和争端解决机制建设,及时沟通信息,对接合作项目。可参考美国在双边投资条约中硬化、深化和细化海外投资企业的重点领域合规义务,并引入"法庭之友"加大海外投资争端解决的透明度。

第三节 强化信息服务与法律支撑体系,做好一站式排查境外合规经营风险支撑

政府要强化境外投资风险信息服务功能。进一步完善现有"企业国际化经营合规风险排查活动""国际投资服务中心""一站式专业化服务解决方案""民营企业跨国经营风险预警机制",建立政策导向型智库进行舆情和环境监测以对抗美国智库数量和影响力目前全球第一的局势。加强数据出境管理应对美国政府制作《非秘受控数据列表》汇编各行业重要敏感数据的规范文件并实施数据合规动态监管的现状。政府应全方位完善境外投资合规法律支撑体系。加强涉外律师人才培养,提升服务中企解决境外违规争端的能力。考虑引入美国同款"法庭之友",遏制其针对海外投资争端解决透明度的攻击。针对数据合规热点,在贯彻落实《网络安全法》和"提升网络数据安全保护能力专项行动"的基础上,对标美国 CLOUD 法案积极确立"中国特色"数据出境规范的具体实施细则和审批机制。

政府要加强对企业境外合规提供的信息、智力和法律的支持。一是应加快建立境外合规经营数据信息系统,处理境外投资信息,构成宏观层面的风险信息共享体系,紧跟全球合规监管动向。美国政府通过驻外使馆设立的海外私人投资公司定期发布新闻通讯和专题报道,提供信息情报服务,有助于企业掌握海外第三方背景情况。二是应加强特色新型智库建设。通过深化国际交流合作,加强对海外相关政策的研究,从事前预防、事中指导、事后复盘全流程为企业海外合规风险防范和危机处理提供智力支持。美国智库数量和影响力位居全球第一,专业智库能够以政策为导向,进行舆情和环境的监测,辅助企业决策并预防合规风险发生。三是进一步加强我国域外管辖及域外执法能力建设以全面提升反制能力。如加强涉外律师人才培养,支持更多中国律师事务所"走出去",加快设立境外分支机构,大力发展涉外法律服务业,更好维护我国企业的海外权益。

第四节　本章小结

本章为"走出去"境外合规重点领域之长臂管辖合规风险防范的政府操作细则,具体提出:一是政府应模拟欧美本土企业合规"惩罚"与"红利"环境,加强对外投资违规惩罚机制,继续深化境外投资不良信用记录,加大对外投资"合规红利",构建合规免责或减轻制度;二是政府应完善管理制度指引落实"实质合规",加强对外投资企业合规制度建设指引,指导企业建立健全合规内控制度;三是政府应强化信息与法律支撑体系,做好一站式服务。政府要强化境外投资风险信息服务功能,全方位完善境外投资合规法律支撑体系,加强对企业境外合规提供的信息、智力和法律支持。由此,本章对标欧美国家合规管理经验,相应提出对策建议,旨在指导政府加强"一带一路"合规支撑,更好地发挥政府作用,帮助中国企业摆脱境外"长臂管辖"困境,扶持中国企业实现高质量境外经营,规避欧美"长臂管辖"陷阱。

06
附 录

附录 A

应用对策性成果

附录 A.1 警惕"走出去"境外合规经营风险稳中求进塑造"一带一路"新形象

【内容简介】

警惕"走出去"境外合规经营风险已成为中国企业共建"一带一路"行稳致远的关键。本文探讨企业境外合规经营风险意识淡薄、管理能力不足与外部环境复杂的三大成因，并相应提出全方位、全系统、全流程的企业境外合规经营风险防范的对策建议，为"走出去"中国企业以合规经营打造"一带一路"形象大使提供指导。

【正文】

一、"走出去"合规制胜防风险，夯基础行稳致远促发展

伴随"一带一路"倡议在全球纵深发展，中国企业掀起了第二轮"走出去"的热潮。商务部统计显示，2013—2018年，中国企业对"一带一路"共建国家直接投资986.2亿美元，年均增长5.2%；在共建国家新签对外承包工程合同额超过6000亿美元，年均增长11.9%。

然而，正如德勤2018年《新阶段，新机遇——"一带一路"倡议纵深发展背景下，对外投资的趋势和解决方案》所指出的，"风险"（55%）和"监管"（43%）已成为目前中国企业海外投资面临的两大主要难题。2019年，772家中国企业因不合规行为被世界银行列入制裁名单，是2018年入榜中企数量的近20倍。中国公司法务研究院的《2017—2018中国合规及反商业贿赂调研报告》对中国企业受境外调查执法的调查显示，50%的企业曾受到行政调查，45.45%的企业曾受到行政处罚，27.27%的企业曾受到刑事调查。中国企业在对外投资合作中频频陷入违反境外合规性的窘境，华为、中集、中兴、中交建等因为违反合规要求或合规承诺招

致损失(见图 A.1),"走出去"质量和效益难以真正迈上新台阶。

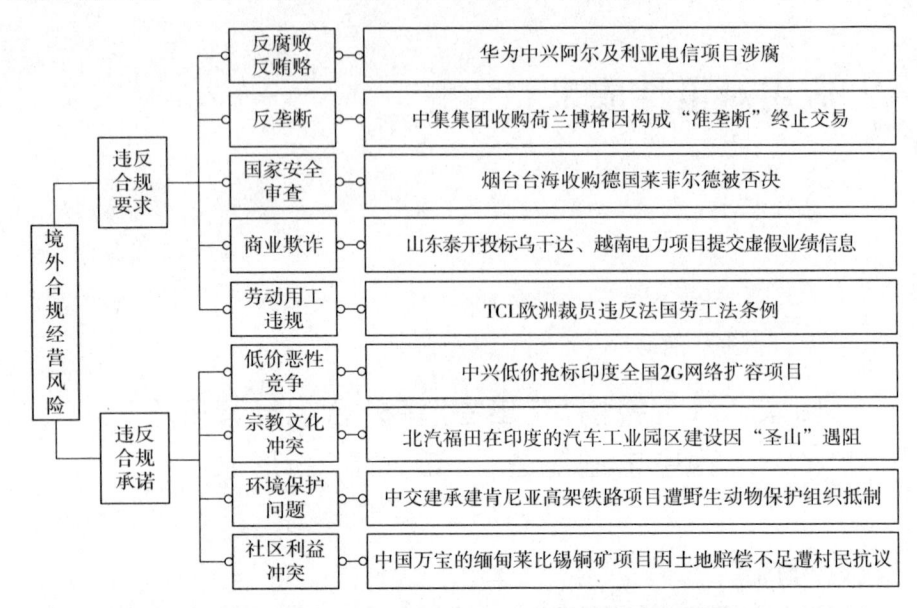

```
                    ┌─ 反腐败反贿赂 ── 华为中兴阿尔及利亚电信项目涉腐
                    │
          ┌─ 违反  ─┼─ 反垄断 ────── 中集集团收购荷兰博格因构成"准垄断"终止交易
          │  合规   │
          │  要求   ├─ 国家安全审查 ── 烟台台海收购德国莱菲尔德被否决
          │         │
          │         ├─ 商业欺诈 ──── 山东泰开投标乌干达、越南电力项目提交虚假业绩信息
境外合规   │         │
经营风险 ──┤         └─ 劳动用工违规 ─ TCL欧洲裁员违反法国劳工法条例
          │
          │         ┌─ 低价恶性竞争 ─ 中兴低价抢标印度全国2G网络扩容项目
          │         │
          │  违反   ├─ 宗教文化冲突 ─ 北汽福田在印度的汽车工业园区建设因"圣山"遇阻
          └─ 合规  ─┤
             承诺   ├─ 环境保护问题 ─ 中交建承建肯尼亚高架铁路项目遭野生动物保护组织抵制
                    │
                    └─ 社区利益冲突 ─ 中国万宝的缅甸莱比锡铜矿项目因土地赔偿不足遭村民抗议
```

图 A.1　"一带一路"中国企业境外合规风险主要类型

国际合规监管制度体系日益严密化、系统化、规模化,近两年来国内《企业境外经营合规管理指引》等合规监管政策密集出台,了解监管环境、警惕境外合规经营风险对参与"一带一路"建设的中国企业重要性凸显。

如果说在十多年前,走出国门的中企思考的是如何"站得住"的问题,那么经过多年的经济跨越式发展,如何"跑得稳"是逐渐靠近世界舞台中心的中企的当务之急。合规是企业"走出去"行稳致远的前提,也是塑造"一带一路"中国企业新形象的关键。然而,当全球企业已经将"监管与合规"风险摆在首位时,中国企业仍然存在对境外合规经营风险不够重视和模糊的问题。"一带一路"境外合规经营风险如影随形,"走出去"中国企业的风险管理思路应得到全面更新。

二、"走出去"企业境外合规经营风险成因分析

(一)成因一:企业境外合规经营风险意识淡薄

一是因为管理者和业务人员素质低下,部分中国企业以经济利益为借口,逃避、漠视、抵制合规。中铁三局于2015年在国内其他企业已与尼日利亚政府签署沿海铁路项目商务合同的情况下,擅自对外接洽项目并以低价抢标,扰乱对外承包工程市场经营秩序。二是中国企业尚未实现从"被动应对"向"主动合规"的意识转变,存在前期尽职调查与合规审查不充分、忽视文化习俗"软合规"的问题。例如,中国电力投资集团公司承包缅甸密松水电站项目,在2011年突然被缅甸政

府单方面宣告搁置。当地民众反对情绪高昂,一个重要原因在于,密松水坝坝址被视作民族文化的发源地之一,而中企作为项目建设者却没有展现相应的敬畏与尊重。

(二)成因二:企业境外合规经营管理能力不足

一是境外合规管理架构不健全,缺乏专业合规人才储备。例如,在2009年中铁公司牵头的波兰高速公路项目中,聘用了不懂中文、资历不够的波兰律师进行文件审查,忽视了合同条款中严格的环境合规要求,最终承担2.71亿美元惩罚并被列入黑名单。二是境外合规运行机制不完善,存在合规职责主体不明晰、合规与日常经营"两张皮"的问题。首先,合规机制需要从高层开始设计和完善,然而,吉利首席合规官在贸促会的经验分享会上指出,全国企业合规委员会组织的培训,尽管数百个会员单位态度积极,但很少见到企业高层负责人亲自参加。其次,据中国合规网《中国合规管理调查报告(2016)》,在被问到公司合规困难的问题时,20%的合规官们认为最大的困难是业务部门的不配合。

(三)成因三:企业境外合规经营外部环境复杂

一是"一带一路"合作东道国政治、经济、法律背景差异巨大,合规难度增加。如哈萨克斯坦、乌兹别克斯坦、伊朗等国家不是WTO成员,其许多法律法规政策与WTO多边贸易体系不符。执法力度较强或高政治风险的东道国需要企业有针对性地建立合规管理机制,知识产权、跨境数据流动、消费者隐私和商业秘密领域等最新领域的合规风险进一步增加了中国企业面对的合规挑战。与此同时,发达国家参与共建以及第三方市场合作导致中国企业面临被间接监管与制裁的风险。例如,美国单方面撤出伊核协议,对伊朗进行制裁,同时朝鲜、叙利亚、古巴、苏丹、克里米亚地区也受到相关经济制裁,中国企业与这些国家或地区进行经济往来即存在高风险。二是国内合规制度环境不完善。企业境外合规经营操作需要相关法律法规进行指导和约束。现有体制下国务院和相关部委的行政法规、部门规章以及各地方性规章制度众多,但未有正式统一的专门性法律,规范不一致,统筹性较弱、形式不统一。另外,由于缺乏规章体系查询统一平台,企业全面获取法律有效信息及经营合规约束效果大打折扣,无法很好地为企业境外经营保驾护航。

三、对策建议

本研究针对上述现状与成因的分析,分别从企业和政府两个层次提出中国企业"一带一路"走出去境外合规经营风险防控的对策建议:

(一)全方位提升境外合规经营风险意识

1. 企业应加强合规文化建设,优化合规经营环境

为了提升中国企业"一带一路"境外合规经营质量,要主动提升合规经营意

识。国际化经营下,合规经营的概念不再局限于反贿赂、反垄断等个别领域,企业内部一定要全方位提高对合规重要性的认识,最终在整个企业范围内形成合规文化。例如,在共建"一带一路"过程中,中交集团发布中国企业首份"一带一路"专题社会责任报告,打造"中国企业+地方政府+境外园区+境外企业"的价值共享模式;吉利建设员工合规"源动力工程"塑造成功典范。中企还应借鉴跨国企业经验:日本企业大多建立内部检举制度和纠错机制,员工可以匿名向公司专设的"内部通报窗口"举报违规行为。中企应学习和建立举报制度和渠道,如求助热线、在线报告系统、监察员等。在海外投资后的本地化合规努力上,日本企业高管与海外同行合作,在平等基础上建立协同小组,制定相互认可的企业战略和使命宣言,非日籍高管获得的自由和权威甚至超过日籍高管。

2. 政府应主动提供必要支持,增强企业合规意愿

基于"合规管理指引"、中国对外承包工程商会和中国国际商会组织的"海外合规经营培训和巡讲"以及"海外合规经营专家委员会",未来可借鉴国际经验:韩国政府支持企业实现国际标准,承担部分与获取国际标准证书有关的费用,协助企业提高可靠性;挑选和培养具备语言能力和实践技能的专业人才,派往当地国家;设立海外投资呼叫中心,企业可以借此与地区专家就投资环境和程序进行咨询;韩国贸易投资振兴机构、韩国业务发展中心等组织现场便利化项目,利用海外基地为企业开展当地员工合规培训。新加坡、墨西哥等在东道国建立"舒适区"作为进入政府部门的一站式地点,也为投资者提供法律服务。在国际监管方面,日本经济产业省下属的日本工业标准委员推动日本工业标准向国际标准的转化,从而推动企业接轨国际惯例。此外,可进一步推广德国中国商会运作经验,通过提供商业和法律的信息、培训和网络,帮助企业深入海外市场。

(二)全系统完善境外合规经营体制机制

1. 企业应增加合规经营投入,增强合规管理能力

是否投入足够多的"建设资源"和"管理资源",成为衡量合规体系完备程度的重要指标。例如,著名资产管理公司荷兰国际集团(ING)就曾因在执行客户尽职调查方面投入资源不够,存在严重缺陷,而被荷兰政府罚款6.75亿欧元。基于中国企业目前合规经营现状水平,必须在项目规划与实际操作中重视并增加合规投入。中国企业应该逐步建立以领导人带头合规表率,全体员工自我约束的合规意识并组建合规团队。企业可以考虑"自上而下"的约束,在总部设置首席合规官,在各子分公司设合规专员,培育"优质特色"合规人才队伍,针对派驻境外工作人员实行专岗专训,定时培训,专题培训,达到培育熟悉企业情况的同时提高水平综合素质的目的。

2. 政府应完善合规法律制度,激励企业合规经营

政府应巩固企业境外合规经营法制体系,形成系统性、一体化的法律文件来指导与规范企业境外投资经营行为。例如,法国政府对企业对外投资的鼓励政策均被转化为法律文件,通过立法、实施法律来确保政策的合理贯彻和执行。在企业廉洁建设方面应着重加强规范指导,出台相关企业腐败违规处罚处理规章,精耕"廉洁丝绸之路"建设,督促"走出去"企业将合规经营尤其是反腐廉洁经营为企业首要责任常抓不懈,从而提升国家形象和企业在全球范围内的可持续发展。政府还应加强境外投资合规风险管控与查处力度,并完善激励机制。在继续贯彻落实"境外投资不良信用记录""境外投资违规责任追究制度"的基础上,政府可借鉴经验:以反腐败与反贿赂合规领域为例,美国围绕《反海外腐败法》形成政府执法机构与违法企业的合作机制,政府在保持追责威慑的同时,可以利用企业资源破解执法困境,而企业获取改过自新的机会,有彻底改革内控机制的激励。英国法案《反贿赂法》,处罚态度极为严厉,对涉及海外贿赂的世界第二大军火公司英国航太、英国最大型的公司罗尔斯-罗伊斯的查处与罚款毫不手软。同时,英国首创独特的"充分程序",即可以证明已采取适当法律程序的企业,能够免于受追责,从而鼓励企业贯彻合规。

(三)全流程加强境外合规经营风险管控

1. 企业应加强事前尽职调查,规避合规经营风险

企业应重视深度调研与全面对标,及早引入海外法律与合规团队,深入研究本国和东道国相关法律法规、国际组织合规要求、国际合规惯例以及国际最佳实践,建立专门机构对投资所在国和投资项目进行全面风险评估和全程合规监控。在进行调查时,应考虑聘请了解全球要求和当地规定的外部本地律师,有助于调研团队快速识别合规风险信号,借助当地语言避免文化敏感性错误。可借鉴的国际经验:日本企业以"综合商社"形式结伴进行前期调查,同时对法律和监管系统、合作伙伴的可信度等的专项尽职调查会更彻底和耗时,通常比美国或欧洲企业投入更多时间。考虑到第三方业务咨询协议有被滥用于贿赂的风险,德国西门子的尽职调查还纳入了对合作咨询机构声望、司法指控情况的调查。还应促进东道国子公司高管和合规管理人员参与合规管理体系建设,与总部形成积极的合规评估反馈,构建东道国合规管理部门与总部其他监督部门之间的互动机制,把东道国管理层高管的合规行为纳入员工合规管理制度。

2. 政府应引导企业合规经营,提供信息支持服务

政府作为中国企业"走出去"境外经营的引导者与支持者,应主动为相关企业提供合规信息服务,积极开发合规信息化系统,在日常工作监督中,注重规范内部

审批流程、严格控制相关风险,使得企业合规经营有"准"可依。在进一步完善现有"对外投资合作国别(地区)指南""国别投资经营障碍报告制度""重点国家(地区)政府间投资促进合作机制""境外投资前期费用补助(第三方法律咨询服务、项目可行性研究、购买或翻译规范文件)"等保障措施的基础上,政府可牵头设立专家咨询服务平台,为企业提供母国和东道国的税收程序、海外通报程序、就业援助或劳动管理特定部门的专业信息,还可参考韩国经验,利用贸易促进代表团支持企业参加海外展览了解相关信息、与外国咨询公司合作为企业补充当地投资规范和商业网络信息。此外,政府还可牵头建立智库,针对"一带一路"沿线完善风险信息共享和预警体系,扩充丰富"一带一路"建设指导性案例库。同时,政府还需顺应全球互联网和大数据的潮流,推进大数据下合规评估体系建立,强化合规标准对市场培育、服务能力提升和行业管理的支撑作用。

附录 A.2 "走出去"合规经营 绘就"一带一路"高质量发展"工笔画"

【内容简介】

境外合规经营风险已成为中国企业"走出去"共建"一带一路"必须面对的第一大挑战。本文结合对中企 290 笔出现风险的海外项目交易的统计分析,概括了中国企业"走出去"境外合规经营风险的一般特征,并围绕防控意识、管理机制、应对能力三方面探讨成因与对策,确保"一带一路"倡议的顺利实施,"走出去"企业与国家利益的安全和可持续。

【正文】

一、"走出去"合规风险突出,防控体系亟待全面落实

据商务部统计,中国已经成为国际资本输出第二大国,国际投资资本存量居世界前三。"一带一路"沿线是中国企业"走出去"投资经营的热点。2019 年,在 1 亿美元以上的直接投资项目中,"一带一路"国家项目数占 49.1%,金额占 53.1%;国际工程承包合同数占 89.9%,合同金额占 91%。然而,"走出去"的过程并非一帆风顺。据不完全统计,过去 15 年间中国企业经历了 1 亿美元以上交易风险的项目达到 290 个,涉险金额高达惊人的 3906.8 亿美元,其中 60% 以上来自合规风险。从世界银行的数据看,截至 2019 年,因违规我国尚有 857 家企业在制裁名单上。仅仅是 2019 年就暴增 772 家!这意味着,这些企业在一定时间内不能再承接包括世界银行在内的多家多边开发银行的项目,潜在损失无疑是十分巨大的。

分析290笔出现风险的交易后发现,"走出去"企业境外合规风险呈现如下特点。

特点一:"一带一路"沿线中企境外合规风险突出。共建国家复杂多变的合规要求导致合规风险突出,2018与2019年,"一带一路"遭遇交易风险的金额占比均超过60%。其中合规风险已成为最大风险来源。在发达国家出现合规风险的概率更高,出现风险的交易数量占12.44%,显著高于发展中国家的6.59%。能源、金融与科技行业尤其明显。

特点二:国企"走出去"境外合规风险规模较大,在"一带一路"沿线非国企合规风险隐患更突出。总体来看,国企出现风险的交易共计190笔,平均涉险金额15.78亿美元,显著高于非国企的9.29亿美元。"一带一路"沿线,非国有企业投资经营的涉险交易数量高达12.72%,显著高于国有企业的7.42%。

特点三:境外合规经营风险类型众多,其中反腐败、反欺诈合规风险高发。在工程承包经营领域发生的合规风险包括欺诈、反腐败、合同管理和履约、环境保护、劳动用工保护等方面。在投资并购领域主要涉及国家安全审查、反垄断审查、宗教文化冲突等方面。《2017—2018中国合规及反商业贿赂调研报告》显示,69%的被境外调查执法企业遭受过反腐败执法;受世界银行制裁的832家中企之中,因欺诈行为受制裁的有791家(95%)。

国内外合规环境日益复杂,中国企业应高度警惕,落实"走出去"境外合规风险防控体系建设,才能绘好"一带一路"精细"工笔画"。

二、"走出去"企业境外合规经营风险的成因

(一)成因一:境外合规经营风险防控意识不强

第一,企业对合规重要性的理解不到位,投入不足。国际化发展的合规涉及反腐败、国家安全、数据信息等众多领域。然而,《中国企业对外投资现状及意向调查报告(2019年)》显示,受访企业中,只有61.9%开展过合规培训,37.8%设有独立合规部门,37.8%将合规工作纳入董事会或最高管理层会议讨论事项。

第二,企业"走出去"存在思维定式,或以经济利益为借口,未能贯彻合规理念与要求。部分企业携带逢年过节"送礼"的不合规的商业习惯走出国门,或是过度依赖低价,以欺诈、不切实际的报价等扰乱市场秩序的手段抢夺海外项目,例如,中铁三局低价抢标尼日利亚沿海铁路项目,导致声誉和经济损失。

(二)成因二:境外合规经营风险管理机制不畅

第一,企业合规部门未能参与核心决策,对海外投资项目把关不严。《中国合规管理调查报告(2017)》显示,合规官们认为合规管理面临的最大困难是业务部门不配合。部分企业的合规部门在公司治理结构中的层级较低、话语权弱。如中

铁承建的沙特麦加轻轨项目就因为审核不力,错估当地的文化习俗和商业习惯,构成违约。

第二,企业合规人才储备缺失,从业人员专业素质有待提升。《2019人才市场洞察及薪酬指南》指出,企业在风险控制管理以及合规管理方面的人才需求存在重大缺口。国资委调查显示,央企下属上市公司中54%的总法律顾问不具备法律职业背景,平均配备的法律工作人员仅有9人。人才缺失形成了合规风险隐患,例如,天齐锂业因缺乏海外工程专业人员项目数次延期。

(三)成因三:境外合规经营风险应对能力不足

第一,企业遭遇合规危机时应对策略失当,不习惯利用法律武器保障权益减轻损失。温州齐诚电器在遭遇德国ABB STOTZ-KONTAKT公司诉讼时,因拒绝应诉而败诉,丧失德国市场。此外,在世界银行等多边机构制裁名单上的23例附条件解除的制裁案件中,仅2家企业提交了申请,很多企业错失用合规表现来减轻甚至免除处罚的良机。

第二,境外合规方面的有效制度供给不足。目前在促进企业"走出去"的过程中,主要制度供给依然集中在签署双边投资协定(BIT)等国际协议,或者是提供各项优惠政策和鼓励措施方面,对于提升企业境外合规能力至关重要的制度基础设施的供给匮乏。即便是BIT等国际协议,因为签订的时间较早,条款过于原则性,可解释空间太大,保护范围和效果十分有限。

三、对策建议

(一)全面强化境外合规经营风险意识

1. 企业层面

一是加大合规管理方面的资源投入,推进诚信道德建设。加快建立覆盖全员的合规风险组织管理、动员和培训体系。例如,阿里巴巴投入近百人团队建立整套大数据安全管理规范,覆盖14个安全域,50个安全管理过程,保护数据合规使用。此外,借鉴日本企业内部检举制度和纠错机制,建立求助热线、在线报告系统、监察员等有效载体。二是要培养良好的商业习惯,善用内外部合规资源。重视合同签订、项目竞标的合规操作流程,灵活运用律所、咨询公司等第三方资源。可学习华为经验,在合同审查等一般化的合规业务方面,更多依赖内部合规力量,而在法律、税务、劳工、商业习惯等的调查方面更多依赖外部力量。

2. 政府层面

一是分类施策,加强境外投资投向引导,降低合规风险。鼓励和支持民营企业对外展开投资并购;鼓励企业、各类资本抱团取暖;鼓励国有企业在"走出去"的过程中化整为零,降低投资规模导致的合规风险。二是推进"走出去"诚信体系建设,让合规理念"扎根"。深化境外投资不良信用记录,出台境外合规评价制度,成立境外合规评价机构,将企业境外合规情况列入企业征信系统和失信惩戒的范围,同时借鉴美国政府检举奖励的经济手段,加强公众监督。

(二)着力畅通境外合规风险管理机制

1. 企业层面

一是围绕合规运营完善治理结构。企业应重视提高合规部门地位,设立总法律顾问制度,统领合规部门。学习百度经验,成立职业道德委员会,拥有独立的调查权,直接向最高管理层汇报。二是健全企业合规经营运行机制。健全考核问责和奖惩机制,建立并改进合规管理流程,使其融入业务流程。例如,吉利管理层接到伊朗订单后,在内部审议中根据合规部门交易风险报告否决该交易,有效地阻隔了合规风险。

2. 政府层面

一是构建违规法律责任体系以及合规免责或减轻责任制度。政府可在出台鼓励性措施时,把国家支持性政策与企业合规体系建设成效挂钩:在行政审批过程中,对具有健全合规管理体系的企业降低准入门槛;在企业违规时,把有效的合规管理体系作为予以处罚或减轻处罚的依据。借鉴美国政府执法机构与违法企业的协调机制和英国独特的"充分程序",激励企业完善合规体系。二是大力培养合规方面的综合性高端人才。借鉴日本海外投资调查补助制度,设立各类实践项目,鼓励和资助研究人员赴世界各国开展合规环境的田野调查;借鉴美国经验,支持多家跨国企业联合成立员工合规培训中心,推进人才长期培养工程。

(三)加快培育境外合规风险防控能力

1. 企业层面

一是重视企业社会责任,树立境外合规经营良好形象。如华立集团投资开发的"泰中罗勇工业园",为泰国当地解决就业3.2万人,取得东道国政府与民众的信任。二是灵活采取化整为零、抱团取暖的策略化解合规风险。企业在合理选择项目的同时,可参考万向收购A123公司主动剥离军事业务等敏感资产,打消东道国政府的顾虑;联合各种类型资本抱团取暖,可淡化国企背景,实现优势互补、风险分散。三是要积极应对合规危机,运用法律手段争取合法权益。违规危机发生后,积极协商、调解、止步、改错以化解纠纷;主动配合调查,公开信息,同时根据减轻情节展开自纠自查。比如,中国某企业受制裁后积极与非洲开发银行进行谈判并达成和解协议,显著降低了处罚金额及时限。

2. 政府层面

一是健全国内有关国际投资经营方面的法律法规和国际条约,加强合规环境建设。尽快推出《海外投资保护法》；启动双边投资协议的重新谈判或者补充协议签订工作；主动与尚未签订双边投资协定的国家接触，注重填补"一带一路"国家空白。二是健全投资争端预防中心功能，完善合规风险预防机制。大力推进本土争端解决机构和机制建设，推广国际商事法庭及其下设的"三位一体"争端解决机制；加强与国际仲裁中心的协调，支持亚洲开发银行建立服务"一带一路"的区域性国际投资争端解决中心。借鉴巴西投资争端预防机制，在双边投资协定中引入"预防条款"。三是有效推进公共信息服务平台建设。推进"一带一路"信息港、中国—东盟信息交流中心、"一带一路"标准化示范项目建设，探索信息政府采购制度。借鉴日本经验，加强指引，结合人员派出的经验调查，加强对各国历史文化、法律规则、裁判案例、审批程序的研究，提高合规信息数据库质量。

附录A.3　坚守"走出去"合规风控生命线　激发"一带一路"民营企业新活力

【内容简介】

浙江省正以"一带一路"统领开放新格局，然而作为"走出去"主力的浙江民营企业面临境外合规经营风险的严峻挑战，国际化经营能力不足。研究报告聚焦"走出去"境外合规经营风险，分析了准备工作不到位、管理体系不健全、监督机制不完善这三个合规风险成因，对应从事前识别预防、事中合理应对、事后监督整改三个环节提出企业与政府进行合规风险管控的对策建议，激发浙江"一带一路"建设新活力。

【正文】

一、"一带一路"统领开放新格局，"走出去"面临合规风险挑战

响应2018年浙江省委、省政府发布的《关于以"一带一路"建设为统领 构建全面开放新格局的意见》和《浙江省打造"一带一路"枢纽行动计划》，地处"一带"和"一路"有机衔接交汇地带的浙江，正充分发挥浙商优势、通道优势和平台优势，全力打造"一带一路"重要枢纽，争当新时代全面扩大开放的排头兵。2013—2018年，浙江省对"一带一路"沿线共建累计投资额285.2亿美元，带动东道国就业超6万人，建设成果共56项，宁波"一带一路"建设综合试验区连续11年名列全球第一大港。国家信息中心《"一带一路"大数据报告（2018）》显示，浙江设施配套最为完善，跨境合作表现突出，在"一带一路"参与度指数中排名第四，仅次于广东、山东与上海。

然而,"一带一路"热潮之下亦有隐忧,商务部发布的《中国对外投资发展报告2018》指出,浙江省出海以民营企业为主,跨国经营处在起步阶段,缺乏与国际化发展相适应的全球化视野、运作经验以及跨国经营配套服务。2018年德勤的《新阶段,新机遇——"一带一路"倡议纵深发展背景下,对外投资的趋势和解决方案》指出,"风险"和"监管"是中国企业海外投资面临的两大难题。国际化经营能力的不足导致浙企在"走出去"过程中合规风险频发,例如,浙大网新与阿尔斯通的脱硫项目产生专利纠纷、浙江中核因涉嫌欺诈被世界银行制裁、正泰电气被非洲开发银行禁入市场三年。

在"一带一路"沿线复杂多变的合规环境下,浙江省企业已经意识到警惕"走出去"合规风险的重要性,继国家层面合规监管政策文件的密集出台,浙江省内也发布了《浙江省企业境外投资指南》,率先出台全国首个企业竞争合规指引——《浙江省企业竞争合规指引》,引导浙江企业加强合规风险管理。然而,普华永道的《2019年"一带一路"境外投资风险防控现状与对策》报告显示,在中国企业对外投资关注的风险中,合规风险的关注度仅52%,排名第六位,对境外合规经营风险的认识与准备不足将导致重大风险隐患,浙江企业需加强"走出去"境外合规风险管理,激发"一带一路"新活力。

二、"走出去"企业境外合规经营风险成因

本节深入剖析"一带一路"倡议背景下浙江企业"走出去"境外合规经营风险的成因。

(一)成因一:境外合规经营风险准备工作不到位

一是对"硬合规"准备不充分。"硬合规"以正式性规则和条例为形式,是企业境外经营需履行的强制性法律义务。部分中国企业海外投资流程组织不科学,技术与商务队伍先行而法律合规队伍落后,导致企业在没有充分调研东道国政策法律法规的前提下,轻率地做出投资决定。《2016—2017中国合规及反商业贿赂调研报告》指出,许多企业在海外并购前没有对目标方的合规管控,对商业伙伴口碑信誉、既往舞弊现象等进行合规尽职调查,导致巨额经济损失。例如,宁波乐惠国际收购德国芬纳赫前期尽职调查不审慎,因前股东故意隐瞒而面临多起诉讼和重大经济损失。

二是对"软合规"准备不重视。"软合规"是非正式的规范和价值观,与社会文化、道德观念、公序良俗等相关联,"一带一路"合作东道国的"软合规"要求各不相同。部分企业忽略了境外投资中非正式性社会文化的交流、融合与碰撞,轻视了道德规范与价值观念冲突的隐性掣肘作用。例如,华立、海康威视等浙企都曾因语言文化障碍产生的摩擦在海外布局的过程中遭遇远超预判的困难。

(二)成因二:境外合规经营风险管理体系不健全

一是部分浙江企业合规经营风险管理投入不充分。境外合规风险因素重要性评估影响企业应对决策,然而部分企业不愿付出合规成本,一味追逐经济利益,逃避、漠视、抵制合规。例如,浙江新洲集团在俄罗斯承包的24.7万公顷林地,因未及时缴税和遵守当地法规被全部罚没。浙江企业高管对合规的重视程度不足。浙江吉利首席合规官指出,企业高层负责人很少亲自参加合规委员会组织的培训。

二是部分浙江企业合规经营风险管理能力不扎实。"走出去"企业经常面临的窘境是缺乏可操作性较强的管理制度与流程指导合规风险管理,导致企业没有能力将合规经营风险管理落到实处。例如,浙江海兴电力在对印尼进行投资的过程中,因缺乏必要的税务筹划和对当地税务政策的深刻理解,多缴税款造成经济损失。"一带一路"合作东道国合规经营环境复杂多变,合规专业人才缺失也会导致企业难以及时识别与应对合规风险。《2019人才市场洞察及薪酬指南》指出,企业在风险控制管理及合规管理方面的人才需求存在重大缺口。

(三)成因三:境外合规经营风险监督机制不完善

一是企业境外合规内控监督不健全。部分"走出去"企业在海外投资中的内部控制不完善,在反腐败、廉洁治理方面合规风险频发,例如,浙大网新曾因涉嫌欺诈和贿赂而在一定时期内被禁止承接世界银行资助的项目。此外,中资企业对境外子公司管控不到位,不能按照东道国的法律、规章和文化背景量身定制合规方案,母公司选派的董事或高管往往忽视当地与中国的社会和法律差异而套用固定思维,可能激化双方矛盾冲突造成合规风险。

二是境外合规监管制度环境不完善。在"一带一路"倡议下,近年来国家与地方都密集出台了若干合规监管政策,积极营造健康的合规监管制度环境。然而由于合规制度体系建设起步较晚,合规政策落地不充分,以制度建设加强合规的惩罚与激励机制还待完善。在相关法律法规不完善的情况下,违规行为不能得到根本的治理,很多企业仍抱有"侥幸心理",这会打击企业合规建设积极性,给合规风险管理带来不利影响。

三、对策建议

研究报告针对上述问题,借鉴国际经验,从企业与政府两个层面,提出适用于"一带一路"倡议背景下浙江企业"走出去"境外合规经营风险管理的对策建议。

(一)境外合规经营风险要"事前识别预防"

1. 企业层面

要加强海外投资前的合规尽职调查。面对"一带一路"合作伙伴复杂多变的合规要求,浙江企业应重视深度调研与全面对标,及早引入海外法律与合规团队,深入研究本国和东道国相关法律法规、国际组织合规要求、国际合规惯例以及国际最佳实践,建立专门机构对投资所在国和投资项目进行全面风险评估和全程合规监控。在进行调查时,应考虑聘请熟悉国际合规要求和东道国合规制度的专业人才,有助于调研团队准确而快速地识别合规风险信号。合规尽职调查可借鉴以下国际经验:日本企业以"综合商社"形式结伴进行前期调查,同时对法律和监管系统、东道国营商环境、合作伙伴可信度等展开全面的尽职调查。考虑到第三方业务咨询协议有被滥用于贿赂的风险,德国西门子的尽职调查还纳入了对合作咨询机构声望、司法指控情况的调查。

2. 政府层面

要提供专业信息服务防范合规风险。在进一步完善现有"浙江企业国际化经营合规风险排查活动"、浙江省国际投资服务中心"一站式专业化服务解决方案"、"浙江民营企业跨国经营风险预警机制""浙江省境外投资企业服务联盟圆桌会"等保障和宣传措施的基础上,浙江政府可借鉴韩国政府利用贸易促进代表团支持企业参加海外展览,了解相关信息以及与外国咨询公司合作,为企业补充当地投资规范和商业网络信息的国际经验,牵头设立专家咨询服务平台,为企业提供母国和东道国的税收程序、海外通报程序、就业援助或劳动管理特定部门的专业信息促进合规经营。政府还可牵头建立智库,在"一带一路"指导性案例库的基础上,针对"一带一路"沿线完善风险信息共享和预警体系。此外,政府还需顺应全球互联网和大数据的潮流,推进大数据下合规评估体系建立,强化合规标准对市场培育、服务能力提升和行业管理的支撑作用。

(二)境外合规经营风险要"事中合理应对"

1. 企业层面

要建设合规管控体系应对合规风险。浙江企业应加快推进业务管理、合规管理、财务管理三道防线相衔接的合规体系建设;同时,应设立并明确各层级合规官职责,在识别、评估、监测和报告境外合规经营风险的基础上,提出应对方案、组织合规调查,及时加强对"重要控制弱点"的补救。例如,德国西门子在全球所有的大型项目批复中,都要加入合规风险评估,合规官有权停止高风险项目。德国戴姆勒合规部门直接向董事会汇报,随着合规管理范畴向新兴领域的拓展,针对信息化时代单独设立数字风险合规官。

2. 政府层面

要主动提供合规风险管控必要支持。基于"浙江境外投资法律服务中心"、浙江省贸促会举办的"走出去"合规经营培训、"全省外经企业业务培训班"、"浙江省标准联通共建'一带一路'行动计划"、"浙江丝路产业投资基金",浙江未来可借鉴国际经验:韩国政府支持企业实现国际标准,承担部分与获取国际标准证书有关的费用,协助企业提高可靠性增强合规经营;挑选和培养具备语言能力和实践技能的专业人才,派往当地国家培育合规文化;设立海外投资呼叫中心,促进企业与地区专家就投资环境和程序进行咨询加强合规管理;韩国贸易投资振兴机构、韩国业务发展中心等组织现场便利化项目,利用海外基地为企业开展当地员工合规培训。此外,日本工业标准委员也推动日本工业标准向国际标准转化,从而推动企业接轨国际惯例增强合规性。新加坡、墨西哥等在东道国建立"舒适区"为海外投资者提供法律服务,引导与促进境外合规经营。

(三)境外合规经营风险要"事后监督整改"

1. 企业层面

要加强合规经营风险管理文化建设。在共建"一带一路"过程中,吉利建设员工合规"源动力工程"、阿里巴巴设立集团一级部门"廉正合规部"等举措塑造了浙企合规文化建设的成功典范。日本企业合规文化的培育也提供了可借鉴的经验:日本企业大多建立内部检举制度和纠错机制,员工可以匿名向公司专设的"内部通报窗口"举报违规行为。在海外投资后的本地化合规努力上,日本企业高管与海外同行建立协同小组,制定相互认可的企业战略和使命宣言,非日籍高管获得的自由和权威甚至超过日籍高管。浙企应学习和建立违规行为的举报制度和渠道,如求助热线、在线报告系统、监察员等。浙江还应积极发挥工商联、商会、贸促会、行业协会及各类中介服务机构作用,充分协同多方力量,有效化解风险,共同铸就企业走出去合规经营"防火墙"。

2. 政府层面

要完善合规经营风险监管制度环境。在加快建立"浙江省境外投资违法违规行为记录"等监督机制的基础上,政府应完善制度建设加强对企业合规经营的监督与激励。一方面,应加强企业合规经营监督,推进诚信体系建设,强化合规意识,让合规成为一种习惯。另一方面,政府还应加大境外投资合规风险管控与查处力度,并完善激励机制。在继续贯彻落实"境外投资不良信用记录""境外投资违规责任追究制度"的基础上,政府可借鉴以下合规管理的国际经验:例如,美国围绕《反海外腐败法》形成政府执法机构与违法企业的合作机制,在保持政府追责威慑的同时,激励企业彻底改革内控机制。英国《反贿赂法》独特的"充分程序"规定通过让证明已采取适当法律程序的企业能够免受追责激励企业贯彻合规。日本2006年出台《公益通报者保护法》,切实保护"吹哨人"制度,鼓励发挥社会监督作用。

附录 A.4　关于加强"一带一路"合规建设 规避美国"长臂管辖"陷阱的建议

【内容简介】

"一带一路"新形势下,中国"走出去"企业突出地面临美国等主体施加的规则压力。美国建立完善的合规体系为本国企业赢得国际竞争主动权,并结合"长臂管辖"为中国企业"一带一路"境外经营设置了诸多"陷阱"。研究报告从应对"合规陷阱"的主动意识、制度落实与风控能力三方面,对标美国合规管理经验,分析了中企存在的问题,相应提出"三个转变"的对策建议,推动"走出去"中企以合规开启"一带一路"新征程。

【正文】

一、加强"一带一路"合规建设,警惕美国长臂管辖陷阱

"一带一路"倡议加快中国企业"走出去"步伐。联合国《世界投资报告2019》显示,2018年中国企业"一带一路"共建直接投资持续扩大,非金融业投资增加8.9%,达160亿美元,约占中国OFDI总额的13%。中国在"一带一路"沿线的63个国家设立境外企业已超过1万家,境外合规经营成为发展重点战略问题。

然而,"走出去"过程并非一帆风顺,随着全球监管加强与保护主义威胁,境外"合规陷阱"不断挑动中国企业神经。美国擅长利用其合规制度优势在投资审查、出口管制、反腐败、金融监管等多个领域实施"长臂管辖",成为企业境外合规风险管理的风向标。中国已有近300个机构和个人被美国列入制裁"实体清单",仅次于俄罗斯。《2017—2018中国合规及反商业贿赂调研报告》指出,中国企业境外经营将近50%的处罚来自美国,中国"走出去"企业合规风险愈演愈烈。

特征一:"联合制裁合规陷阱"下,中国企业登世界银行"黑名单"数量激增,远超美国。合规风险日趋错综复杂,继中兴、华为之后,美国又将五家中国科技公司列入黑名单,具有政治色彩的规则操纵使中国企业境外经营举步维艰。1999—2019年世界银行制裁名单包含856家中国企业,总数是美国的近15倍。2019年新增名单中,中铁集团及关联公司被制裁的高达733家,江西省地质工程集团、正泰电气都与多家关联公司遭到制裁。母子公司"联合制裁"波及效应敲响中企合规警钟。

特征二:中美战略竞争聚焦数字经济,数据隐私合规成为"新领域合规陷阱"。联合国《2019年数字经济报告》显示,全球数字经济一直由美国和中国共同领导,

两国占全球70家最大数字平台公司市值的90%。然而,《世界互联网发展报告2018》显示,美国网络安全建设处全球前列,中国排名仅第二十一,以美国运通、微软等跨国企业为代表的数百家公司设立数据保护官职位并实施数据加密计划应对合规问题。相比之下,随着欧盟《通用数据保护条例》(General Data Protection Regulation,简称GDPR)、美国CCPA法案相继出台,小米、海能达、国泰航空等诸多中国企业都发生了数据信息安全合规问题,威胁"数字丝绸之路"建设。

特征三:欧美"针对性合规审查陷阱"精准打击中国科技企业境外经营。面对美国在投资审查领域的长臂管辖,许多境外项目因"国家安全"顾虑无法推进。2017年中兴事件影响深远,2019年美国司法部又对中兴在肯尼亚、利比亚等地的贿赂丑闻开启新一轮调查。2019年欧盟《外资审查条例》、美国《外国投资风险评估现代化法》相继出台,针对中企跨境交易进行"放大镜"式的审查,以不合规为由限制关键基础设施、技术、原材料领域的国际投资,如蚂蚁金服收购速汇金失败、吉利收购戴姆勒遭遇从严合规审查。目前,被列入美国商务部"实体清单"的中国公司和机构达到147家,包括华为、科大讯飞、旷视科技等众多科技企业。

美国是最早进行企业合规实践的国家,是《反腐败法》和《反不正当竞争法》的发源地。美国利用合规入法、违规重罚、合规红利等制度,倒逼其跨国企业形成完善的合规运行机制。汲取美国先进合规经验,将有助于中国企业夯实境外合规风险防控体系,破解美国"长臂管辖"陷阱。

二、存在的问题

与美国相比,中国"走出去"企业境外合规经营体系存在以下问题。

(一)问题一:应对境外"合规陷阱"的主动意识淡薄

第一,境外合规经营"主动性"理解不到位。2019年因伪造文件、虚假陈述等欺诈行为受世界银行制裁的中国企业高达791家,而同年美国进入世界银行黑名单企业数量仅是中国的十五分之一。《2017—2018中国合规蓝皮书》显示,具备合规尽职调查政策的中国企业不足20%。缺乏合规尽调主动性导致高合规风险,如宁波乐惠国际收购德国芬纳赫缺少尽职的第三方审核造成重大经济损失。

第二,数据保护等新兴热点合规"前瞻性"防范不重视。《2017—2018中国合规蓝皮书》显示,仅48.43%的企业将数据保护和网络安全纳入合规政策。数据安全研究中心Ponemon Institute报告显示,美国65%的企业进行了数据加密,而中国企业远不足50%,数据保护安全规范重视不足增加合规风险,如小米旗下生态链企业Yeelight因无法及时符合欧盟《通用数据保护案例》的监管要求而暂时关闭服务;深网视界因大规模数据泄露遭受调查;国泰航空因多项数据保护合规缺失遭受处罚。

(二)问题二:应对境外"合规陷阱"的制度落实不力

第一,企业合规管理制度不健全。《中国企业对外投资现状及意向调查报告(2019年)》显示,仅37.8%的中国企业设有独立合规部门;中企实行母子公司"一起管",仅18%的企业设置了专职境外监督人员,45%的企业定期派出总部人员进行现场检查或审计,相比于美国OFAC(美国财政部海外资产控制办公室)要求母子公司连带责任的合规惩罚机制,中国跨国公司母公司和海外子公司间上下连贯的合规部门桥接性缺失,导致大量联合制裁案例,如中铁及730家子公司因欺诈行为收到世界银行禁令。

第二,企业合规内控部门被边缘化。例如,中航油新加坡子公司高管决策独断专行,无视成套合规风险管理规章和逐级合规内控审查,最终造成五亿多美元损失。相比之下,美国推行《吹哨人保护法案》《多德-弗兰克法案》,要求企业首席合规官直接向CEO或董事会汇报保证其独立性和权威性;美国上市公司会计监管委员会持续推动企业审计报告披露重大事项,帮助企业增强风险警示和判断能力。

(三)问题三:应对境外"合规陷阱"的风控能力不足

第一,合规风险预警能力不足。普华永道的《2019年"一带一路"境外投资风险防控现状与对策》表明,超过41%的中国企业尚未建立常态化的风险评估机制,导致企业容易错失及时应对重大风险变化的最佳时机。相比之下,美国注重提升企业预警能力,制定包含11个大类问题清单的《企业合规体系评估》供企业对照改进,还专门成立了合规科技公司如Ayasdi、Compliance.ai帮助企业实现数字化实时合规监管和风险预警。

第二,合规风险处置能力不足。2018年后我国才启动了国际商事法庭、国际商事专家委员会等机构以及争端解决机制的建设工作。面临合规争议时,中国企业缺乏积极应对意识,在国际投资争端解决中心数据库近300个案例中,仅6家中国企业(个人)提起了仲裁。部分企业在美国发起的长臂管辖诉讼中未积极应诉和抗辩,可能被认定为"藐视法庭"。相比之下,美国仲裁协会国际争议解决中心在1996年便已成立,美国企业拥有主动申请国际仲裁的意识和传统。另外,中国企业缺乏争议解决知识储备。如平安诉比利时政府案中,因对管辖权条款了解得不够审慎而败诉。

三、对策建议

针对上述问题,本文提炼美国经验,从企业与政府两个层面提出"走出去"中企境外合规风险防控的对策建议。

(一)合规经营意识从"要我合规"向"我要合规"转变

1. 企业层面

一是加大合规风险防控的资源投入。中企应主动出台符合世界银行《诚信合规指南》的合规细则要求,分层级梳理合规内控的纲领性制度、规范性制度、重点领域细化指引性制度,为避免公司落入合规陷阱设立隔离带。借鉴美国埃克森美孚公司,出台"管理控制基本标准体系"明确全球控制系统运作的要求;出台《从业行为规范》,涵盖国际业务、客户关系等16个不同方面的细化要求。针对数据合规风险方面,可借鉴美国企业实施数据加密计划。二是设立合规主动自查的有效机制,为避免落入"合规陷阱"设置警报器。可借鉴美国经验设立吹哨人制度和内部匿名举报制度,并设立独立调查组,由合规小组长专职负责,实现内部自查监督并保护员工隐私。美国运通、微软等数百家跨国企业已设立数据保护官职位应对信息隐私合规问题。

2. 政府层面

一是加大"合规红利"激励企业主动合规,提供合规资源支持。构建违规法律责任体系以及合规免责或减轻制度,提供财政支持促进企业合规。可借鉴美国经验:美国司法部发布《反垄断刑事调查中企业合规项目的评估》,鼓励企业投入资源制订有效的反垄断合规方案;新修订的《反海外腐败法》中及时补救不合规行为的企业享受从宽待遇;《公司执法政策2019》鼓励企业自首与自查机制;COSO框架下美国企业的欺诈丑闻明显减少。二是加强违规惩罚机制,增强企业合规自律动力。继续深化境外投资不良信用记录,将企业境外合规情况列入企业征信系统和失信惩戒范围,可借鉴美国政府检举奖励的手段,加强社会公众监督。强化指引公司管理层担责模式,美国《耶茨备忘录》呼吁联邦检察官在调查公司不法行为时重点关注个人责任,情节严重时对高管追究刑事责任。

(二)合规管理制度从"形式合规"向"实质合规"转变

1. 企业层面

一是完善内部治理结构,合规部门专门负责合规制度建设。企业应强化母子公司合规部门连接机制,避免"联合制裁"波及效应。可借鉴经验:美国法律明确规定母公司对子公司的监管责任,在合规部门设计上,在各业务单元和总部之间设立一个中间机构作为枢纽,将合规要求逐一传达到各个子公司,开展母子公司合规负责人定期会议进行反馈。二是保证合规官独立性和权威性,保证合规制度公开透明。可借鉴美国经验,要求首席合规官直接向CEO或董事会汇报,并将合规议程加入内部高级别会议中。美国企业通过"蓝宝书"促进合规透明化,明确公司员工和各关联方的行事依据与标准,做到合规制度"公开可依"。

2. 政府层面

一是完善企业合规制度建设指引。在现有《企业境外经营合规管理指引》等基础上,加快出台建设指引与细则要求,减少合规必备要素的形式审查"陷阱"。可借鉴美国经验:美国司法部2017年颁布评估企业合规计划的指引文件;美国海外资产控制办公室2019年发布《OFAC合规承诺框架》要求企业有效制裁合规计划必备五个基本要素;2010年美国《联邦量刑指南》明确要求企业高级官员负责企业合规并向董事会报告,确保其独立性与权威性。二是加大政府扶持的合规人才培养计划。整合政府、企业和高校资源,培养具有国际视野的综合合规人才,借鉴美国经验:政府牵头设立带薪培训和免费培训制度,支持多家跨国企业联合成立合规培训中心。

(三)合规风控从"单一合规"向"全方位合规"转变

1. 企业层面

一是实现境外"全过程"合规风险防控。企业对境外目标方或第三方进行深入的合规风险事前尽职调查,全过程持续动态监控和预警。可借鉴经验:美国跨国企业通常从项目初期阶段尽职调查中就认真审查目标公司是否有触犯FCPA的行为。为提升合规风险应对能力,企业应加强涉外律师人才储备,积极回应合规诉讼,善用法律武器保障自身权益。二是实现"新兴合规"与"传统合规"的"全领域"防控。以龙头企业为引领,重视数据和隐私保护合规,如吉利通过设立"数字合规风险官",负责子公司戴姆勒全球所有与数据相关的合规风险。综合考虑不同国家的网络安全和数据保护法律制度,设计有效的全球IT设施架构,构建合法的全球数据处理机制。可借鉴美国经验,亚马逊、谷歌、苹果、推特等科技公司带头响应美国CCPA法案,形成示范作用。美国51家行业领先公司首席执行官召开美国商业圆桌会议,号召建立一个国家隐私保护框架。

2. 政府层面

一是要强化境外投资风险信息服务功能,发挥政府组织的数据合规审查和管理作用,辅助企业决策并预防合规风险发生。政府可借鉴美国经验:设立TDA基金、资助企业可行性研究、尽职调查;加强特色新型智库建设,以政策为导向,进行舆情和环境监测;制作《非秘受控数据列表》实施动态监管推动数据合规。二是完善全方位的企业合规法律支撑体系,加强域外管辖及域外执法能力建设。在法律文件储备上增设与"一带一路"相关国家的贸易投资协定条款,引入"争端解决"预设条款。可参考美国经验,在双边投资条约中硬化、深化和细化海外投资企业的重点领域合规义务,并引入"法庭之友"加大海外投资争端解决的透明度。针对数据合规,可借鉴美国快速出台CLOUD法应对欧盟《通用数据保护条例》的经验,基于《网络安全法》进一步确立执法数据出境规范的具体实施细则和审批机制。

附录 A.5　知己知彼，破解"美国陷阱"打造"一带一路"投资合规风控浙商样板

【内容简介】

"一带一路"新形势下，浙商"走出去"对外投资遭遇合规风险的"内忧外患"。美国借助其法律条文编织"长臂管辖"的合法性外衣，为浙商"一带一路"对外投资设置了诸多"陷阱"。研究报告从破解对外投资"合规陷阱"的主动意识、制度落实与风控能力三方面，对标美国合规风险防范经验，分析了浙商存在的问题，相应提出"三个转变"的对策建议，有利于深入发挥数字浙江特色与全球浙商优势，打造"一带一路"对外投资合规风控的浙商样板。

【正文】

一、警惕美国"霸权长臂"，识别对外投资"合规陷阱"

围绕《浙江省打造"一带一路"枢纽行动计划》，浙江已确立在"一带一路"建设中陆海统筹、东西互济、南北贯通的战略地位，充分展现出"民企优势"和"数字经济"两大亮点。2019年，浙江对"一带一路"共建国家投资额增长逾70%，共实施154个对外并购项目。在200多万境外浙商的"主力军"作用下，中印尼港口园区等20个重大项目签约落地，总投资超过143亿美元；泰国泰中罗勇工业园等12个浙商投资的境外经贸合作园遍地开花。

然而，浙商"一带一路"对外投资遭遇合规风险的"明枪暗箭"。1999—2019年的世界银行制裁名单中，中国以856家入榜企业高居首位，总数是美国的近15倍。《2017—2018中国合规及反商业贿赂调研报告》指出，中企境外投资经营将近50%的处罚来自美国。2019年美国长臂管辖制裁罚金近13亿美元。中国已有近300家机构和个人被列入制裁名单，仅次于俄罗斯。美国作为全球企业合规管理的风向标，擅长借助其法律条文编织"长臂管辖"的合法性外衣，由此产生的合规风险不断挑动"走出去"对外投资浙商的神经。

特征一："数字鸿沟"压力下，传统浙商跨境数据合规转型难度高，美国对数字技术的精准打击成"新领域合规陷阱"。联合国《2019年数字经济报告》显示，数字经济呈现中美两极竞争格局。然而，据美国数据安全中心和麦肯锡调查，美国65%的企业进行了数据加密，中企远不足50%；美国企业上云率达到85%，而中国仅有40%。传统产业数字化转型是未来的关键转折。《数字中国建设发展报告

（2018年）》显示浙江省"产业数字化"指数达18.66，位列全国第一。但由于数字化能力不足、技术应用成本过高，部分传统浙商数据合规转型陷入数据确权难、数据孤岛等困境。面对欧盟《通用数据保护条例》、美国《加州消费者隐私法案》等法案，跨境数据合规风险凸显。

特征二：中小民营浙商境外合规受制于企业规模和运行成本，依托大型企业进行对外投资容易遭遇"联动合规陷阱"。浙江是民营经济大省，中小微企业占99%以上。中小企业资金短缺、经营模式单一、抗风险能力较差，难以抵抗依托大型企业投资进入国际市场时境外合规风险沿价值链向自身的扩散蔓延。例如，浙江中小企业台州中浮新材料科技有限公司与海康威视等大型企业一起被列入美国禁止业务往来"黑名单"，前者更难承受合规风险损耗。

特征三：欧美保护主义抬头，"针对性合规审查陷阱"对浙商境外投资经营的压力逐年加大。欧盟《外资审查条例》、美国《外国投资风险评估现代化法》出台，针对关键基础设施、技术、原材料领域的中企对外投资项目进行"放大镜"式的合规审查限制。力图以对外投资带动本土产业链重构的浙商更是"首当其冲"。例如，2019年浙江企业应对美国、欧盟等25个国家和地区发起的贸易救济调查154起，总量居全国首位；浙江吉利收购戴姆勒遭遇德国监管部门的从严合规审查；美国外资投资委员会阻拦浙江蚂蚁金服收购速汇金；浙江大华等众多科技企业被列入美国商务部制裁"实体清单"。

作为"合规发源地"，美国利用合规入法、违规重罚、合规红利等倒逼本国企业完善合规体系，并通过"长臂管辖"对中企"一带一路"投资进行不合理打击。浙商应认清美国"长臂管辖"威胁，汲取美国合规经验，破解"美国陷阱"。

二、存在的问题

对标美国，浙商应对境外"合规陷阱"存在以下问题。

（一）问题一：应对境外投资"合规陷阱"的主动意识淡薄

一是对境外投资合规"主动性"理解不到位。《2017—2018中国合规蓝皮书》显示，具备合规尽职调查政策的企业不足20%，如宁波乐惠国际收购德国芬纳赫缺少合规部门尽职审核而面临多起诉讼。浙江省国际投资促进中心指出，不少浙商投资非洲失败源于对当地风俗的不了解。美国企业在对外投资时注重主动承担社会责任，是其进行全球性合规严查的底气，如IBM实施"全球公民一揽子计划"。

二是对新兴合规风险"前瞻性"防范不重视。截至2019年，浙江上云率不足15%，同时其中很多企业仅做到了资源上云，忽视数据安全合规风险管理这一关键环节。《2017—2018中国合规蓝皮书》显示，仅48.43%的企业将数据保护和网络安全纳入合规政策。以美国运通、微软等跨国企业为代表的数百家美国公司设立数据保护官职位并实施数据加密计划。因此,美国敢于实施严格的跨境数据合规法案进行全球性制裁。

(二)问题二:应对境外投资"合规陷阱"的制度落实不力

一是企业合规管理制度不健全。《中国企业对外投资现状及意向调查报告(2019年)》显示,仅37.8%的企业设有独立合规部门;仅18%的企业设置了专职境外监督人员,45%的企业定期派出总部人员进行现场检查或审计。母子公司间合规部门桥接性缺失,导致联动风险,如浙江正泰及其15家子公司被非洲开发银行禁入市场3年。相比而言,美国OFAC要求母子公司建立连带责任的合规惩罚机制,使美国在全球实施"联合制裁"合规惩罚时本国企业境外投资经营受较小影响。

二是合规内控执行机制不通畅。内控薄弱的浙企缺乏专门的合规监督机制和有效的信息联通反馈机制。如浙江海兴电力对印尼的投资中,对财务策划和合规报税控制不到位,导致多缴税款的经济损失。美国COSO先后发布《企业内部控制整体框架》《中小企业合规指南》为企业提供指引;推行《吹哨人保护法案》《多德-弗兰克法案》,要求企业首席合规官直接向CEO或董事会汇报保证其独立性和权威性。

(三)问题三:应对境外投资"合规陷阱"的风控能力不足

一是境外投资合规风险的预警能力不足。普华永道的《2019年"一带一路"境外投资风险防控现状与对策》显示,超过41%的企业尚未建立常态化的风险评估机制。浙江绿岛科技、浙江海正就曾因实验数据完整性不合规而遭海外监管机构警告。美国专门成立合规科技公司如Compliance.ai、Ayasdi帮助企业实现数字化实时合规风险预警;美国《企业合规体系评估》罗列11个大类项问题样本清单,为企业提供差异化风险评估解决方案,减小其受全球性合规制裁的波及。

二是境外投资合规风险处置能力不足。面临合规争议时,浙江企业缺乏积极意识应对大环境,如温州齐诚电器曾因拒绝应诉而败诉德国ABB,丧失德国市场。2018年后我国才启动国际商事法庭、国际商事专家委员会等机构以及争端解决机制的建设工作。相比之下,美国企业拥有主动申请国际仲裁的意识和传统,美国仲裁协会国际争议解决中心在1996年便已成立。因此,美国企业可积极适应强硬合规制裁作风。

三、对标美国经验,破解"走出去"合规陷阱

针对上述问题,本文提出适用于浙商"一带一路"对外投资破解美国"长臂管辖"合规陷阱的对策建议。

(一)合规经营意识从"要我合规"向"我要合规"转变

1. 企业层面

可在对外投资中借鉴美企同步设置避开美国长臂管辖"合规陷阱"的隔离带和警报器。一是加大对外投资合规风控的资源投入。浙企对外投资应提前制订世界银行《诚信合规指南》建议的诚信合规计划。分层级梳理合规体系,如浙江跨境电商杭州呼嘭智能技术公司在境外各地设立分支机构和资深合规专家团队。如美国埃克森美孚公司,出台"管理控制基本标准体系"明确公司全球控制系统运作基本要求,出台《从业行为规范》涵盖16个不同方面细化要求。针对数据合规风险,可与美企同步实施数据加密计划。二是设立对外投资合规的主动自查机制。如借鉴美国企业设立"吹哨人制度"和"内部匿名举报制度",并设立独立调查组,由合规小组长专职负责,实现内部自查监督并保护员工隐私。

2. 政府层面

在保持浙江特色的同时,模拟美企受到的合规"惩罚"与"红利"环境,增强浙企对外投资的合规自律动力,巧妙避开美国"合规陷阱"打击。一是加强对外投资违规惩罚机制。继续深化浙江境外投资不良信用记录,将对外投资合规情况列入企业征信系统和失信惩戒范围。同时可参考美国政府检举经济奖励,加强社会公众监督。强化指引公司管理层担责模式,避免浙企境外经营权力被架空。美国已通过《耶茨备忘录》呼吁联邦检察官重点关注公司不法行为中的个人责任,情节严重时追究高管刑事责任。二是加大对外投资"合规红利",构建合规免责或减轻制度。美国基于众多合规鼓励政策对美企合规极度自信,例如,美国司法部《反垄断刑事调查中企业合规项目的评估》鼓励企业投入资源制订有效反垄断合规方案;《反海外腐败法》提出及时补救不合规行为的企业享受从宽待遇;《公司执法政策2019》鼓励企业自首自查,推动COSO框架的企业财务诚信和责任制度。

(二)合规管理制度从"形式合规"向"实质合规"转变

1. 企业层面

一是完善内部治理结构,合规部门专项负责合规制度建设,形成高质量母子公司合规枢纽,破解"联合制裁合规陷阱"。美国由于自身法律明确规定母公司对子公司的监管责任,各业务单元和总部之间会设立中间枢纽机构进行信息传达,并召开母子公司定期合规负责人反馈会议,将"母子公司联合制裁"作为打击他国企业的利器。二是保证合规官独立性和权威性,保证合规内控体系顺畅透明,有效防御美国基于对本国企业合规体系完备透明的百倍信心而对他国企业进行"合规性审查"责难。美国公司普遍要求首席合规官直接向CEO或董事会汇报,并将合规议程加入内部高级别会议中;通过"蓝宝书"促进合规制度公开可依,明确公司员工和各关联方的行事标准。

2. 政府层面

一是完善对外投资企业合规制度建设指引,细化推进《浙江省企业竞争合规指引》《浙江省民营企业发展促进条例》。美国为扩大合规制裁霸权,颁布众多文件指导本国企业合规,司法部2017年发布《企业合规计划测评》;海外资产控制办公室2019年发布《OFAC合规承诺框架》,提出企业有效合规计划必备五要素;2010年《联邦量刑指南》(修订版)明确要求设立高级官员负责企业合规并确保其独立性与权威性。二是加大政府扶持对外投资合规人才培养计划,实现浙江合规人才战略储备。深入落实"鲲鹏行动"计划,继续拓展浙江省贸促会"走出去"合规经营培训、"全省外经企业业务培训班"。美国政府设立带薪和免费培训制度,支持多家跨国企业联合成立合规培训中心。

(三)合规风控从"单一合规"向"全方位合规"转变

1. 企业层面

一是实现境外投资经营"全过程"合规风险防控。美国自恃本国企业通常从对外投资初期阶段就对目标公司是否触犯FCPA进行尽职调查,拥有较高"全过程"合规风险防控能力,肆意加大合规制裁力度。浙企需对境外目标方或第三方进行深入合规风险事前尽职调查,并持续动态监控和预警。二是实现"新兴合规"与"传统合规"的"全领域"防控。美国试图以企业超前数据合规建立进程实现对国际数据合规的全方位掌握。亚马逊、谷歌、苹果、推特等龙头科技公司带头响应美国CCPA法案,美国51家行业领先公司首席执行官召开美国商业圆桌会议号召建立国家隐私保护框架。对此,浙企应深化推广阿里巴巴联合业内权威机构发布的《数据安全能力成熟度模型》,助力企业以国家标准发现和弥补数据安全能力短板,丰富跨境数据合规应对策略。

2. 政府层面

一是要强化境外投资风险信息服务功能。进一步完善现有"浙江企业国际化经营合规风险排查活动"、浙江省国际投资服务中心"一站式专业化服务解决方案""浙江民营企业跨国经营风险预警机制",建立政策导向型智库进行舆情和环境监测以对抗美国智库数量和影响力目前全球第一的局势。加强数据出境管理应对美国政府制作《非秘受控数据列表》汇编各行业重要敏感数据的规范文件并实施数据合规动态监管的现状。二是全方位完善境外投资合规法律支撑体系。依托"浙江省境外投资企业服务联盟"等平台,加强涉外律师人才培养,提升服务浙企解决境外违规争端的能力。考虑引入美国同款"法庭之友",遏制其针对海外投资争端解决透明度的攻击。针对数据合规热点,在贯彻落实《网络安全法》和浙江"提升网络数据安全保护能力专项行动"的基础上,对标美国 CLOUD 法积极确立"浙江特色"数据出境规范的具体实施细则和审批机制。

附录 A.6　从 TikTok 看跨境数据合规 谋定后动制胜数字主权大国博弈

【内容简介】

数据是数字经济时代各国发展的命脉。TikTok 风暴引出跨境数据合规之争,如何破解数据合规困境,提升中国在数字主权博弈中的话语权,是"走出去"企业和政府无法逃避的挑战。本文聚焦 TikTok 事件,分析中企数字主权安全维护滞后、数据合规风险防御不力、全球利益网络构建缺陷、跨境数据流动保障匮乏四大问题,紧扣 TikTok 交锋的战略转折点,围绕捍卫数字主权、前置防御关口、深耕利益互通、保障数据流动,从中央、部委、企业和社会组织四个层面提出对策建议,推动中国跨境数据合规"于变局中开新局",赢得大国数字主权博弈。

【正文】

一、警惕"TikTok 式"陷阱,把握大国数字博弈话语权

数字革命以前所未有的方式重新定义全球化的未来轮廓。联合国《2019 数字经济报告》显示,中美两国共占全球 70 个最大数字平台市值的 90%,欧洲在其中仅占 4%。作为数字时代的"石油",数据价值化重构生产要素体系。对数据的控制、创造和价值捕获的激烈竞争,已升级成新一轮大国博弈的关键。

TikTok 跨境数据合规之争是日趋分歧的全球网络空间内大国数据控制权交锋的一个缩影。TikTok 全球累计下载量近 20 亿次,超越 Instagram 成为美国青少年第二喜爱的社交应用。2020 年 9 月,美国商务部以 TikTok 对美国用户个人隐私数据采集不合规为由提出"封禁令",将 TikTok 列为美国数据安全的"重大威胁",要求 90 天内剥离 TikTok 在美国运营的所有权益并进一步以禁令逼迫其将美国业务出售给美国公司。纵观 TikTok 风波,共有三次战略转折关键点:一是 TikTok 起诉美国政府表明抗争姿态,二是中国政府调整出口技术目录获得主动权,三是 TikTok 被暂缓下架,赢得阶段性胜利。

伴随中国在全球数字经济产业价值链中地位迅速提升,中国"走出去"数字企业极易遭受以美国为首的西方国家的"战略剿杀"。美国构筑"数字铁幕",将"数字炮舰政策"打压的目标从最初的中国移动等通信企业升级至中国互联网生态最有活力的企业,阿里巴巴、百度、腾讯皆不例外。中美对弈之外,欧洲"虎视眈眈",

率先出台最全面的数据保护方针《通用数据保护条例》(GDPR),锐化政策工具并"狩猎"数字巨头。小米和腾讯QQ因违反GDPR无法再向欧洲用户提供数据服务。

后TikTok时代,所有中国数字企业"走出去"都将面临数据安全和信任质疑。在未来更为艰苦的挑战中,中国企业和政府只有谋定而后动,复盘调整再出发,才能焕发跨境数据合规生机,赢得数字主权博弈。

二、主要问题

TikTok事件暴露中企跨境数据合规的四大问题。

(一)问题一:数字主权安全维护滞后

一是企业数字安全治理控制力不足。首先,红杉资本等西方投资者占字节跳动约41%的股份,在危机发生时催促出售TikTok股权,试图通过资方控股彻底剥离美国业务。全球化股权失控风险将危及企业掌握的中国用户海量隐私数据安全。其次,中企普遍未建立跨境数据自律的统一约束性规则制度或标准数据保护条款,数据安全规范失控风险凸显。

二是国际数字规则竞争话语权缺乏。当前国际多边与双边数字规则条款多为欧式模板或美式模板,中国尚未进入欧盟充分性认定"白名单",缺乏跨境数据安全的国际互信机制。此外,中国实践中较少参与跨境数据安全的国际谈判机制制定,不利于化解数字争端。

(二)问题二:数据合规风险防御不力

一是忽视隐私保护,数据合规意识不足。TikTok曾被控高频访问存储在美国iOS用户剪贴板中的私人信息;2019年TikTok因违反美国《儿童隐私法》被处以570万美元罚款。TikTok国内版抖音被控违规盗用微信/QQ用户信息,数据"收集肆意""上锁失职""不当滥用"的国内违规习惯导致TikTok被欧美监管机构重点关注,并点名要求公开作为TikTok在国际市场中快速发展法宝的个性化推送算法源代码,增加透明度。

二是被动仓促应战,数据合规谋划不足。企业缺乏跨境数据合规准备容易错失有效应对时机。字节跳动收购TikTok的前身Musical.ly并未向美国海外投资委员会报备,成为其展开调查的借口。在美国呼吁封禁时,TikTok才开始被动应对繁杂监管要求,重新搭建公司结构,切割国内外业务。

(三)问题三:全球利益网络构建缺陷

一是利益撬动的策略模式失误。TikTok当下的商业化盈利模式是基于Facebook推出的短视频场景的广告收入利润,严重依赖市场绝对占有,利益策略与Facebook形成对抗式竞争,导致扎克伯格在美国国会反垄断听证会上极力渲染

TikTok 等中企主导网络的危险。对比 Facebook 通过收购配合印度政府系列数字化举措而崛起的印度电信巨头信实公司股权,迂回利用信实对本土监管的影响力,获取以监管严格著称的印度政府对自身数字业务的有条件放行。

二是跨境数据共享合作机制欠缺。TikTok 在短视频重要的国际音乐版权方面,始终未达成与美国环球的合作。TikTok 处于困境中,而竞争对手 Triller 一举拿下环球等三大音乐巨头版权。中企如果不能稳固东道国本地化数字利益合作链,建立与当地业务规模匹配的公众信任,将难以支撑长远发展。

(四)问题四:跨境数据流动保障匮乏

一是跨境数据流动缺少可靠技术支撑。跨境数据有序流动对数据脱敏、匿名化、差分隐私等提出了更高技术要求。然而,波耐蒙研究所(Ponemon Institute)报告显示,在数据加密技术上,德国企业实行比例最高(67%),其后依次是美国(65%)、英国(50%),中国企业远不足 50%。中企普遍依赖集中式存储系统,在技术上难以打消东道国监管对跨境数据流动的疑虑。

二是跨境数据流动缺少对等制度设计。相较欧盟《通用数据保护条例》和美国《加州消费者隐私法案》,中国缺少对等跨境数据保护标准,《数据安全管理办法(草案)》对重要数据定义、保存期限和敏感性均尚未明确;相较欧美跨境数据流动监管立法,中国缺少对等数据跨境执法权力,未加入国际性规则制定组织。

三、对策建议

针对上述问题,本文借鉴国际经验,从中央、部委、企业、社会组织四个层面提出推动"走出去"中企跨境数据合规的对策建议。

(一)中央层面:加强数据跨境治理顶层设计,构建国家网络空间安全防御体系,为数字主权大国博弈争夺主动权

1. 发出中国声音——提升我国在国际数据治理规则谈判中的优势地位,"以我为主"反制数字主权撬动

可参照美国 CLOUD 法和欧盟《通用数据保护条例》,从顶层设计制定专门的跨境数据流动规则体系。以我国发起的《全球数据安全倡议》为指导合作框架,积极发展数字贸易伙伴,加强参与跨境数据治理的国际规则制定。

2. 内化数据治理——政府发挥在数据保护中的带头示范和监督功能,引导数据隐私保护的规范意识

健全以《数据安全法》《个人信息保护法》两部最新法案为主干的数据跨境安全法律体系;细化国家网信办和各层级"大数据管理局"职能,可参考《德国联邦数据保护法》特别强调政府在个人数据保护中的监督作用,德国政府设立数据保护专员对接和指导企业做到合规。

3. 共商共建共享——构建平等的多边国际交流平台,努力建设"网络空间命运共同体"

可参考欧盟"国际安全互联网论坛",建设广泛交流、共商对策的多边平台促进利益共通;可移植《通用数据保护条例》严控下欧盟各国跨行业"数据分享"和"数据重用"的合作模式,通过创新具有中国特色的跨境数字治理制度缓解网络空间的局部利益冲突。

4. 预设钳制反击——增强"阻断法案"等常态化制度建设,完善跨境数据流动顶层设计

效仿欧盟,针对类似美国"长臂管辖"的举措设立"阻断法案",阻断不合理不正当的域外制裁;加快完善与"准入前国民待遇+负面清单"配套的"国家安全审查"的"安全阀"。

(二)部委层面:通力配合协同作战,夯实跨境数据治理规则体系,为数字主权大国博弈立柱架梁

1. 国际标准对接——商务部、外交部加快推进我国跨境数据流动制度与国际接轨

适当借鉴美国做法,与欧盟签订双边或多边协定,借助服务贸易总协定、亚太地区自由贸易协定等多边磋商机制争取最大权利;借鉴美欧"隐私盾"模式、欧洲的充分性认定模式、亚太经济合作跨境隐私规则体系,与主要贸易伙伴洽签规制多边数据流动的协议,在保护国家利益的同时积极建立多边数据监管体系。

2. 负面清单更新——商务部、科技部应重视敏感数字技术调研,实时维护负面清单

TikTok 危机中,中国政府及时更新《中国禁止出口限制出口技术目录》,限制出口相关大数据分析技术,成功延缓 TikTok 交易。相关部委应充分调研人工智能、互联网应用、物联网等前沿数字领域关键技术,提前更新负面清单使企业出海准备工作有据可依。

3. 数字试点辐射——商务部、国家发展改革委、国资委应加快试点和推广建设"全球数据港"

发挥国有企业在"一带一路"上的主力军作用,发挥上海自由贸易新片区、浙江"数字战略枢纽"等优势试点区域的示范带动作用,建设跨境数字利益互通平台,打造以中国为核心的全球数据流动圈。

4. 数字技术扶持——科技部、工业和信息化部、财政部应加强跨境数据安全技术的基础设施建设

借鉴欧盟"数字欧洲计划",加强数字技术在合规领域的广泛应用。德国建立

全球最大的信息技术安全研究中心,打造"全球第一加密大国";日本经济产业省、美国海关与边境保护局均着手开发和引入基于区块链技术的全球贸易基础设施平台。

(三)企业层面:切实提升跨境数据合规经营水平,坚守数字主权博弈关键控制权,强化全球数据利益网络构建

1. 把牢数据控制——稳固全球化战略中的关键股权分配和核心算法归属

企业不仅要确保管理上的股权控制,参考阿里、百度、京东等采取 AB 股、超级投票权、强制否决权,也要注重关键技术非股权控制,通过健全数据加密措施保障我国数据主权不被侵犯。

2. 知法守法用法——提升数据合规前瞻意识,善用法律武器"化被动为主动"

可运用美国国内司法救济程序、国际仲裁机制以及欧盟、中国倡导的 WTO 临时上诉仲裁机制及时止损,如字节跳动聘请美国律师团队起诉美国政府不合理制裁。可对照《通用数据保护条例》管理标准中的"数据保护影响评估""隐私保护设计",加强数据保护;借鉴德国戴姆勒应用"大合规"管理范畴,针对信息化时代单独设立数字风险合规官。

3. 互信互利互赢——优化数据利益分配结构

在数字经济不成熟的市场中,利用技术阶梯换取潜在利益。可参考蚂蚁金服注资入股印度最大移动支付和商务平台 Paytm、Facebook 对信实的股权收购模式,以短期资金投入寻求当地盟友支持,避开政府严格监管、换取长期商业利益。在数字经济发达地区,充分考虑东道国对数据安全的担忧,在确保关键控制权时,主动引入类似微软和苹果的"数据受托"模式:微软与德国 Azure 合作,将当地所有数据仅存储在德国数据中心;苹果与云上贵州合作,由云上贵州运营中国 iCloud 业务。

4. 因势顺势造势——构建跨境数据合规风险的多重缓冲屏障

优先着手东道国当地生态文化建设,开发舆论工具箱,如 TikTok 较早地在人员、数据、高管团队方面进行本地化融合工作;华为与英国政府、英国电信集团成立华为网络安全评估中心监督委员会,缓解英国对华为的数字安全质疑。加快区块链分布式存储等基础核心技术突破与应用,并可选择欧盟充分认定的"白名单"国家,如在加拿大、阿根廷、新西兰等设立数据中心,降低数据跨境传输合规风险。

(四)社会组织层面:群策群力培育跨境数据治理生态,为企业境外数据合规风控和国家数字主权博弈添砖加瓦

1. 凝聚智库力量——协助制定跨境数据法律法规

可参考美国信息技术与创新基金会发布的《关于美国数据隐私立法的最佳方

案》,为政策方针提供咨询建议;新加坡成立囊括商业界、研究机构、教育界等各方面代表的国家互联网顾问委员会,收集数字治理的社会各界意见供政府决策参考。

2. 规范行业自律——加强数据保护合规审查和资格认证

可借鉴德国"国际性内容自我规范网络组织"、英国行业性组织"互联网监看基金会",搜寻数据违规内容并联系企业及时整改,对接东道国相关机构共同处理跨境数据监管问题,借鉴美国发展具有行业公信力的第三方合规认证机构、成立"在线隐私联盟",建设数据跨境行业准则体系。

3. 激活利益互通——牵头行业厂商,搭建跨境数字合作交流平台

参考美国行业龙头联合发起美国工业互联网联盟、美国商业圆桌会议,德国行业联合会共同发起德国工业 4.0 平台,发挥行业龙头的示范标杆作用,促成跨平台的数据链串联和跨境利益链共通。

4. 打通外援网络——调动海外商会、侨团等多方力量应对跨境数据合规风险

微信凝聚在美华裔力量,在微信和 TikTok 共同被美国"封杀"之际,由华人律师牵头发起的美国微信用户联合会起诉美国政府阻止禁令实施。此外,"中国跨境数据通信产业联盟"等国内组织可参考德国海外商会、美国商会模式,举办法律政策信息讲座、组建跨境数据合规法律服务团队,抱团防范数据合规风险。

附录 A.7 数据合规与数字技术"双向赋能"助力浙商积极应对欧美数字经济高压管控

【内容简介】

疫情和各国贸易关系紧张的背景下,数字经济异军突起实现逆势增长,成为全球经济增长日益重要的驱动力。深受美国贸易压力和单边主义困扰的欧洲国家展现出与中国深化"一带一路"合作的意向,极大有利于浙江省数字经济一号工程进展,扩展世界影响力。本文基于浙商境外数字合规思想认知、数字技术和制度保障三大短板,借鉴欧美企业和政府数据信息合规经验,对应提出自上而下的观念引导、创新并进的技术支撑和点面结合的制度配套三方面对策建议,指导"走出去"浙商掌控应对欧美数字规则压力的主动权,擦亮浙江数字合规"金名片"。

【正文】

一、重视"一带一路"欧盟合作,发力于数据合规建设

随着《浙江省促进大数据发展实施计划》《浙江省"互联网+"行动计划》先后

出台,数字经济领跑已成为浙江工业运行的亮点和浙江高质量发展的"金名片"。2019年浙江省数字经济"一号工程"继续快速发展,浙江省数字经济核心产业实现增加值6228.94亿元,同比增长14.5%,占GDP的比重达10%,对全省GDP增长贡献率达19.6%。电子信息制造业规模跃居全国第三位,软件业规模保持全国第四位、综合发展指数居全国第三位。省规模以上电子信息制造业完成增加值2073.6亿元,同比增长14.3%,增速继续领跑八大万亿产业。农业、制造业、服务业等行业数字化对于经济发展的倍增作用不断释放,数字经济成为浙江高质量发展的重要引擎,加速建成创新型省份。

依据《浙江省打造"一带一路"重要枢纽2020年工作要点》,围绕数字经济"一号工程",浙江应重点开拓数字技术在欧洲的发展。美国和欧洲各国,作为数字经济市场上中国之外的主要影响力大国,在数据合规领域频繁做出动作。2018年,欧盟率先出台《通用数据保护条例》(GDPR),影响了全球约120个国家相继出台了类似法规保护隐私,成为全球跨国企业数据保护合规工作的风向标。2020年,欧盟进一步把数字经济的发力点落在推出新监管标准上,已发布《人工智能白皮书》和促进数据使用的《欧洲数据战略》,并提出《数字服务法》草案。另外,欧盟和微软、IBM等科技巨头共同签署了《人工智能伦理罗马宣言》,推动了全球数字经济监管新标准的出台。美国方面出台《加州消费者隐私法案》(CCPA)加大数据合规监管,华为、中兴、海康威视等参与"数字丝绸之路"的中国领先企业均被美国列入"实体清单",美国对于TikTok提出数据合规质疑并颁布禁令的事件更是将互联网数字经济企业境外数据合规经营推向关注的顶峰。数据信息的跨境特征意味着浙江企业必须主动遵守欧美数字领域的诸多限制性规则,积极面对欧美数据监管下的合规挑战。

挑战一:浙江企业数据信息合规的底层网络安全技术框架支撑力不足。浙江企业跨境数据安全开放、融合应用还需要强化基础技术支撑。依据中国信息通信研究院《中国网络安全产业白皮书(2019年)》,欧洲加大了对各成员国的网络安全资源整合力度,通过构建欧洲网络安全专业分析网络、构建通用网络安全认证框架,增强整体网络安全能力。以英国、德国、芬兰为主的西欧地区网络安全产业规模在全球占比26.22%,而浙江网络安全企业数量排名仅全国第七,落后于北京、广东、上海等地。《世界互联网发展报告2018》显示,美国网络安全建设位居全球前列,中国网络安全建设排名仅第二十一。

挑战二:浙江跨境数据合规的行业自律体系不完善。进入以数据为驱动的新时代,跨境数据安全的合规能力尤其是核心信息数据保护已成为企业"走出去"赖以生存和发展的必备技能。欧洲众多国家建立数据、网络方面的行业合规自律组织,承担制定行业规范、受理公众投诉、开展公众教育的重要功能。如法国"互联网理事会"是唯一负责自我调节和协调的独立机构;德国设立"国际性内容自我规范网络组织"以确保网络内容安全合规;英国"互联网监看基金会"搜寻网络上的违规内容并联系相关企业整改减少违规制裁可能。以美国运通、微软等跨国企业为代表的数百家公司设立数据保护官职位并实施数据加密计划;美国51家行业领先公司首席执行官召开美国商业圆桌会议号召建立国家隐私保护框架。相比而言,浙江跨境数字经济合规的行业自律组织建设尚在起步阶段,尚未形成以合规保护数字经济良性发展的"免疫系统"。

挑战三:浙江针对企业数据违规的司法惩处追责力度不成比例,无法形成有效威慑和保护。欧盟《通用数据保护条例》被称为史上最严数据监管法,打破数据信息监管方的地域限制,实行全球追责。安永调查显示,75%的欧盟公司以及50%的美国公司声称GDPR合规要求是驱动其隐私工作的主要原因。依据中兴发布的《GDPR执法案例精选白皮书》,截至2019年9月24日,22家欧洲数据监管机构共对87件案件做出总计3.7亿欧元的行政处罚决定。英国作为G20中互联网渗透率最高的国家,早在1998年便出台《数据保护法》,并随着数字技术的发展出台新法案计划,接轨《通用数据保护条例》,对最严重的数据违规实施高达1700万英镑或全球营业额4%的罚款。美国在欧盟《通用数据保护条例》后出台了最严格的《加州消费者隐私法案》,仅美国硅谷公司就面临550亿美元合规成本。尽管浙江数据保护立法走在前列,如发布了全国首部省域公共数据开放立法《浙江省公共数据开放与安全管理暂行办法》,但在实现法案真正落地的执法、司法环节上,对企业跨境数据流动合规缺乏切实的业务规则。浙江企业"走出去"要充分重视欧美作为全球领先的数据信息保护规则制定者的影响力,抓住数据合规和数字技术的"双向赋能"机遇,提升数字领域话语权。

二、主要问题

聚焦欧美数据监管规则要求,"走出去"浙商境外数据合规存在三方面短板。

(一)问题一:境外数据合规风控存在思想认知短板

一是企业对数据合规风险影响范围的认知存在局限性。部分企业错误地认为只有互联网公司才应当关注数据合规的风险。事实上,依据国家互联网应急中心《2019年我国互联网网络安全态势综述》,2019年新增工业控制系统漏洞690个,广泛影响制造业、能源、水务、医疗等关键信息基础设施行业。浙江绿岛科技、浙江海正药业就曾因实验数据完整性不合规而遭海外监管机构警告。境外数据合规风控认知短板极有可能在欧美严格防控要求下受到《通用数据保护条例》和《加州消费者隐私法案》硬性规定的制裁处罚。《通用数据保护条例》第37条规定指出核心业务涉及对用户进行经常性的大规模的系统性监控的企业、涉及处理个人敏感数据的企业,均应任命数据保护官。德国早在20世纪70年代就规定了企业设立数据保护官的法律义务,无论规模大小、所属行业,如果企业拥有超过10名员工需要经常性处理用户数据,那么就必须设立数据保护官。

二是企业对个人信息保护重要程度的认知存在落后性。欧美社会经济体系高度重视个人隐私自由以及对其的严格保护。《通用数据保护条例》第32条和第33条对于个人数据泄露做出明确规定,要求采取与风险相对应的数据安全水平,欧洲国家已陆续配套相应内容,如德国作为"欧洲信息安全的典范",大型企业和政府部门的邮件系统已普遍运用数据加密技术。《加州消费者隐私法案》明确赋予消费者个人信息访问权、知情权和删除权,赋予了个人追究该法案下损害赔偿的权利,规定了某些数据泄露的私人诉讼权;《加州消费者隐私法案》的选择退出权中专门针对未成年人的数据隐私保护提出特别要求,而TikTok在本次国家数据安全风波之前——2019年2月就因违反美国《儿童隐私法》被处罚570万美元。《2017—2018中国合规蓝皮书》显示,仅48.43%的企业将数据保护和网络安全纳入合规政策。

(二)问题二:境外数据合规风控存在数字技术短板

一是企业对数据合规的数字技术应用储备不足。普华永道的2018年《中国金融科技调查报告》显示,大数据分析等数字技术被用于改善监管合规,87%的受访者认为技术能够提高合规工作效率,70%认为技术能够节省合规人力成本。为提供全方位和全新的数据保护,德国西门子与Identify3D合作开发和实施保护价值链各环节的所有流程数据完整合规的解决方案。微软重视数据合规,在12个国家获得50项安全、合规认证确保境外顺利运营。然而,浙江涌现的阿里巴巴、海康威视等一批数字经济领航企业,更多地依靠商业模式驱动而非技术驱动,技术储备软实力不足导致浙企难以应对境外合规风险防范的多并发、高效率需求。

二是企业对数据信息合规的基础设施建设不足。AT&T公司对100家年营业额超过2500万美元的英国企业的调查表明,87%的受访企业高管认识到网络安全越来越重要,并已经制订积极应对方案;77%的企业正在使用或计划使用云服务应对安全挑战。《通用数据保护条例》第20条明确规定赋予数据主体可向数据控制者索要其数据迁移的权利,对企业数字信息云计算和迁移功能提出高要求。工信部2019年统计公报表明,尽管浙江是企业上云做得较好的代表性省份,但上云率也才刚刚突破10%,远远落后于欧美发达国家。云计算是合规的重要基础服务,云服务不足制约企业跨境数据合规的数字化转型。

(三)问题三:境外数据合规风控存在制度保障短板

一是数据安全风险评估制度不健全。目前中国不在《通用数据保护条例》第45条规定的"白名单"范围内,也暂未与欧盟之间签订类似的官方合作协议。对于此类国家,欧盟数据监管机构强烈建议实行替代性方案,即如果跨国集团拥有一套统一的约束性企业规则(BCRs)制度,保护他们所有的个人数据处理,对此类企业的授权批准将更为灵活和便利。然而,依据普华永道的《2019年"一带一路"境外投资风险防控现状与对策》表明,超过41%的企业尚未建立常态化的风险评估机制。数据保护组织架构缺陷、跨境数据传输追踪机制不完善,导致浙商难以获取跨境数据传输的BCRs"许可证"。

二是数据信息合规行业自律制度不健全。浙江行业自律制度属于初创阶段,除了浙江互联网金融联盟制定的《自律宣言》,专门涉及数据和隐私信息的自律规则不多见。面对欧美的特定数据保障组织,如德国成立专门的数据保护和数据安全协会等社会组织,对企业个人数据保护专员进行上岗培训,提供有关个人数据保护的交流平台,行业协会为德国企业遭遇信息安全问题和数据风险评估等困难的求助提供支援,而浙江省行业自律的缺乏使浙商境外数据合规遇到困境时可能孤立无援。

三是数据信息共享监督制度不完善。Ponemon Institute发布的网络风险报告发现,第三方滥用或者未经授权共享机密数据是2019年公司担心的第二大数据安全问题。欧盟《通用数据保护条例》将共享数据时对合作伙伴和第三方机构授权不当导致核心数据被窃取的企业作为数据控制者或联合控制者入罪处罚。《加州消费者隐私法案》要求收集消费者数据的企业必须披露收集信息的目的以及会共享这些信息的所有第三方组织和机构。然而,通过《2018年度常用APP隐私政策透明度排行榜》发现,有超过七成的APP透明度不及格。当当等跨境电商APP存在私自收集个人信息、私自共享数据给第三方的乱象。

三、对策建议

针对上述问题,本文借鉴欧美经验,提出适用于"走出去"浙商境外数据合规风险防控的对策建议。

(一)数据合规风控要注重"自上而下"的观念引导

1. 企业层面

要奠定从高层到员工的数据信息合规的文化基调。例如,吉利定期举行全员合规培训和考试,涵盖使用信息系统时应具备的安全意识、保密意识和规范使用意识,建立信息安全责任机制,对数据采取全过程保护,对重要数据采取加密传输和存储。为适应欧美对于数据合规的制度安排与节奏,浙江省应对照欧美已有做法进行配套人员设置和理念构建,从而减少数据合规的审查,如可与美企同步实施数据加密计划,针对欧盟《通用数据保护条例》必要情况,与欧洲国家同步配套,如德国戴姆勒应用"大合规"概念,合规管理范畴囊括新兴合规领域,并针对信息化时代单独设立数字风险合规官。

2. 政府层面

要做好数据保护合规的带头示范和监督。基于浙江省贸促会可举办"走出去"数据合规专题培训、加快建立包括数据违规信息在内的"浙江省境外投资违法违规行为记录",推动公共信用数据与互联网数据信息汇聚整合,建立浙江统一的信用信息基础库和公示平台。同时浙江省应配套明确的法案和操作细则以应对欧美政府强调对数据合规的示范和监督形式,如德国先后发布的《数字平台白皮书》和《人工智能战略》反复强调数字技术发展的伦理和法律界限,政府发挥数据加密示范作用,在执法时率先使用"电邮德国造"的加密系统进行个人数据保护,《德国联邦数据保护法》特别强调政府监督措施,同时德国政府和企业均设立数据保护专员;美国颁布《合法使用境外数据明确法》(CLOUD 法),明确出台细则规定美国政府如何合法获取境外数据,以及外国政府如何合法获取美国境内数据。

(二)数据合规风控要注重"创新并进"的技术支撑

1. 企业层面

要以技术创新平衡数据价值释放和数据安全保护,促进数据跨境合法合规流动。浙江企业应加强对合规数字化转型应用的技术攻关。例如,浙江数安建立首个以"中立国"为概念的大数据联合计算平台,坚持以人工智能技术驱动安全,提供数据合规风险的威胁分析与预警管控能力。全球十家市值过十亿美元的大数据公司均在美国,Palantir 作为全球估值第一的大数据企业为美国的情报机构提供国防安全与金融领域的大数据服务。

2. 政府层面

应扩大企业境外数据合规的基础设施建设和数字技术扶持。浙江省政府深化"云上浙江""数字技术强基工程""数字技术协同创新工程",完善和发挥"浙江省大数据局"的功能,落实《浙江省公共数据开放与安全管理暂行办法》,在确保安全的前提下为企业提供数据的开放和共享。欧美众多国家已拥有成体系的数据合规计划和技术扶持,浙江省应有所警醒并加快建设步伐为掌握境外数据合规的主动权提供坚实支撑。如欧盟设立"数字欧洲计划",确保欧洲各国具有技能和基础设施加强网络安全以及数字技术在合规等领域的广泛应用;德国致力于以"可信赖的硬软件"打造"全球第一加密大国",并着手建立全球最大的信息技术安全研究中心为数据合规技术研究注入动力;英国政府打造在线数据公开网引导数据开放、建立大数据产业加速器为数据保护提供基础设施支持；美国2012年就推出"大数据研究和发展倡议"，2013年美国信息技术与创新基金会发布了《支持数据驱动型创新的技术与政策》，着手从政府层面大力培养所需的技术劳动力并推动数据相关技术的研发。

（三）数据合规风控要注重"点面结合"的制度配套

1. 企业层面

要加快建立数据合规风险的内部评估机制和止损措施。例如，阿里巴巴集团发布数据安全认证机制，以有效解决行业共同面临的数据安全问题，引领同行企业自主规避数据安全风险。欧美众多国家均配备了全面实时化的合规风险监控评估支持，浙商应在力所能及的范围内实现独立全面的内部数据安全风险评估和止损机制从而提升数据合规制度配套，如德国西门子在全球大型项目批复中加入合规风险评估，合规官有权停止高风险项目。德国戴姆勒合规部门直接向董事会汇报，保持合规职能的高度和独立性。德国企业领先的BIM数字化项目管理模式，通过系统化的数据分析架构促进工程项目质量、安全和环保的全方位合规。万豪设置数据库监控警告系统及时发现数据泄露的漏洞，并在危机后三天内便聘请第三方专业安全团队协助调查取证和及时止损，减轻了英国政府对其的处罚。美国专门成立合规科技公司如Compliance.ai、Ayasdi帮助企业实现数字化实时合规风险预警。

2. 政府层面

要部署有力的数据违规追责、威慑制度和行业自律体系，在发挥"浙江省大数据科技协会"在监管数据合规方面作用的基础上，浙江可借鉴国际经验：顺应全球互联网和大数据的潮流，推进大数据下合规监督体系建立，加强对数据合规风险管控与事后追责的制度建设，增大威慑力度。在欧美频繁开出大额数据违规罚单的情况下，英国对企业数据泄露的处罚态度极为严厉，在最新的数据安全提案中，对未部署有效网络安全措施的企业可能开出1700万英镑的罚单，针对英国航空公司的客户数据泄露事件，开出了1.83亿英镑罚单。英国在行政执法上设立数据保护官制度，发挥对企业的日常监督和解释实践中具体问题的功能；美国联邦贸易委员会以"滥用用户隐私数据"为由对Facebook开出高达56亿美元的罚单。浙江省政府应在此基础上以强势的追责和威慑作风提升浙商数据合规规范程度。浙江省应结合浙江数字经济建设实际完善数据跨境监管方案，综合考虑欧美不同的网络安全和数据保护法律制度，以设计有效的全球IT设施架构，构建合法的全球数据处理机制。可借鉴美国，完善数据跨境调取的专门制度，健全跨境数据流动制度，建立数据分级、分类保护制度。另外，借鉴欧美政府推动建立数据、网络方面的行业合规自律组织,承担制定行业规范、受理公众投诉、开展公众教育的重要功能。法国的"互联网理事会"是唯一负责自我调节等的独立机构;德国设立"国际性内容自我规范网络组织"以确保网络内容安全合规;英国"互联网监看基金会"搜寻网络上的违规内容并联系相关企业整改,避免网络接入服务企业因信息违规遭受法律制裁;美国51家行业领先公司首席执行官召开美国商业圆桌会议号召建立国家隐私保护框架。

附录 A.8 欧美开启数据保护高压监管 数据合规赋能"数字丝绸之路"

【内容简介】

全球数据之争愈演愈烈,欧美国家严格的数据保护法规相继出台,如何防范数据合规风险促进"数字丝绸之路"建设的问题亟待解决。与高标准数据隐私监管的欧美相比,中国在数据合规上仍面临数字主权维护滞后、数据保护意识缺失、数字技术支撑薄弱和数字制度保障乏力四大短板。本文紧扣欧盟GDPR与美国CCPA法案,重点借鉴欧美数据合规风险防范经验,对应从数字主权"通力维护"、数据保护"自下而上"、数字技术"赋能增效"和数字制度"全面夯实"四方面提出对策建议,助推中企在大国数字之争中攻守兼备走稳跨境数据合规之路。

【正文】

一、警惕欧美数据合规监管,把握大国数字博弈话语权

数字经济已成为中国经济转型增长的重要一极。中国信通院近日发布的《全球数字经济新图景(2020年)》显示,2019年,中国数字经济规模已达35.8万亿元,仅次于美国位居全球第二,我国数字经济占GDP的比重为36.2%。随着"一带一路"合作的推进,"数字丝绸之路"已成为"一带一路"共建各国在数字前沿领域合作的重要载体。

在中国数字经济高速发展的同时,欧美在数据合规领域频繁做出动作,牵动中国企业境外数据合规神经。2018年,欧盟率先出台《通用数据保护条例》(GDPR)成为全球跨国企业数据合规风向标,美国也于2020年开始执行《加州消费者隐私法案》(CCPA)加强数据安全保护。虽然中欧投资协定谈判已完成,各方面合作逐渐启动,但目前欧盟公布的数据传输不需特别授权的"白名单"国家中尚未包含中国,同时中美"数字冷战"陷入僵持,华为、中兴、海康威视等若干参与"数字丝绸之路"的中国领先企业均被美国列入"实体清单"。TikTok先后被欧盟监

管机构审查、被美国商务部"封禁"、遭"美式豪夺",险象环生,正是全球网络空间内大国数字主权交锋的缩影。对标欧美国家高标准的数据合规体系建设和监管压力,中国企业的跨境数据合规任重而道远,挑战重重。

挑战一:大国数字主权博弈下,中国"走出去"数字企业极易遭受以美国为首的西方国家的"战略剿杀"。美国通过"数字炮舰政策"先后制裁打压了华为、字节跳动、腾讯、阿里巴巴、小米等众多中国数字企业。中国"通欧"企业也在跨境数据传输中触礁,频遭数据安全和信任质疑,如摩拜欧洲业务因数据跨境问题遭遇调查,小米和腾讯QQ也受欧盟《通用数据保护条例》影响停止欧洲业务。

挑战二:国内数据安全法律不成熟,"走出去"企业仍被迫面临欧美数字合规的高压监管和单向制裁。欧美监管机构可能会依照监管职能或调查权限,要求我国相关企业提供不可披露或限制传输的特定类型数据,这将与中国法律法规发生正面冲突。欧盟《通用数据保护条例》对数据信息的监管打破了国家和地区的限制,能够对违规企业进行全球追责。依据中兴发布的《GDPR执法案例精选白皮书》,截至2019年9月24日,22家欧洲数据监管机构共对87件案件做出总计3.7亿欧元的行政处罚决定,而中国现行数据合规法律违规惩处强度以及执法司法力度与欧美国家相比仍有差距。

挑战三:欧美数字规则成为新的技术壁垒,传统技术面对跨境数据隐私和网络安全问题捉襟见肘。这是网络安全底层技术框架不完备所致,是与生俱来的"基因缺陷"。依据联合国《2019年数字经济报告》,在网络安全领域的前十大公司中,中国仅华为入榜。

数据之争,合规至上。在信息技术的跨越式发展以及数据保护立法的全球割据状态等域外监管要求提升的背景下,中国政府和企业亟须"变被动为主动,变危机为转机",重视欧美高压数据保护监管政策与数据合规经验,着力提升中国数字经济的国际竞争力与话语权,攻守兼备走稳跨境数据合规之路。

二、主要问题

(一)问题一:数字主权维护滞后

一是企业数字安全控制力不足。中企普遍未建立跨境数据自律的统一约束性规则制度或标准数据保护条款,缺乏本土强大可信的数据安全云服务商,数据安全规范失控风险凸显。此外,全球化股权失控风险将危及中国用户海量隐私数据安全。TikTok事件中,红杉资本等西方投资者占字节跳动约41%的股份,并催促出售TikTok股权,试图通过资方控股彻底剥离美国业务。

二是数字规则话语权缺乏。当前国际多边与双边数字规则条款多为欧式模板或美式模板,中国尚未进入欧盟充分性认定"白名单",缺乏跨境数据安全的国际互信机制。此外,中国实践中较少参与跨境数据安全的国际谈判机制制定,不利于化解数字争端。

(二)问题二:数字保护意识缺失

一是数据隐私安全意识匮乏。经历数字经济野蛮生长时代的中国企业往往携带不重视用户个人隐私的不合规意识走出国门,如 TikTok 国内版抖音曾违规盗用和共享微信与 QQ 用户数据并分享给第三方企业多闪、TikTok 被曝光访问存储在美国 iOS 用户剪贴板的信息,数据收集"违法肆意"、数据存储"上锁失职"、数据处理"不当滥用"的数据违规习惯导致 TikTok 被欧美监管机构审查抓住"把柄"。

二是数据跨境通关准备不足。中国企业普遍缺乏跨境数据合规意识和准备,未能满足欧盟跨国公司内部跨境数据传输规则的 BCRs"许可证"要求。如字节跳动收购 TikTok 的前身 Musical.ly 并未向美国海外投资委员会报备,在美国呼吁封禁时,TikTok 才开始被动应对繁杂监管要求,重新搭建公司结构。

(三)问题三:数字技术支撑薄弱

一是数字技术应用储备不足。跨境数据有序流动对数据脱敏、匿名化、差分隐私等提出了更高技术要求。技术储备不足导致中国企业难以应对境外合规风险防范的多并发、高效率需求。Ponemon Institute 报告显示,在数据加密技术上,德国企业实行比例最高(67%),其后依次是美国(65%)、英国(50%),中国企业远不足 50%。中企普遍依赖集中式存储系统,在技术上难以打消东道国监管对跨境数据流动的疑虑。

二是数字基础设施建设不足。云计算是跨境数据合规的重要基础设施,据中国电子学会等组织和机构的不完全统计,截至 2018 年,中国各行业企业上云率仅 40%左右,大幅落后于美国的 85%以上与欧盟的 70%。同时"云安全"服务和安全监测技术被掌握在谷歌、微软等少数欧美巨头手中。

(四)问题四:数字制度保障乏力

一是数据隐私安全制度缺陷。欧盟《通用数据保护条例》明确要求采取与风险相对应的数据安全水平,并在发生个人数据泄露后 72 小时之内必须报告具体情况。然而,普华永道的《2019 年"一带一路"境外投资风险防控现状与对策》显示,超过 41%的企业尚未建立常态化的风险评估机制。反观德国,数据保护的规则和框架相当细致和严密,不同领域、不同技术和不同州涉及数据保护的特殊性会颁布专门法规,对企业跨境经营进行动态数据跟踪和调整。

二是跨境数据流动顶层设计缺乏。相较于欧美推进的数据战略和顶层设计,中国目前尚无清晰的跨境数据规制和国际战略,削弱了我国企业"走出去"中数字治理的国际规则主导权。中国缺少对等跨境数据保护标准,《数据安全管理办法

（草案）》对重要数据定义、保存期限和敏感性均尚未明确。此外，中国跨境数据合规的行业自律体系不完善，尚未形成以合规保护数字经济良性发展的"免疫系统"。

三、对策建议

针对上述问题，本文借鉴欧美发达国家经验，提出适用于"走出去"中企境外合规风险防控的对策建议。

（一）以我为主，数字主权"通力维护"

1. 把牢数据"国籍"归属控制力

企业应紧握数字核心控制权，稳固全球化战略中的关键股权分配和核心算法。企业不仅要确保管理上的股权控制，参考阿里、百度、京东等采取 AB 股、超级投票权、强制否决权，也要注重关键技术非股权控制，以技术控制保障数据控制，通过健全数据加密措施保障母国数据主权不被侵犯。此外，遭遇危机时应善用法律武器"化被动为主动"，如字节跳动和微信聘请美国律师团队起诉美国政府不合理制裁。

2. 多边合作，提升数字话语权

努力建设"网络空间命运共同体"，积极提升我国在国际数据治理规则谈判中的优势地位。适当借鉴美国做法，与欧盟签订双边或多边协定，借助服务贸易总协定、亚太地区自由贸易协定等多边磋商机制争取最大权利；借鉴欧洲的充分性认定模式、亚太经济合作跨境隐私规则体系，与主要贸易伙伴洽签规制多边数据流动协议，在保护国家利益的同时积极建立多边数据监管体系。

（二）守住底线，数据保护"自下而上"

1. 提升跨境数据合规前瞻意识

企业应对照《通用数据保护条例》和《加州消费者隐私法案》管理标准中的"数据跨境传输"和"隐私保护设计"条款，做足数据通关准备。可借鉴德国戴姆勒应用"大合规"概念，针对信息化时代单独设立数字风险合规官。主动引入类似微软和苹果的"数据受托人"模式，如 TikTok 在事件后于爱尔兰建立数据中心，用于储存欧洲用户数据。

2. 全生命周期数据安全防护

从事前感知、事中抵御到事后应对，动态监控、防止和响应所有潜在的数据安全风险。如阿里巴巴进行数据生命周期安全合规的技术性评估工作，腾讯、蚂蚁金服也结合区块链等技术解决隐私保护问题。可借鉴德国西门子与 Identify3D 合作开发和实现完整数据合规保护贯穿价值链各环节，德国企业通过领先的 BIM 数字化项目管理模式，促进工程项目质量、安全和环保的全方位合规。

(三)攻关革新,数字技术"赋能增效"

1. 加快"高精尖"合规数字技术攻关

在企业层面,要以技术创新平衡数据价值释放和数据安全保护,加快区块链分布式存储等基础核心技术突破与应用,让数据在合法合规的前提下跨境流动。如浙江数安建立首个以"中立国"为概念的大数据联合计算平台,坚持以人工智能技术驱动安全,提供数据合规风险的威胁分析与预警管控能力。在国际经验方面,英国企业能够快速转化和应用数据科研成果,创新大数据在合规领域的应用,如英国 Bowater Industries 公司在打击全球性假冒和知识产权犯罪领域的大数据应用,云计算中心服务商 VooServers 为大数据提供基础框架支持,有助于企业合规管理的软件应用和开发。

2. 数字强基,强化数字技术扶持

政府应深化"云上中国""数字技术强基工程""数字技术协同创新工程",完善和发挥"大数据管理局"的功能,打造网络数据安全技术交流、联合攻关和试点应用平台。借鉴欧盟"数字欧洲计划",加强数字技术在合规领域的广泛应用;德国建立全球最大的信息技术安全研究中心,打造"全球第一加密大国";日本经济产业省、美国海关与边境保护局均着手开发和引入基于区块链技术的全球贸易基础设施平台。

(四)凝心聚力,数字制度"全面夯实"

1. 有效部署我国数据安全治理体系

第一,增强"阻断法案"等常态化制度建设,完善跨境数据流动顶层设计。效仿欧盟,针对类似美国"长臂管辖"的举措设立"阻断法案",阻断不合理不正当的域外制裁;加快完善与"准入前国民待遇+负面清单"配套的"国家安全审查"的"安全阀"。第二,加强对数据合规风险管控与事后追责的制度建设,增大威慑力度。第三,推进行业自律机制,发展隐私认证机构,引进国际先进的行业标准。借鉴美国发展具有行业公信力的第三方合规认证机构、成立"在线隐私联盟",建设数据跨境行业准则体系。

2. 打造全球数据安全流动高地

推进建设全球"数据港",构建跨境数字利益互通平台,打造以中国为核心的全球数据流动圈。发挥上海自由贸易新片区、浙江"数字战略枢纽"等优势试点区域的示范带动作用。设立独立的跨境数据监管机构,统一筹划、部署与国际对标的独立个人信息保护。可选择欧盟充分认定的"白名单"国家,如在加拿大、阿根廷、新西兰等国家成立数据中心,构建跨境数据合规风险的多重缓冲屏障。

附录 A.9　化危为机推动跨境数据合规擘画数字浙江"走出去"蓝图

【内容简介】

"十四五"开局之年,如何抓住"数字浙江"发展新机遇,以境外合规之姿化解浙商"走出去"潜在危机,释放数字经济发展红利。中国数字经济发展高歌猛进,但国际局面瞬息万变,中美数据之争愈演愈烈,中欧贸易协定叫停,共享数字经济发展红利前途莫测。浙江省作为数字经济合作的"排头兵",如何在关键时刻占领数字经济新高地扩展世界版图成为亟待解决的问题。面临数据合规能力差距、对等合规制度缺位、数字经济红利不均、数据孤岛态势加剧这四大问题,本文对应提出以技术赋能为抓手强化数据安全合规能力,以风险规制为重点完善双向数据合规制度,以利益共享为突破破解数字管辖冲突,以开放包容为关键激活数据资源价值等四方面对策建议。

【正文】

一、以合规谋共赢,占领数字经济新高地

从 2003 年提出建设"数字浙江"至 2020 年提出谋划"数字经济一号工程"2.0 版本,浙江数字经济发展能级不断提升,已成为引领浙江省经济高质量发展的新动能。2019 年全省数字经济总量达 2.7 万亿元,占 GDP 的比重达 43.3%。2019 年前三季度,浙江规模以上数字经济核心产业制造业完成增加值 1644.5 亿元,同比增长 14.4%。2020 年浙江数字经济核心产业增加值同比增长 13%,较同期 GDP 高 9.4 个百分点。浙江省作为中国数字经济发展的"排头兵",有望争取全方位、深层次、高质量的世界数字经济高地。然而,以欧洲为例,中国并未在欧盟《通用数据保护条例》提供充分保护的"白名单"之内,未被纳入信任清单以实施精准化管理,会直面欧盟"外严内松"数据保护标准的严格限制。伴随近年来欧盟市场呈现出过度管制乃至《通用数据保护条例》长臂管辖的监管趋势,针对中国数字产业的异军突起,在欧浙企更容易遭受欧盟各项法规的隐性歧视。欧盟国家保护并发展本土科技企业的"战略自主"倾向,打压跨国科技巨头在欧扩张,威胁到中欧数字伙伴关系。2020 年的《欧盟营商环境报告》显示,在欧中国企业认为欧盟营商环境较差的比例达 27.6%,比持正面评价的企业比例(20.9%)高 6.7 个百分点。落后的数据合规治理必会约束数字经济发展,错失发展的战略机遇期。因此,在"十四五"开局之际,浙江以示范效应作用探索如何在世界复杂关系中破冰,提升能力,抓住潜在机遇,让世界看到与中国合作的广泛前景,在差异化中谋取共赢局面至关重要。

二、存在问题

(一)问题一:数据合规能力差距,数字跨境合规备受质疑

第一,浙商"走出去"忽视数据作为重要的新兴资产类别,信息泄密风险突出,底层网络安全保障程度不足。《2017—2018中国合规蓝皮书》显示,仅48.43%的企业将数据保护和网络安全纳入合规政策。《浙江省互联网发展报告》显示,仅2017年浙江就有72.8%的网民遭遇个人信息泄露。尽管浙江是企业上云做得较好的代表性省份,但上云率也才刚刚突破10%,与欧盟企业上云率的70%左右存在显著差距。据有关机构研究测算,我国企业数字化转型比例约为25%,远低于欧洲的46%和美国的54%。《世界互联网发展报告2018》显示,中国网络安全建设排名仅第二十一。

第二,国际互信机制匮乏,浙商极易遭遇以隐私保护为由的数字壁垒。《通用数据保护条例》背景下欧盟设立了严格的数据跨境管理限定,但中国尚未获得欧盟"充分性认定",不利于浙欧合作空间拓展。相比欧盟数据合规的成熟的行业自律体系,浙江省跨境数字经济合规的行业自律组织建设尚在起步阶段。

(二)问题二:对等合规制度缺位,数据跨境传输通关艰难

第一,自下而上的企业数据跨境传输机制不健全,导致获得欧盟跨国公司跨境数据传输规则的BCRs"许可证"的进入门槛过高。大规模搜集和运用数据的"野蛮式"商业模式下,部分浙商"收集肆意""上锁失职""不当滥用"等数据违规习惯容易引发欧盟监管机构对在欧跨国公司跨境数据保护的质疑,包括摩拜、小米在内的众多互联网企业因难以符合欧盟《通用数据保护条例》已经选择了关闭欧洲业务。

第二,自上而下的国家跨境数据流动安排制度缺失。尽管《中华人民共和国数据安全法(草案)》和《中华人民共和国个人信息保护法(草案)》的出台初步确立了我国针对数据跨境流动的基本法律框架,但是统一客观、可操作性强的数据跨境流动法规仍处于缺位状态。欧盟通过"白名单"积极推进跨境数据流动,但是中国坚持数据本地化的属地原则,难以与欧盟的框架对接,阻碍浙欧跨境数据流动。

(三)问题三:数字经济红利不均,数字经济产业联动不足

第一,与本土数字经济产业链企业合作不足。以德国为例,小米在欧经营尚未与德国三大通信运营商产生合作,海外生态链构建尚不完善。本地化经营意识不强,数字合作伙伴缺失,出海浙企易陷入在欧经营数字孤岛危机。

第二,浙欧争端调解机制尚不成熟。关于投资者—东道国争端解决的机制方面尚未有具体规定。浙商面对数据合规争议时缺乏成熟的应对措施体系。中欧投资协定背景下,中国缺少对等的数据跨境执法权力,最新出台的《阻断外国法律与措施不当域外适用办法》尚不成熟,野蛮生长的浙江通欧企业仍处于"被动制裁"位置。

(四)问题四:数据孤岛态势加剧,数字价值潜力释放受阻

第一,新兴技术研发"各自为政"制约数字规则共商共建。我国在网络安全和新型合规数字技术应用方面大大落后,不利于未来在中欧新兴数字经济领域监管方面掌握强有力的话语权。相比之下,欧盟在前期网络与数据合规一揽子法规的基础上,已经开始针对新技术领域重点发力,如2019年10月起,欧盟先后发布了《欧盟5G网络安全风险评估》《人工智能白皮书》等。

第二,欧盟"技术主权"自我意识阻滞数字市场深度合作。与规则、技术等相比,欧洲在数字应用层面相对滞后,尽管中欧之间就5G、人工智能、大数据、物联网等数字经济关键领域的技术与产品标准仍存在巨大合作空间,但欧盟强调技术主权,警惕对中国的技术依赖,如在5G布局方面,欧盟极为强调供应商的安全风险。法国大面积拆除华为5G设备,捷克国家网络安全部门警告华为和中兴提供的方案具有安全威胁。

三、对策建议

(一)"让数据守规则"——以技术赋能为抓手强化数据安全合规能力

在企业层面,第一,夯实内部技术实力提升数据安全管理能力。互联网龙头企业的数据安全管理能力应向世界先进水平看齐,满足进入欧洲市场的要求。如阿里巴巴提出《信息安全技术数据安全能力成熟度模型》(DSMM),围绕数据生命周期开展DSMM评估认证工作。第二,加大数字合规资源投入,契合欧洲数字经济合规规则。吉利建设员工合规"源动力工程"、阿里巴巴设立集团一级部门"廉正合规部",塑造了企业合规文化建设的成功典范。

在政府层面,第一,增加企业数据合规经营管理针对性指引要求和细节,制定行业统一数据合规标准。大力推进《浙江省数字经济促进条例》《浙江省企业竞争合规指引》《数据安全能力建设实施指南V1.0》之余,针对仔细研究并消化欧盟《通用数据保护条例》、欧洲《人工智能伦理罗马宣言》等新文件的数据合规思想,制定符合浙江企业境外数字经济经营合规发展的指引规范。第二,让数据合规深植于企业经营理念中,缓解数字壁垒带来的数字经济发展阻碍。政府应加强对浙企在欧数据合规的信息支持,推广"浙江省境外投资违法违规行为记录",增设中国—欧盟信息交流中心,针对欧洲数字经济市场提供及时信息和政策反馈。

(二)"让数据架桥梁"——以风险规制为重点完善双向数据合规制度

在企业层面,第一,自下而上健全数据跨境流动制度。如对敏感数据可进行智能分类、脱敏和加密处理。可借鉴经验:华为英国子公司成立了华为网络安全评估中心,对缓解英国对其工程和安全的疑虑具有重大帮助。第二,通过浙江龙头企业引领数字化转型,抱团取暖,利用中欧投资协定的机遇提升浙企在欧影响。欧洲在人工智能、5G等领域均无真正的行业领军者。浙商可以阿里巴巴集团、腾讯集团等的海外拓展为机遇,加速提升浙商互联网经济全产业链国际话语权,"以全产业链、全生命周期形态"系统性地走向国际化。

在政府层面,第一,积极寻求与欧盟国家建立数据出境认证等信任机制,对接商谈"充分性认定"等跨境数据流动机制。可借鉴国际经验:澳大利亚和新加坡在贸易协定中签订跨境数据流动的谅解备忘录。日本设立"个人信息保护委员会"作为独立的第三方监管机构,制定向境外传输数据的规则和指南。第二,开展跨境数据流动试点,以政策灵活性平衡数据本地化与跨境流动自由,平稳对接欧洲。如浙江舟山自贸区可建设"国际数据港",打造辐射全球的跨境综合数据枢纽。第三,建立跨境数据流动合规标准,推动双向合规健康、可持续开展。推动浙江数字经济产业标准与知识产权、市场准入、合规标准等相关要求进行衔接,营造良好数字合规环境。筹建浙企在欧数字经济智库合作平台,成立中欧数据合规标准化工作专家组,加强与现有中欧标准化合作资源衔接,积极参与数据安全和数字技术标准制定。

(三)"让数据闯市场"——以利益共享为突破破解数据管辖冲突

在企业层面,利益绑定,打破产业链上下游既有的数据壁垒,激发数据要素价值、共享数字红利,"让数据闯市场"。善用外部技术手段消除欧盟数据安全疑虑,充分考虑东道国对数据安全的担忧,企业可以建立欧洲境外数据中心,主动引入类似微软和苹果的"数据受托人"模式,或使用符合欧盟《通用数据保护条例》安全标准的第三方云服务提供商的技术进行用户数据的存储和管理,如抖音国际版TikTok将在欧洲建立首个数据中心,腾讯云联合SAP、西门子等软件厂商打造细分领域的解决方案,阿里云与沃达丰形成战略合作,为欧洲提供云计算服务。

在政府层面,第一,通过共研数字技术实现利益加固。在互信的基础上,共建数字技术研发中心,开展联合科研和技术试验,为未来数字生态应用开发合作奠基。面向全球"招才引智",深入落实"鲲鹏行动"计划,培养具有国际视野的综合性合规人才,提升数字经济发展能级。第二,完善数字争端解决机制,联合欧盟构建"多边投资法院"等"一带一路"争议解决机构,化解数字争端。

（四）"让数据有价值"——以开放包容为关键激活数据资源价值

在企业层面,促进法律监管"硬制度"的"软着陆",实现数据价值挖掘和隐私保护的正和博弈。第一,牵头推动建立行业和国际标准。龙头数字企业在新型数字技术的应用方面引导形成数字技术的监管规则,如阿里巴巴牵头制定了ITU-T、ISO的相关国际标准,将中国数据安全技术和管理经验推广至全球,阿里云与IBM等国际科技企业合作,参与制定欧洲云计算服务商行为准则。第二,通过浙江龙头企业引领数字化转型,抱团取暖,积极提升浙企在欧数据安全评级和数字合规声誉,加速提升浙商互联网经济全产业链国际话语权。

在政府层面,第一,"以柔克刚",以建设性沟通妥善处理分歧。贯彻落实浙江"提升网络数据安全保护能力专项行动",与欧洲各层级数据保护机构在欧盟《通用数据保护条例》执法层面展开实务交流。鼓励企业抱团取暖,共同应对欧盟监管新规挑战,如发展壮大浙江在欧行业协会,形成强大游说力量,形成对欧交涉磋商强大合音。第二,开放包容,以互利合作共谋疫后复苏。激发数字经济"双引擎"作用,如积极推动浙欧数字经济产业投资合作峰会,依托已有合作框架或者倡议,积极展开浙江在欧数字经济规则谈判,贡献"浙江智慧"。如G20《大阪数字经济宣言》开启"大阪通道",在平等协商的同时为弥合分歧注入向心力。

附录A.10 合规先行激发中欧"一带一路"数字合作红利

【内容简介】

在"一带一路"推动全球数字经济合作的背景下,尽管中欧投资协定的合作"快车"频频减速,但共享"一带一路"数字红利仍是未来中欧关系的必然走向。本文提出五方面问题和对策建议,以跨境数字合规促进中欧数字合作,释放"一带一路"数字合作红利。

【正文】

一、夯实合规增信共赢,推动中欧数字合作红利释放

2020年中国对"一带一路"国家非金融类直接投资178亿美元,同比增长18.3%,占对外总投资的比重是16.2%。数字"一带一路"成为"十四五"数字中国"走出去"发展新引擎。同时,"一带一路"16个共建国家已与中国签署"数字丝绸之路"合作谅解备忘录,中企"走出去"已迈入"一带一路"数字经济新阶段。

2020年,欧盟与中国实现贸易总额5860.32亿欧元,同比增长4.46%,中国代

替美国成为欧盟最大贸易伙伴。"一带一路"合作中,中欧班列在疫情中逆势创下新纪录,成为防疫物资重要运送通道。数字经济发展战略上,中国先进数字应用技术和广阔数字市场与欧盟丰富数字秩序维护经验具有高度数字战略互补性,中欧数字合作为"一带一路"加码大有可为。然而,中欧数字合作频频遇阻,数据合规风险不断升级。中国贸促会研究院发布的《欧盟营商环境报告2019/2020》显示,选择欧盟作为首要投资目的地的中国企业比例仅为24%,相比上一年度的78.63%大大降低,并且超过96%的受访企业表示《通用数据保护条例》(GDPR)增加了企业的运营成本。中国数字企业如摩拜欧洲和字节跳动旗下的TikTok等已先后遭遇欧洲数据保护监管机构调查。

值此"百年未有之大变局",中欧投资协定备受政治因素干扰,以跨境数据合规为基石,推动数字"一带一路"与中欧数字合作的战略对接,共建共享释放全球数字红利,加速构建数字经济高质量"外循环"新格局迫在眉睫。

二、存在问题

1. 合规经营数字安全技术短板削弱中欧互信基础

《全球数据治理白皮书2020》数据显示,2019年上半年累计监测发现我国境内存在高危漏洞隐患的联网工业设备占比约34%。中国网络安全建设排名仅第二十一。欧盟国家对中国企业参与数字基础设施建设"心存戒备",捷克国家网络安全部门警告华为和中兴提供的技术方案具有安全威胁。

2. 数据流动合规通用规则缺失阻碍中欧数据传输

欧美"进攻型"长臂管辖与中国"防守型"数据本地化属地原则存在结构性障碍。自上而下,中国《数据安全管理办法(草案)》对重要数据定义、保存期限和敏感性均尚未明确。自下而上,中国企业无法得到欧盟跨国公司数据传输规则的BCRs"许可证"。

3. 数字经济合规监管共识不足压缩中欧对话空间

欧盟"技术主权"意识优先警惕技术依赖,增加境外企业监管红线。欧洲基于地缘政治因素和谋求技术自主意识增加对中国数字技术的监管要求。相比欧洲相关文件,如《欧盟5G网络安全风险评估》《人工智能白皮书》,中国缺乏数据主权维护和对等的数据跨境执法权力。

4. 企业境外数据合规标准差距激化中欧风控矛盾

中企普遍未建立跨境数据自律的统一约束性规则制度或标准数据保护条款,在欧洲遭遇风控管制时缺乏可信辩护基础。《2017—2018中国合规蓝皮书》显示,仅48.43%的企业将数据保护和网络安全纳入合规政策。数据加密应用中,Ponemon Institute报告显示德国企业实行比例最高,为67%,英国为50%,中国企业远不足50%。

5. 跨境数字经济利益分享失衡抑制欧洲合作动力

中国数字经济与当地产业链合作不足,如小米在欧经营尚未与德国三大通信运营商合作,无法通过本地化经营提供社会矛盾解决办法。另外,数字利益争端解决机制不成熟,投资者—东道国争端解决机制尚未有具体规定。

三、对策建议

1. 夯实数字经济合规技术,赋能中欧"一带一路"互信合作

支持网络安全产业发展,鼓励新型数据合规技术创新应用,提升欧洲安全性信任。可借鉴国际经验:美国大量增加网络安全投入引导安全技术创新;欧盟构建复原力、防御力与威慑力"三力一体"的网络安全体系,出台《5G网络安全工具箱》。韩国为符合欧盟《通用数据保护条例》规则利用区块链技术简化现有数字身份识别流程。开展联合科研和技术试验加强数据合规高端技术、人才培育,构建中欧"一带一路"共研共享数字科技共同体。

2. 协调跨境数字传输规则,对接中欧"一带一路"数据流通

自上而下,将跨境数据流动嵌入贸易谈判,对接商谈中欧跨境数据流动认证。可借鉴国际经验:新加坡提供"数据跨境传输合同条款"作为补充规则;澳大利亚和新加坡在贸易协定中签订跨境数据流动的谅解备忘录;欧日EPA谈判实现数据跨境流动充分性认定。自下而上,企业可建立境外数据中心,主动引入类似微软和苹果的"数据受托人"模式,或使用符合欧盟《通用数据保护条例》安全标准的第三方云服务规范境外经营数据传输行为,如抖音国际版TikTok将在欧洲建立首个数据中心,阿里云计划建立四个新的海外数据中心。

3. 加码跨境数字合规监管,构建中欧"一带一路"治理共识

依托政府、企业、智库等多方主体智慧"常态化"中欧网络安全监管对话机制增进互认互通。可借鉴国际经验:日本"大阪数字经济宣言",启动"大阪轨道",设立"个人信息保护委员会"独立监管机构;美国成立"在线隐私联盟",建设国际化数据跨境行业准则体系实现有效监管。

4. 提升企业数字合规标准,规避中欧"一带一路"风控差异

企业主动进行数字经济国际接轨,如阿里巴巴牵头制定了ITU-T、ISO的相关国际标准;阿里云与Oracle、IBM等国际科技企业合作制定欧洲云计算服务商行为准则。可借鉴国际经验:微软主动适应全球各国数据合规认证要求,在12个国家共获得50项安全、合规认证;韩国爱茉莉联合国际云管理服务商Bespin Global主动实施"云迁移项目"适应《中华人民共和国网络安全法》。

5. 创新数字经济产业合作,促进中欧"一带一路"利益互通

自上而下,携手中欧数字协会,打造大数据产业的国际服务合作平台。政府善用中欧数字合作论坛、"一带一路"国际合作高峰论坛等探寻中欧网络命运共同体建设。自下而上,通过数字产业的相互投资和交叉持股来形成利益绑定。如蚂蚁金服"技术分享+合作伙伴"模式,以较小股权谋求与东道国战略一致性。企业主动履行社会责任,鼓励并承诺投资欧洲数字领域的中国企业雇用更多当地劳动力。

附录 A.11　合规引航"走出去"数字化转型 释放"一带一路"浙江智造新动能

【内容简介】

数字化转型是推动浙江智能制造高质量"走出去"的基础,"一带一路"倡议与数字浙江建设并肩进发,以合规推动浙江省企业"走出去"数字化转型成为实现出海新旧动能"换挡加速"必须面对的新挑战。面临跨境数据安全"云陷阱"、数字化转型合规技术痛点、合规数字化能力壁垒、大数据平台安全风险和数字化转型数据安全孤岛五大问题,本文对应提出针对性对策建议,破解"走出去"数字化转型合规问题,"腾笼换鸟"加速"一带一路"浙江制造向"智造"转变。

【正文】

一、借"数"破难浙商出海合规,乘"数"推动浙江智造升级

"十四五"规划全力推进产业数字化转型升级。浙江省先行探路拥抱新智造,"产业数字化"指数位列全国第一。数字化转型浪潮下,作为全国唯一的信息化和工业化深度融合示范区的浙江省以制造业数字化转型为突破口,率先打造"1+N"工业互联网基础性平台,2019年全省数字经济总量达2.7万亿元。2020年浙江数字经济核心产业增加值同比增长13%,较同期GDP高9.4个百分点。2019年浙江重点工业企业上云普及率达65.81%。浙江省企业正在通过"数字化+""互联网+""智能化+"模式完成"一带一路"数字化转型走出去。

数字化转型促使数字技术带动传统产业产出增长,在带来崭新发展机遇的同时,数字化转型企业"走出去"合规风险呈增倍扩大态势。普华永道的2019年《数字信任洞察之中国报告》显示,当前中国数字化转型最严峻的风险是数据治理与隐私问题。大众汽车表示,遵守数据保护规则对于数字化转型的成功至关重要。吉利与瑞士企业合作跨界布局区块链,关注智能网联数据安全问题。

当前,数字博弈国际话语权角逐激烈,数字化合规是浙江省数字化转型企业都必须审视的风险。数字化转型企业都无法回避"4C"难题:成本(cost)、网络威胁(cyberthreats)、云(cloud)、合规(compliance)。麦肯锡数据表明,过去五年内,80%以上的企业进行过数字化转型,但只有16%的企业能够在数字化转型过程中成功。德勤报告表明,数字化转型中尚不足一半的企业开展网络安全和数据隐私保护、合规与风控工作。54%的中国合规负责人表示企业在使用数字化转型技术时不会考虑合规风险,而这一比例在新加坡、英国和美国分别为27%、40%、38%。摩拜欧洲因违反欧洲数据法遭德国监管机构调查,新药研发企业浙江绿岛科技因研发过程中出现数据问题遭海外监管机构警告。

浙商应坚定不移顺应全球化及数字化转型需求,如何以合规抢占智造先机,紧抓数字化转型新机遇,打造智能制造新标杆,撬动"一带一路"浙江智造高质量发展新动能迫在眉睫。

二、浙江"走出去"数字化转型中的合规问题

(一)问题一:网络安全威胁暴露,数字化"智造"面临跨境合规"云陷阱"

浙江累计上云企业数从2016年的不足5万家增加到2019年上半年的31.45万家,浙江重点工业企业上云普及率达65.81%,实施各类智能化改造项目5042项。浙江"企业上云"数据节节攀升的背后,随着云迁移和业务外包增加,过去一年半内近80%的公司经历了至少一次的云数据泄露,而43%的公司经历了10次或更多。中国信息通信研究院云计算报告指出,42.4%的企业在选择公有云服务商时会考虑服务安全性。波耐蒙研究所(Ponemon Institute)发现第三方滥用或者未经授权共享机密数据是第二大数据安全问题。迈克菲专业安全技术公司(McAfee)调查发现,严重依赖云被认为是数据泄露的主要原因,只有16%的组织没有在云中存储任何敏感数据。

(二)问题二:数字合规技术痛点,数字化"智造"遭遇出海"拦路虎"

《2018—2019中国合规蓝皮书》显示,网络安全、数据信息保护在企业遭受境外执法的原因中位列第三。智能制造业企业出海"重业务轻合规"的数据保护认知局限,加剧数据治理与隐私问题,导致数字化转型沦为不合规的牺牲品。国际律师事务所贝克·麦坚时报告显示,超过半数(54%)的中国数字化转型企业在使用技术时不会考虑合规风险。不少数字资产海外并购下的"走出去"企业由于缺乏合规风险控制遭遇数据合规的"拦路虎"。如抖音并购Musical.ly,由于缺乏并购前尽职调查和并购后数据收集以及隐私保护不当的合规问题先后遭遇调查。

(三)问题三:合规数字化能力壁垒加剧,成为智造能级提升"绊脚石"

企业数字化智造转型过程的安全合规管理能力不足。Flexera 2020年云状态

报告显示,93%的企业采用了多云策略,87%的企业拥有混合云策略。多云混合场景下导致了安全运营体系建设的复杂化,云安全运营人员的紧缺加剧网络安全运营的难度。《"云"原生安全白皮书》指出,企业在上云过程中,安全建设相对滞后,通常在云平台建设完成之后才启动安全能力建设,仅仅作为补充措施,以传统的安全防护模式为主。多数企业对云安全的漏洞威胁防御还比较被动,只有25.5%的用户选择更可靠的安全托管,5.9%的用户不闻不问。如数字化转型汽车行业的宝马在云上的 Web 服务器出现 XSS 漏洞、本田印度 AWS 存储上出现不安全存储。

(四)问题四:大数据平台安全风险凸显,阻碍网络化智能化"全融合"

数字化转型面临平台数据安全风险。浙江省在役工业机器人达5.5万台,居全国第一,累计上云企业超过18万家,正从上云迈向上平台、用平台。然而,浙江省尚未形成统一的工业互联网大数据管理、服务和安全体系,数字化转型应用场景不成熟,各制造业行业企业的数据接口不统一,不同机构的数据难以互联互通,导致数据资产相互割裂,无法形成合力。同时由于工业互联网大数据资源相对孤立、分散、封闭,数据所有者、使用者等多方主体数据权利义务复杂,一旦发生数据泄露等安全事件,各方的责任难以判定。

(五)问题五:数字化转型合规生态薄弱,制约"一带一路""智造化"

对内,浙商缺乏企业数字化转型后的管理规范和处理体系的政府指引,龙头企业示范带动作用有限。例如,阿里巴巴公司迅速做出反应投入近百人团队建立整套大数据安全管理规范,但对于其他企业的示范和带动作用较小。对外,智能制造业出海合规经营外部配套立法不到位,对于境外数据合规风险处置的保障性制度安排非常缺乏。对于出海企业的数字化转型全流程过程中数据采集、加工、使用、储存等诸多环节容易出现的信息安全问题,浙江省尚未形成专门的数据保护合规法律。针对国际化运营的数字化转型企业规范和条例更是稀缺。

三、对策建议

(一)强化云上基础建设,夯实"一带一路"数据网络安全防御

重点投入实施数据加密行动和企业上云计划,增强信息基础设施建设。浙江政府深化"云上浙江""数字技术强基工程""数字技术协同创新工程",完善和发挥"浙江省大数据局"功能。鼓励制造业和互联网企业合作,推动公共数字基础设施优化升级。鼓励信息安全优势企业和检验检测机构参与建设国内领先的省级工业互联网安全服务平台。可借鉴国际经验:欧盟确保欧洲有应对数字挑战所需的基础设施,加强网络安全以及数字技术在合规等领域的广泛应用;英国政府打造在线数据公开网引导数据开放、建立大数据产业加速器,为数据保护提供基础

设施支持;美国对先进网络安全技术持续探索,指导新一代网络安全防护体系。

(二)境外数据全程监管,完善"一带一路"智造转型合规风控

形成全过程、全方位的数字化转型合规体系保障,升级"一带一路"智能制造出海通道。熟悉东道国数据合规要求和数据合规制度,选择安全可靠的云计算服务商。可借鉴经验:天际汽车携手华为云打造智能汽车"云安全",并设计了本地存储和云存储的双保险模式,对关键数据采用异云备份和离线备份;德国西门子与Identify3D合作开发和实现保护价值链各环节的所有流程数据完整合规的解决方案;面向外部合作伙伴输出的数据授权,设计有效的全球IT设施架构,开展合规风险专项问责的制度建设,防范第三方企业数据泄漏风险。对个人敏感数据可进行智能分类、脱敏和加密处理。在出境安全评估的基础上配置个人数据出境负面清单,对不同行业、不同类型数据差异化监管,及时加强对数据合规"重要控制弱点"的补救。可借鉴经验:万豪设置数据库监控警告系统及时发现数据泄露的漏洞,并在危机后的三天内便聘请第三方专业安全团队协助调查取证和及时止损;比亚迪成立了信息化委员会,在研发信息化方面,对电动汽车产业链和创新链进行全面、深入的信息化部署,实现全过程的数字化指导和监控;德国着手建立全球最大的信息技术安全研究中心,为数据加工、数据安全等数据合规方面的技术研究注入动力。

(三)数字技术巩固升级,驱动"一带一路"企业数字"智治"创新

加强对合规数字化转型应用的技术攻关,鼓励大数据、人工智能等数字化技术对合规风险进行智能化的监控、识别和分析。围绕数据全生命周期各阶段需求,发展数据采集、清洗、分析、交易、安全防护等技术服务,培育数据服务新模式和新业态。引导行业组织、企业研究制定工业数据的行业标准,加快公共数据开放进程,建立健全社会数据采集、存储、交易等制度,保障数据有序规范应用,推动"一带一路"企业数据治理专业能力。完善和发挥"大数据管理局"的功能,构建数据安全岛,团结各类、各级生态合作伙伴,共建数字化转型的智慧监管模式。可借鉴国际经验:英国Bowater Industries公司在打击全球性假冒和知识产权犯罪领域的大数据应用;韩国多家大型企业合作推动基于区块链技术的数字身份平台;IBM Security推出了IAM身份管理系统协助企业实现授予访问权限,从任何设备提供单点登录,通过多因素验证增强安全性。

(四)数字化转型平台化,完善"一带一路"数字湾区合规建设

引入"智慧合规"平台,强化数字湾区建设,打通信息"大通脉",助力合规数字化转型。浙江可率先推动国际化的产业数据共享,建立"自由数字区",抢抓5G机遇。推动国际化的产业数据共享,建立"自由数字区",搭建企业数字化中台,助

力实体经济破局数字化转型。浙江政府应紧紧抓住"1+N"工业互联网平台,加快构建大数据支撑、网络化共享、智慧化协作的上下游全产业链体,快速实现数据驱动业务创新。推动龙头引领、企业抱团,"以全产业链、全生命周期形态"系统性地走向国际化。可借鉴经验:吉利、数链科技、万向、中国电子等制造业企业已经与网易云建立合作,共同推进智能制造数据流动建设。

(五)企业协同政府立法,构筑"一带一路"智造合规生态保障

构建融合应用的数字化转型的智造合规生态。加大对中小微企业数字化转型的合规支持,建立完善多层次智能制造生态协同机制。龙头企业引领助推中小企业积极开展数字化转型数据合规共享,建立完善多层次生态协同机制,构建推动数据融合应用的数字化转型生态体系,培育产业数字化集群。可借鉴经验:施耐德电气发布了全新升级的边缘控制软件,帮助更多行业客户充分利用数据价值,联合合作伙伴完善了数字配电生态圈。借鉴欧美政府推动建立数据、网络方面的行业合规自律组织,如法国的"互联网理事会"、德国设立的"国际性内容自我规范网络组织"。针对数据出境管理,实现数字经济立法。德国政府出台《德国联邦数据保护法》,并先后发布《数字平台白皮书》和《人工智能战略》。日本设立"个人信息保护委员会"作为独立的第三方监管机构,制定向境外传输数据的规则和指南;德国率先使用"电邮德国造"的加密系统,带头做好政府执法中的个人数据保护;美国51家行业领先公司的首席执行官召开美国商业圆桌会议号召建立国家隐私保护框架。

附录B

2009—2019年中国"走出去"企业境外违规经营事件一览

序号	事件日	证券代码	证券简称	东道国	风险类型
1	2009/01/14	000797	中国武夷	菲律宾	共谋、违标
2	2009/01/14	600263	路桥建设	菲律宾	共谋、违标
3	2009/01/14	601668	中国建筑	菲律宾	共谋、违标
4	2009/02/01	601600	中国铝业	澳大利亚	国家安全审查
5	2009/02/16	600058	五矿发展	澳大利亚	政府审查、劳工纠纷
6	2009/03/01	601857	中国石油	哥斯达黎加	违反审计法
7	2009/03/20	000063	中兴通讯	巴基斯坦	履约纠纷
8	2009/05/19	601600	中国铝业	越南	国家安全审查
9	2009/07/09	000758	中色股份	澳大利亚	政府审查
10	2009/07/09	601985	中国核电	东帝汶	环保违规
11	2009/07/17	601857	中国石油	安哥拉	不当竞争
12	2009/08/13	600962	国投中鲁	新加坡	内部冲突
13	2009/08/24	600104	上汽集团	韩国	劳工纠纷
14	2009/09/24	600005	武钢股份	澳大利亚	国家安全审查
15	2009/10/01	000913	钱江摩托	意大利	内部冲突
16	2009/10/17	600085	同仁堂	韩国	政府审查、民众抗议
17	2009/10/31	601899	紫金矿业	秘鲁	环保违规
18	2009/12/23	300042	朗科科技	美国	专利侵权不当竞争
19	2010/03/03	601668	中国建筑	越南	共谋、违标
20	2010/05/07	601899	紫金矿业	刚果	民众抗议
21	2010/05/24	000063	中兴通讯	印度	国家安全审查
22	2010/06/02	000708	中信特钢	巴西	不当竞争

续表

序号	事件日	证券代码	证券简称	东道国	风险类型
23	2010/06/30	601600	中国铝业	澳大利亚	民众抗议
24	2010/07/02	000898	鞍钢股份	美国	国家安全审查
25	2010/07/29	601600	中国铝业	几内亚	税务违规
26	2010/08/01	603660	苏州科达	新加坡	证券监管违规
27	2010/08/09	600116	三峡水利	尼泊尔	政府审查
28	2010/10/01	601727	上海电气	波兰	工程纠纷
29	2010/10/25	601186	中国铁建	沙特阿拉伯	不当竞争
30	2010/11/07	600968	海油发展	阿根廷	反垄断
31	2011/01/01	601766	中国中车	土耳其	竞标违规
32	2011/01/13	002052	同洲电子	荷兰	专利侵权不当竞争
33	2011/01/31	601668	中国建筑	巴哈马	欺诈
34	2011/02/03	600597	光明乳业	法国	国家安全审查
35	2011/02/10	601857	中国石油	加拿大	反腐败
36	2011/03/14	000100	TCL科技	法国	劳工纠纷
37	2011/03/18	000063	中兴通讯	美国	许可协议侵权不当竞争
38	2011/03/29	000157	中联重科	意大利	税务违规
39	2011/05/03	600308	华泰股份	瑞典	政府审查
40	2011/05/04	600864	哈投股份	俄罗斯	内部冲突
41	2011/05/18	601390	中国中铁	波兰	低价竞标、拖欠劳工费用、环保违规
42	2011/07/01	000157	中联重科	意大利	劳工纠纷
43	2011/07/21	002407	多氟多	德国	技术侵权
44	2011/08/25	600216	浙江医药	美国	专利侵权不当竞争
45	2011/08/31	000063	中兴通讯	厄瓜多尔	工程纠纷
46	2011/09/15	000510	新金路	澳大利亚	高管内幕交易
47	2011/09/15	600151	航天机电	意大利	政府审查
48	2011/10/01	601390	中国中铁	越南	安全违规
49	2011/10/02	601618	中国中冶	孟加拉国	民众抗议

续表

序号	事件日	证券代码	证券简称	东道国	风险类型
50	2011/10/12	600021	上海电力	缅甸	环保违规
51	2011/10/20	300078	中瑞思创	美国	产品侵权不当竞争
52	2011/11/30	000063	中兴通讯	埃塞俄比亚	劳工纠纷
53	2011/12/30	600051	宁波联合	土耳其	不当竞争
54	2012/01/01	601857	中国石油	加拿大	反腐败
55	2012/01/03	000338	潍柴动力	法国	内部冲突
56	2012/03/08	600188	兖州煤业	澳大利亚	政府审查
57	2012/03/17	601633	长城汽车	俄罗斯	专利侵权不当竞争
58	2012/03/24	601727	上海电气	印度	竞标违规
59	2012/04/18	002626	金达威	美国	专利侵权不当竞争
60	2012/04/23	601600	中国铝业	蒙古	政府审查
61	2012/07/03	601600	中国铝业	蒙古	政府审查
62	2012/07/04	600820	隧道股份	印度	政府审查、民众抗议
63	2012/07/23	600968	海油发展	加拿大	政府审查
64	2012/07/25	600031	三一重工	美国	政府审查
65	2012/08/31	600853	龙建股份	印度	工程纠纷
66	2012/09/25	002051	中工国际	菲律宾	政府审查
67	2012/10/01	600418	江淮汽车	巴西	税务违规
68	2012/10/25	601899	紫金矿业	吉尔吉斯斯坦	民众抗议、环保违规
69	2012/11/22	600256	广汇能源	哈萨克斯坦	财务违规
70	2012/11/26	601899	紫金矿业	俄罗斯	政府审查
71	2012/12/01	000063	中兴通讯	尼日利亚	国家安全审查
72	2012/12/16	000708	中信特钢	澳大利亚	专利侵权不当竞争
73	2013/03/18	000063	中兴通讯	蒙古	反腐败
74	2013/03/21	600812	华北制药	美国	反垄断审查
75	2013/04/16	600352	浙江龙盛	印度	税务违规
76	2013/04/16	600352	浙江龙盛	印度尼西亚	内部冲突
77	2013/05/03	600580	卧龙电驱	奥地利	财务违规
78	2013/06/26	300274	阳光电源	德国	专利侵权不当竞争

续表

序号	事件日	证券代码	证券简称	东道国	风险类型
79	2013/08/15	601857	中国石油	乍得	环保违规
80	2013/08/30	000066	长城电脑	美国	专利侵权不当竞争
81	2013/09/07	601857	中国石油	美国	违反证券法
82	2013/10/14	601138	工业富联	捷克	劳工纠纷
83	2013/11/11	000063	中兴通讯	加纳	国家安全审查
84	2013/12/01	000063	中兴通讯	德国	国家安全审查
85	2013/12/11	000962	东方钽业	美国	专利侵权不当竞争
86	2014/01/27	600028	中国石化	加蓬	履约纠纷
87	2014/01/28	600853	龙建股份	印度	工程纠纷
88	2014/02/06	600221	海航控股	荷兰	民众抗议
89	2014/02/15	601857	中国石油	伊朗	履约纠纷
90	2014/02/28	600028	中国石化	美国	违反协议
91	2014/03/31	600995	文山电力	柬埔寨	民众抗议、环保违规
92	2014/04/17	002430	杭氧股份	美国	产品质量纠纷
93	2014/04/29	000703	恒逸石化	文莱	政府审查
94	2014/05/21	002235	安妮股份	日本	股权纠纷
95	2014/05/21	603997	继峰股份	德国	商业秘密侵权不当竞争
96	2014/09/16	601800	中国交建	斯里兰卡	反腐败
97	2014/10/16	300049	福瑞股份	德国	专利侵权不当竞争
98	2014/10/27	000063	中兴通讯	埃塞俄比亚	反垄断审查
99	2014/11/03	003816	中国广核	印度	欺诈
100	2014/11/06	000050	深天马A	德国	反垄断审查
101	2014/12/21	000065	北方国际	缅甸	民众抗议
102	2014/12/31	601390	中国中铁	越南	安全违规
103	2015/04/01	601727	上海电气	越南	环保违规
104	2015/06/01	601669	中国电建	肯尼亚	民众抗议
105	2015/07/01	601618	中国中冶	阿富汗	欺诈
106	2015/07/06	601088	中国神华	澳大利亚	政府审查、民众抗议

续表

序号	事件日	证券代码	证券简称	东道国	风险类型
107	2015/10/21	003816	中国广核	英国	国家安全审查
108	2015/11/10	600490	鹏欣资源	澳大利亚	国家安全审查
109	2015/12/03	601558	华锐风电	美国	欺诈、商业秘密、刑事侵权不当竞争
110	2015/12/30	600166	福田汽车	印度	民众抗议
111	2016/01/27	601390	中国中铁	印度尼西亚	工程纠纷
112	2016/02/10	300418	昆仑万维	挪威	国家安全审查
113	2016/02/24	000938	紫光集团	美国	国家安全审查
114	2016/03/31	002369	卓翼科技	美国	专利侵权不当竞争
115	2016/04/04	601669	中国电建	孟加拉国	民众抗议
116	2016/04/29	000066	长城电脑	德国	专利侵权不当竞争
117	2016/04/29	600877	中国嘉陵	美国	产品质量纠纷
118	2016/05/04	000672	上峰水泥	塔吉克斯坦	政府审查
119	2016/05/27	000157	中联重科	美国	政府审查
120	2016/05/28	601800	中国交建	英国	国家安全审查
121	2016/05/29	600970	中材国际	沙特阿拉伯	税务违规
122	2016/06/01	600795	国电电力	比利时	国家安全审查
123	2016/06/03	000333	美的集团	德国	国家安全审查
124	2016/06/13	601138	工业富联	匈牙利	劳工纠纷
125	2016/06/23	600338	西藏珠峰	塔吉克斯坦	安全违规
126	2016/07/28	600795	国电电力	澳大利亚	国家安全审查
127	2016/08/01	600068	葛洲坝	巴基斯坦	投资义务违规
128	2016/08/02	600703	三安光电	美国	国家安全审查
129	2016/08/09	600068	葛洲坝	科威特	竞标违规
130	2016/08/18	002795	永和智控	美国	商业秘密侵权不当竞争
131	2016/09/10	002365	永安药业	美国	专利侵权不当竞争
132	2016/09/27	000063	中兴通讯	泰国	劳工纠纷
133	2016/10/01	002558	巨人网络	以色列	政府审查

续表

序号	事件日	证券代码	证券简称	东道国	风险类型
134	2016/11/10	600352	浙江龙盛	新加坡	税务违规
135	2016/11/17	600170	上海建工	柬埔寨	工程纠纷、民众抗议
136	2016/12/14	000930	中粮科技	荷兰	财务违规
137	2016/12/26	002405	四维图新	美国	国家安全审查
138	2016/12/27	601766	中国中车	印度	竞标违规
139	2017/02/18	000063	中兴通讯	德国	专利侵权不当竞争
140	2017/03/21	002583	海能达	美国	专利侵权不当竞争
141	2017/03/24	000063	中兴通讯	美国	专利侵权不当竞争
142	2017/03/28	600875	东方电气	印度尼西亚	税务违规
143	2017/04/22	002506	协鑫集成	美国	商业秘密侵权不当竞争
144	2017/04/28	600019	宝钢股份	美国	反垄断审查、虚假标识原产地、商业秘密不当竞争
145	2017/04/29	002180	艾派克	印度	商标侵权不当竞争
146	2017/05/03	601390	中国中铁	马来西亚	政府审查
147	2017/06/10	000046	泛海控股	印度尼西亚	房产土地纠纷
148	2017/07/26	600221	海航控股	美国	政府审查
149	2017/08/01	002482	广田集团	美国	国家安全审查
150	2017/08/01	600196	复星医药	印度	政府审查
151	2017/08/08	603022	新通联	马来西亚	信披违规
152	2017/08/23	002280	联络互动	美国	税务违规
153	2017/08/27	002583	海能达	德国	专利侵权、商业秘密侵权不当竞争
154	2017/09/06	300058	蓝色光标	美国	国家安全审查
155	2017/10/28	603228	景旺电子	美国	违反信赖义务、违反《佛罗里达反欺诈与不公平贸易实践法》
156	2017/11/10	600068	葛洲坝	尼日利亚	征地违规、民众抗议
157	2017/12/12	002341	新纶科技	美国	国家安全审查

续表

序号	事件日	证券代码	证券简称	东道国	风险类型
158	2017/12/21	600221	海航控股	新西兰	政府审查
159	2018/01/14	002202	金风科技	美国	产品质量纠纷
160	2018/01/15	600196	复星医药	俄罗斯	政府审查
161	2018/01/26	601766	中国中车	南非	竞标违规
162	2018/05/02	600221	海航控股	美国	政府审查
163	2018/05/24	601800	中国交建	加拿大	民众抗议
164	2018/06/01	600298	安琪酵母	俄罗斯	环保违规
165	2018/06/06	600804	鹏博士	韩国	数字违规
166	2018/06/07	601857	中国石油	马来西亚	政府审查
167	2018/07/03	600339	中油工程	马来西亚	反腐败
168	2018/07/05	601800	中国交建	马来西亚	政府审查、环保违规
169	2018/07/28	002366	台海核电	德国	国家安全审查
170	2018/08/08	000027	深圳能源	美国	国家安全审查
171	2018/08/14	002005	德豪润达	美国	商业秘密侵权不当竞争
172	2018/08/28	002382	蓝帆医疗	德国	欺诈、虚假信息责任纠纷
173	2018/08/28	002382	蓝帆医疗	意大利	商标侵权不当竞争
174	2018/08/31	000063	中兴通讯	美国	专利侵权不当竞争
175	2018/09/26	300760	迈瑞医疗	美国	产品侵权不当竞争
176	2018/10/08	600521	华海药业	美国	欺诈
177	2018/11/22	601677	明泰铝业	韩国	民众抗议
178	2018/11/27	002482	广田集团	意大利	政府审查
179	2018/12/27	000063	中兴通讯	捷克	国家安全审查
180	2019/03/12	601012	隆基股份	德国	专利侵权不当竞争
181	2019/03/31	300418	昆仑万维	美国	政府审查
182	2019/04/18	603657	春光科技	马来西亚	财务违规
183	2019/05/21	603619	中曼石油	巴基斯坦	财务违规
184	2019/06/05	601186	中国铁建	格鲁吉亚	欺诈

续表

序号	事件日	证券代码	证券简称	东道国	风险类型
185	2019/08/01	002008	大族激光	德国	信披违规
186	2019/09/25	603076	乐惠国际	德国	股权纠纷
187	2019/11/01	300568	星源材质	美国	专利侵权不当竞争
188	2019/12/02	600710	苏美达	缅甸	劳工纠纷
189	2019/12/03	000584	哈工智能	德国	政府审查

参考文献

一、中文文献

(一) 中文专著

[1] 朱贻庭.伦理学大辞典[M].上海:上海辞书出版社,2002.

(二) 中文期刊

[1] 贺小刚,邓浩,吴诗雨,等.赶超压力与公司的败德行为——来自中国上市公司的数据分析[J].管理世界,2015(9).

[2] 李新春,陈斌.企业群体性败德行为与管制失效——对产品质量安全与监管的制度分析[J].经济研究,2013,48(10).

[3] 柳建华,卢锐,孙亮.公司章程中董事会对外投资权限的设置与企业投资效率——基于公司章程自治的视角[J].管理世界,2015(7).

[4] 鲁钊阳,董雪兵,雷国雄.法经济学的时代内涵及实践维度——第十六届中国法经济学论坛综述[J].经济研究,2018,53(9).

[5] 毛新述,孟杰.内部控制与诉讼风险[J].管理世界,2013(11).

[6] 曲振涛.论法经济学的发展、逻辑基础及其基本理论[J].经济研究,2005(9).

[7] 饶品贵,徐子慧.经济政策不确定性影响了企业高管变更吗?[J].管理世界,2017(1).

[8] 汪昌云,孙艳梅.代理冲突、公司治理和上市公司财务欺诈的研究[J].管理世界,2010(7).

[9] 周开国,杨海生,伍颖华.食品安全监督机制研究——媒体、资本市场与政府协同治理[J].经济研究,2016,51(9).

二、英文文献

(一) 英文专著

[1] AGNEW R,PIQUERO N L,CULLEN F T.General strain theory and white-

collar crime[M]//SIMPSON S S,WEISBURD D.The criminology of white-collar crime.New York:Springer,2009.

[2] COHEN J,DING Y,LESAGE C,et al.Corporate fraud and managers' behavior:Evidence from the press[M]//CRESSY R.Entrepreneurship,governance and ethics.Dordrecht:Springer,2012.

[3]DECI L,RYAN R M.Intrinsic motivation and self-determination in human behavior[M].Berlin:Springer Science & Business Media,2013.

[4]EDEN L,MILLER S R.Distance matters:Liability of foreignness,institutional distance and ownership strategy[M]//HITT M A,CHENG J L C.Theories of the multinational enterprise:diversity,complexity and relevance.Oxford:Elsever JAI,2004.

[5] KAGAN R A,SCHOLZ J T. The "criminology of the corporation" and regulatory enforcement strategies[M]. Opladen: Westdeutscher Verlag GmbH,1980.

[6] KOSTOVA T.Success of the transnational transfer of organizational practices within multinational companies[M].Minneapolis:University of Minnesota,1996.

[7]NORTH D C.Institutions,institutional change and economic performance[M].Cambridge:Cambridge university press,1990.

[8]PALMER D.Normal organizational wrongdoing:A critical analysis of theories of misconduct in and by organizations[M].Oxford:Oxford University Press, 2012.

[9]PENROSE E T.The Theory of the growth of the firm[M].Oxford:Oxford university press,2009.

[10]PORTER M E.Competitive advantage of nations:creating and sustaining superior performance[M].New York:Free Press,1985.

[11] SCOTT W R. Institutions and organizations: ideas, interests, and identities [M].London:Sage publications,2013.

[12] SCOTT W R.Institutions and organizations (Foundations for organizational science)[M].London:Sage Publications,1995.

[13]WELL J T.Fraud examination[M].New York:Quorum Books,2016.

[14] YIN R K.Case study research:design and methods,applied social research [M].London:Social Research Methods Series,1994.

[15]ZÜRN M,JOERGES C.Law and governance in postnational Europe:Compliance beyond the nation-state[M].Cambridge:Cambridge University Press,2005.

(二)英文期刊

[1]ABDI M,AULAKH P S.Do country-level institutional frameworks and interfirm

governance arrangements substitute or complement in international business relationships? [J].Journal of International Business Studies,2012,43(5).

[2]ADAM-MÜLLER A F A,ERKENS M H R.Risk disclosure noncompliance [J].Journal of Accounting and Public Policy,2020,39(3).

[3]ADITHIPYANGKUL P,LEUNG T Y.Incentive pay for non-executive directors: the direct and interaction effects on firm performance[J].Asia Pacific Journal of Management,2018,35(4).

[4]ADLER P S,KWON S W.Social capital:prospects for a new concept[J].Academy of Management Review,2002,27(1).

[5]AGUILERA R V,GRØGAARD B.The dubious role of institutions in international business:A road forward[J].Journal of International Business Studies,2019,50(1).

[6]AGUILERA R V,MARANO V,HAXHI I.International corporate governance: A review and opportunities for future research[J].Journal of International Business Studies,2019(50).

[7]AGUILERA-CARACUEL J,ARAGÓN-CORREA J A,HURTADO-TORRES N E,et al.The effects of institutional distance and headquarters' financial performance on the generation of environmental standards in multinational companies[J].Journal of Business Ethics,2012,105(4).

[8]AGUILERA-CARACUEL J,HURTADO-TORRES N E,ARAGÓN-CORREA J A,et al.Differentiated effects of formal and informal institutional distance between countries on the environmental performance of multinational enterprises[J].Journal of Business Research,2013,66(12).

[9]ALBINO-PIMENTEL J,DUSSAUGE P,SHAVER J M.Firm non-market capabilities and the effect of supranational institutional safeguards on the location choice of international investments[J].Strategic Management Journal,2018,39(10).

[10]AMIRAM D,BOZANIC Z,COX J D,et al.Financial reporting fraud and other forms of misconduct:A multidisciplinary review of the literature[J].Review of Accounting Studies,2018,23(2).

[11]ARENEKE G,KIMANI D.Value relevance of multinational directorship and cross-listing on MNEs national governance disclosure practices in Sub-Saharan Africa: Evidence from Nigeria[J].Journal of World Business,2019,54(4).

[12]ARGUEDAS C,ROUSSEAU S.Learning about compliance under asymmetric

information[J].Resource and Energy Economics,2012,34(1).

[13]ARMOUR J,MAYER C,POLO A.Regulatory sanctions and reputational damage in financial markets(Review)[J].Journal of Financial and Quantitative Analysis,2017,52(4).

[14]ARNEY C.Predictably irrational:The hidden forces that shape our decisions[J].Mathematics and Computer Education,2010,44(1).

[15]ASHBAUGH-SKAIFE H,COLLINS D W,KINNEY JR W R,et al.The effect of SOX internal control deficiencies and their remediation on accrual quality[J].The Accounting Review,2008,83(1).

[16]ASMUSSEN C G.Local, regional, or global? Quantifying MNE geographic scope[J].Journal of International Business Studies,2009,40(7).

[17]BAI L,YAN X,YU G.Impact of CEO media appearance on corporate performance in social media[J].The North American Journal of Economics and Finance,2019,50(4).

[18]BAINBRIDGE S M.Caremark and Enterprise Risk Management[J].Journal of Corporation Law,2008,34(4).

[19] BAKER B E, DERFLER - ROZIN R, PITESA M, et al. Stock Market Responses to Unethical Behavior in Organizations: An Organizational Context Model[J].Organization Science,2019,30(2).

[20]BARGERON L L,LEHN K M,ZUTTER C J.Sarbanes-oxley and corporate risk-taking[J].Journal of Accounting and Economics,2010,49(1-2).

[21] BARNETT W P.The dynamics of competitive intensity[J].Administrative Science Quarterly,1997,42(1).

[22]BAUCUS M S.Pressure,opportunity and predisposition:A multivariate model of corporate illegality[J].Journal of Management,1994,20(4).

[23]BAUER F,MATZLER K,WOLF S.M&A and innovation:The role of integration and cultural differences—A central European targets perspective[J].International Business Review,2014,25(1).

[24]BECKER,GARY S.Crime and Punishment:An Economic Approach[J].Journal of Political Economy,1968,76(2).

[25]BELL T B,CARCELLO J V.A decision aid for assessing the likelihood of fraudulent financial reporting[J].Auditing:A Journal of Practice & Theory,2000,19(1).

[26] BENEDEK P. Compliance management—a new response to legal and business challenges[J].Acta Polytechnica Hungarica,2012,9(3).

[27] BENNETT V M,PIERCE L,SNYDER J A,et al.Customer-driven misconduct: How competition corrupts business practices[J].Management Science,2013,59(8).

[28] BERESKIN F,CAMPBELL T,KEDIA S.Whistle Blowing,Forced CEO Turnover,and Misconduct:The Role of Socially Minded Employees and Directors[J].Management Science,2019,66(1).

[29] BERNS J P,GUPTA V K,SCHNATTERLY K A,et al. Chief Executive Officer Dismissal:A Multidisciplinary Integration and Critical Analysis[J].Group & Organization Management,2021,46(2).

[30] BERRY H,GUILLÉN M F,ZHOU N.An institutional approach to cross-national distance[J].Journal of International Business Studies,2010,41(9).

[31] BHATTACHARYA U,GALPIN N,HASLEM B.The home court advantage in international corporate litigation[J].The Journal of Law and Economics,2007,50(4).

[32] BIRD R C,PARK S K.Turning corporate compliance into competitive advantage[J].University of Pennsylvania Journal of Business Law,2017,19.

[33] BIRD Y,SHORT J L,TOFFEL M W.Coupling labor codes of conduct and supplier labor practices:The role of internal structural conditions[J].Organization Science,2019,30(4).

[34] BOEHE D M.Exploiting the liability of foreignness:Why do service firms exploit foreign affiliate networks at home? [J]. Journal of International Management,2011,17(1).

[35] BOSS S R,GALLETTA D F,LOWRY P B,et al.What do systems users have to fear? Using fear appeals to engender threats and fear that motivate protective security behaviors[J].MIS Quarterly,2015,39(4).

[36] BOSS S R,KIRSCH L J,ANGERMEIER I,et al.If someone is watching,I'll do what I'm asked: mandatoriness, control, and information security [J]. European Journal of Information Systems,2009,18(2).

[37] BOUBAKRI N, COSSET J C, SAFFAR W. The role of state and foreign owners in corporate risk-taking:Evidence from privatization[J].Journal of Financial Economics,2013,108(3).

[38] BOUZZINE Y D,LUEG R.The contagion effect of environmental violations: The case of Dieselgate in Germany[J].Business Strategy and the Environment,2020,29

(8).

[39]BREE DE M,STOOPENDAAL A.De- and recoupling and public regulation[J].Organization Studies,2020,41(5).

[40]BROMLEY P,POWELL W W.From smoke and mirrors to walking the talk: Decoupling in the contemporary world[J].Academy of Management Annals,2012,6(1).

[41]BROWN A D,TOYOKI S.Identity work and legitimacy[J].Organization Studies,2013,34(7).

[42]BROWN M E,TREVIÑO L K,HARRISON D A.Ethical leadership:A social learning perspective for construct development and testing[J].Organizational Behavior and Human Decision Processes,2005,97(2).

[43]BUCKLEY P J.The competitiveness of emerging country multinational enterprise:Does it derive from CSAs or FSAs?[J].Competitiveness Review:An International Business Journal Incorporation Journal of Global Competitiveness,2016,26(5).

[44]BURDON W M,SOROUR M K.Institutional theory and evolution of "a legitimate" compliance culture:The case of the UK financial service sector[J].Journal of Business Ethics,2020,162(1).

[45]BURKS S V,CARPENTER J P,GOETTE L,et al.Overconfidence and social signaling[J].Review of Economic Studies,2013,80(3).

[46]CAI G,XU Y,YU D,et al.Strengthened board monitoring from parent company and stock price crash risk of subsidiary firms[J].Pacific-Basin Finance Journal,2019,56(1).

[47]CALVÓ-ARMENGOL A,ZENOU Y.Social networks and crime decisions: The role of social structure in facilitating delinquent behavior[J].International Economic Review,2004,45(3).

[48]CAMISÓN C.Effects of coercive regulation versus voluntary and cooperative auto-regulation on environmental adaptation and performance:Empirical evidence in Spain[J].European Management Journal,2010,28(5).

[49]CARPENTER M A,SANDERS W G,GREGERSEN H B.Bundling human capital with organizational context:The impact of international assignment experience on multinational firm performance and CEO pay[J].Academy of Management Journal,2001,44(3).

[50] CHALFIN A, MCCRARY J. Criminal deterrence: A review of the literature [J]. Journal of Economic Literature, 2017, 55(1).

[51] CHAN C M, ISOBE T, MAKINO S. Which country matters? Institutional development and foreign affiliate performance[J]. Strategic Management Journal, 2008, 29(11).

[52] CHAN C, ANANTHRAM S. A neo-institutional perspective on ethical decision-making[J]. Asia Pacific Journal of Management, 2020, 37(1).

[53] CHANDLER D, HWANG H. Learning from learning theory[J]. Journal of Management, 2015, 41(5).

[54] CHANDLER D. Organizational susceptibility to institutional complexity: Critical events driving the adoption and implementation of the ethics and compliance officer position[J]. Organization Science, 2014, 25(6).

[55] CHANG E C, WONG S M L. Governance with multiple objectives: Evidence from top executive turnover in China[J]. Journal of Corporate Finance, 2009, 15(2).

[56] CHASSANG S, MIQUEL G P I. Crime, intimidation, and whistleblowing: A theory of inference from unverifiable reports[J]. The Review of Economic Studies, 2019, 86(6).

[57] CHATTERJI A K, TOFFEL M W. How firms respond to being rated[J]. Strategic Management Journal, 2010, 31(9).

[58] CHEN C, YU H, TULIAO K V, et al. Supervisors' value orientations and ethics: A cross-national analysis[J]. Journal of Business Ethics, 2021, 170(1).

[59] CHEN D, SHEN Y, XIN F, et al. Overemployment, executive pay-for-performance sensitivity and economic consequences: evidence from China [J]. China Journal of Accounting Research, 2012, 5(1).

[60] CHEN L, LI Y, FAN D. How do emerging multinationals configure political connections across institutional contexts? [J]. Global Strategy Journal, 2017, 8(3).

[61] CHEN L. Local institutions, audit quality, and corporate scandals of US-listed foreign firms[J]. Journal of Business Ethics, 2016, 133(2).

[62] CHEN X, WAN P. Social trust and corporate social responsibility: Evidence from China[J]. Corporate Social Responsibility and Environmental Management, 2019, 27(2).

[63] CHEN Y, GHOSH M, LIU Y, et al. Media coverage of climate change and sustainable product consumption: Evidence from the hybrid vehicle market[J]. Journal

of Marketing Research,2019,56(6).

[64]CHEN Y,RAMAMURTHY K,WEN K W.Organizations' information security policy compliance:Stick or carrot approach? [J].Journal of Management Information Systems,2012,29(3).

[65]CHENG B,JIANG D,RILEY J H.Organizational commitment, supervisory commitment,and employee outcomes in the Chinese context:proximal hypothesis or global hypothesis? [J].Journal of Organizational Behavior,2003,24(3).

[66]CHIN M K,HAMBRICK D C,TREVIÑO L K.Political ideologies of CEOs: The influence of executives' values on corporate social responsibility[J].Administrative Science Quarterly,2013,58(2).

[67]CHOWDHURY F,AUDRETSCH D B.Do corruption and regulations matter for home country nascent international entrepreneurship? [J]. The Journal of Technology Transfer,2021,46(3).

[68]CHRISTENSEN L T,MORSING M,THYSSEN O.CSR as aspirational talk [J].Organization,2013,20(3).

[69]CHRISTMANN P,TAYLOR G.Firm self-regulation through international certifiable standards:Determinants of symbolic versus substantive implementation [J]. Journal of International Business Studies,2006,37(6).

[70]CLINE B N,WALKLING R A,YORE A S.The consequences of managerial indiscretions:Sex,lies,and firm value[J].Journal of Financial Economics,2018,127(2).

[71]COLYVAS J A,POWELL W W.Roads to institutionalization:The remaking of boundaries between public and private science [J]. Research in Organizational Behavior,2006,27(2).

[72]CONYON M J.Executive compensation and incentives[J].Academy of Management Perspectives,2006,20(1).

[73]CORBIN J,STRAUSS A.Grounded theory research:Procedures,canons,and evaluative criteria[J].Qualitative Sociology,1990,13(1).

[74]CRESSEY D R.The criminal violation of financial trust[J].American Sociological Review,1950,15(6).

[75]CRILLY D, HANSEN M, ZOLLO M. The grammar of decoupling: A cognitive-linguistic perspective on firms "sustainability claims and stakeholders" interpretation [J].Academy of Management Journal,2015,59(2).

[76] CROSSLAND C, CHEN G.Executive accountability around the world: Sources of cross-national variation in firm performance-CEO dismissal sensitivity[J].Strategic Organization,2013,11(1).

[77] CUERVO-CAZURRA A, GENC M.Transforming disadvantages into advantages: Developing-country MNEs in the least developed countries[J].Journal of International Business Studies,2008,39(6).

[78] CUERVO-CAZURRA A.Corruption in international business[J].Journal of World Business,2016,51(1).

[79] CUMMING D, LEUNG T Y, RUI O.Gender diversity and securities fraud[J]. Academy of Management Journal,2015,58(5).

[80] CURRAN L, NG L K.Running out of steam on emerging markets? The limits of MNE firm-specific advantages in China[J].Multinational Business Review,2018,26(3).

[81] DACIN M T, OLIVER C, ROY J P.The legitimacy of strategic alliances: An institutional perspective[J].Strategic Management Journal,2007,28(2).

[82] DAM K, ROBINSON-CORTÉS A.Executive compensation and competitive pressure in the product market: How does firm entry shape managerial incentives? [J]. Mathematical Social Sciences,2020,106.

[83] DANG L, ZHAO J.Cultural risk and management strategy for Chinese enterprises' overseas investment[J].China Economic Review,2020,61(2).

[84] DE MEESTER B.Testing European prudential conditions for banking mergers in the light of Most Favoured Nation in the Gats[J].Journal of International Economic Law,2008,11(3).

[85] DEBACKER J, HEIM B T, TRAN A, et al.Once bitten, twice shy? The lasting impact of enforcement on tax compliance[J].The Journal of Law and Economics,2018,61(1).

[86] DENG L, JIANG P, LI S, et al.Government intervention and firm investment [J].Journal of Corporate Finance,2017,63.

[87] DESAI V M.The behavioral theory of the (governed) firm: Corporate board influences on organizations' responses to performance shortfalls[J].Academy of Management Journal,2016,59(3).

[88] DIMATTEO L A.Strategic contracting: contract law as a source of competitive advantage[J].American Business Law Journal,2010,47(4).

[89] DONELSON D C, EGE M S, MCINNIS J M. Internal control weaknesses and financial reporting fraud[J]. Auditing: A Journal of Practice & Theory, 2017, 36(3).

[90] DONG W, HAN H, KE Y, et al. Social trust and corporate misconduct: Evidence from China[J]. Journal of Business Ethics, 2018, 151(2).

[91] DORMINEY J W, FLEMING A S, KRANACHER M J, et al. The evolution of fraud theory[J]. Issues in Accounting Education, 2012, 27(2).

[92] DRORI I, HONIG B. A process model of internal and external legitimacy[J]. Organization Studies, 2013, 34(3).

[93] DUANMU J L. State-owned MNCs and host country expropriation risk: The role of home state soft power and economic gunboat diplomacy[J]. Journal of International Business Studies, 2014, 45(8).

[94] DUPIRE M, M'ZALI B. CSR strategies in response to competitive pressures[J]. Journal of Business Ethics, 2018, 148(3).

[95] DURAND R, HAWN O, IOANNOU I. Willing and able: A general model of organizational responses to normative pressures[J]. Academy of Management Review, 2019, 44(2).

[96] EARLE J S, SPICER A, PETER K S. The normalization of deviant organizational practices: Wage arrears in Russia, 1991—1998[J]. Academy of Management Journal, 2010, 53(2).

[97] EDDLESTON K A, BANALIEVA E R, VERBEKE A. The bribery paradox in transition economies and the enactment of "new normal" business environments[J]. Journal of Management Studies, 2020, 57(3).

[98] EDMAN J. Reconciling the advantages and liabilities of foreignness: Towards an identity-based framework[J]. Journal of International Business Studies, 2016, 47(6).

[99] EGELS-ZANDÉN N. Revisiting supplier compliance with MNC codes of conduct: Recoupling policy and practice at Chinese toy suppliers[J]. Journal of Business Ethics, 2014, 119(1).

[100] EGELS-ZANDÉN N. Suppliers "compliance with MNCs" codes of conduct: Behind the scenes at Chinese toy suppliers[J]. Journal of Business Ethics, 2007, 75(1).

[101] EGOROV G, HARSTAD B. Private politics and public regulation[J]. The Review of Economic Studies, 2017, 84(4).

[102] ERTZ M, KARAKAS F, STAPENHURST F, et al. How misconduct in business contributes to understanding the supply side of corruption in international business[J]. Critical Perspectives on International Business, 2019, 16(3).

[103] FABRIZI M, MALLIN C, MICHELON G. The role of CEO's personal incentives in driving corporate social responsibility[J]. Journal of Business Ethics, 2014, 124(2).

[104] FAINSHMIDT S, WHITE G O III, CANGIONI C. Legal distance, cognitive distance, and conflict resolution in international business intellectual property disputes[J]. Journal of International Management, 2014, 20(2).

[105] FEE C E, HADLOCK C J, PIERCE J R. New evidence on managerial labor markets: An analysis of CEO retreads[J]. Journal of Corporate Finance, 2018, 48.

[106] FIASCHI D, GIULIANI E, NIERI F, et al. How bad is your company? Measuring corporate wrongdoing beyond the magic of ESG metrics[J]. Business Horizons, 2020, 63(3).

[107] FIASCHI D, GIULIANI E, NIERI F. Overcoming the liability of origin by doing no-harm: Emerging country firms' social irresponsibility as they go global[J]. Journal of World Business, 2017, 52(4).

[108] FIELD L, LOWRY M, SHU S. Does disclosure deter or trigger litigation?[J]. Journal of Accounting and Economics, 2005, 39(3).

[109] FISCHER P, HUDDART S. Optimal contracting with endogenous social norms[J]. American Economic Review, 2008, 98(4).

[110] FOMBRUN C J, GARDBERG N A, BARNETT M L. Opportunity platforms and safety nets: Corporate citizenship and reputational risk[J]. Business and Society Review, 2000, 105(1).

[111] FRANDSEN S, MORSING M, VALLENTIN S. Adopting sustainability in the organization: Managing processes of productive loose coupling towards internal legitimacy[J]. Journal of Management Development, 2013, 32(3).

[112] GAO N, PENG N, STRONG N. What determines horizontal merger antitrust case selection?[J]. Journal of Corporate Finance, 2017, 46.

[113] YUAN G, FAN Y, WANG J. Assessing the safety regulatory process of compliance-based paradigm in China using a signalling game model[J]. Safety Science, 2020, 126(3).

[114] GAUR A, GHOSH K, ZHENG Q. Corporate social responsibility (CSR) in

Asian firms: a strategic choice perspective of ethics and compliance management[J]. Journal of Asia Business Studies,2019,13(4).

[115] GHAFOOR A,ZAINUDIN R,MAHDZAN N S.Factors eliciting corporate fraud in emerging markets:case of firms subject to enforcement actions in Malaysia[J]. Journal of Business Ethics,2019,160(2).

[116] GIANNETTI M,WANG T.Corporate scandals and household stock market participation[J].The Journal of Finance,2016,71(6).

[117] GOEL S,WILLIAMS K J,HUANG J,et al.Can financial incentives help with the struggle for security policy compliance? [J]. Information & Management, 2021,58(4).

[118] GOLDBERG L G,CARR C M.Albert"Jack"Stanley in Nigeria (A)[J]. Harvard Business School Case,2011,312(34).

[119] GOZMAN D,WILLCOCKS L.The emerging Cloud Dilemma:Balancing innovation with cross-border privacy and outsourcing regulations[J].Journal of Business Research,2018,97.

[120] GRAY J V,MASSIMINO B.The effect of language differences and national culture on operational process compliance[J].Production and Operations Management, 2014,23(6).

[121] GREVE H R, PALMER D, POZNER J. Organizations gone wild: The causes,processes,and consequences of organizational misconduct[J].Academy of Management Annals,2010,4(1).

[122]GRIFFITH S J.Corporate governance in an era of compliance[J].William and Mary Law Review,2016,57(6).

[123]GRUNDKE R,MOSER C.Hidden protectionism? Evidence from non-tariff barriers to trade in the United States[J].Journal of International Economics,2019,117.

[124] GUILLÉN M F.Structural inertia, imitation, and foreign expansion: South Korean firms and business groups in China,1987—1995[J].Academy of Management Journal,2002,45(3).

[125] GULER I,GUILLÉN M F.Home country networks and foreign expansion: Evidence from the venture capital industry[J].Academy of Management Journal,2010, 53(2).

[126]GUNNINGHAM N,KAGAN R A,THORNTON D.Social license and environmental protection:Why businesses go beyond compliance[J].Law & Social Inquiry,

2004,29(2).

[127]GYÖRY C.The institutional context of financial fraud in a post-transition economy:The Quaestor scandal[J].European Journal of Criminology,2020,17(1).

[128]HAACK P,SCHOENEBORN D.Is decoupling becoming decoupled from institutional theory? A commentary on Wijen[J].Academy of Management Review,2015,40(2).

[129] HALLETT T. The myth incarnate: Recoupling processes, turmoil, and inhabited institutions in an urban elementary school[J].American Sociological Review,2010,75(1).

[130]HALME M,RINTAMÄKI J,KNUDSEN J S,et al.When is there a sustainability case for CSR? Pathways to environmental and social performance improvements[J].Business & Society,2020,59(6).

[131] HALTER M V, DE ARRUDA M C C.Inverting the pyramid of values? Trends in less-developed countries[J].Journal of Business Ethics,2009,90(3).

[132]HANNAH D.Should I keep a secret? The effects of trade secret protection procedures on employees' obligations to protect trade secrets[J].Organization Science,2005,16(1).

[133]HARRIS J,BROMILEY P.Incentives to cheat:The influence of executive compensation and firm performance on financial misrepresentation[J].Organization Science,2007,18(3).

[134] HARTMANN P, FERNÁNDEZ P, APAOLAZA V, et al.Explaining Viral CSR Message Propagation in Social Media:The Role of Normative Influences[J].Journal of Business Ethics,2021,173(2).

[135]HAUGH T.The criminalization of compliance[J].Notre Dame Law Review,2017,92(3).

[136] HAUGH T. The power few of corporate compliance [J]. Georgia Law Review,2018,53(1).

[137] HENGST I A,JARZABKOWSKI P,HOEGL M,et al.Toward a process theory of making sustainability strategies legitimate in action[J].Academy of Management Journal,2020,63(1).

[138] HENRY D. Agency costs, ownership structure and corporate governance compliance:A private contracting perspective[J].Pacific-Basin Finance Journal,2010,18(1).

［139］HENSEL P G,GUÉRARD S.The institutional consequences of decoupling exposure[J].Strategic Organization,2020,18(3).

［140］HILGER S,MANKEL S,RICHTER A.The use and effectiveness of top executive dismissal[J].The Leadership Quarterly,2013,24(1).

［141］HOFEDITZ M,NIENABER A M,DYSVIK A,et al."Want to" versus "have to":Intrinsic and extrinsic motivators as predictors of compliance behavior intention[J].Human Resource Management,2017,56(1).

［142］HOLMES JR R M,MILLER T,HITT M A,et al.The interrelationships among informal institutions,formal institutions,and inward foreign direct investment[J].Journal of Management,2013,39(2).

［143］HONG C,RAMAYAH T,SUBRAMANIAM C.The relationship between critical success factors,internal control and safety performance in the Malaysian manufacturing sector[J].Safety Science,2018,104.

［144］HU S,ZENG R,YI C.Media Use and Environmental Public Service Satisfaction—An Empirical Analysis Based on China[J].Sustainability,2019,11(14).

［145］HUANG J ,ROBERTS H,TAN E K M.The media and CEO dominance[J].International Review of Finance,2020,22(1).

［146］HUANG R,HUANG Y.Does internal control contribute to a firm's green information disclosure? Evidence from China[J].Sustainability,2020,12(8).

［147］HUTTON I,JIANG D,KUMAR A.Political values,culture,and corporate litigation[J].Management Science,2015,61(12).

［148］HUY Q N,CORLEY K G,KRAATZ M S.From support to mutiny:Shifting legitimacy judgments and emotional reactions impacting the implementation of radical change[J].Academy of Management Journal,2014,57(6).

［149］INTERLIGI L.Compliance culture:A conceptual framework[J].Journal of Management and Organization,2010,16(2).

［150］JABER T,OFTEDAL E M.Legitimacy for sustainability:A case of a strategy change for an oil and gas company[J].Sustainability,2020,12(2).

［151］JACKSON G,DEEG R.Comparing capitalisms and taking institutional context seriously[J].Journal of International Business Studies,2019,50(1).

［152］JAJJA M S S,ASIF M,MONTABON F L,et al.The influence of institutional pressures and organization culture on Supplier Social Compliance Management Systems[J].International Journal of Physical Distribution & Logistics Management,2019,49

(5).

[153] JENSEN R, SZULANSKI G. Stickiness and the adaptation of organizational practices in cross-border knowledge transfers[J]. Journal of International Business Studies, 2004, 35(6).

[154] JOHN K, LITOV L, YEUNG B. Corporate governance and risk-taking[J]. The Journal of Finance, 2008, 63(4).

[155] JOHNS R. Tracing foreign policy decisions: A study of citizens' use of heuristics[J]. British Journal of Politics & International Relations, 2009, 11(4).

[156] JOHNSON M S. Regulation by Shaming: Deterrence Effects of Publicizing Violations of Workplace Safety and Health Laws[J]. American Economic Review, 2020, 110(6).

[157] JORDAN J, BROWN M E, TREVIÑO L K, et al. Someone to look up to: Executive-follower ethical reasoning and perceptions of ethical leadership[J]. Journal of Management, 2013, 39(3).

[158] KANG E. Director interlocks and spillover effects of reputational penalties from financial reporting fraud[J]. Academy of Management Journal, 2008, 51(3).

[159] KANG Q, LIU Q, QI R. The Sarbanes-oxley act and corporate investment: A structural assessment[J]. Journal of Financial Economics, 2009, 96(2).

[160] KAPTEIN M. Toward effective codes: Testing the relationship with unethical behavior[J]. Journal of Business Ethics, 2011, 99(2).

[161] KARLSSON T, HONIG B. Judging a business by its cover: An institutional perspective on new ventures and the business plan[J]. Journal of Business Venturing, 2009, 24(1).

[162] BECKER G S. Crime and punishment: An economic approach[J]. Journal of Political Economy, 1968, 76(2).

[163] KAUPPI K, VAN RAAIJ E M. Opportunism and honest incompetence-seeking explanations for noncompliance in public procurement[J]. Journal of Public Administration Research and Theory, 2015, 25(3).

[164] KEIG D L, BROUTHERS L E, MARSHALL V B. Formal and informal corruption environments and multinational enterprise social irresponsibility[J]. Journal of Management Studies, 2015, 52(1).

[165] KELLING N K, SAUER P C, GOLD S, et al. The role of institutional uncertainty for social sustainability of companies and supply chains[J]. Journal of Business

Ethics,2021,173(4).

[166]KIOUSIS S.Explicating media salience: A factor analysis of New York Times issue coverage during the 2000 U.S. presidential election[J].Journal of Communication, 2004,54(1).

[167]KILDUFF G J,GALINSKY A D,GALLO E,et al.Whatever it takes to win: Rivalry increases unethical behavior[J]. Academy of Management Journal, 2016, 59 (5).

[168] KIRCA A H, BEARDEN W O, ROTH K. Implementation of market orientation in the subsidiaries of global companies:The role of institutional factors[J]. Journal of the Academy of Marketing Science,2011,39(5).

[169]KISH-GEPHART J J,HARRISON D A,TREVIÑO L K.Bad apples, bad cases,and bad barrels: Meta-analytic evidence about sources of unethical decisions at work[J].The Journal of Applied Psychology,2010,95(1).

[170]KOGUT B,SINGH H.The effect of national culture on the choice of entry mode[J].Journal of International Business Studies,1988,19(3).

[171]KÖLBEL J F,BUSCH T,JANCSO L M.How media coverage of corporate social irresponsibility increases financial risk[J].Strategic Management Journal,2017,38 (11).

[172]KORHONEN J,HURMEKOSKI E,HANSEN E,et al.Firm-level competitiveness in the forest industries:Review and research implications in the context of bioeconomy strategies[J].Canadian Journal of Forest Research,2018,48(2).

[173] KOSTOVA T,BEUGELSDIJK S,SCOTT W R,et al.The construct of institutional distance through the lens of different institutional perspectives:Review,analysis, and recommendations[J].Journal of International Business Studies,2020,51(4).

[174] KOSTOVA T, ZAHEER S.Organizational legitimacy under conditions of complexity:The case of the multinational enterprise[J].Academy of Management Review,1999,24(1).

[175]KRYZANOWSKI L ,ZHANG Y.Financial restatements and sarbanes-oxley: Impact on Canadian firm governance and management turnover[J].Journal of Corporate Finance,2013,21(1).

[176]EISFELDT A L,KUHNEN C M.CEO turnover in a competitive assignment framework[J].Journal of Financial Economics,2013,109(2).

[177]LA PORTA R,LOPEZ-DE-SILANES F,SHLEIFER A.The economic con-

sequences of legal origins[J].Journal of Economic Literature,2008,46(2).

[178]LAMPEL J,SHAMSIE J,SHAPIRA Z.Experiencing the improbable:Rare events and organizational learning[J].Organization Science,2009,20(5).

[179]LANDI J A.Japanese MNEs and host countries' legal institutions[J].Asian Business & Management,2011,10(1).

[180]LANGE D.A multidimensional conceptualization of organizational corruption control[J].Academy of Management Review,2008,33(3).

[181]LARKIN JR P J,SEIBLER J M.All stick and no carrot:The yates memorandum and corporate criminal liability[J].Stetson Law Review,2020,26(1).

[182]LE Y,SHAN M,CHAN A P C,et al.Investigating the causal relationships between causes of and vulnerabilities to corruption in the Chinese public construction sector[J].Journal of Construction Engineering and Management,2014,140(9).

[183]LEE C J,WANG R,LEE C Y,et al.Board structure and directors' role in preventing corporate misconduct in the construction industry[J].Journal of Management in Engineering,2018,34(2).

[184]LEE L S,ZHONG W G.Run away or stick together:The impact of firm misbehavior on alliance partners' defection in China[J].Asia Pacific Business Review,2020,26(5).

[185] LEHMAN D W, RAMANUJAM R. Selectivity in organizational rule violations[J].Academy of Management Review,2009,34(4).

[186]LI J,SHI W,CONNELLY B L,et al.CEO Awards and Financial Misconduct[J].Journal of Management,2020,48(2).

[187]LI J,TANG Y.CEO hubris and firm risk taking in China:The moderating role of managerial discretion[J].Academy of Management Journal,2010,53(1).

[188]LI K,LU L,QIAN J,et al.Enforceability and the effectiveness of laws and regulations[J].Journal of Corporate Finance,2020,62.

[189]LI P,SHU W,TANG Q,et al.Internal control and corporate innovation:evidence from China[J].Asia-Pacific Journal of Accounting & Economics,2019,26(5).

[190]LI Q,VASHCHILKO T.Dyadic military conflict,security alliances,and bilateral FDI flows[J].Journal of International Business Studies,2010,41(5).

[191]LI S,FILER L.The effects of the governance environment on the choice of investment mode and the strategic implications[J].Journal of World Business,2007,42(1).

[192]ZYGLIDOPOULOS S C,GEORGIADIS A P,CARROLL C E,et al.Does media attention drive corporate social responsibility? [J]. Journal of Business Research,2012,65(11).

[193]LIANG H,XUE Y,WU L.Ensuring employees' IT compliance:Carrot or Stick? [J].Information Systems Research,2013,24(2).

[194]LIN-HI N,MUELLER K.The CSR bottom line:Preventing corporate social irresponsibility[J].Journal of Business Research,2013,66(SI).

[195]LIU B,MCCONNELL J J,XU W.The power of the pen reconsidered:The media, CEO human capital, and corporate governance [J]. Journal of Banking & Finance,2017,76.

[196] LONG A G, LEEDS B A. Trading for security: Military alliances and economic agreements[J].Journal of Peace Research,2006,43(4).

[197]LOPEZ T J,REES L.The effect of beating and missing analysts' forecasts on the information content of unexpected earnings[J].Journal of Accounting, Auditing & Finance,2002,17(2).

[198]LOUGHRAN T A,PIQUERO A R,FAGAN J,et al.Differential deterrence: Studying heterogeneity and changes in perceptual deterrence among serious youthful offenders[J].Crime & Delinquency,2012,58(1).

[199]LUO Y,ZHAO H.Doing business in a transitional society:Economic environment and relational political strategy for multinationals [J]. Business & Society, 2013,52(3).

[200]LYONS B,WESSEL J,GHUMMAN S,et al.Applying models of employee identity management across cultures:Christianity in the USA and South Korea[J]. Journal of Organizational Behavior,2014,35(5).

[201]MACLEAN T L,BEHNAM M.The dangers of decoupling:The relationship between compliance programs, legitimacy perceptions, and institutionalized misconduct [J].Academy of Management Journal,2010,53(6).

[202]MACLEAN T,LITZKY B E,HOLDERNESS D K.When organizations don't walk their talk:A cross-level examination of how decoupling formal ethics programs affects organizational members[J].Journal of Business Ethics,2015,128(2).

[203] MALESKY E J, GUEORGUIEV D D, JENSEN N M.Monopoly money: Foreign investment and bribery in Vietnam,a survey experiment[J].American Journal of Political Science,2015,59(2).

[204]MALESKY E,TAUSSIG M.The danger of not listening to firms:Government responsiveness and the goal of regulatory compliance[J].Academy of Management Journal,2017,60(5).

[205]MALOUFF J,THORSTEINSSON E,SCHUTTE N,et al.Effects of vicarious punishment:A meta-analysis[J].The Journal of General Psychology,2009,136(3).

[206]MARQUARDT D J,CASPER W J,KUENZI M.Leader goal orientation and ethical leadership:A socio-cognitive approach of the impact of leader goal-oriented behavior on employee unethical behavior[J].Journal of Business Ethics,2020,172(3).

[207]MARTIN K D,CULLEN J B,JOHNSON J L,et al.Deciding to bribe:A cross-level analysis of firm and home country influences on bribery activity[J].Academy of Management Journal,2007,50(6).

[208]MARTIN K D,JOHNSON J L,CULLEN J B.Organizational change,normative control deinstitutionalization,and corruption[J].Business Ethics Quarterly,2009,19(1).

[209]MARTINEZ V R.Complex compliance investigations[J].Columbia Law Review,2020,120(2).

[210]MAYER D M,KUENZI M,GREENBAUM R L.Examining the link between ethical leadership and employee misconduct:The mediating role of ethical climate[J].Journal of Business Ethics,2010,95(1).

[211]MCDONALD M L,KHANNA P,WESTPHAL J D.Getting them to think outside the circle:Corporate governance,CEOs' external advice networks,and firm performance[J].Academy of Management Journal,2008,51(3).

[212]MCWILLIAMS A,SIEGEL D S,WRIGHT P M.Corporate social responsibility:Strategic implications[J].Journal of Management Studies,2006,43(1).

[213] MEN L R,O'NEIL J,EWING M.From the employee perspective:Organizations' administration of internal social media and the relationship between social media engagement and relationship cultivation[J].International Journal of Business Communication,2020,60(2).

[214]MENDOZA J P,WIELHOUWER J L.Only the carrot,not the stick:Incorporating trust into the enforcement of regulation[J].PloS One,2015,10(2).

[215]MEYER J W,ROWAN B.Institutionalized organizations:Formal structure as myth and ceremony[J].American Journal of Sociology,1977,83(2).

[216]MEYER K E,LI C G,SCHOTTER A P J.Managing the MNE subsidiary:

Advancing a multi-level and dynamic research agenda[J].Journal of International Business Studies,2020,51(4).

[217]MEZIAS J M.Identifying liabilities of foreignness and strategies to minimize their effects:The case of labor lawsuit judgments in the United States[J].Strategic Management Journal,2002,23(3).

[218] MICHAELSON C. Compliance and the illusion of ethical progress [J]. Journal of Business Ethics,2006,66(2).

[219]MILLER G S.The press as a watchdog for accounting fraud[J].Journal of Accounting Research,2006,44(5).

[220]MINOR D, MORGAN J.CSR as reputation insurance:Primum non nocere [J].California Management Review,2011,53(3).

[221]MIRZA S S, AHSAN T.Corporates' strategic responses to economic policy uncertainty in China[J].Business Strategy and the Environment,2020,29(2).

[222]MISHINA Y, DYKES B J, BLOCK E S, et al.Why "good" firms do bad things:The effects of high aspirations, high expectations, and prominence on the incidence of corporate illegality[J].Academy of Management Journal,2010,53(4).

[223]MITCHELL A D, HAWKINS J K, MISHRA N.Dear prudence:Allowances under international trade and investment law for prudential regulation in the financial services sector[J].Journal of International Economic Law,2016,19(4).

[224]MOHAMMAD S, HUSTED B W.Law-abiding organizational climates in developing countries:The role of institutional factors and socially responsible organizational practices[J].Business Ethics:A European Review,2019,28(4).

[225]MOMBEUIL C, FOTIADIS A K, WANG Z.The Pandora's box of corporate social irresponsibility:An exploratory study within a failed State context[J].Journal of Cleaner Production,2019,234(0).

[226]MORSING M.The media boomerang:The media's role in changing identity by changing image[J].Corporate Reputation Review,1999,2(2).

[227]MURINA M, NICITA A.Trading with conditions:The effect of sanitary and phytosanitary measures on the agricultural exports from low-income countries[J].World Economy,2017,40(1).

[228]MURPHY P R, DACIN M T.Psychological pathways to fraud:Understanding and preventing fraud in organizations[J].Journal of Business Ethics,2011,101(4).

[229]MURTHY K V B , GAMBHIR S.International trade and foreign direct in-

vestment:Empirical testing of the trade-environment triangle[J].Transnational Corporations Review,2017,9(2).

[230]MUTHURI J N,GILBERT V.An institutional analysis of corporate social responsibility in Kenya[J].Journal of Business Ethics,2011,98(3).

[231]ZHENG Y,HUANG X,GRAHAM L,et al.Deterrence Effects:The Role of Authoritarian Leadership in Controlling Employee Workplace Deviance[J].Management and Organization Review,2020,16(2).

[232]NAGIN D S,SOLOW R M,LUM C.Deterrence,criminal opportunities,and police[J].Criminology,2015,53(1).

[233]NES E B,SOLBERG C A,SILKOSET R.The impact of national culture and communication on exporter-distributor relations and on export performance[J].International Business Review,2007,16(4).

[234]O'BRIEN D,SCOTT P S,ANDERSSON U,et al.The microfoundations of subsidiary initiatives:How subsidiary manager activities unlock entrepreneurship[J].Global Strategy Journal,2019,9(1).

[235]OKHMATOVSKIY I,DAVID R J.Setting your own standards:Internal corporate governance codes as a response to institutional pressure [J]. Organization Science,2012,23(1).

[236]OROZCO D.Legal knowledge as an intellectual property management resource[J].American Business Law Journal,2010,47(4).

[237]PACHE A C,SANTOS F.Inside the hybrid organization:Selective coupling as a response to competing institutional logics[J].Academy of Management Journal, 2013,56(4).

[238]PAINE L S.Managing for organizational integrity[J].Harvard Business Review,1994,72(2).

[239]PARK U D,BOEKER W,GOMULYA D.Political ideology of the board and CEO dismissal following financial misconduct[J].Strategic Management Journal,2020, 41(1).

[240]ZHENG X,LI X,REN X,et al.Enhancing compliance among channel members by modeling reward events:Matching motivation and ability with model selection [J].Journal of the Academy of Marketing Science,2020,48(2).

[241]PARKER O,KRAUSE R,DEVERS C E.How firm reputation shapes managerial discretion[J].Academy of Management Review,2019,44(2).

[242]PAVLOVICH K,SINHA P N,RODRIGUES M.A qualitative case study of MNE legitimacy:The Fonterra-Sanlu IJV corporate milk scandal in China[J].International Journal of Emerging Markets,2016,11(1).

[243]PERESS J.Product market competition,insider trading,and stock market efficiency[J].The Journal of Finance,2010,65(1).

[244]PEREZ-BATRES L A,DOH J P,MILLER V V,et al.Stakeholder pressures as determinants of CSR strategic choice:Why do firms choose symbolic versus substantive self-regulatory codes of conduct?[J].Journal of Business Ethics,2012,110(2).

[245]PERKINS S E.When does prior experience pay? Institutional experience and the multinational corporation[J].Administrative Science Quarterly,2014,59(1).

[246]PETERAF M,SHANLEY M.Getting to know you:A theory of strategic group identity[J].Strategic Management Journal,1997,18(S1).

[247]PETIT V,BOLLAERT H.Flying too close to the sun? Hubris among CEOs and how to prevent it[J].Journal of Business Ethics,2012,108(3).

[248]PORAC J F,THOMAS H,WILSON F,et al.Rivalry and the industry model of Scottish knitwear producers[J].Administrative Science Quarterly,1995,40(2).

[249]PORTEOUS A H,RAMMOHAN S V,LEE H L.Carrots or sticks? Improving social and environmental compliance at suppliers through incentives and penalties[J].Production and Operations Management,2015,24(9).

[250] POTOSKI M,PRAKASH A.The regulation dilemma:Cooperation and conflict in environmental governance[J].Public Administration Review,2004,64(2).

[251]PRICE J M,SUN W.Doing good and doing bad:The impact of corporate social responsibility and irresponsibility on firm performance[J].Journal of Business Research,2017,80.

[252]QU G,SYLWESTER K,WANG F.Anticorruption and growth:Evidence from China[J].European Journal of Political Economy,2018,55.

[253]RANGAN S,DRUMMOND A.Explaining outcomes in competition among foreign multinationals in a focal host market[J].Strategic Management Journal,2004,25(3).

[254]REDDY C D,HAMANN R.Distance makes the (committed) heart grow colder:MNEs' responses to the state logic in African variants of CSR[J].Business & Society,2018,57(3).

[255]REHG M T,MICELI M P,NEAR J P,et al.Antecedents and outcomes of

retaliation against whistleblowers: Gender differences and power relationships[J]. Organization Science,2008,19(2).

［256］REJCHRT P,HIGGS M.When in rome:How non-domestic companies listed in the UK may not comply with accepted norms and principles of good corporate governance.Does home market culture explain these corporate behaviours and attitudes to compliance? [J].Journal of Business Ethics,2015,129(1).

［257］RIAZ Z, RAY S, RAY P K, et al. Disclosure practices of foreign and domestic firms in Australia[J].Journal of World Business,2015,50(4).

［258］RIJSENBILT A, COMMANDEUR H.Narcissus enters the courtroom: CEO narcissism and fraud[J].Journal of Business Ethics,2013,117(2).

［259］ROCHA J L, BROWN E, CLOKE J. Of legitimate and illegitimate corruption:Bankruptcies in Nicaragua[J].Critical Perspectives on International Business,2011,7(2).

［260］SAFARI M, COOPER B J, DELLAPORTAS S.The influence of remuneration structures on financial reporting quality: Evidence from Australia[J].Australian Accounting Review,2016,26(1).

［261］SAÏD K, SEVIC Z, PHILLIPS I L.The challenges of addressing stakeholders' expectations through corporate non-market strategies in emergent countries:The GlaxoSmithKline (GSK) case[J].Critical Perspectives on International Business,2019,15(1).

［262］SALOMON R, WU Z.Institutional distance and local isomorphism strategy [J].Journal of International Business Studies,2012,43(4).

［263］SAMPATH V S, GARDBERG N A, RAHMAN N.Corporate reputation's invisible hand:Bribery,rational choice,and market penalties[J].Journal of Business Ethics,2018,151(3).

［264］SAMPATH V S, RAHMAN N.Bribery in MNEs:The dynamics of corruption culture distance and organizational distance to core values[J].Journal of Business Ethics,2019,159(3).

［265］SANDHOLTZ K W. Making standards stick: A theory of coupled vs. decoupled compliance[J].Organization Studies,2012,33(5-6).

［266］SARABI A, FROESE F J, CHNG D H M, et al.Entrepreneurial leadership and MNE subsidiary performance:The moderating role of subsidiary context[J].International Business Review,2020,29(3).

[267]SCHNATTERLY K,GANGLOFF K A,TUSCHKE A.CEO wrongdoing:A review of pressure,opportunity,and rationalization[J].Journal of Management,2018,44(6).

[268]SCHWARTZ M S.Developing and sustaining an ethical corporate culture: The core elements[J].Business Horizons,2013,56(1).

[269]SCHWARTZ V E,GOLDBERG P.Carrots and sticks:Placing rewards as well as punishment in regulatory and tort law[J].Harvard Journal on Legislation,2014,51(2).

[270] SEN R, BORLE S. Estimating the contextual risk of data breach: An empirical approach[J].Journal of Management Information Systems,2015,32(2).

[271]DINC S,EREL I.Economic nationalism in mergers and acquisitions[J].The Journal of Finance,2013,68(6).

[272]SHAHEER N,YI J,LI S,et al.State-owned enterprises as bribe payers:The role of institutional environment[J].Journal of Business Ethics,2019,159(1).

[273]SHALIQUE M S, PADHI S S, JAYARAM J, et al. Adoption of symbolic versus substantive sustainability practices by lower-tier suppliers: a behavioural view[J].International Journal of Production Research,2022,60(15).

[274]SHEEDY E,GARCIA P,JEPSEN D.The role of risk climate and ethical self-interest climate in predicting unethical pro-organisational behaviour[J].Journal of Business Ethics,2020,173(2).

[275]SHEEDY E,ZHANG L,TAM K C H.Incentives and culture in risk compliance[J].Journal of Banking & Finance,2019,107(c).

[276]SHI W,MARKÓCZY L,STAN C V.The continuing importance of political ties in China[J].Academy of Management Perspectives,2014,28(1).

[277]SHORT J L,TOFFEL M W.Making self-regulation more than merely symbolic:The critical role of the legal environment[J].Administrative Science Quarterly,2010,55(3).

[278]SIEGEL J.Is there a better commitment mechanism than cross-listings for emerging-economy firms? Evidence from Mexico[J].Journal of International Business Studies,2009,40(7).

[279]SIKKA P,LEHMAN G.The supply-side of corruption and limits to preventing corruption within government procurement and constructing ethical subjects[J]. Critical Perspectives on Accounting,2015,28.

[280]SOLOMON G,BROWN I.The influence of organisational culture and information security culture on employee compliance behaviour[J].Journal of Enterprise Information Management,2020,34(4).

[281]SONG H,LEE S,KANG K.The influence of board interlocks on firm performance:In the context of geographic diversification in the restaurant industry[J].Tourism Management,2021,83.

[282]SPENCER J,GOMEZ C.MNEs and corruption:The impact of national institutions and subsidiary strategy[J].Strategic Management Journal,2011,32(3).

[283] SPIEKERMANN K, WEISS A.Objective and subjective compliance: A norm-based explanation of "moral wiggle room"[J].Games and Economic Behavior, 2016,96.

[284]STAFFORD M C,WARR M.A reconceptualization of general and specific deterrence[J].Journal of Research in Crime & Delinquency,1993,30(2).

[285]STÅL H I,CORVELLEC H.Organizing means-ends decoupling:Core-compartment separations in fast fashion[J].Business & Society,2021,61(4).

[286]STANSBURY J,BARRY B.Ethics programs and the paradox of control[J].Business Ethics Quarterly,2007,17(2).

[287]SUCHMAN M C.Managing legitimacy:Strategic and institutional approaches[J].Academy of Management Review,1995,20(3).

[288]SUDDABY R,BITEKTINE A,HAACK P.Legitimacy[J].Academy of Management Annals,2017,11(1).

[289] SUH J B, NICOLAIDES R, TRAFFORD R. The effects of reducing opportunity and fraud risk factors on the occurrence of occupational fraud in financial institutions[J].International Journal of Law,Crime and Justice,2019,56.

[290]SUH J B,SHIM H S.The effect of ethical corporate culture on anti-fraud strategies in South Korean financial companies:Mediation of whistleblowing and a sectoral comparison approach in depository institutions[J].International Journal of Law, Crime and Justice,2020,60.

[291]SULLIVAN B N,HAUNSCHILD P,PAGE K.Organizations non gratae? The impact of unethical corporate acts on interorganizational networks[J].Organization Science,2007,18(1).

[292]SUN P,MELLAHI K,THUN E.The dynamic value of MNE political embeddedness:The case of the Chinese automobile industry[J].Journal of International Busi-

ness Studies,2010,41(7).

[293] TAN J, WANG L. MNC strategic responses to ethical pressure: An institutional logic perspective[J].Journal of Business Ethics,2011,98(3).

[294]TANG L.Media discourse of corporate social responsibility in China: A content analysis of newspapers[J].Asian Journal of Communication,2012,22(3).

[295]TANG Y,QIAN C,CHEN G,et al.How CEO hubris affects corporate social (ir) responsibility[J].Strategic Management Journal,2015,36(9).

[296]SIRSLY C A T,LVINA E.From doing good to looking even better: The dynamics of CSR and reputation[J].Business & Society,2019,58(6).

[297]THAMS Y,CHACAR A,WIERSEMA M.Global strategic context and CEO appointments: The importance of a global mind-set[J].Global Strategy Journal,2020, 10(10).

[298]TILCSIK A.From ritual to reality: Demography, ideology, and decoupling in a post-communist government agency[J].Academy of Management Journal,2010,53(6).

[299]TITUS JR V,PARKER O,COVIN J.Organizational aspirations and external venturing: The contingency of entrepreneurial orientation[J].Entrepreneurship Theory and Practice,2020,44(4).

[300]TREVIÑO L K,DEN NIEUWENBOER N A,KREINER G E,et al.Legitimating the legitimate: A grounded theory study of legitimacy work among Ethics and Compliance Officers[J].Organizational Behavior and Human Decision Processes,2014,123(2).

[301]TREVIÑO L K.The social effects of punishment in organizations: A justice perspective[J].Academy of Management Review,1992,17(4).

[302] TROMPETER G M, CARPENTER T D, DESAI N, et al. A synthesis of fraud-related research[J].Auditing: A Journal of Practice & Theory,2013,32.

[303]TYLER T R,BLADER S L.Can businesses effectively regulate employee conduct? The antecedents of rule following in work settings[J]. Academy of Management Journal,2005,48(6).

[304]UGRIN J C,ODOM M D.Exploring sarbanes-oxley's effect on attitudes, perceptions of norms, and intentions to commit financial statement fraud from a general deterrence perspective[J].Journal of Accounting and Public Policy,2010,29(5).

[305]ULLAH S,AHMAD S,AKBAR S,et al.International evidence on the deter-

minants of organizational ethical vulnerability[J].British Journal of Management,2019,30(3).

[306]ULLAH S,AKHTAR P,ZAEFARIAN G.Dealing with endogeneity bias:The generalized method of moments (GMM) for panel data[J].Industrial Marketing Management,2018,71.

[307]ULLAH S,ZAEFARIAN G,ULLAH F.How to use instrumental variables in addressing endogeneity? A step-by-step procedure for non-specialists[J].Industrial Marketing Management,2021,96.

[308]VAARA E,SARALA R,STAHL G K,et al.The impact of organizational and national cultural differences on social conflict and knowledge transfer in international acquisitions[J].Journal of Management Studies,2012,49(1).

[309]VAARA E,TIENARI J.On the narrative construction of multinational corporations:An antenarrative analysis of legitimation and resistance in a cross-border merger[J].Organization Science,2011,22(2).

[310]VALENTINO A,SCHMITT J,KOCH B,et al.Leaving home:An institutional perspective on intermediary HQ relocations[J].Journal of World Business,2019,54(4).

[311]VAN DER STEEN M P,QUINN M,MORENO A.Discursive strategies for internal legitimacy:Narrating the alternative organizational form[J].Long Range Planning,2022,55(5).

[312]VAN SCOTTER J R,ROGLIO K D D.CEO bright and dark personality:Effects on ethical misconduct[J].Journal of Business Ethics,2020,164(3).

[313]WALKER K,ZHANG Z,YU B.The angel-halo effect:How increases in corporate social responsibility and irresponsibility relate to firm performance[J].European Business Review,2016,28(6).

[314]WANG R,LEE C J,HSU S C,et al.Corporate misconduct prediction with support vector machine in the construction industry[J].Journal of Management in Engineering,2018,34(4).

[315]WANG T,BANSAL P.Social responsibility in new ventures:Profiting from a long-term orientation[J].Strategic Management Journal,2012,33(10).

[316]WANG W,LU W,TING I W K,et al.Social Networks and Dynamic Firm Performance:Evidence from the Taiwanese Semiconductor Industry[J].Revista de Contabilidad:Spanish Accounting Review,2021,24 (1).

[317]WANG X,HOLTFRETER K.The effects of corporation- and industry-level

strain and opportunity on corporate crime[J].Journal of Research in Crime and Delinquency,2012,49(2).

[318]WANG Y,ASHTON J K,JAAFAR A.Money shouts! How effective are punishments for accounting fraud? [J].The British Accounting Review,2019,51(5).

[319]WANG Y,LI Y,MA Z,et al.The deterrence effect of a penalty for environmental violation[J].Sustainability,2019,11(15).

[320]WARREN D E,GASPAR J P,LAUFER W S.Is formal ethics training merely cosmetic? A study of ethics training and ethical organizational culture[J].Business Ethics Quarterly,2014,24(1).

[321]WEAVER G R,TREVIÑO L K,COCHRAN P L.Integrated and decoupled corporate social performance:Management commitments, external pressures, and corporate ethics practices[J].Academy of Management Journal,1999,42(5).

[322]WEBB J W,BRUTON G D,TIHANYI L,et al.Research on entrepreneurship in the informal economy:Framing a research agenda[J].Journal of Business Venturing,2013,28(5).

[323]WELLER A.Exploring practitioners' meaning of "ethics" "compliance" and "corporate social responsibility" practices:A communities of practice perspective[J].Business & Society,2020,59(3).

[324]WESTPHAL J D,SEIDEL M D L,STEWART K J.Second-order imitation:Uncovering latent effects of board network ties[J].Administrative Science Quarterly,2001,46(4).

[325]WHITE G O III,HADJIMARCOU J,FAINSHMIDT S,et al. MNE home country cultural norms and conflict strategy fit in transnational business contract disputes[J].International Business Review,2013,22(3).

[326]WIESENFELD B M,WURTHMANN K A,HAMBRICK D C.The stigmatization and devaluation of elites associated with corporate failures:A process model[J].Academy of Management Review,2008,33(1).

[327]WIJEN F.Means versus ends in opaque institutional fields:Trading off compliance and achievement in sustainability standard adoption[J].Academy of Management Review,2014,39(3).

[328]WILSON K,VEUGER S.Information frictions in uncertain regulatory environments:Evidence from U.S. commercial banks[J].Oxford Bulletin of Economics and Statistics,2017,79(2).

[329] WU Z, SALOMON R. Does imitation reduce the liability of foreignness? Linking distance, isomorphism, and performance[J]. Strategic Management Journal, 2016,37(12).

[330] WU Z, SALOMON R. Deconstructing the liability of foreignness: Regulatory enforcement actions against foreign banks[J]. Journal of International Business Studies, 2017,48(7).

[331] XIAO Z, DONG C, ZHU X. Learn to be good or bad? Revisited observer effects of punishment: Curvilinear relationship and network contingencies[J]. Journal of Business & Industrial Marketing,2019,34(4).

[332] XIE E, HUANG Y, STEVENS C E, et al. Performance feedback and outward foreign direct investment by emerging economy firms[J]. Journal of World Business, 2019,54(6).

[333] XU D, ZHOU Z, DU F. Deviant versus aspirational risk taking: The effects of performance feedback on bribery expenditure and R&D intensity[J]. Academy of Management Journal,2019,62(4).

[334] XU K, HITT M A, BROCK D, et al. Country institutional environments and international strategy: A review and analysis of the research[J]. Journal of International Management,2021,27(1).

[335] YANG X, RIVERS C. Antecedents of CSR practices in MNCs' subsidiaries: A stakeholder and institutional perspective[J]. Journal of Business Ethics,2009,86(2).

[336] YAPICI N, HUDSON B A. Generating a scandal: Non-market activity to stop a cross-border merger and acquisition[J]. Journal of International Management, 2020,26(3).

[337] YASUDA N, KOTABE M. Political risks and foreign direct investments by multinational corporations: A reference point approach[J]. Global Strategy Journal, 2021,11(2).

[338] YIN M, ZHANG J, HAN J. Impact of CEO-board social ties on accounting conservatism: Internal control quality as a mediator[J]. The North American Journal of Economics and Finance,2020,52(1).

[339] YIU D, XU Y, WAN W. The deterrence effects of vicarious punishments on corporate financial fraud[J]. Organization Science,2014,25(5).

[340] YSSELDYK R, MATHESON K, ANISMAN H. Religiosity as identity: Toward an understanding of religion from a social identity perspective[J]. Personality and Social

Psychology Review,2010,14(1).

[341]ZAHEER S,SCHOMAKER M S,NACHUM L.Distance without direction: Restoring credibility to a much-loved construct[J].Journal of International Business Studies,2012,43(1).

[342]ZAVYALOVA A,PFARRER M D,REGER R K,et al.Managing the message:The effects of firm actions and industry spillovers on media coverage following wrongdoing[J].Academy of Management Journal,2012,55(5).

[343]ZENG Y,XU D.Liability of foreignness and the constitutive legitimation of foreign firms in a host country[J].Journal of World Business,2020,55(5).

[344]ZHANG J H,DEEPHOUSE D L,VAN GORP D,et al.Individuals' perceptions of the legitimacy of emerging market multinationals:Ethical foundations and construct validation[J].Journal of Business Ethics,2022,176(1).

[345]ZHANG J,ZHOU C,EBBERS H.Completion of Chinese overseas acquisitions:Institutional perspectives and evidence[J].International Business Review,2011, 20(2).

[346]ZHANG L,REN S,CHEN X,et al.CEO hubris and firm pollution:State and market contingencies in a transitional economy[J].Journal of Business Ethics,2020, 161(2).

[347]ZHANG W,MAUCK N.Government-affiliation,bilateral political relations and cross-border mergers:Evidence from China[J].Pacific-Basin Finance Journal, 2018,51.

[348] ZHANG W, PADMANABHAN P, HUANG C. Firm level offshoring activities,pollution regulation,triple bottom line,and market structure:What do they have in common? [J].Journal of Cleaner Production,2018,195.

[349] ZHENG L, GUO X, ZHAO L. How Does Transportation Infrastructure Improve Corporate Social Responsibility? Evidence from High-Speed Railway Openings in China[J].Sustainability,2021,13(11).

(三)其他英文文献

[1]KARLSSON P O,AGUIRRE D A,RIVERA K.Are CEOs less ethical than in the past[N].Strategy Business,2017-05-15(87).

[2]Basel Committee.Compliance and the compliance function in banks[EB/OL]. Bank for International Settlements,2005-04-29.